南怀瑾四书精讲

南怀瑾 讲述

典藏版

孟子旁通（上）

梁惠王篇
万章篇

人民东方出版传媒
People's Oriental Publishing & Media
东方出版社
The Oriental Press

图书在版编目（CIP）数据

孟子旁通 . 上 / 南怀瑾讲述 . —北京：东方出版社，2024.3
（南怀瑾四书精讲：典藏版）
ISBN 978-7-5207-2029-8

Ⅰ.①孟…　Ⅱ.①南…　Ⅲ.①《孟子》—研究　Ⅳ.① B222.55

中国国家版本馆 CIP 数据核字（2023）第 176016 号

南怀瑾四书精讲（典藏版）
孟子旁通（上）
南怀瑾　讲述

责任编辑：张莉娟　杨　灿
出　　版：东方出版社
发　　行：人民东方出版传媒有限公司
地　　址：北京市东城区朝阳门内大街 166 号
邮　　编：100010
印　　刷：北京文昌阁彩色印刷有限责任公司
版　　次：2024 年 3 月第 1 版
印　　次：2024 年 3 月第 1 次印刷
开　　本：650 毫米 ×960 毫米　1/16
印　　张：26.5
字　　数：345 千字
书　　号：ISBN 978-7-5207-2029-8
定　　价：498.00 元（全八册）
发行电话：（010）85924663　85924644　85924641

编者的话

南怀瑾先生是享誉国内外，特别是华人读者中的文化大师、国学大家。先生出身于书香世家，自幼饱读诗书，遍览经史子集，为其终身学业打下了扎实基础；而其一生从军、执教、经商、游历、考察、讲学的人生经历又是不可复制的特殊经验，使得先生对国学钻研精深，体认深刻，于中华传统文化之儒、道、佛皆有造诣，更兼通诸子百家、诗词曲赋、天文历法、医学养生等等，对西方文化亦有深刻体认，在中西文化界均为人敬重，堪称"一代宗师"。书剑飘零大半生后，先生终于寻根问源回到故土，建立学堂，亲自讲解传授，为弘扬、传承和复兴民族文化精华和人文精神不遗余力，其情可感，其心可佩。

一九七六年，南怀瑾先生应台湾《青年战士报》之邀公开讲解《孟子》，广受欢迎，其中关于《梁惠王》的讲授整理成《孟子旁通》（一）于一九八四年出版。因缘境遇波折，三十多年后，南先生关于《孟子》其余六篇的讲授在整理后才陆续与读者见面。当时鉴于先生对各篇的讲授皆可单独成书，故出版时未再沿用《孟子旁通》之名，而是各篇自成一书，各书重定名目。经南先生及其法定继承人独家授权，我社陆续以《孟子与公孙丑》《孟子与离娄》《孟子与万章》《孟子与尽心篇》《孟子与滕文公、告子》的名义，出版简体字本，献给广大热爱中国传统文化的读者。

被后世尊为"亚圣"的孟子，终生以效法孔子为志，是孔子儒家学术思想和理念的重要传承者，是研究中国传统文化不可回避的历史人物，对后世产生了深远的影响。他的思想存于《孟子》七篇，是儒家的重要典籍，记载了孟子及其弟子的政治、教育、哲学、伦理等思想和政治活动。宋代学者将其与《论语》《大学》《中庸》合称为"四书"。

南怀瑾先生对《孟子》极为重视，在讲授时阐发颇多，感触颇深。于《梁惠王》篇，他指出，孟子用"仁政"理念说服梁惠王和齐宣王，在义利之辨上更具超越性；于《公孙丑》篇，他认为，孟子借着与公孙丑的问答，表达出中国文化的精髓——"内圣外王"的中心思想；于《离娄》篇，南先生以为，孟子继承了孔子编纂《春秋》的精神，具体而微、深入又广阔地阐释了中华悠久的文化传统；于《万章》篇，南先生谈道，孟子在此篇提出了许多重要的概念，如知人论世、以意逆世等，涉及为人处世的诸多原则；于《尽心》篇，南先生以"修身立命"总领，以"尽心"点题，并借孟子"五百年必有王者兴"之叹，冀望于二十一世纪之青年学子；于《滕文公》篇，南先生分析了孟子如何教导"未尝学问，好驰马试剑"却又不甘堕落的滕国世子修心养性，及至领导滕国在战国列强的夹缝中自立。而在对《告子》的讲解里，南先生判断中国历史上有关性善、性恶辩论的得失，阐发孟子传授的养心、养气方法，孟子与墨家巨子、淳于髡、慎子等名流在思想交锋中体现的儒家社会理想、对政治以及仕宦者事君之道的看法，等等。

尽管由于各种原因，《滕文公》的记录稿大部分已遗失，南先生亦未能补讲，《告子》的整理稿，先生也没有完成全部审订工作，这是不能弥补的遗憾。但先生通过孟子传达的大丈夫当养"浩然之气"、行己有耻、立身有义的主张，做人的进退之道，已是神完无缺。因此，在目前《孟子》七篇讲授已全部出版的条件下，我们遵照南怀瑾先生生前的愿望，重新将其合为一集，回到《孟子旁通》名下，以期完整展现南师对《孟子》的全部理解和阐发。

　　我社与南怀瑾先生结缘于太湖大学堂。出于对中华优秀传统文化的共同认识和传扬中华文明的强烈社会责任感、紧迫感，承蒙南怀瑾先生及其后人的信任和厚爱，独家授权，我社遵南师遗愿，陆续推出南怀瑾先生作品的简体字版，其中既包括世有公论的著述，更有令人期待的新说。作为一代国学宗师，南怀瑾先生"通古今之变，成一家之言"，毕生致力于民族振兴和改善社会人心。我社深感于南先生的大爱之心，谨遵学术文化"百花齐放，百家争鸣"之原则，牢记出版人的立场和使命，尽力将大师思想和著述如实呈现读者。其妙法得失，还望读者自己领会。

东方出版社

二〇二一年十二月

目录

梁惠王篇

前言

　　生为二十世纪的中国人，正当东西方文化潮流交互排荡撞击的时代，从个人到家庭，自各阶层的社会到国家，甚至全世界，都在内外不安、身心交瘁的状态中，度过漫长的岁月。因此在进退失据的现实环境中，由触觉而发生感想，由烦恼而退居反省，再自周遍寻思，周遍观察，然后可知在时空对待中所产生的变异，只是现象的不同，而天地还是照旧的天地，人物还是照旧的人物，生存的原则并没有变；所变的，只是生活的方式。比如在行路中而迷途，因为人为的方向而似有迷惑，其实，真际无方，本自不迷。如果逐物迷方，必然会千回百叠，永远在纷纭混乱中忙得团团而转，失落本位而不知其所适从。

　　我是中国人，当然随着这一时代东方的中国文化命运一样，似乎是真的迷失了方向，也曾一度跟着人们向西方文化去摸索，几乎忘了我是立足在本地方分上的一个生命，而自迷方向。《周易·序卦》说："穷大者必失其居，故受之以旅。旅而无所容，故受之以巽。巽者，入也。入而后说之，故受之以兑。兑者，说也。"我们自己的文化，因几千年来的穷大而一时失去了本分的立足点，因此而需要乞求外来的文明以自济困溺，所谓"他山之石，可以攻错"。这是势所难免的事实。然而一旦自知久旅他方而无以自容于天地之间，那便须知机知时而反求诸己，唤醒国魂，洗心革面以求自立自强之道。正因为如此的心情，有些西方的朋友和学生们，都认为我是顽固的推崇东方文化的倔强分子，虽有许多欧美的友人们，屡加邀请旅外讲学而始终懒得离开国门一步。其实，我自认为并无偏见，只是情有所钟，安土重迁而已。同时，我也正在忠告西方的朋友们，应该各自反求诸己，重振西方哲学、宗教的固有精神文化，以济助物质文明的不足，才是正理。

至于我个人的一生，早已算过八字命运——"生于忧患，死于忧患"。每常自己譬解，犹如古老中国文化中的一个白头宫女，闲话古今，徒添许多啰唆而已。有两首古人的诗，恰好用作自我的写照。第一首唐人刘方平的宫词："朝日残莺伴妾啼，开帘只见草萋萋。庭前时有东风入，杨柳千条尽向西。"诗中所写是一只飘残零落的小黄莺，一天到晚陪伴着一个孤单的白头宫女，凄凄凉凉地自在悲啼，毫无目的地怆然独立，恰如我自况的情景。偶尔开帘外望，眼前尽是凄迷芳草，一片茫然，有时忽然吹过一阵东风，却见那些随风飘荡的千条杨柳，也都是任运流转，向西飘去。第二首是唐末洞山良价禅师的诗偈："净洗浓妆为阿谁？子规声里劝人归。百花落尽啼无尽，更向乱峰深处啼。"这首诗也正好犹如我的现状，长年累月抱残守阙，滥竽充数，侈谈中国文化，其实，学无所成，语无伦次，只是心怀故国，俨如泣血的杜鹃一样，"百花落尽啼无尽，更向乱峰深处啼"。如此而已。每念及此，总是眇然自失，洒然自笑不已。

但是人生的旅程，往往有不期然而然的际遇，孟子曾经说过人有"不虞之誉，求全之毁"。一个人的一生，如果在你多方接触社会各层面的经验中，就会容易体会到孟老夫子的话，并非向壁虚构，确是历练过来的至理名言。当在一九七五年，我因应邀讲完一部《论语》之后（事见《论语别裁》前言），由蔡策先生悉心记录，复受社会各阶层的偏爱，怂恿排版出书。但我自知所讲的内容，既非正统的汉、唐、宋儒的学术思想，又非现代新儒家的理路，到底只是因应时代潮流的乱谈，属于旁门左道，不堪入流，因此便定名叫它《论语别裁》，以免混淆视听，惑乱后学。谁知出书以后，却受到广大读者的爱好，接连出了十二版，实在弥增惶恐，生怕误人。因为徒手杀人，罪不过抵死而已，如果以学问误人，便是戕人慧命，万死不足以辞其咎。此所以在我们固有文化的传统中，学者有毕生不愿著书，或者穷一生学力，只肯极其谨严地写几篇足以传世的文章而已。这就是以往中国文化人的精诚，当然不如我们现代一样，著作等身，妄自称尊的作风。

但继此以后，友人唐树祥先生，在他担任《青年战士报》社长的时期，极力邀请在其报社继续再讲《孟子》《大学》《中庸》等所谓"四书"之学。唐社长平时说话极为风趣，尤其对我更是畅所欲言，不拘形迹。当他担任中正理工学院政战部主任的时期，常来拉我去讲课，而且劝说：在这个时期，大学都忙得没有时间读书，你写书写文章有什么用？多来讲课，教授青年学子，还比较有意义。总之，我在他的盛情不可却的压迫下，只好被他拖上讲台。但当他调任报社社长的时期，他便说：多讲还不如多写的好。希望我多写点东西，好交他在报上披露。他的能言善道，我对他真是莫可奈何。其实，我对讲学则言不异众，写作则语不惊人，可以说一窍不通，毫无长处。但毕竟挡不住他的热情，终于在一九七六年的秋天，开始在《青年战士报》的楼上开讲《孟子》。那个时候，也正是我思念在苦难中的父母，心情最难排遣的时期。讲到孟子，就自然而然地联想到千秋母教仪范的孟母，因此开章明义，便引用了黄仲则的诗："搴帏拜母河梁去，白发愁看泪眼枯。惨惨柴门风雪夜，此时有子不如无。"当然，这种情怀，不只我一人是如此，在当时现场的听众们，大多数也有所同感。同时，蔡策也对讲四书的记录工作，极有兴趣和决心，他一再强调，这是他一生中最有意义的一件事。《孟子》讲稿的因缘，就在唐、蔡两位的鼓励下完成。

后来因为俗务累积太多，自己没有真正安静的时间看记录稿，因此，积压多年无法完帙。目前，老古文化图书公司的出书业务，正由陈世志同学来担任。他站在现代青年的立场，又一再催迫出书，我常笑他犹如宗泽的三呼渡河，左季高的大喊儿郎们出击一样，壮气如山，无奈太过冒昧！然而他毕竟强人所难地做了，还要催我写序。事实上，《孟子》的序言，实在不好写，因此只是先行略抒本书问世的始末因由，暂且交卷。书名"旁通"，却又暗合宋代的桂瑛及元代的杜瑛两位先生所撰的佚书命题。但我所以定名"旁通"的本意，仍如《论语别裁》一样，只是自认为旁门左道之说，大有别于正统儒家或儒家道学们的严谨学术著作而已，并非旁通各家学说的涵义。

一九八四年六月四日端阳节　南怀瑾

讲在前面

在讲过《论语》以后，又引起大家研究《孟子》的兴趣，希望再讲《孟子》。其实，讲到中国传统文化的经学，我是很肤浅的，过去所讲的《论语》，也只是为了时代的需要，东拉西扯地讲了一大堆废话，想不到大家还很爱好，这真是出乎意料。新旧文化交流互变的冲击时代，只好采取配合时代趋势的方法来研究。我也只是提出个人的看法，贡献大家作参考。至于怎样去深入，自古以来，关于《孟子》的著述非常多，还是需要大家自己努力去探讨、去寻求。

提到《孟子》这部书，也是非常有趣的。当我还在童蒙的时代，等于现在小学三四年级的时期，就开始接受家庭和老师的督促，要读《孟子》了。那时候读书，还要背诵得来，老师每天教一节，明天就要站在老师的前面一字一句地朗朗背诵上口，要背得很清楚很熟习，不能有错，错了要受罚，甚至用戒方打手心。当时并不注意内容的讲解，只要认得字，读得来，背得清楚。这一节背好了，老师再教第二节。

这里有一点要顺便说明的，这也是历史时代转化演变的资料，就中国文化史的演变来看，虽说是小事情，却有关大题目。我们那个时代，还承受清朝末年的遗风，社会是旧式的社会，是典型的古老农村社会。印刷还不发达。《孟子》啊，《论语》啊，也有一章一章分开来卖，并不一定要买全部的书。记得我在开始读《孟子》的时候，是先读《离娄》这一篇的。

我们那时代称呼老师叫"先生"，并不叫"老师"。学工学商的老师叫师父，也不叫老师。戒方就是上古时代所谓的"夏楚"，是老师们处罚学生的鞭笞。这种处罚很有用处，说句良心话，现在想起来，还蛮可爱的，并不像现代人所说的那样可怕，更不会有什么妨害自尊心等等麻烦的副作用。当然，这些道理很难讲，只能说古今时代不同，思想、教育、观念等都不同，不能一概而论。不过，过去历史上无论是哪方面的成功人物，差不多都经历过戒方式的严格教育，可是并没有妨碍他们的伟大成就和伟大人格，对吗？当然，过分的体罚我也是不赞成的。

我们在童年时代，开始读《孟子》的时候，所有的内容，讲解的要点，究竟是说些什么？老实说，都是似懂非懂、似是而非的。教我的老师，也是当时的名儒，在前清有功名，后来还受清廷的保送，出过洋，到过日本留学。我们是请他到家里教书，管吃管住，对他恭恭敬敬。那种家庭教师，在清代，就叫作"西席先生"。大体说来，实在还不错。至少，在受到尊敬方面，比现在好得太多了。可是他教我们读《孟子》时，也是不大详细讲解。我呢？当小孩的时候，读书也不太用心，正好引用陶渊明先生的话来遮羞，所谓"好读书，不求甚解"。

当时的老师、宿儒和大人们都说，在前清要考功名，非熟读此书——《孟子》不可。当然四书都要读熟，不过，无论考不考功名，文章要作得好，便要熟读《孟子》。什么唐宋八大家的文章，韩愈啊、柳宗元啊、苏东坡啊，他们都是从《孟子》的文章里钻出来，才有那样伟大的成就。当然喔！什么莎士比亚啊、培根啊、叔本华啊，与孟子并不相干（一笑）。因为那个时候的大人先生们，嘴里或笔下引用的名言，大多是这些传统文化中大儒名人的话。若是现在如此引用，便成落伍。只有引用莎士比亚他们，才算时髦。我认为，这种现象不是代沟的关系，只能说是古今中外、新旧文化沟通时期的衔接现象而已。

后来我们进了洋学堂——就是现代化的学校，正碰上五四运动，打倒孔家店，推翻旧文化，几乎是举国若狂，大家跟着闹了一段时期，对于传统文化的旧文学，一再吵着要废除。慢慢地，我们这些基本上从旧式教育出身的，对这些书本，也渐渐地淡漠起来。

不过，凡事若是从童子功开始学的，始终很难忘情的，尽管时代不同，在思想观念的领域里，它的确占了很牢固、很重要的席位。可是后来的新教育、新课本，由初中、高中到大学，一直到现在，我发现仍然没有完全离开过旧文化。尤其是《孟子》，几乎每一级学校里的国文课本，都要选上几段重要的文章。青年人尽管不重视，但对孟子的文章还是读过，反感归反感，读还是要读。也正因为如此，才能保持历史文化于不堕。现在面对这么多的先生们，由我来讲《孟子》，实在有点战战兢兢，不大好意思，这真叫作"班门弄斧"，当着内行耍外行，自耍活宝。

春秋无义战

现在我们为了要研究《孟子》这本书，我觉得应该先了解一下孟子当时所处的时代，和当时现实社会的环境，就会觉得并不枯燥。而且对孟子的人品和风格，也更有一层深刻的认识。那么才会知道后世的人，为什么把孟子承继在孔子之后，称他作"亚圣"，不是没有道理的。

我们都知道，远距我们现在大约两千五百年前，我们的历史上，出现一个非常紊乱的时代，也可以说是我们历史文化转变的伟大时代。当然，这只是站在我们现在的立场，事不干己，无切肤之痛地加个评论而已。如果我们也生长在那个时代，在那种痛苦悲愤的现实环境里，大概就不会说这是个伟大的时代了。这个时代，也就是有名的春秋战国时期。春秋、战国，这两个名词所包含的时代，都有几百年之久，如果我们用人物作中心代表来讲，孔子是春秋时期，孟子却是到了战国时期了。春秋时期也罢，战国时期也罢，这两个时期衔接起来有四百多年的时间，却是我们民族最痛苦的阶段，打打杀杀，乱作一团。

可是在后世看来，这个时期，则是百家争鸣、诸子挺秀的时代，也为我们后世子孙奠定了博大精深的文化基础。这深厚的文化，一直流传到现在，也会一直延续到未来。

我们知道，孔子当时亲身经历了痛苦时代的忧患。他在晚年，系统地整理了中国文化的宝典，删诗书、订礼乐之外，他又集中精力，根据他本国鲁国的历史资料，开始著作了一部最有名的历史和历史哲学的书——《春秋》。

在这部书里，记述了东周以来两百多年的政治、社会、军事、经济、教育等等变乱的前因后果，同时也包含了对于历史人文、文化哲学的指示——如何是应该？如何是不应该？怎样才是正确的善恶？怎样才是正确的是非？

我们先要大概了解一下春秋时代的大题目。那个时代侵略吞并的战争，绵延继续了两百多年，由西周初期所建立的"封建"的文化基础，开始逐渐地被破坏，社会的紊乱、经济的凋蔽，所给予人们的痛苦，实在太多。现在我们简单引用董仲舒的话，便可知道那个时代乱源的要点：

> 夫德不足以亲近，而文不足以来远，而断之以战伐为之者，此固春秋之所甚疾已，皆非义也。

董仲舒认为，在那个时代，各国诸侯之间的霸业，都不培养道德的政治基础，因此政治道德衰落，国与国之间，人与人之间，谁也不相信谁，彼此不敢轻易亲近，所谓"德不足以亲近"。对于文化的建立，更是漠不关心，只顾现实，而无高远的见地。国与国之间，没有像周朝初期那样远道来归的国际道德关系，所以说，"文不足以来远"。因此只有用战争来侵略别人。但是他们每次在侵略的战争上，却加上冠冕堂皇的理由，不说自己要侵略别人，而是找些借口来发动战争，这就是"断之以战伐为之者"。这便是孔子著《春秋》的动机和目的，也是孔子著《春秋》最痛心疾首的中心重点，"此固春秋之所甚疾已，皆非义也"。他说，春秋时代几百年的战争，都是没有道理的。所以也有人说，春秋无义战。

但《春秋》这部书并不是非战论，它特别强调中国文化的战争哲学是为正义而战，所谓"恶诈击而善偏战，耻伐丧而荣复仇"。例如在春秋二百多年之间，大小战争不计其数，只有两次是为复国复仇的战争，那是无可厚非，不能说是不对的。所以他说：

> 今（指春秋时代）天下之大，三百年之久，战伐侵攻不可胜数，而复仇者有二焉。

关于历史文化的破坏，政治道德的没落，则更严重。在春秋二百四十二年间，"弑君三十六，亡国五十二"。人伦文化的道德基础，几乎都被那些有霸权的上层领导分子破坏完了。为什么那个时代会造成这样的紊乱？

以孔子的论断，都是根源于文化思想的衰落，人们眼光的短视，重视现实而忽略了文化发展中的因果。所以孔子在《易经·坤卦》的文言中便说："臣弑其君，子弑其父，非一朝一夕之故，其所由来者渐矣。"后来的董仲舒，发挥了孔子的思想，便说："细恶不绝之所致也。"所谓细恶，便是指社会人士缺乏远大的眼光，对于平常的小小坏事，马虎一点由他去，久而久之，便造成一个时代的大紊乱了。

我们现在不是讲《春秋》，而是介绍孟子所处的时代背景，追溯它的远因，顺便提到《春秋》。继春秋时代吞并侵略的紊乱变局，又延续了两三百年，便是我们历史上所谓的战国时期。紊乱的情形，比春秋时代有过之而无不及。各个强国的诸侯重现实，社会的风气更重现实，苦只苦了一般的老百姓。

在那样现实的时代环境中，孟子始终为人伦正义，为传统文化的道德政治，奔走呼号，绝对不受时代环境的影响，而有丝毫转变。所以，他所继承孔子的传统精神，以及中国文化道德政治的哲学观念，和孔子的文化思想一样，也成为由古到今，甚至将来的颠扑不破的真理。为什么他会有这样远大的影响？这正是我们研究探讨的主题之一。

司马迁编撰手法中的孟子

在前面，非常简单地提到战国时期的时代环境。现在我们先来看一下司马迁写《史记》的编撰手法，在他的笔下如何描写孟老夫子，这是非常有趣的事。

本来写传记，一个人有一个人的生平事迹，应该分开来，单独地写。但是司马迁往往会把一两个人的列传合起来写，或者连带几个人写成一堆。难道他是为了节省稿纸，节省笔墨吗？不是的，他是把历史上同一类型的人和事，或者同类之中又完全相反的人和事，配合起来写成一篇。我们读了，可以作一强烈的对比，在互相矛盾、相反相成中找出道理，可以自求启发，从历史经验的镜子中，反映出立身处世的准则。

因此，司马迁写孟子，是拿和孟子有相同类型的荀子写作一篇，叫作《孟子荀卿列传》。在这一篇里，他又举了很多与孟子、荀卿类型相反的人物，相互辉映。

　　看来他好像偷懒省事，或者是认为那些人不足以另作一篇传记似的。其实不然，一个文人笔下的传记文章，如果有意乱扯，加上文字渲染的话，小题大做，大可洋洋洒洒，各自构成专篇。可是司马迁的风格，是有他的哲学的、学术的中心思想，他绝不愿意乱来。

　　所以，他在这篇文章中带出了战国当时一大堆的有名诸子，并非是漫不经心地随意而为，实在是有他聪明绝顶、度金针而不落言诠的妙用。我们读《史记》，几乎和《春秋》三传一样，任何一字一句，绝不可以轻易放过。甚至《史记》中任何一个表，都不是随便绘制的。

　　他写孟子、荀子，同时又连带写出与孟子相同时代中的风云人物，如商君（鞅）、吴起、孙子、田忌。又说"齐有三驺子"，当然极力描写三驺子中的另一位谈天文、说地理、讲五行之学，大受当时人们所重视、尊敬，不像对孟子那样的冷落、凄凉——驺衍。

　　从驺衍以次，又说："齐之稷下先生，如淳于髡、慎到、环渊、接子、田骈、驺奭之徒。"到此先告一段落。当然，也包含了同一时代性的人物关系。

　　再以后便写荀子（卿），由荀卿而连带说到庄子、墨子、公孙龙、剧子、李悝、尸子、长庐、吁子，等等。不过加上一句："自如孟子至于吁子，世多有其书，故不论其传云。"我们要注意他这句"不论其传"一词的涵义，很有深度，也颇有味道。

　　最后，又孤零零地吊上一小节关于墨子的事，这是对墨子时代还待考证的附带说明。如说："盖墨翟，宋之大夫。善守御，为节用。或曰并孔子时，或曰在其后。"

　　我们读《史记》，随处可以看到司马先生这些巧妙、幽默，有高度启发性，与睿智存疑等等的编撰手法。所以说好好地仔细读它，可以启发慧思。

　　我们读《孟子》一书，开宗明义的第一章《梁惠王》——孟子见梁惠王，一开始，便可以看到孟子当时一种受尽冷漠歧视的味道。

同样的，司马迁写孟子，首先也引用了这一段，然后才说到孟子的籍贯、出身、学历，说明孟子是孔子的孙子子思的门人（至于说孟子并非子思的学生，则是另一考据的问题。司马迁很可能弄错了）。《史记》上的这篇也和《伯夷列传》差不多，没有太多的叙述就完了。只说孟子阐述孔子的学说思想，作了七篇书，就是我们手里拿到的这本《孟子》。

古今中外，许多被后世认为是多么伟大、能影响千秋万世的人物，在当时，大多数都是那么凄凉寂寞的。就因为他在生前不重视短见的唯利是图，对自己个人，对国家天下事，都是以如此的人品风格来为人处世的。像孟老夫子那样的人，如果当时稍微将就一点，自己降格以求，迁就一点现实，那便不同了。

更妙的是，司马先生举出驺衍来，与孟子当时的处境作一强烈的对比。

驺衍和孟子的强烈对比

在孟子见齐宣王、梁惠王，陈述那些理论思想的时候，是如何地受到冷落，我们慢慢且看《孟子》的本文，便可知道。可是与孟老夫子同时代的驺衍他们，比起孟子所受的待遇，便大大不同了。

> 驺衍睹有国者益淫侈，不能尚德，……乃深观阴阳消息而作怪迂之变，……其语闳大不经，必先验小物，推而大之，至于无垠。……（有关学说方面未录）
>
> 是以驺子重于齐。适梁，惠王郊迎，执宾主之礼。适赵，平原君侧行撇席。如燕，昭王拥彗先驱，请列弟子之座而受业，筑碣石宫，身亲往师之。

我们读了这段历史资料，便可以看到与孟子同一时代的驺衍，也同孟子一样去见过齐宣王、梁惠王。甚至还到过燕、赵两国，受到燕昭王无比的崇敬。他当时的声望之高，所受各国诸侯们的欢迎款待，那种威风，那种排场，假如从重视现实虚荣的社会眼光来看，驺衍当时的威风架子实在摆足了。哪里像梁惠王对待孟子那样，毫不客气地称呼一声："叟！不远千里而来。"满不在乎的味道。至于齐宣王，对孟子也并不表示太大的欢迎。

可是驺衍呢？"重于齐"，他在齐国极受尊重，连一般的知识分子稷下先生们，也连带地受他影响，都受到齐王的敬重、优待。

驺衍到了魏国（梁），梁惠王亲自到郊外去迎接他，等于现代，一个国家的领袖，亲自到飞机场去迎接他一样隆重。而且梁惠王以国宾的大礼接待驺衍，所谓"惠王郊迎，执宾主之礼"，就是当时现场实况的记录。

驺衍到了赵国，"平原君侧行撇席"，赵国有名的权贵豪门平原君，不敢和驺先生并排走路，只小心翼翼地侧着半个身子在后侍从，比礼宾司的大礼官还要恭顺。到了行馆以后，请驺先生坐下，平原君亲自用自己的衣裳把那个座位打扫清洁一下，表示恭敬。

可是这种情形，在古代文字的艺术上，司马迁只用了四个字，便描述得淋漓尽致，他只用"侧行撇席"就够了。由此看来，今古文学写作的技巧艺术有如此的差别，所以现在从白话新教育入手的青年同学们，便要特别细心地去读，去研究，不可以马马虎虎。

驺衍到了燕国，那更神气了。当时鼎鼎有名的燕昭王，"拥彗先驱"，亲自到国境边界去接他，而且手里还拿着清道用的扫把，表示做他学生一样地为他开道。接到了王宫以后，"请列弟子之座而受业"，请求做他的学生，愿意和驺先生门下那些弟子同样地受业。因此特别为了驺衍新建一座碣石宫来供养他，常常亲自到驺先生所住的地方来听课，和一般学生对待驺老师同样的恭敬。

我们读了司马迁这几句书，可以看到他用简短的文字，就把战国时期享有盛名的学者之光荣事迹，扎扎实实地记述下来，而且特别只附带写在孟子和荀子的传记里，这岂不是一种极高明的编导手法？拿当时极受尊敬的驺衍，和备受冷落的孟子作强烈的对比，给大家看。这是历史时代的悲剧？还是人生的悲剧？抑或闹剧？或者是现实荣华和千古盛名的对照呢？这就要大家自己去深思，去自我启发了。

我们在座的，以及社会上各方面，许多人都在感叹这个社会、这个时代太重现实。其实，在任何时代，任何地区，人活在世间，就要生存；渐渐地，慢慢地，不知不觉就会重视现实。感叹别人重视现实的我们，在基本的生活和生存条件上，老实说，有时又何尝超越现实？何尝不重视现实呢？只是角度不同，观点不同，程度不同而已。

可是却有极少数的人，他始终漠视现实，为崇高的理想而努力，放弃自我而为天下人着想，不顾自己短暂一生的生活现实，而为千秋万代着眼。因此，也就受到人们一种超越的崇敬，称他为"圣人"了。

这个道理，其实不用我们来说，司马迁在《孟子》这篇传记里，已经很巧妙地透了消息。他在本篇里评述驺衍说：

> 其术皆此类也。然要其归，必止乎仁义节俭，君臣上下六亲之施，始也滥耳。王公大人初见其术，惧然顾化，其后不能行之。

在全文里，他说驺衍先用阴阳玄妙的学术谈天说地，讲宇宙人生与物理世界因果交错的事，玄之又玄，妙之又妙，听的人个个为他倾倒。其实驺衍这套学术，就是中国上古理论物理科学的内涵，也是上古科学的哲学内涵，如未深入研究，也不要随便轻视。

不过，以司马先生的观点看来，驺衍他的本意，也和孟子一样，深深感慨人类文化的危机，尤其当时国际间政治道德的衰落，社会风气的奢侈糜烂，他为了要有所贡献，希望改变时代，只好先推一套容易受人欢迎、接受的学术出来，玩弄一下。其实，他的本意，还是归乎人伦道义，所谓"仁义节俭，君臣上下六亲之施"。他那些谈阴阳、说玄妙的学术，只是建立声望的方法而已，所谓"始其滥耳"。

当时那些王公大人们，一开始接触到驺先生的学术思想，惊奇得不得了，都愿意来接受他的教化。等到驺衍真正要他们以人伦道德来作基础的时候，他们便又做不到了。

这种现象，你只要看看秦始皇、汉武帝他们的求仙求道、求长生不老的历史故事，以及当代一般学各种宗教神秘学人们的作为，便可了解"千古皆然，于今尤烈"。

再从轻松一点的角度来讲，也正如清人赵翼的感慨，一个人若是要求文学艺术的成就，往往和现实生活发生冲突，产生矛盾不安的心理。因此，他的《论诗》中说："诗解穷人我未空，想因诗尚不曾工。熊鱼自笑贪心甚，既要工诗又怕穷。"

处世的哲学问题

司马迁的论述观点还没有完，他又说：

> 其游诸侯，见尊礼如此，岂与仲尼菜色陈蔡，孟轲困于齐梁同乎哉！故武王以仁义伐纣而王，伯夷饿不食周粟；卫灵公问陈，而孔子不答；梁惠王谋欲攻赵，孟轲称大王去邠。此岂有意阿世俗苟合而已哉！持方枘欲内圆凿，其能入乎？或曰：

伊尹负鼎而勉汤以王，百里奚饭牛车下而缪公用霸。作先合，然后引之大道。驺衍其言虽不轨，傥亦有牛鼎之意乎？

这里劈头第一句话，就说驺衍在那个时代，"其游诸侯，见尊礼如此"，受到国际间尊重的情形，有上面所说的种种荣宠。跟着便说驺衍当时的情形，哪里像孔子周游列国时，还在陈蔡之间受到饿肚子的遭遇；又哪里像当时的孟子，始终在齐梁之间受到穷困的苦恼。

但是，话又说回来，世界上的人和事都很难说，有的人一味重视现实，有的人却轻视现实。例如周武王以仁义作号召，结果讨伐纣王以后，自己做起皇帝来了。所以像伯夷、叔齐他们，觉得这种假仁假义是很可耻的事，宁可饿死在首阳山，也不下山来吃他周朝的饭。

接着，司马迁又以孔子为例：卫灵公有一次问他军事方面的事情，孔子闭口不答。孔子并不是不懂军事，只是不愿意再加重他们军国思想的野心而已。

同样的，梁惠王在出兵侵略赵国之前，也向孟子请教过，结果，孟子避开正面的问题，只告诉他周代的先祖——太王（古公亶父）的一段故事。古公亶父原本定居在豳（又作邠），由于政治清明，人民生活非常安乐。后来受到戎狄的侵犯，国人愤慨，要起而对抗。但是古公亶父却不忍心战场上的杀戮，于是忍痛离开自己的乡土、国业，改迁到岐山山下。大多数的豳人，由于爱戴他的德政，也都随他迁居。而后经由季历、文王的发扬光大，各地人民自动前来归附，竟拥有了三分之二的天下。到武王时，很轻易就取代了残暴的纣王，而改国号为周。

司马迁接着说，孔子、孟子他们，并不是不懂得怎样去"阿世苟合"，向时代风气妥协，为了自己本身的现实利益，随便去迎合别人的意见。实在是非不能也，是不肯为也。所以宁可为真理正义穷困受苦，也不愿苟且现实，追求那些功名富贵。因此，他们所讲的那些天理人伦、政治道德的理想，对于现实社会，就好比拿一个方形的塞子，要把它放进一个圆形的孔中一样，彼此都是格格不入的，哪里能够达到救世济人的目的呢？"持方枘而内圆凿，其能入乎？"

随后司马先生又举例：商汤时代，伊尹不得志的时候，为了实现他的理想，想尽办法，去做商汤的厨师。因此受到商汤的赏识，请他当辅相，发展了他的抱负，使商汤成为历史上的名王，他自己也达到实现理想的目的，而名留千古。

又像春秋末期的百里奚一样，在他穷困的时候，只帮着那些赶牛车的人喂牛，混口饭吃。但结果他利用了喂牛的机会，而受到秦缪公的重视，请他当辅相，因此使秦始皇的上代富强起来。

这些过去历史上的人物，也不错啊！为什么呢？有理想，有抱负，尚未得志时，不妨将就别人一点，先取得别人的信任，肯与你合作以后，才慢慢地引导他们走上大道。"作先合，然后引之大道。"那也是一种处世的办法啊！

比如像驺衍，他当时的学术、言论、思想，虽然看起来很怪，不合于学问的大道，好像是"语不惊人死不休"，但是他因此受到国际间的重视。所以，这也许是他一种入世处世的方法。他最终的目的，是要引导当时那些执政者，慢慢地走上仁义道德的政治路线。那么，他的用心，也便同伊尹的拿菜铲和百里奚的喂牛一样，都是别有苦心的了！

至于说，究竟是孔子、孟子那种严正的做人处世的态度对呢？还是驺衍他们那种立身处世的方式对呢？碰到这种问题，司马迁往往不下一个肯定的结论，这是很有趣味、也很高深的人生哲学的问题。有矛盾，也有相辅相成的作用。是与非，由读者自己去作答案。

司马先生的手法，往往就是如此的高明。把一切正反两面的资料，都放进孟子的传记里，陈列摆设在你的眼前，而且也加上说明。你买了票，参观了这些资料以后，你要的是哪一样，但各取所需，各凭所好了。不过，此中含有真意，不可随便，不可马虎。

附带地再说明一下，他在这篇《孟子荀卿列传》里，最后说到荀子，他有同孟子一样的理想，但是做人处世的方向又同中有异。荀子的晚年，就到了南方的楚国，当了楚国的属地兰陵（山东）地方的首长——兰陵令。后世发展成为世家大族。

人生遭遇，有幸与不幸，虽曰人事，岂非天命哉？虽曰天命，岂非人事哉？司马迁又不作肯定的评语，这等于你坐上公共汽车，或在公共场所，往往看到"银钱行李，各自小心"的警语一样有味道。对吗？

苏秦与孟子的时代

为了研究《孟子》这本书，我们在前面先简单扼要地提出了战国时期和孟子同时的学术思想界的一般人物，作为比较，作为陪衬，使我们在研究孔孟学术思想时，藉以启发自己的慧思，同时也可以由此认识孟子之所以被尊为亚圣的道理。

但是，只从当时的那些知识分子去了解孟子还不够。我们现在再来看看与孟子同一时代中，国际政治上的风云人物，也是我们历史上著名的风云人物——苏秦。他真是摆足了历史上的威风，但他也在年轻时期，受尽折磨，足资青年效法、惕厉。

在中国的历史上，后世一般研究史学的儒生们，尽管不重视苏秦，看不起苏秦，但是，在中国两千多年的政治史上，这些大人先生们，暗地里都还是模拟苏秦的那一套。甚至还深深地重用他的名言。尤其是当时代在变乱之中，要想拨乱反正，苏秦的那一套，是不容忽视的，可并不简单。

时下有些国人，往往很幽默地把现在美国的基辛格，比作苏秦。讲实在的，基辛格还不够资格与苏秦相提并论，比之苏秦那两个小兄弟苏代、苏厉，还差得多。

苏秦生在孟子同一时代的东周，是洛阳人。东周的洛阳，是当时中央周天子的另一首都所在地，尽管那个时代天下诸侯互争雄长，争取霸业，眼里已经没有中央的周室，所谓"天下已不宗周者久矣"。但是东西两周的首都所在，到底还是有它悠久的历史文化。苏秦便出生在那个古老文化所在地的名都。研究一个人的生平，这点也是很值得注意的。

他在少年的时候，和张仪、孙膑、庞涓几个人，都是从鬼谷子求学。鬼谷子的确是当时以及后世的一个神秘人物，也是属于道家之流的隐士，我们暂时不去讲他。苏秦离开了鬼谷子以后，便想有所作为。他研究一下当代的局势，只有秦国足以举足轻重，能够影响当时的整个天下。所以他的目标，就指向了高据西陲的秦国。那个时候的秦国，是秦惠王的时代，也正是由商鞅变法以后，讲究法治、讲究富国强兵的一个时期。而后，再经武王、昭王、孝文王、庄襄王的励精图治，才奠定了始皇一统天下的基业。

苏秦满怀希望到秦国去，大概先变卖产业，又借了些债，置办得很豪华，带了很讲究的行装到秦国。见到秦惠王，提出了他对天下事的整套构想和计划。

在当时的观念里，这种情形就叫作"游说"。那个时候还没有什么考试取士的用人办法，一般学者知识分子，都靠游说诸侯权贵而取得功名富贵和权力。即如孟子见梁惠王、齐宣王等提供王道德政的意见，在那个时代的风气，也都属于游说的做法。不过，后世有些人把游说这个观念，打入了纵横之学、策士之流的范围，很看不起，所以就特别把亚圣孟子的事迹，列于游说之外了。

秦皇霸业的蓝图

我们如果仔细研究，好好读一下《战国策》和《史记》，其中有关苏秦当时游说的言论和思想，实在不能轻视，也不可忽视。他第一次见到秦惠王所提出的说辞，也是标榜王道的做法。不过，他是针对当时的现状，特别强调他自己的军国思想与战争理论。他说：

> 大王之国，西有巴蜀、汉中之利，北有胡貉代马之用，南有巫山黔中之限，东有肴函之固。田肥美，民殷富，战车万乘，奋击百万，沃野千里，蓄积饶多，地势形便，此所谓天府，天下之雄国也。以大王之贤，士民之众，车骑之用，兵法之教，可以并诸侯，吞天下，称帝而治。愿大王少留意，臣请奏其效！

苏秦初见秦惠王所提出吞并诸侯，"称帝而治"的蓝图，也便是后世秦始皇所走的路线。结果，非常有趣，他的计划根本就被秦惠王所否决了。难道说，当时秦惠王的野心，还不及他的裔孙秦始皇吗？这也是我们现在研究孟子同样存在的问题。所以我们先来看看秦惠王当时对苏秦的否决辞是怎么说的。

秦惠王说："据我所知，一个羽毛还没有长丰满的鸟儿，是不可能高飞的。一个人文教化还没有培养成功的国家，是不可以随便征伐别人的。同样的道理，德政方面，还没有扎下深厚的根基，是不可以随便动员国民的。领导人的政治教化与感召力量，还不足以使全民由衷地顺服，是不可以再三加重责任，劳烦自己的高级干部去担负更艰巨的任务的。你苏先生今天很有心地不远千里而来到我的国家，肯这样当面教导我，非常感谢。不过，希望等到将来会有那么一天，再向你专诚请教。"完了，下一句，在前清来讲，就是端茶送客了。在现代，就是秦惠王举起手来看一下手表，再伸出右手来准备握手送客了。

这一段在古文怎么记载呢？文字写得美极了，可是现代人读起来，不大容易了解当时的现场实况。所以大家便马马虎虎地看过去，认为这些老古董没啥意思。《战国策》上的原文是这样写的：

> 秦王曰：寡人闻之，毛羽不丰满者，不可以高飞。文章不成者，不可以诛罚。道德不厚者，不可以使民。政教不顺者，不可以烦大臣。今先生俨然不远千里而庭教之，愿以异日。

可是在当时，年轻的苏秦还要装呆，不肯马上告退，仍然继续讲下去，想把他的学问知识连肚肠脑髓都翻出来似的。你看，这多么不懂事，不识时务！他在这个时候，把中国上古以来的历史哲学、战争论、战略思想，一股脑儿都搬出来支持他当时所构想的统一天下的计划蓝图。其中，他说道：

> 是故兵胜于外，义强于内，威立于上，民服于下。今欲并天下，凌万乘，诎敌国，制海内，子元元，臣诸侯，非兵不可。

他的意思是说，现在的世界，必须国富兵强，具有战略上的必胜能力，然后才有道义可讲。在国际外交上，你的兵力强盛，那么你内在的道义观点，才能发挥作用。他的这一段话，甚至于整篇的建议书，都是很有道理的。

我认为，凡是现代的国民，应该把《战国策》等书好好研究，拿它和孔孟之学互相研究。以孔孟之学的王道德政作为治事与立身、立国的中心，以《战国策》《孙子兵法》等为权变、应变、适变、拨乱反正的运用之学，实在很有必要。千万不要认为这些书是老古董，根本不去摸它。要知道，你根本还没有好好地深入去摸它，哪里知道这些古董之为古？它又是如何的古法呢？人云亦云，胡乱抛弃固有文化中这些宝藏，实在是很盲目，而且非常可惜。

关于《战国策》和《孙子兵法》的综合研究，我已经在"历史的经验"的讲课上，介绍过一部分，所以现在在这里只好从略，简单地提些要点而已。

苏秦说得哪怕再有理，无奈却不合时宜，所谓"话不投机半句多"，秦惠王当时面对这样一个外国来的年轻人，该有多讨厌！

这还没有完，这一回对秦惠王的当面游说不成功，他还住在秦国的旅馆里，一次又一次地写计划，写报告，送给秦惠王，希望他采纳。结果，上了十次的计划报告，秦惠王没有半点下文答复他。换句话说，秦惠王根本没有理他。不过，还算好，并没有认为他是国际政治上的疯子，没有把他驱逐出境。可是，也没有给他一个小职务干干，或者送他一些走路钱。

这一下，苏秦真完了，"一分钱逼死英雄汉"，所谓"美人卖笑千金易，壮士穷途一饭难"。带出来的黄金快用完了，身上穿的那件充阔佬用的皮袍大衣也破了，大概多少还有一点点零钱，可是绝对没有交际费用，再也没有长期住下去的能力了，因此只好乖乖地收拾行李回家。

苏秦的还乡

原文对苏秦回家的一段情景，虽然只用了简单扼要的三十六个字，却描写得活龙活现，痛苦不堪。我在这里特别提出这一段来讲，就是希望我们这一代青年，多注意一个人的奋斗成功与失败经验的教训。不灰心、不气馁、不怨天、不尤人，立志奋发图强，才是顶天立地的大丈夫。像苏秦当时那种遭遇，据我所知，我们在国外求学读书，或者从事其他方面的青年，有些也同样有这种痛苦的遭遇。结果，缺乏苏秦那样的勇气，被现实打击下去，大有可为的前途就白白牺牲了，真划不来。我们且看苏秦这一段历史经验故事：

> 赢滕履跻，负书担橐，形容枯槁，面目犁黑，状有愧色。归至家，妻不下纴，嫂不为炊，父母不与言。

我们读中国古文这三十六个字，当然先要认得字，知道了每个字的字义——说文、训诂，再来会意，便可知道作者当时描写得细致入微。看故事是有趣得很，但读了以后，也为苏秦的遭遇觉得很惋惜。

他在秦国没有办法了，只好打回家的主意，人既失意，钱又花光了，怎么办？他不负气自杀，只能忍辱，用千万个"忍"字，来坚强起自己。于是他只有"赢滕履跻"了。什么是"赢滕"呢？"赢滕"也就是"行滕"的意思。赢是满；滕是那个时候准备走远路的裹脚，等于后世的绑腿；跻是草鞋。他开始收拾行李，准备打道回家，只好用裹腿布把自己两只小腿满满地裹起来，以免长途走路，小腿的血管充血而受伤；然后又说他的鞋子也破了，新的买不起，只好穿上一双草鞋。短短四个字，便轻轻易易地形容了他当时的倒霉落魄相。

没有钱了，没有办法像开始到秦国来时有黄金百斤，雇人搬行李，那种神气的样子了。只有随随便便把破衣服、破行李捆成一堆，随身携带着好走路。好了，他这样狼狈地收拾起行李。"负书担橐"，又把那些带去的书都背在背上，书当然丢不得的，那个时候买书不像现在这么方便，印刷术也还没有发明，书是用一片一片竹简刻上去的，那是知识分子的资本，所以绝不能丢，只好背在背上。我的天哪！你看那些破书，不知道有多重啊！背了书还没完，又要把收拾好的行李，归成一堆，做成担子来挑，就像从前种田的朋友挑大粪那样辛苦。他就这样一副寒酸相，从秦国首都——陕西的咸阳，回到他的故乡——河南的洛阳来了。

这一路回来，真够辛苦，你要知道，他当年还在青年阶段，因为失意、穷困，已经弄得没有一点英俊的样子了。"面目黧黑"，看起来又黑又瘦，干瘪的穷酸相。但是这还是他的外形。最难堪的，还是他当时内心的痛苦，那实在是无脸见江东父老。可是这个时候，天涯茫茫，又到哪里去呢？叶落归根，不管好不好，有个家，有个窝，总是好的。因此只好硬着头皮回家。当然，进了自己的家，一定很难过，惭愧得不得了。不要说是苏秦，大家把自己换作他的处境，就可想而知那种"状有愧色"四个字的千万痛苦了。

千古人情的嘴脸

这样还不算什么，等他到了家以后，更难堪的是他太太正在织布，看到他回来的那副落魄相，当着家人的面，也没有勇气来迎接他，更谈不到慰问了，只是仍然不停地做她手里的工作，摆出一副冷漠的态度。他的嫂嫂们，当然不会问他吃过饭没有，根本是见如不见，相应不理的样子，哪里还肯为他到厨房去做饭呢？那个时候，是宗法社会的大家庭制，他的老婆要看嫂嫂们的风向，嫂嫂们又要看着一家之主的公公和婆婆怎么办。结果呢？他的父母看了他那副样子，一句话也不和他讲。你想，他在这种情形之下，这个面子怎么办呢？

苏秦到底是了不起的青年。年轻的同学们特别要注意，在原文上是怎样记载呢？他遭遇到这种情形，既不怨天，也不尤人，只是自己重重地叹一口气说："妻不以我为夫，嫂不以我为叔，父母不以我为子，是皆秦之罪也。"你看，这是一种什么胸襟！什么器度！他对于目前周围的情形，一点都不迁怒怨恨到别人身上去，只是深自反省自责，认为他的太太、嫂嫂、父母等人对待他这种情形，都是他自己的不是、无能，并没有埋怨他们的冷淡，更不会借酒浇愁，要打人、要揍人！

还有一点要注意，苏秦的老婆，尽管当时对他的态度上很冷淡，可是并没有像周代的姜太公、汉代的朱买臣两个人的太太那样，因为嫌他穷，嫌他没有出息，就要求离婚而去了。姜太公、朱买臣后来得志了，同样情形，他两个人的太太都要求回来，结果都遭拒绝了。所谓"覆水难收"，就是在朱买臣这节故事里引用的话。至于苏秦的太太，有没有在背地里鼓励他、帮助他，像历史上许多贤妻良母那样做法，因为无明文记载，就无法查证了。这是顺便对年轻女同学们提出注意的事，请勿见怪。

其实，苏秦的这种遭遇，并不特别，古今中外的人情，大体上都同一例。我所谓大体，当然不是说社会上所有的人，所有的家庭都是如此的。假如我们把历史上许多成功成名人物，在他艰难曲折的阶段，都搜罗来做一番研究，你便可以看出社会的人际状况，大概都是如此，反而觉得见怪不怪了。如果自己认识不够，非常介意这种反面的情况，便会产生愤世嫉俗等等变态心理。甚至无论你日后有成就没有成就，对人对社会，很可能形成一种仇恨的偏差心理。

我们随便提一点大家所熟知的历史经验，在所谓读书人的文化界中，让我们看看唐代元稹的三首悼亡诗，充分透露出少年落魄时代的痛苦。"诚知此恨人人有，贫贱夫妻百事哀"，就是元稹的名句，也是古今中外多少人共有的哀鸣。

此外，如韩信没有得志以前，不但要受市井无赖的胯下之辱，而且饥饿时，想吃一口饭都不容易，没有人理他，结果只有一个不知姓名的洗衣服老太太，可怜他的遭遇，把自己带出来的饭包施舍给他，让他吃了一餐饱饭。

后来，韩信功成名遂，当了三齐王回到故乡时，不但没有报复那个叫他爬在裤裆下的无赖少年，反而鼓励他、感谢他。同时，他又寻访那个施舍一个饭包的洗衣妇人，但始终没有找到。于是他只好把千两黄金，投在当年洗衣妇在那个河边洗衣服的河里去，表达他无限的谢意。这是历史上有名的韩信以千金投河，感谢漂母一饭之恩的故事。

因为韩信具有含垢忍辱、受恩必报、受辱不怨的这种气度，也就是他一生事业成功的主要条件。尽管后来他也被刘邦夫妇所谋杀了，但撇开权势功业不谈，如果专讲做人的气度，做人的味道，韩信比汉高祖刘邦可爱得多了。即使如项羽，在做人方面，有时候也比刘邦可爱。当然，这只是讲做人，不谈处事，要讲处事，那又须另当别论了。

讲到韩信的故事，相反地，正好拿汉高祖刘邦的遭遇作一对比。当刘邦在青年的时代，一天到晚到处游荡、闹事，不务正业，一事无成，他的父亲也实在看不下去了，有一次责备他几句，说他这样没有出息，实在比他二哥刘仲差多了。老二规规矩矩为家里添置了产业，所以家里人都很喜欢他二哥。至于他大哥，很早就死了。有一次，刘邦带了几个平日和他一起混混的朋友回家吃饭。他的大嫂骗他说没有饭菜了，朋友只好离去。刘邦自己到厨房一看，原来饭菜还有的是，于是怀恨在心。

后来他当了汉高皇帝，封他二哥为代王，封他弟弟为楚王，就一直没有封他大哥一家人任何职位。他父亲向他讲了，于是便封了一个"羹颉侯"给大哥的儿子，这是对他大嫂当年不请他朋友吃饭的回报。当未央宫落成时，他大宴诸侯群臣，席中向他父亲敬酒时说："始大人常以臣无赖，不能治产业，不如仲力。今某之业所就孰与仲多？"刘仲就是刘邦的哥哥。刘邦问父亲：你现在看我比起二哥来，哪个有出息？哪个弄的产业多呢？搞得他父亲啼笑皆非，无法答话。

你看他多小气！哪里真够"豁达大度"四个字的分量呢？

不过，话说回来，刘邦比起历史上其他许多的帝王，他又的确好得多，有些地方还不太失"豁达大度"的作风，所以历史上对于汉高祖这四个字的评语，也可说是由于比较性格而来的评论而已。

我们讲苏秦失败的情形，又顺便扯出了这些故事，都是为了说明古今中外的人情常态。我们现在讨论孟子，顺便联想到孟子的母亲对于孟子教育上的伟大之处，孟子所以表现出和苏秦迥然不同的圣贤人格，和这位孟太夫人的教诲，有着密切的关系。

苏秦成功的秘诀

好了，现在我们来看看苏秦当时发愤图强的另一页。他回到家里以后，在那种重重打击的情形之下，不怨天，不尤人，已经太难得了。同时他又踏实地作一番自我检讨，因此，他在含垢忍辱之下，连夜检阅自己的藏书，在几十种古书里，他特别找出了姜太公所著、与《阴符经》有关的谋略之学。他重新开始研究阴符谋略，仔细去抉择它的精要。读到夜里想睡觉时，他便拿起锥子来刺自己的大腿，以警觉自己。因此我们古人有勉励青年人求学的名言，所谓"头悬梁，锥刺股"。其中锥刺股的典故，便出自苏秦这件事的。好在他有强健的身体，能够熬得过这种自虐式的刻苦奋斗，所以大腿常常被刺得血流到脚上，他都能忍受得了，如果没有充沛健康的体能，那就早已完了。他这样的用功，经过了一年，便很自信地能说动当时各国的政治领袖，所谓"当世之君"的人主们了。他的原文是从前面提过的"皆秦之罪也"之后，接着还有这样的记载：

> 乃夜发书，陈箧数十，得太公阴符之谋，伏而诵之，简练以为揣摩。读书欲睡，引锥自刺其股，血流至足。曰：安有说

人主，不能出其金玉锦绣，取卿相之尊者乎？昔年揣摩成，曰：
此真可以说当世之君矣！

王霸互用的失败

我们讲到这里，暂且告一段落，先回转来看有关苏秦成功与失
败的几个重要问题：

第一，关于苏秦的学术思想问题。

大家都知道，他在少年时代，和张仪、庞涓、孙膑他们，都是
鬼谷子的学生。孙膑和庞涓出山以后，正值当时国际间的风云排荡
之秋，在军事的战争上都有所成名，这不在本题范围，不去讲他。
苏秦与张仪和他们不同，走的是政治路线。

搞政治，当然要牵扯到学说思想问题。我们看过苏秦初见秦惠
王的游说资料，很明显地看得出来，他在出道之初，讲的也同当时
一般学者一样，大体都是从传统文化的王霸之道的学说思想范围，
来分析当时的现势，贡献自己的主张和计划。并没有什么特别之处，
更没有如后世小说家所想象的，鬼谷子传了他一套"呼风唤雨，撒豆
成兵"的特别本事。

为什么苏秦当时所讲比较正规的学术思想，却不能被当时的老
板们——所谓"人君"的人主们所接受呢？这是为了什么？如果只拿
文化衰落、政治道德败坏等老套观念来看，当然也是理由，实际并
不透彻。究竟是什么原因？大家不妨多去读读书，多思考去研究研
究看。不过，由此显而易见的是苏秦那种初期正反互相参合的学说，
已经无法扣动当时的人主们之心弦，何况我们的孟夫子，动辄就搬
出王道的大道理呢！那当然是牛头不对马嘴，到处吃不开了。

很可惜的是，苏秦后来还有十次对秦惠王的建议论文，都没有
留下完整的资料。否则，在战国时代诸子百家的文化遗产中，也必

可以成为一家之言，一定也占有相当的价值。不过，话说回来，苏秦本人的思想，只讲现实，并不注意学说思想的真正精神。也许，他认为那些建议意见，是失败的，所以便没有让它流传了。

《阴符经》的启示

第二，《阴符经》与苏秦后来成功的问题。

我们看了以上的资料，都知道苏秦从秦国失败回家以后，关起门来，苦苦地再来用功读书。据说，读的是周朝初期极富传奇性的人物——姜太公（吕尚）所传的那本《阴符经》。因此，自秦汉以后，很多人都在找这本出过历史性的大风头、有旋乾转坤之能的神秘奇书。学政治的，学军事的，甚至学神仙道术的，统统都在找它。另外有个类似的传说，圯上老人——黄石公，给了张良一本书，张良读了以后才能再度出山，成为帝王师的风云人物。有人说，圯上老人给张良的，便是《素书》，因此许多人也拼命去读《素书》，想在其中找出求得功名富贵的捷径。

事实上，我们都知道，从古代流传下来的《阴符经》和《素书》，据学者们的考证，都是伪书，是后人所假造的。那两本真书，早已收归天上，不落人间了。而且我们现有的《阴符经》有两种：一种是所谓黄帝时代所著的《阴符经》，是道书，当然也可以在其中牵强附会，套上政治学、军事学、谋略学等许多大原理原则。还有另一种《阴符经》便是所谓《太公兵法》，实际上都是伪书。书本虽然出于后世才人们的伪造，但它的内容、价值，却不可以因为是伪书便一笔抹煞。这等于国际市场上某些精良的赝品，不但可以乱真，甚而有时简直可以同真了。

现在我们再来讲苏秦。他在家里，又下了一年昼夜关门苦读的功夫，便很自信能说动当时的人君们。难道说《阴符经》真有这样神妙吗？你若把流传下来固有的《阴符经》，或《太公兵法》，或者《鬼谷子》那些书都拿来研究一下，如果自己没有高度的智慧，足资自我启发的话，那你很可能要被那些书本所困扰，变成一个食古不化，迂腐而迷好神奇，愈来愈不切实际的"老冬烘"了。

　　但是，根据史料的记载，苏秦再度出来的成功，的确是由研读《阴符经》所致。这又是什么原因呢？因为在我们的古书里，所谓阴符也好，六韬三略也好，这些书本统统属于谋略学的范围。大体上，所有论说的内容，都是用古代简练的文字，根据天道、物理等奇正反复、阴阳互变、动静互用的原则，来说明应用在人事上的原理。这所谓人事，包括了政治、军事、经济、外交、社会等等人际关系的事务。苏秦再读《阴符经》以后，启发了他的思想，重新仔细研究当时的天下大势，使他有了新的启示，形成一套适合于当时国际形势的新的谋略构想，因此便建立信心，自认为再度出山，必然可以切合当时人主们现实的需要，必定会采纳他的意见而使自己达成愿望。

　　由这里，我们可以了解，世界上不管哪一门学问，必须要从读书求知识，受教育而建立基础。但是书本上的知识，都是由于前人的经验累积所集成的产品。当你吸收了这些知识经验以后，必须还要自己能够消化，能够加以发挥，产生出你自己新的见解，才是构成学问的最主要因素。如果呆呆板板地被它所范围，那就变成了所谓的"书呆子"了。其实，书呆子的确也是人类文化的艺术产品，有他非常可爱的一面。但是，往往运用到现实的事务上，便又很可能流露出非常可厌的一面，成为"百无一用是书生"古人名言的反映了。苏秦他再度地出山，便是由书呆子的蜕化而成功的。

图取个人权利

　　第三，我们要注意苏秦在历史文化上的价值问题。

　　我们历史文化的根本基础上，几千年来一仍不变的重心所在，就是传统文化中王道的精神，也便是孔孟一系儒家学术思想的道统。严格说来，这种文化维系续绝的道统所在，倒并非因为汉武帝"罢黜百家，独尊儒术"的缘故。实际上，是因为我们这个民族先天性地爱好人道和平，重视接近天则的王道教化，而薄视巧取豪夺的权谋所致。

　　因此，在我们的文化史上，尽管有非常可爱、非常重要的诸子学说思想，但也只能把它用来作为文化学术的旁通陪衬，而不能认为是正规的文化中心思想。更何况如苏秦、张仪之流的纵横谋略之学，只是从个人的权利思想出发，图得个人平生的快意，他的用心动机，并没有为国家天下长治久安作打算。因此，虽然在当时的现实政治上煊赫一时，风云了二三十年，但毕竟要被历史的天秤称量下去，并不予以重视。

　　再说，我们虽然只是简略地读了前面引述苏秦出处的那些资料，但在大体上，已可了解他是深受当时的时代环境、社会风气和家庭背景所影响。他并不能像孔子、孟子那样具有"确然而不可拔"的特立独行的精神修养。所以他始终只能成为一个大谋略家，一个聪慧的凡夫，绝对无法成为一个超凡的圣人。那么，在这里我们对于凡夫与圣人的分野，又如何来下一个定义呢？很简单：

　　在现实的人生中，只为自己一身的动机而图取功名富贵的谋身者，便是凡夫。

　　在现实的人生中，如不为自己一身而谋，舍生取义，只为忧世忧人而谋国、谋天下者，便是圣人。

　　所以我们只要看苏秦的传记上，当他学成再要出门时的豪语——"安有说人主，不能出其金玉锦绣，取卿相之尊者乎"的几句话，就可以看出他的器识志量只在财势而已。

　　在这里，使我想起当年在四川时，听一位西蜀的前辈朋友，告诉我们戏中几句幽默的戏文。其实，我觉得不单是平常的幽默，简直是对英雄主义的讽刺，也是人生哲学的透视。现在可以用来对苏秦的这个历史故事作类比。

川戏、汉戏，差不多都是同一系统的地方性艺术。也和京戏一样，在做戏的时候，要配上那些吵死人的大锣大鼓。当然，京戏原来就由安徽湖北戏变来的，大锣大鼓也有极大的学问，年轻同学们对这一部分国粹不可以太轻视。

现在我要讲的，当川戏中唱某一出大戏时，先在震天响的大锣大鼓开场下，出来了两位披大氅、武生打扮的绿林英豪。他们用大氅遮住面目，在戏台上先用英雄式的快步转上一圈，然后在戏台的中央当众一站，虎虎有生气地撩下了遮面的半边大氅，就开始唱起他们自报名来的道白了。一个英雄唱的是：

> 独坐深山闷幽幽，两眼瞪着猫儿头。（当年四川路摊上卖给劳力人们吃的白饭，添在碗中高高超出鼻尖的那种便饭，就叫作猫儿头。）如要孤家愁眉展，除非豆花（儿）拌酱油。

你看，所谓占山立寨的英雄豪杰们，他最基本的要求和最终的目的，还不都是为了吃饭吗？只是被他这种装扮，配上幽默的对白和做作，一说穿，人生本来如此，于是就逗得人哈哈大笑了！

另一个跟着唱白的是：

> 小子力量大如天，纸糊（的）灯笼打得穿。开箱豆腐打得烂，打不烂除非（是）豆腐干。

这可真够幽默了，这四句话说穿了人毕竟都是人，就是这样的平凡，拆卸了英雄心理上的伪装，谁人又有多大的了不起呢？

好了，笑话也说过了，由这个笑话的题材，我们再回转来看苏秦的动机，所谓"出其金玉锦绣，取卿相之尊"的语句文辞，和所引用川戏中的两首白话诗来对看，就不用我再来下结论了。

佩六国相印的显赫时期

在战国的后期，国际上所有盛极而衰的强国，尽是一片纷纷扰扰的局面，都畏惧崛起西边的强秦，没有哪一国真敢和秦国抗手争衡的。即如孟子所见最大的、最古老的齐国之君齐宣王，也不例外。那么，苏秦这次的再次出门游说，要想实施他合纵抗秦的联合国计划，实在也真不容易。不要说在当时的时代背景有如此之难，即如后世的历史上，以一介平民的书生，毫无背景，毫无凭借，要想掌握整个天下于股掌之间，成立一个空头联合战线的王国，除了苏秦以外，实在再也找不出第二个了。

我们读历史，不管从哪种角度来衡量，随便怎么看不起苏秦的作为，但他毕竟还是有他对当时时代贡献的功绩存在。他后来能够南北奔走，把国际间联合战线组织成功，身佩六国相印。在私的方面，果然耀武扬威地让他家人和嫂子们羡慕不已。在公的方面，他也着实做到了吓阻强秦而不敢轻易发动侵略的战争。因此而使当时战事连绵的天下时局，能够由他手里一直安定和平地过了二十多年。不但当时的六国诸侯深受其利，间接地使当时天下各国的人民，能够喘息安居，半生免于战争戎马的祸患，实在也是很大的功德。虽然他只为现实利益，以个人主义为出发点，但是他所造成事功的伟业，岂可轻易地抹煞。事实上，孟子在当时，也有所未能。

如照孔子评论管仲等人物的语调，假如孔子迟生在苏秦之后，也许会给他一句"可谓能矣"的评语呢！

历史的是非，到底也有公论，我们只要看一看刘向著《战国策》

的序言，便可知苏秦的确也有可贵可爱的一面。如刘向所说：

> 夫篡盗之人，列为侯王，诈谲之国，兴立为强，是以转相仿效。后王师之，遂相吞灭，并大兼小。暴师经岁，流血满野，父子不相亲，兄弟不相安，夫妇离散，莫保其命，泯然道德绝矣。……
>
> 故孟子、孙卿（荀卿）儒术之士，弃捐于世。而游说权谋之徒，见贵于俗。是以苏秦、张仪、公孙衍、陈轸、代、厉（苏秦的小弟）之属，生纵横短长之说，左右倾侧。……
>
> 然当此之时，秦国最雄，诸侯方弱。苏秦结之，时六国为一，以傧背秦。秦人恐惧，不敢窥兵于关中，天下不交兵者二十有九年。……
>
> 战国之时，君德浅薄，为之谋策者，不得不因势而为资，据时而为画。故其谋扶急持倾，为一切之权，虽不可以临国教化，兵革救急之势也。皆高才秀士，度时君之所能行，出奇策异智，转危为安，运亡为存。亦可喜，皆可观。

我们要注意，苏秦第一次游说的失败，是先走强国的路线。这一次他再度出门游说，经由赵国，先到北方的燕国，打动了燕文侯的心，最后对苏秦说，愿意把全国的力量付托他，以便从事南北联合阵线的合纵工作；并且给他足够的活动资金，又为他装备豪华的外交马车。如《战国策》所记：

> 燕王曰：寡人国小，西迫强秦，南近齐赵。齐赵强国也。今主君幸教，诏之合纵以安燕，敬以国从。于是赍苏秦车马金帛以至赵。

从此苏秦便一路顺利地到了赵国来游说赵肃侯。结果赵王也和燕文侯一样，愿意把国事全部付托给他，而且比燕王更加倍地供给苏秦活动资金和外交排场。

如所记：

> 赵王曰：寡人年少，莅国之日浅，未尝得闻社稷之长计。今上客有意存天下，安诸侯，寡人敬以国从。乃封苏秦为武安君，饰车百乘，黄金千镒，白璧百双，锦绣千纯，以约诸侯。

你看！这一下苏秦的神气更大了。他到了韩国，结果韩宣王又是说："敬奉社稷以从。"

接着，他到魏国来说动了魏襄王，也就是孟子批评他"望之不似人君"，看不起他，施施然而去之的魏襄王。结果他也同燕赵韩一样，完全听命于苏秦。

等到苏秦再到齐国来见那一位向孟子请教过，结果是话不投机的齐宣王，也是"敬奉社稷以从"，向他拱手拜托了。

最后，他到南方说动了楚国的威王，楚王当然也是以"谨奉社稷以从"作结论。到此，司马迁写《苏秦列传》便说："于是六国纵合而并力焉，苏秦为纵约长。""纵约长"，相当于现在所谓联合国的秘书长。"并相六国"，同时兼任当时国际上六个国家——燕、韩、赵、魏、齐、楚的辅相职务。

这个时候的苏秦，神气可大了。现在美国出了一个小小的基辛格，哪里能够与苏秦相提并论。

不过，最有趣的，是《战国策》中，首先在《秦策》里所记述苏秦那篇的结尾一段，他写实的描写，也和司马迁在《史记》里所写的一样有趣。虽然我认为《战国策》里对苏秦的一段结语，正好为他作盖棺论定的画龙点睛。不过，为了文章安排的次序顺畅，我们还是采用了《史记》的一段，更为条贯。

苏秦组织联合战线的合纵计划，由北到南；一路外交活动的成功之后，他必须回转北方，向开始发起的燕赵报告。在北上的途中，必须经过他的故乡洛阳。这一路行来，后面侍从的车驾阵势，非常浩大。随行的行李和卫队，当然也可想而知，真是威风十足。更何况各国的诸侯都派遣了特别使节来欢送他。那种神气，简直就相当于当时执掌政权的诸侯王者一样。

因此，搞得当时在洛阳的中央天子周显王，听了这种情况，心中也有点惴惴不安了。因为苏秦本来是他中央直辖治下的平民，并且在他第一次出来游说时，也曾先向东周提出过意见，结果被打了回票。所以这次周显王更显得有些难堪了。因此，只好派了专人为他清理还乡的道路，又加派了一位代表远到郊外去欢迎他。如说：

> 北报赵王，乃行过洛阳。车骑辎重，诸侯各发使送之甚众，疑于王者。周显王闻之恐惧，除道，使人郊劳。

苏秦的书生本色

现在我们继续看苏秦回到故乡后的记述，不但是很有趣味的历史故事，同时也可以启发我们对人生观的哲学思想，以及做人处世，在义、利之间的取舍，非常值得注意。先看这一段绝妙的原文：

> 苏秦之昆弟妻嫂侧目不敢仰视，俯伏侍取食。苏秦笑谓其嫂曰："何前倨而后恭也？"嫂委蛇蒲服，以面掩地而谢曰："见季子位高金多也。"苏秦喟然叹曰："此一人之身，富贵则亲戚畏惧之，贫贱则轻易之，况众人乎！且使我有洛阳负郭田二顷，吾岂能佩六国相印乎！"于是散千金以赐宗族朋友。初，苏秦之

燕，贷人百钱为资，及得富贵，以百金偿之。遍报诸所尝见德者。其从者有一人独未得报，乃前自言。苏秦曰："我非忘子，子之与我至燕，再三欲去我易水之上，方是时，我困，故望子深。是以后子。子今亦得矣。"

这段原文接在当时中央政府的天子周显王也派特使出来欢迎之后。

苏秦当时那种威风荣耀，比起唐朝的士子们考取了进士便自比作登仙而升天的情景，远有过之而无不及。这个时候，他的父母兄弟妻嫂，全家人都出动到郊外去欢迎他。等到苏秦的全副仪仗到家以后，他的兄弟、太太、嫂子们，都不敢拿正眼来面对着他，只敢低着头，偷偷地拿眼角瞄视他，而且都弯着身子，用半跪式的姿态侍候他，等着他来吃饭。

苏秦看了这种情景，就笑着对他的大嫂说，你在我当年失意回家时，不肯为我做饭，现在为什么又这样的多礼呢？我们读了苏秦这句"何前倨而后恭也"的问话，果然觉得他也未免有点小气。但要知道，这是人之常情，除非真正的圣哲，可以淡忘过去的嫌隙。不然，任何一个平常人，都会有这种介意的心理存在。只是耿耿在心的介意，没有采取难堪的报复做法，已经算是第一流的豪杰之士，何况苏秦还坦坦白白地用笑脸说出他的幽默话呢！好了，理论少讲，我们快看这一幕家庭闹剧是怎样地演出。

他的嫂子听了苏秦类似讥讽的幽默以后，挂不住了，生怕苏秦会拿权势来报复她，干脆便一跪到地，扑下了身子，正如后世所谓的"五体投地"地拜倒在地，一面向他道歉，一面说了一句非常坦白的良心话：因为我现在看到你官位又高，钱又多，所以我要对你好好地巴结了！这句"见季子位高金多也"真让人拍案叫绝，如果也用金圣叹批小说的手法来讲，可批："好个苏大嫂！可以浮一大白。"

苏秦问得讥讽、幽默。苏大嫂答得也真够坦率，真够心直口快，说出了千古人情的真话。

人与人之间的真诚礼敬，是要极高度的学问修养才能做到。否则，绝对纯朴，没有学识的人也能做到。除此之外，人与人相处的礼敬态色，不是为了权势的高位，就是为了你有多金值得重视。如果既有高位，又有多金如苏家的老三，当然会有人向他拍马屁了。

季子，是苏大嫂在家里叫苏秦老三或三叔的口头语，并不一定是苏秦的名字。不过，古人的口语，记之于文字，后来往往便把它当作了文词。

我想这种人生滋味的经验，在每个人的心史上，或多或少都有过记录的。只是在苏秦这里，叔嫂两人的对话中，坦白地说出了人情世态的真相，便觉得够刺激！够痛快！

也由于苏大嫂的坦率，便接着引出苏秦对人生观的哲学言论。当然，那个时候还没有新闻记者来访问他，所以不是要记者发表的私人意见，更不是他代表合纵政策的联合公告（一笑）。当他听了他大嫂的话，便很感慨地说：唉！当年落魄回家的苏秦，也就是现在的我，同样的一个人，当你富贵的时候，亲戚朋友都畏惧你，敬重你。当你贫贱的时候，人们就轻视你，把你看成不值一顾的人。像我苏秦这样的人，对于人生的遭遇，也深刻地体验到"人情冷暖，世态炎凉"的味道，何况平常的一般人呢？注意！我们要特别注意原文中"况众人乎"这句话的语意。为什么呢？苏秦的语意是很坦白地说，像我苏秦这样有出息的人，虽然有一半是运气，但是也算难得了。至于一般平常的普通人，根本就不可能有这种努力的成果，有这种好运的机会。因此，世界上那些注定要受委屈的人们，还不知有多少哩！这便是苏秦的哲学观点，苏秦的书生本色，的确明通世故，透达人情到了极点，所以他的成就，也并非偶然侥幸得来的。

但是，这一段文章里的"况众人乎"也可以照一般的解释，是说像我的家人亲属们，在我失意的时候，也是那样的鄙视我。现在在我得意的时候，又这样的巴结我。至亲骨肉尚且如此，何况一般毫无关系的外人呢！

这还不算，最可爱的是苏秦接着说出他的坦率话。他说：假如我当年自己手里有靠洛阳城郊的好水田二百亩，那我宁可在家里享受田园之乐，在农村社会做一个小小的富家翁，享享福，谁又愿意出去奔走四方呢！不过，我苏秦真要有那种好的家庭环境，那么，我今天哪里可能一身掌有六个国家的辅相大印？

所以人生的福祸都很难说，我们如果从道德果报的观点来看，便有后世宗教家们所说的："祸福无门，唯人自召。"如果只从哲学的观点来看，便符合"塞翁失马，焉知非福；塞翁得马，焉知非祸"的至理名言。

讲到苏秦所说人生哲学的道理，使我联想起现代史上一位名公巨卿的故事。当他少年时，开始出来学军事，当小排长的时候，他的同袍看到他日记里写着，如果他有五百块大洋，可以回家买几亩地来种田的话，实在不想这样辛苦。他哪里想到后来居然成为国家重臣，在历史上留名呢？同样情形，在唐末的乱世中，吴越王钱镠，原先也只想在贩盐的行业里，多纠集些人手来保护自己，他哪里又预料到后来能屏障东南，做到了"满堂花醉三千客，一剑光寒十四州"的封王局面呢？再说，朱元璋要不是因为当小和尚碰到荒年，出去化缘也难得温饱的话，他也不会去投军。当时他更是做梦也想不到自己后来竟然当上皇帝。当汉光武帝刘秀还没落在民间的时候，他的最大希望，只想做到帝都卫戍司令的职位，然后讨到阴丽华来做老婆，"仕宦当作执金吾，娶妻当得阴丽华"就志得意满。哪里又想到竟然做了汉代中兴的令主呢？诸如此类历史人物的类同故事很多，不再多讲了。

不过我们要知道，像苏秦那样的人物，在踌躇满志的时候，仍然能不失书生本色。幡然憬悟到人生哲学的道理，总算不太容易。

但是，苏秦是属于豪杰之士的人物，豪杰也是凡人，不能以他的一个人生，来遍盖一切的人生观念。另外如孔孟一系的儒家圣哲们，他们的人生哲学，一开始发心立志，便要"为天地立心，为生民立命，为往圣继绝学，为万世开太平"。就如各个大宗教教主们的救世淑世主义者，当然又比苏秦的人生境界，超越了许多。其他如道家的隐士们，那种遗世独立的情操，又是另一种人生类型的风格。

因此，我们在现实的人生社会里，必须有独立不倚的澡雪精神，才能挺拔在"位高金多"的俗世之中。例如宋人陈仲微有一段对人生观的名言，实在可作为热衷于富贵中的清凉剂。他说："禄饵可以钓天下之中才，而不可啖尝天下之豪杰；名航可以载天下之猥士，而不可以陆沉天下之英雄。"

苏秦的义利之辨

在艰苦中成长成功之人，往往由于心理的阴影，会导致变态的偏差，这种偏差，便是对社会、对人们始终有一种仇视的敌意，不相信任何一个人，更不同情任何一个人。爱钱如命的悭吝，还是心理变态上的次要现象。相反地，有器度、有见识的人，他虽然从艰苦困难中成长，反而更具有同情心和慷慨好义的胸襟怀抱。因为他懂得人生，知道世情的甘苦。

苏秦是豪杰之士，所以他在憬悟到人生的正面和反面、人性的美好和众生相的丑陋以后，便慨然拿出千金，普遍散赐给宗族和朋友们。同时还报过去穷困时对他有恩惠的人。当他第二次出门到北方去的时候，有一位乡邻，借给他一百钱做路费，他便加十倍地回报，还了他百两黄金。这种举动，看起来、说起来很容易，事实上，到了自己头上，要痛痛快快、慷慷慨慨地做起来，就真不容易。还有太多的事例，在此不多作讨论。

　　原文中接下去，另一小节的记载，很好笑。当苏秦在家乡正做这样豪举的时候，有一个乡亲是当年跟他到北方燕国去的，可是苏秦这次却对他没有什么表示。这个人干干脆脆，自己直接向苏秦说，我跟你没有功劳，也总有些苦劳，为什么你不给我一点好处呢？苏秦说，对不起，其实我没有忘了你，只是你太过分了，当我在艰苦的时候，很需要你跟着我，帮忙我到燕国去，可是你看我当时在赵国没有什么成就，所以在我渡过易水要到燕国去的最困难关键上，你再三想离开我，不肯再帮我了。你要知道，在那个时候，正是我困难得要命的时候，多么希望得到你的帮助和鼓励。可是你却很势利，真让我痛心极了。所以现在我故意把要给你的一份摆在最后，也是给你一点教训的意思。好了，你现在又当面来要求，当然有，这一份便是我为你准备的，现在你拿去吧！

　　在《史记》里，司马迁写《苏秦列传》，把这样一件小事也记载上去，这正如现代的我们写白话传记一样，在一件小事上，一个小动作上，特别加以叙述，此中往往衬托出很重要的观念，要读者好好去思辨，好好去体会。

　　最后，司马迁写着："苏秦既约六国从亲，归赵，赵肃侯封为武安君，乃投从约书于秦，秦兵不敢窥函谷关十五年。"

　　但后来刘向在《战国策》的序言上，却说："秦人恐惧，不敢窥兵于关中，天下不交兵者二十有九年。"

　　这里与《史记·苏秦列传》所载相差十四年的问题在哪里呢？司马迁说的十五年，是苏秦手里的事。刘向说的二十九年，包括了苏秦、张仪、苏代等当政的年限。张仪是他同学苏秦一手计划培养的，故意造成反对派势力，帮助秦国破坏了苏秦合纵以后的计划，另创一个连横的联合战线，与苏秦的原计划相抗衡。其实，都是他们两个同学的袖里乾坤，故意一正一反来玩弄诸侯，摆布天下。同时因苏秦的影响和培养，跟着又有他的弟弟苏代、苏厉等，也是走他的老路，纵横捭阖于当时的国际局势之间。

反正总结起来，都由于苏秦一手的创作，而减弱了当时国际间的连绵战争，维持了二三十年大体上还算和平安定的局面，虽然最后苏秦还是在齐国被人行刺而死，但是这个历史上的功绩，却不能不归之于苏秦的谋略。

生死之谜

可是，最近我听人说，又有新的出土资料，足以证明苏秦当时在齐国并没有被刺死，可能只是受伤或是伪装受伤，他是道道地地地功成身退，归隐去了。后来还活到相当长的岁数。

我是没有亲眼看到这些资料，到现在还只是道听途说而已，假如是真有其事，那么我们对于苏秦的评价，还要高得多了。这样一来，范蠡的逃名归隐，虽然独步于先，后来的这个苏秦也很高明，他使写历史的人，更弄不清他的下落，岂不是比范蠡逃名得更有趣，真不愧是鬼谷子的弟子了。后世道家的神话传说，当苏秦功成名遂之后，便回去找他的老师鬼谷子，学道修仙去了。

不管如何，苏秦一生的作为，在历史文化上，很明显地可以看到，他是位非常高明的豪杰之士，他既不想做英雄，当然也谈不到圣贤的作为。但也不能像过去学者们的成见一样，只把他打入谋略家，好像他只懂得纵横捭阖的阴谋策略，完全忽略了他对当时历史时代上，的确已经做到了挽救战乱危机而措置于和平达二十多年的贡献。有多少人的生命财产，都在他的一念卵翼之下而安享了天年。只要我们仔细研究一下战国末期的战史，包括国际性、地方性的大小战争来看，便可知道过于轻视苏秦的功劳，那也是很不公平的。

那么，为什么又说他不想做英雄呢？这很简单，在他后来左右逢源、摆布整个国际天下在他指顾之间的时代，他没有一点野心，想走那三家分晋，或者田氏篡齐的作为。就如他在燕国，以及他在赵国，受封为武安君那段时期，也没有过分地干扰弱国之燕、赵的实际内政。再拿他得志回家，分财施人的作风，来对比研究，便可想见苏秦书生本色的个性，的确有过人之处。

如果新近的传说属实，真有新出土的资料，证明苏秦后来是逃名隐遁了，又安享余年，还活得不算太短的寿命。那么，就要对他高明的人生哲学观点另加评价了。或者，在他的经历上，对于人世间的历史哲学观点，确如范蠡他们一样，另有独到之处。在这里，使我想起了明代苍雪大师一首题画诗的哲学意境："松下无人一局残，深山松子落棋盘。神仙更有神仙著，毕竟输赢下不完。"倘作如是观，那他岂不是更神奇了吗？

再说，司马迁特别为苏秦写了一长篇的列传，不厌其详地为他记述合纵的情形，也实在有他的深意存在。关于苏秦死后的传说，究竟如何？他也有点怀疑，只是资料不足，不敢写得太过分。但是他对后世一般人对苏秦的看法，也不太同意。不过，不能说得太明显，恐怕后来的人，不讲道义，只想学谋略，画虎不成反类犬，那就不好。我们只要读一下他在《苏秦列传》最后的评语，便可知道了：

太史公曰：苏秦兄弟三人，皆游说诸侯以显名，其术长于权变。而苏秦被反间以死，天下共笑之，讳学其术。然世言苏秦多异，异时事有类之者皆附之苏秦。夫苏秦起闾阎，连六国从亲，此其智有过人者。吾故列其行事，次其时序，毋令独蒙恶声焉。

我们在讲述《孟子》之前，花了不少时间来讨论孟子时代战国末期的情势，又附带地多讲一段苏秦故事，用来衬托出孟子特立独行的立身处世的圣贤之道，究竟是为了什么呢？

因为我们生当此时此地，现实世界的局势，就如春秋，就如战国，尽管时代有不同，社会结构与政治制度、形势都有不同，但在大经大法、大原则、大原理的变化之际，国与国间，人与人间，古今中外，并无例外。所以特别提醒注意，希望年轻的同学们，为国家的将来，为自己，都能花些精神，多去读《春秋》《战国策》这些书，只要能够善于读它，必定会有用的。的确是"其智有过人者"，例如苏秦、张仪两位同学，故意制造了正反相妨，而又相辅相助的反复阴谋，便使整个天下，在他们手里玩弄，使天下在他们手里安定。由此而知，今天世界上的故唱和平，实为倡乱的反复阴谋等等，只要你真正懂得《战国策》的策眼，便可一觑看穿，不会上当的。

同时，我们这次讲《孟子》，正好看看孟子与苏秦等人先后都见到的齐宣王、魏襄王他们，当时的国势和他们的内政国情是怎样的。为什么孟子要这样说，苏秦和齐魏两国的王者，又要那样做，这是什么道理？在《孟子》本书上找不出相关的资料，而在《史记》《战国策》上，却可以找出一些道理来。所以我采用了这个研究方法，不但不会使苏秦"独蒙恶声"，也可将《孟子》读得活活泼泼的，富有生气，因而更能领略得亚圣之所以为亚圣也。

　　戊子三十六年，燕、赵、韩、魏、齐、楚，合纵以摈秦，以苏秦为纵约长，并相六国。

　　己丑三十七年，秦以齐魏之师伐赵，苏秦去赵，适燕纵约解。

　　壬辰四十年，宋公偃逐其君剔成而自立。

　　癸巳四十一年，秦张仪伐魏，取蒲阳，既而归之，魏尽入上郡，以谢秦，以仪为相。

　　丙申四十四年，赵武灵王雍元年，是岁秦称王。

丁酉四十五年，苏秦自燕奔齐。

戊戌四十六年，秦相张仪免，出相魏。

庚子四十八年，王崩子定立。

辛丑元年，卫更贬号曰君。

壬寅二年，孟轲适齐。

癸卯三年，楚赵魏韩燕伐秦，攻函谷。

甲辰四年，苏秦已死，魏请成于秦，张仪归，后相秦。

乙巳五年，秦伐蜀，取之。

丙午六年，王崩，子延立是为赧王。

丁未元年，齐伐燕取之，醢子之，杀故燕君哙。

戊申二年，楚屈匄伐秦。

己酉三年，燕人立太子平为君。

庚戌四年，秦使张仪说楚、韩、齐、赵、燕、魏连横以事秦，秦君卒，诸侯复合纵。

辛亥五年，秦张仪复出相魏。

壬子六年，张仪死，秦初置丞相，以樗里疾、甘茂为左右丞相。

癸丑七年，秦甘茂伐韩宜阳。

经史合参

我们这次研究《孟子》，是采用"经史合参"的方法。所谓"经"，就是《孟子》七篇的本经。所谓"史"，就是指孟子所处的时代——如齐梁等国当时约略可知的史料。除了《孟子》本经之外，同时配合战国当时相关的历史资料，来说明孟子存心济世的精神所在。

过去我们在年轻的时候读《孟子》，往往觉得很枯燥乏味，只是为了传统的要求，作教条式的信仰，填鸭式的记诵，或多或少，总存着不是绝对信服的心理。如果把学力加上年龄，再加上对世事的经历和观察，慢慢到了年事老大，才会觉得孔孟之学在人道的立场上，的确是有它圣之为圣的道理。但学力加年龄加阅历，说来只是一句话，实际上却是一段漫长的路程，同时夹杂着许许多多的甘苦。所以我认为针对现代情况的需要，用经史合参的方法来认识孟子，也许有很多方便。

讲到这里，顺便想起一个历史上有关孟子的故事，那就是明太祖朱元璋的趣事。朱元璋当了皇帝以后，大概也和我们年轻时的心情思想一样，非常讨厌孟子，他认为称孟子为"亚圣"，把他的牌位供在圣庙里，实在不配，因此取消孟子配享圣庙之位。晚年他的年事阅历多了，读到《孟子》的"天将降大任于是人也，必先苦其心志，劳其筋骨，饿其体肤，空乏其身，行拂乱其所为，所以动心忍性，曾益其所不能。人恒过，然后能改；困于心，衡于虑而后作；征于色，发于声而后喻。入则无法家拂士，出则无敌国外患者，国恒亡。然后知生于忧患，而死于安乐也"一节，情不自禁地拍案叫好，认为孟子果然不失为圣人，是亚圣，于是又恢复了孟子配享圣庙之位。

这个故事表面看起来很可笑，蛮好玩，实际上也正好说明了我们研究孟子的中心关键。同时也是英雄与圣人、王道与霸术分野的道理。

梁惠王的先世

现在我们手里拿的这本《孟子》，第一篇是《梁惠王》即孟子见梁惠王。关于他们的对话，原文俱在，暂时搁在一边；我们现在先要把梁惠王当时的魏国情势，做个简单的了解。

梁惠王便是魏惠王，因为他当时迁都到大梁（河南开封），所以一般习惯，又称他为梁惠王。

战国时期的魏国，是和韩、赵两国一样，他们的祖先原来都是晋国的重臣。到了春秋末期，在晋昭公之后，便衰弱到"六卿强，公室卑"的情势。魏国的祖先，也是晋国后期的重臣——六卿之一的魏桓子，他和另外两家晋国的重臣韩康子、赵襄子，共同阴谋灭了荀家的智伯以后，便三分其地而据以称强了。这个阶段，也正是孔子的晚年时期。

跟着，也就是历史上所称的战国时期开始。魏国出了一位名王魏文侯，他是孔子的名弟子七十二贤人之一、子夏的学生，接受孔子经学的熏陶。孔子过后，子夏讲学河西，便是这个时期的事。魏文侯另外还有一位高明的老师田子方。又向当时有名的高士段干木谦虚请教。他和段干木是师友之间的交谊，有很好的感情。因此他把魏国打好基础，变成战国初期的一个文化强国。在政治方面，他起用了历史上有名的名臣西门豹，主管河内（今河北及陕西、山西部分地区），成为中国政治史上内政修明的典范之治。

魏文侯死后，他的儿子魏武侯继起，在文化的成就上，当然比不上他的父亲，但在武功上，则更强大。他用了历史上名将吴起，同时与韩、赵灭掉宗主国的晋国而三分其地。

魏武侯死后，他的儿子继位，干脆直接称王，叫魏惠王，也就是孟子所见的梁惠王。

梁惠王当然比不上他的祖父魏文侯，而且也比不上他的父亲魏武侯。同时，他所处的时代环境，比起他父亲、祖父的时代，又更复杂困难了，这也是事实。不过历史上的名将孙武子的孙子孙膑，打垮他同学庞涓的一场著名战争，那个庞涓，便是魏惠王亲信的大将。在这以前，魏惠王也曾有过赫赫的战功，打败过韩国、赵国、宋国。而且还能威胁到鲁、卫、宋、郑等国来朝，和他建交。同时也一度和秦孝公在外交上建立短暂的和平。

商鞅和梁惠王

可是魏惠王在历史上，却有一件很滑稽的遗憾，也可以说是很滑稽的损失，那便是把一个在他手里的人才，轻轻地漏过溜掉，使他后来在霸业的企图上吃了很大的亏。这个人便是使秦国变法图强的商鞅。

商鞅，卫国人，所以也叫卫鞅，又叫公孙鞅，因为他的本族姓公孙。在当时宗法封建的社会里，他是不受人尊敬重视的一个青年，因为他的生母不是元配，在宗法社会里没有家族地位之故。

商鞅从小就爱好法家刑名之学。因为在他本国不得志，战国当时的国际之间，又正是人才交互外流的时代，他便到魏国，做了魏国的辅相公叔痤的门下士。公叔痤知道他有才具，还来不及向魏王推荐，他自己便生病快要死了。梁惠王去看公叔痤的病，问他说："假如你的病好不了，对我们的国家前途，有些什么话要吩咐？"公叔痤说："我的门客，有一个卫国的流亡青年公孙鞅，虽然年纪还轻，却是一个奇才，希望你重用他，绝对信任他，接受他的意见。"梁惠王听了，闷声不响，也不表示意见。到临走的时候，公叔痤便叫所有的人退出去，又单独和梁惠王说："如果你不肯用公孙鞅，便解决了他，不要叫他出境。"梁惠王听了只好点点头，表示知道了。

梁惠王走了以后，公叔痤马上叫商鞅进来，对他说："刚才惠王要我推荐我死后的辅国人才，我推荐了你，他的意思不肯接受。我的立场，先有公，再有私。先对国家贡献是事君之道，再来对你讲私话，是尽到我人臣之道以后，才来讲你我之间的友道。"

这点要特别注意，在我们上古的历史文化里，尤其在春秋战国之间，常有这一类历史故事的例子，充分表示一个人的人格作风，对公对私的道义界别。表面看起来好像很阴险，在说两面话。事实上他是光明磊落地说明对君道、臣道、友道之间的各别立场，都需要有所交待，才是不负此心、不愧此心。如果说他是阴险，也有阴险的道德，等于后世写的武打小说，明明要用暗器伤人，但在发出暗器的刹那，还要公开叫一声："看打！"通知了以后，你能不能逃得过，就要看你自己的智慧和本事了。

因此公叔痤便接着告诉了商鞅："我的心，对公对私都要尽到最大的力。所以我后来对惠王说，如果不用你，便杀掉你。他似乎同意了我的意见。你赶快想办法走吧！迟了，就要完蛋。"商鞅听了，对公叔痤说："你放心吧！他既然不肯听你的话用我，哪里又肯听你的话杀我呢？"换句话说，商鞅了解梁惠王的心理，根本没有把他商鞅这个人当一回事。所以他还是暂时留在魏国不走。

梁惠王从公叔痤的家里出来以后，便对左右亲近的人说："公叔痤真是病得昏了头，他叫我把国家大事交付给那个卫国来的流亡小子公孙鞅，那是多么荒谬的想法！真是可悲之至！"

后来商鞅投奔到秦国，三次游说秦孝公，秦孝公接受了他的计划，变法图强，富国强兵，奠定了后来秦始皇统一天下的基础。过了两三年以后，商鞅又说动了秦孝公，出兵打魏国，用诈术欺骗了魏国的前线指挥官魏公子卬，打了胜仗，使魏国割让了河西之地求和，才逼得魏惠王迁都大梁。这时候，梁惠王才深深悔恨自己当时没有听信公叔痤的话。公孙鞅也因此而受秦国尊封为商君。所以后来通称他为商鞅，便是由这个历史故事来的。

再过十年以后，秦孝公死了，他的儿子继位，也称惠王，这便是苏秦见过的秦惠王。商鞅失了依靠，在秦国的政坛上失败得很惨，有造反叛变的嫌疑，因此又逃亡到魏国，但被魏国拒绝了，最后走投无路，被秦国追捕回去，受车裂之刑而死。

虽然说历史上的因果报应毫厘不爽，但魏国割地迁都这一幕，到底都是导自梁惠王的失策，没有君子之度的领导长才，糊里糊涂地写下了历史上这一出滑稽剧本，徒留后人扼腕长叹。

　　孟子见梁惠王，也便是梁惠王最悲愤难受的阶段。他与齐国一战，损失了大将庞涓，同时太子申被掳。又与秦国一战，损失了公子卬，割让了河西之地，迁都大梁。实在是他心里最难过的时候，所以他想网罗礼聘外国的人才，例如在齐国闻名的客卿驺衍、淳于髡等人，也都受过他的邀请。尤其他对驺衍的莅临，曾经亲自到郊外去欢迎他，很隆重地待以上宾之礼。他是受到商鞅这一件事的刺激，很想找到一个振作图强的能臣，来恢复他父祖的光荣局面，甚至能进而窥图霸业。

　　不管他是什么心理，也不管他是哪一类的领导人物，至少他当时的做法，的确是有迫不及待的求才若渴的意图。

　　我们先了解了这些简略的历史资料，再来研究孟子见梁惠王的一段，才能找出孟子学说思想的精彩所在，而不觉枯燥乏味。

梁惠王章句上

　　孟子见梁惠王。王曰："叟，不远千里而来，亦将有以利吾国乎？"

　　孟子对曰："王何必曰利？亦有仁义而已矣。王曰何以利吾国，大夫曰何以利吾家，士庶人曰何以利吾身。上下交征利，而国危矣。"

　　"万乘之国，弑其君者，必千乘之家；千乘之国，弑其君者，必百乘之家。万取千焉，千取百焉，不为不多矣。苟为后义而先利，不夺不餍。未有仁而遗其亲者也；未有义而后其君者也。王亦曰仁义而已矣，何必曰利。"

梁惠王与孟叟

　　这一段的文字记载，无论是孟子本人或是门人们的记述，措辞用意都很妙，而且也很坦率，不加故意的掩饰，直截了当描述当时孟子见梁惠王一段不太愉快的谈话。尤其我们了解了梁惠王后来对驺衍的接待，再来一看他对孟子满不在乎的样子，很显然的，大有厚薄轻重之分了。

　　而且最不可耐的，便是梁惠王对孟子的称呼，既没有像春秋时代诸侯对孔子的敬重，尊称一声夫子；也没有像战国当时诸侯们礼贤下士的作风，尊称一声先生。他却干干脆脆地称呼一声"叟"。这个"叟"字，好听一点来讲，便是老先生的意思；不礼貌一点，便是老头儿的意思。当然，梁惠王当时的一声"叟"，究竟是代表老先生呢？或是老头儿呢？无法考查。这要看他当场的礼貌态度，和称呼的声调来决定它的涵义了。可惜当时没有电视录影（一笑）。但无论如何，这一声"叟"，并不表示尊重，大概是没有疑问的。

而且本章的记述，描写这一段不太愉快的谈话，在文字的气势上，表达得很明白。如此直接记载这一个"叟"字的称呼，对孟子的伟大倒没有什么损失，反而衬托出梁惠王始终不成器的风格，一副吊儿郎当、不庄重的浮躁相。

孟子在听了梁惠王"何以利吾国"的问题以后，就很庄重地对梁惠王说："您何必只图目前的利益？其实只有仁义才是永恒的大利。

"如果都像您惠王一样，谋国的居心，只图以急功近利为目的。那么，等而下之，那些高位的大臣、卿大夫们，也只求顾全自己的家族利益。这样影响所及，一般的国民，也就只为自己身家的利益打算。这种观念发展下去，一定会使全国上下各阶属，都变成以利害为生活的重心，造成'当利不让'的风气。这样的话，国家就太危险了。

"因为唯利是图，'当利不让'的结果，自私自利的观念会越来越严重。在历史上，有许多的事实可以证明，互相争权夺利的结果，便形成臣下反上的叛乱逆行。那些本来具有万乘之尊的大国，发生弑君叛变而自据称王的，都是当时那些高位重臣，所谓千乘之家做出来的绝事。同样的，那些千乘之家，被臣下叛变所谋害的，也都是那些百乘之家的重臣所干的事。

"至于侵略吞并的思想，更是由于'权利欲'的驱使，所以目前万乘之尊的大国，便想吞并千乘之邦。那些千乘之国，便想吞并百乘之众的小国，这些古今的事例，不能说不够多的。原因在哪里呢？都是为了急功图利、争夺权利的结果。如果不了解先行仁义，而只求近利为前提，自然而然要变成非侵略他人、夺取别人的所有，就不能满足自己的利益。

"其实，真能实行仁义之道，大利自然就在其中。真有仁心的人，绝对不会有遗弃其近亲的可能。真有义气的人，绝不会有背叛君上的可能。所以我认为您——惠王只有推行仁义之道，才是最高明的政略和政策，又何必舍大取小而只顾目前的急功近利呢？"

我们根据《孟子》的原文，概略演绎它文字的内涵，略略加以说明，大致就是这样的对答。当然，如果说是译文，那便大有问题。因为这样的说法，与古文原文的简练原意，也许略有出入，或大有出入。不过，大意是不会太过差错到哪里去的。而且这样一来，把孟子对梁惠王的答话，看得很明白。孟子并没有太过迂腐古板，只一味地叫他行仁义，而不管梁惠王当时所处的情势，以及急功好利的迫切需要。这样孟子才不失为一个识时务的圣哲。只是在政略上有思想、有远见、有抱负，与梁惠王急功近利的政见不能相合而已。

我们先要解决了这个问题，再来从两方面看这一段对话，讨论它的内涵。第一，是司马迁的记载。第二，是历史的证验。

司马迁对梁惠王和孟子的观点

司马迁写《孟子列传》，是把孟子与荀卿的列传合写成篇的。关于孟子传记部分，他也是以孟子见梁惠王这一段思想作重心来述说的。如说：

> 孟轲，驺（邹）人也。受业子思之门人。道既通，游事齐宣王，宣王不能用。适梁，梁惠王不果所言，则见以为迂远而阔于事情。当是之时，秦用商君，富国强兵。楚、魏用吴起，

战胜弱敌。齐威王、宣王用孙子（膑）、田忌之徒，而诸侯东面朝齐。天下方务于合纵连横，以攻伐为贤，而孟轲乃述唐、虞、三代之德，是以所如者不合。退而与万章之徒序诗书，述仲尼之意，作《孟子》七篇。

根据《史记》列传的记载，关于孟子的生平，只有短短一百三十七字。有关孟子千秋事业的思想方面，已有他自己七篇的本书，用不着司马迁再来述说。他在本传里，只提出他政治思想的要点，要主张传统文化的王道精神，既不愿讲当时侵略吞并的不义之战，也不愿只讲霸术。所以和梁惠王当然也谈不拢，这是王道与霸业、圣贤与英雄分野的必然结果。

但是他又把孟子与梁惠王这一段主要的对话，比较详细地埋伏在魏世家中有关梁惠王的一段记述里，他说：

> 惠王数被于军旅，卑礼厚币以招贤者。邹衍、淳于髡、孟轲皆至梁。
>
> 梁惠王曰：寡人不佞，兵三折于外，太子虏，上将死，国以空虚，以羞先君宗庙社稷，寡人甚丑之。
>
> 叟，不远千里，辱幸至弊邑之廷，将何以利吾国？
>
> 孟轲曰：君不可以言利若是。夫君欲利则大夫欲利，大夫欲利则庶人欲利。上下争利，国则危矣。为人君，仁义而已矣，何以利为！

由于司马迁写《史记》，处理资料的手法太高明了，如果不再三仔细地读完全部《史记》，细心留意揣摩，往往许多历史哲学的重点被他的手法瞒过，也被自己粗心大意读书所误，而不知道司马迁的微言重点所在了。

他写孟子传记，只是述说孟子之所谓孟子的正面，等于照相的正面全身大照。但是对孟子的侧影或背后的记录，司马迁也不免有些惋惜之意的微辞。可是他把它插进魏世家当中去隐藏起来，要读者自己慢慢去寻找、去体会。

他说梁惠王自从兵败国破，迁都到大梁以后，心情也真够恶劣万分。但是他还想力图振兴，还肯"卑礼"——很有礼貌地，"厚币"——用很高的费用，邀请招待各国的名贤当顾问。例如驺衍、淳于髡、孟子都因此而被邀请到大梁来了。梁惠王也很坦率地告诉他们自己的心境非常恶劣，处境也很尴尬，如记载所说：

"我（寡人）真不行！这多年来打了三次败仗，我的儿子（太子申）被齐国俘虏了，我的得力上将也战死了。弄得国家非常空虚，实在羞对祖宗和国人，我对目前的局势觉得太惭愧了。"

他又对孟子说："老先生，你不辞千里地辛劳来到敝国，实在是我们的荣幸。不知你将如何为我国谋利？"

孟子说："惠王，你不可以这样过于注重利益。你做领导人的这么重视利益，那些高级臣僚的卿大夫们，也就只顾自己的利益。等而下之，所有国民，就都争取自己的利益。这样子上下争利，你的国家就太危险了。做一个领导人，只要提倡仁义的基本精神就好，何必讲究什么利呢？"

如果依照司马迁这一段的记载，我们读了以后，不免拍案叫好，好极了！可爱可敬的孟夫子，讲的道理是真对。但是梁惠王这个时候，好像是百病丛生，垂死挣扎的危急。你这包颠扑不破、千古真理的仁义药剂，他实在无法吃下去，而且也缓不救急，你叫梁惠王怎么能听得进去，接受得下呢？

可是司马迁写到这里，谁是谁非，他却不下定论——实在也很难下定论。因为千古的是非，本来就不容易有真正的结论。所以他不写了，但是，他在《孟子列传》里，却写了一句"梁惠王不果所言，则见以为迂远而阔于事情"，就这样的轻轻带过去了。这是多么有趣、多么耐人寻味的手法！

义利之辨

把上面一些正反的史料讲过了，现在我们再来研讨《孟子》本节的重点。首先要了解，孟夫子生当战国时期，而且也远游过各国，难道他真的是那么迂阔不懂现势吗？难道他对驺衍，甚至如当时风尚游说之士们纵横捭阖的作风，一点都不会吗？

我们的答案可以肯定地说：不是的。他对那些只图个人进身之阶的做法，和博取本身功名富贵的办法，完全懂得。他之所以不肯那样做，实在是"非不能也，是不为也"。而且可以加重语气地说：是不屑于那样做。为什么呢？因为他是抱着古圣先贤的淑世之道，尤其拳拳服膺孔子的仁道主义，完全从济世救人的宗旨出发。他希望在那个只讲霸术、争权夺利的时代中，找出一个真肯实行王道仁政，以济世为目的的领导人物，促使他齐家、治国而平天下。

所以他针对梁惠王的问题，当头一棒，便先提出政治哲学上义利之辨的中心思想。他也明知道梁惠王不一定能接受，但是他还是存着梁惠王也许能接受的希望。此所谓"明知其不可为而为之"，是乃圣人之用心也。再说，无论是谋国谋身，"仁义之道"的确是真正大利。只是人们都只贪图眼前的急功近利，而不顾及长远的巨利。所以都变成心知其为然，而行有所不能也，如此而已。

其次要研究的是，根据司马迁的《史记》等史料的记载，当时孟子是先到齐国而后才到魏（梁）国的。《孟子》这部书，不问它是孟子自己写的，还是他门下弟子们记录了他的话而编成的，为什么发生在后的事情，却编放在最前面呢？因为孟子的思想学说中，义利之辨是最重要的要点之一。

孟子与梁惠王各言其利，在梁惠王的一面来说，根据前面所说的魏国的历史背景，所处的地理形势，西有强秦，东有刚打败了他的齐国，南有强大的楚国，北接的韩、赵，虽然同是自晋分出，独立的同源邦国，但亦各有怀抱。在客观形势中，又恰逢弱肉强食的时代，他自然希望自己的邦国强大起来，甚至于最好成就霸业。假使你我是当时的梁惠王，大概也同样会有这种想法。所以他一见到孟子时，不谈仁义，开口就问："亦将有以利吾国乎？"这句话，又怎能指责他是错的？这实在是人情之常。

这也是我们读书要注意的地方。读任何书，先要绝对的客观，然后再设身处地地，作主观的研究分析。譬如对于梁惠王一见到孟子，就问孟子对于魏国有什么有利的贡献，经过前面一番较为客观的分析，就不会主观地认为他完全不对了。可惜以前大多数的读书人，多半不作这样绝对客观的分析，乃至于把自己一生都在误解仁义中埋没了。

孟子答复梁惠王说，你梁惠王何必谈利呢？你只要行仁义就好了。这是中国文化千古以来，尤其是儒家思想中，义利之辨的最大关键。而在后世的读书人，大多看到利字，就望望然联想到"对我生财"的钱财之利这一方面去了；站在国家的立场来说，也很可能误认为只是经济财政之利。至于义，则多半认为和现实相对的教条。因此便把仁义之"利"错解了，而且把仁义的道理，也变成狭义的仁义观念了。如此一来，立身处世之间，要如何去利就义，就实在很难办了。

举一个实例来说，我们假使在路上看到一些钱，这是利，我要不要把这些钱拾起来呢？这就发生了义利之辨的问题了。以我们传统文化来说，这些钱原非我之所有，如果拾起来据为己有，就是不义之财，是违背了义的道德，是不应该的。在利的一方面看，自己的私心里认为，路上的这些钱，乃是无主之财，我不拾起来，他人也会拾去，据为己有，也没有多大关系。但是到底该不该拾为己有？儒家对这种问题，在个人人格的养成上就非常重视了，由此便形成了中国特有的、非常严谨的个人的道德观念。

但是，由于这种义利之辨的观念根深蒂固，后世读《孟子》的人，大致统统用这个观念来读《孟子》，解释《孟子》，于是就发生了两种错误。第一是误解了梁惠王问话中的利，只是狭义的利益。第二是只从古代精简的文字上解释，而误解了孟子的答话，以为他只讲仁义而不讲利益，把"利"与"义"绝对地对立起来了。其实并不如此，依照原文用现代江浙一带的方言来读，就可从语气中了解到他的涵义，知道孟子并不是不讲利，而是告诉梁惠王，纵使富国强兵，还都是小利而已；如从仁义着手去做，才是根本上的大吉大利。

何能不讲利

了解了孟子这句话的真正涵义所在，于是我们就可认识孟子，并不是那么迂腐的了。他并没有否定利的价值。他只是扩大了利的内涵，扩大了利的效用。如果孟子完全否定利的观念的存在，那么问题就非常严重了。

试看几千年来中国文化的整个体系，甚至古今中外的整个文化体系，没有不讲利的。人类文化思想包涵了政治、经济、军事、教育，乃至于人生的艺术、生活……没有一样不求有利的。如不求有利，又何必去学？做学问也是为了求利，读书认字，不外是为了获得生活上的方便或是自求适意。即使出家学道，为了成仙成佛，也还是在求利。小孩学讲话，以方便表达自己的意见，当然也是一种求利。仁义也是利，道德也是利，这些是广义的、长远的利，是大利。不是狭义的金钱财富的利，也不只是权利的利。

再从我们中国文化中，大家公推为五经之首的《易经》中去看。

《易经》八八六十四卦中的卦爻词，以及上下系传等，谈"利"的地方有一百八十四处；而说"不利"的，则有二十八处。但不管利与不利，都不外以"利"为中心在讨论。《易经》思想最主要的中心作用，便是"利用安身"四个字。所以《易经》也是讲利，而且告诉我们趋吉避凶，也就是如何求得有利于我。所谓"积善之家，必有余庆；积不善之家，必有余殃"的道德因果律，也是告诉人们以积善的因，可以得到余庆的果。相反的，积不善因，便得余殃之果。所以，积善是"利用安身"最有利的行为。

如果探讨孔孟思想的文化源头，绝对离不开《易经》。所以说假如孟子完全否定了"利"的价值，那么《易经》等等我国的所有传统文化，也被孟子否定了。但事实上并非如此。由此，我们研究孟子，首先就要对义利之辨的"利"字，具有正确的认识。

同时，我们还可以提出两点来作反证：

第一，韩非子说："舆人欲人富贵，棺人欲人死丧。人不贵则舆不用，人不死则棺不买。非有仁贼，利在其中。"他说，棺材店老板希望别人死，并不是心坏，并不是不义；汽车厂老板希望大家发财，也并不是心好，并不是好义。两种不同的心理，都是为了自己的生意好，多赚些钱，都是生意人本分的想法。

韩非子的这段话，等于为"利"字下了一个这样的定义：或者是人，或者是物，或者是事，当某一时间、某一空间中，能够产生"利用安身"的功能效果，那么它就具有"利用安身"的价值；也就是在当用、该用、要用、可用、适用、值得用的条件下，那么对这人、或事、或物来说，就构成了价值；也就是对这人、或事、或物的利。

第二，《易经》中卜筮方面所显示的，可归纳为"吉、凶、悔、吝"四种现象。实际上就只有吉凶两端。吉是好的；凶是很坏；而悔为烦恼；吝是困难。简单说，悔、吝也就是小凶。天下人、事、物，都不外吉与凶两端。吉、凶怎么来的？《易经·系传》上说："吉凶悔吝，生乎动者也。"凡是一动，就会发生或吉、或凶、或悔、或吝的结果；不是吉就是凶，不是凶就是吉。有了这种理解，就知道利与不利之间的辨别，须要从动用之间而分。

由这里引申出来，可知孟子对梁惠王说的仁义，就是大利。因为在战国时代，国与国之间，都在互相征伐的动乱之中。如果有一个国家，真的以仁义作为治国的最高原则，运用在内政外交上，那么最后的胜利，就必定是属于这个行仁由义的国家。

玩弄仁义的权智

汉代桓谭《新论》说："三皇以道治，五帝以德化，三王由仁义，五霸用权智。"指出上古时代的三皇，是以道治天下，这是最高的无为而为的境界。到了后来五帝的时代，以德来治天下，这已经差了一层——有为而为了，但是仍然是非常高超的政治。等而下之三王用仁义，五霸用权智，可以说是每况愈下。

又《长短经》的《反经》第十三说：

三代之亡，非法亡也，御法者非其人矣。故知法也者，先王之陈迹，苟非其人，道不虚行。故尹文子曰：仁、义、礼、乐、名、法、刑、赏，此八者，五帝三王治世之术。故仁者，所以博施于物，亦所以生偏私。义者，所以立节行，亦所以成华伪。

这是道家思想的论点。这里指出，仁义的确是一种好德行；但是这德行用久了，便走了样，变成人们用来争权利的一种工具。由此就可以了解道家的代表人物——老子和庄子说的那些话。

老子曾说，道德颓落，才有礼义之说。庄子也经常说："圣人不死，大盗不止。"当时老子对于仁义礼乐的道德观念批评得很厉害。庄子也曾说："仁义，先王之蘧庐也，止可以一宿，而不可久处。"因为在春秋战国时代，各国诸侯的征伐口号，大体上也都是标榜仁义，而实际上并不是真行仁义，只是利用仁义的美名，以达到争权夺利之目的。所以庄子说仁义只是先王所留下的一幢临时寓所，一幢别墅，并不是自己久远安身的家，只可以偶尔住一住，不可以长久住下去。意思就是说，仁义这种道德观念，只可以在道德极其衰微的时候，偶尔用一下，不可以长久地使用。如果长久用下去，就会被坏人利用仁义之名，作为政治上争权夺利之实了。

孟子思想被夹缠不清

综合上面这些分析，来看孟子对梁惠王所说的关于义利之辨的话，试作一个结论。

第一，孟子一开始就对梁惠王说，你何必去贪求这种眼前短暂的近利、小利呢？你应该提倡仁义的道德观念，推行仁义的道德政治，才是你长远的大利。因为孟子的中心思想，是想实行中国传统文化的仁义道德之治，所以他对梁惠王就这样直接地提出来，不保留，不婉曲，不虚饰，这态度本身就是一种不问利害的道德行为。

同样是孟子的这个意思——劝梁惠王行仁义政治的意思，假如换了当时另外一些游说之士，例如苏秦、张仪这一班所谓纵横家的谋略之士来说，那么他们就绝对不会像孟子那样直截了当地说出来，去拂逆梁惠王的意思。这一班人，一定会拐另一个弯，婉转地对梁惠王说："我有一个使你得到最大利益的长远之计，你梁惠王想不想听？"这样先卖一个关子，吊梁惠王的胃口。等梁惠王很想知道究竟怎么回事的时候，他才慢条斯理地说，现在天下是如何混乱，道德沦丧，人人都在渴望仁义。你不妨如何利用仁义，如何以仁义为口实，颁布一些政令，那么天下的人民都到你魏国来了。你有这许多人民，领土也会增加，国家富强，自然就完成你的霸业了，等等，迎合梁惠王的心理，诱导他听从他们的说辞，慢慢实行仁义的政治。当然，还有一个主要原因，是为了自己有进身之阶。

第二，无论东方或西方，任何一种文化、一种学术思想，都是以求利为原则。如果不是为了求利，不能获利的，这种文化、这种思想，就不会有价值。

从哲学的观点看，一切生物，都有一个共同的目标，就是"离苦得乐"。饥饿是苦，吃饱了则得乐。疾病是苦，医好了则乐。天气太热则苦，到树荫下乘凉，或到有冷气的房子里，全身清凉则乐。一切生物的一切行为动态，目的都在"离苦得乐"，也就是我们中国文化《易经》上的"利用安身"，也就是现代观念想办法在我们活着时，活得更好。像设法利用太阳能，净化空气，防止水源的污染，目的都是使我们好好地活着，这些都是《易经》中所说的"利用安身"。所以任何文化，任何学说思想，如不能求利，没有利用价值，则终必被淘汰。

即如宗教家们的修道，也是为利。修道的人，看起来似乎与人无争。实际上出世修道的宗教家，是世界上最讲究先求自利的人，他抛弃世间一切去修道，修道为了使自己升天或成佛，这也是为了自己。虽然说自利而后利他，那也只是扩充层次上的差别，其唯利而图是一样的。为了升天成仙之利而修道，这也是为了利。

自从孟子讲仁义，强调了义利之辨以后，影响到后世的重视义利之辨，而渐渐地，后世的义利之辨，又与自私无私之别，混为一谈，以为"义"与"无私"同义，"利"与"自私"不殊。因此汉唐以来，儒家的义利之辨，大多混淆了私与无私之别，两者分不开来。所以谈义利之辨时，往往在逻辑上就会夹缠不清，而使我们现在的一些人仍然弄不清楚，乃至于产生"儒家思想没有什么了不起"的错觉。

因为后世受此影响，每谈义利之辨，就成了谈有私与无私之辨。遂进一步牵涉到中国文化思想的中心，乃至牵涉到人类文化的中心，尤其是政治行为的中心——公与私之辨的问题。

以我们春秋战国的历史文化来说，关于公与私之辨，有两派极端相反的思想。一为墨子，一为杨子。其实他们都由道家的思想脱胎演变而来。

墨子讲"义"，但是墨子讲的，和孟子讲的，虽然同为一个"义"，却有不同的观念，含义上是有所差异的。墨子讲的义，是主张摩顶放踵以利天下，从头顶到脚底，都可以放弃自己而去为别人谋利，是彻头彻尾的牺牲自我，以利别人。

而杨子——杨朱的思想，则与墨子绝对相反，他主张"拔一毛而利天下，不为也"。但并不是我一毛不拔，而你却该全部给我。他是主张天下每一个人都是这样一毛不拔，都能不妨害他人的利益，才为自己的利益着想，假如能做到这样，又是另外一种社会形态了。

如果把墨子和杨子两人的思想，作一番仔细的研究，那会怎样呢？依墨子的思想，要想天下人、人人都自我牺牲，只图利他人，这是做不到的。那么依杨子的思想，普天之下，每一个人都只为自己利益着想，绝对不为别人的利益牺牲一根毫毛，那是否做得到呢？答案很明显，那当然是不行。人类可真是奇妙的动物，固然自私的心理人人免不了，但若要自私到这个程度，却也没有人做得到，更不可能全人类都这样做。反之，要人人都大公无私，也难做到。如果依墨子的思想去做，人人都能大公无私，则天下共利，结果自然很好。或者依杨朱的思想去做，人人都只为自己，绝对不妨害别人，各守本位，不犯他人，也就是现代所说的，争取自己个人的自由，也尊重他人的自由。倘使做到，那么也可天下太平。但这两派的主张，事实上都做不到。

既然墨子和杨子两种极端相反的主张都做不到，只有再看看儒家思想，这是中庸的。中庸不是调和论，是兼容并蓄而仲裁为适可而止的中道。孟子秉承了孔子的儒家思想（但不是秦汉以后变了样的儒家思想），当然是崇奉了仁义之义，向梁惠王提出建议。同时，在提出建议时，也不采用当时纵横家们为博取富贵权势所惯用的游说态度。孟子虽懂得游说的辞令技巧，但却不用，还是很严正地主张行仁义，极力宣扬仁义的美德，向梁惠王直说只有仁义最好。

我们不妨引用清人的两句诗："莫言利涉因风便，始信中流立足难。"正好作为孟子对梁惠王直言忠告的风格其难能可贵的定评。

或者说，所谓义利之辨的道理，就是孔子所谓"君子喻于义，小人喻于利"的大义之义。义理之义，义者，宜也之义，并非狭义广义等的义利之义。其实，都是一样，不管是什么伟大的义理，都是力行于义，才能有利于成其为君子，所以这也是利便是义，义便是利的真实道理。

由于义利之辨的文化思想发展下来，到了宋明以后，构成中国文化的商业道德，便有"贸易不欺三尺子，公平义取四方财"的说法。即使专事求利求财的商业行为，也要心存"不欺"和"公平"的义利之辨。可以说这是孔孟文化思想在商业道德上的教育成果。

玩物丧志

孟子见梁惠王。王立于沼上，顾鸿雁麋鹿曰："贤者亦乐此乎？"孟子对曰："贤者而后乐此，不贤者虽有此不乐也。诗云：'经始灵台，经之营之。庶民攻之，不日成之。经始勿亟，庶民子来。王在灵囿，麀鹿攸伏。麀鹿濯濯，白鸟鹤鹤。王在灵沼，于牣鱼跃。'文王以民力为台为沼，而民欢乐之。谓其台曰灵台，谓其沼曰灵沼，乐其有麋鹿鱼鳖。古之人与民偕乐，故能乐也。汤誓曰：‘时日害丧，予及女偕亡。’民欲与之偕亡，虽有台池鸟兽，岂能独乐哉？！”

这段话，当然不是在同一天里，紧接着前面的一段话说下来的，应该是另一次见面时的谈话。因为这一段谈话，在梁惠王说话的语气上，不像前一段那样生硬疏远，比较上情绪稍见好转。根据司马迁所写的《孟子列传》以及有关梁惠王的历史资料看，梁惠王在初次接见孟子的时候，不可能有书中所记载的那么热忱。史料上对孔孟的记载，孔子最失意倒霉的时候，是在陈绝粮那个阶段。而孟子受困于齐梁之间，也正是他一生中，最不得意的时候。梁惠王如果一死，他只有收拾行李回家的份了。

这段文章，如果以现代的眼光，从字面上去读，似乎并没有什么重大的意义。上面记载说：这次孟子和梁惠王见面的时候，梁惠王正在王室的大园林中散心游览（用现代的语言或观念来说，东方说是御花园，西方称作皇家花园，或皇家私人的什么堡之类，是王室独据以赏心悦目的地方，门禁森严，老百姓只能站得远远的，看到矗立的围墙，进前不得，就是臣僚百官，也未必能随便进去的）。

梁惠王站在一个大池沼上，抬头看看在树梢上栖息飞翔的鸿鸟、野雁，低头看看园中安详吃草的小鹿。从宫里出来，接触到大自然的景象，心里觉得舒畅而快乐。于是再看看孟子，然后对孟子说："喂！你们这些讲究仁义道德的贤人先生们，是不是也喜欢这种园林风光？是不是也喜欢这些珍奇的飞禽走兽？"

这种语气，这种问话，当然是话里有话，包含了许多近于令人难堪的意思。假如是现代，你我遇到这种场面，可能掉头就走。可是在当时的政治制度、社会制度上，不能如此。更何况孟子，自有他的抱负和立场，不能像我们今日这样做。所以他还是答复了梁惠王。但从孟子的答话中，可以看出孟子的修养。

尽管梁惠王的问话中，包含了轻视的味道，而孟子的对答，还是持着郑重的态度，还是很严肃的，他用单刀直入、似教训非教训的口吻告诉梁惠王说：

"一个贤者，是要等到天下太平，大家都享受到安乐的生活之后，才会去享受这种园林的乐趣。可是一个不贤的人，即使有了这样的园林，也不会有真正的快乐，而且更不能永远享受。

"像《诗经》大雅篇灵台章说的：'当文王开始准备建筑灵台，仅仅开始计划，如何设计，如何部署的时候，老百姓知道了这件事，大家都不约而同地前往，群策群力，共同来从事这项工程，于是在很短的时间内，就提前完工。本来在最初的时候，文王还不打算急着完成这件事，可是，由于百姓们自动自发地来帮忙，所以很快地办好了。'

"灵台提前完工以后，在灵园里面游览，看到那些安静悠游的母鹿，身子胖胖的，毛色光亮夺目，在林梢飞翔的白鸟，丰润皎洁，自由回旋。文王站在林沼的岸边玩赏时，又看到了满池的鱼儿，自由自在地游来游去，活活泼泼地在水中跳上跳下。"

孟子继续说："这诗篇的记载，就说明了文王劳动老百姓来建筑这围园，而老百姓却喜欢他那么做，把他的台叫作'灵台'，把他的池叫作'灵沼'，并且很高兴他有麋鹿鱼鳖可以玩赏。古时候的贤君，就因为能和老百姓同乐，所以自己才觉得快乐。"

孟子借这则文王建灵台的历史故事，向梁惠王提出了一个为君的重点——应该与民同乐。

接着，他又引用《书经》的记载，讲述了一则完全与文王建灵台情形相反的故事。

"当夏朝的暴君夏桀在位的时候，曾大言不惭地说：'我之于天下，就好比太阳一样，除非太阳灭亡，我才会灭亡。'自夸他的政权和太阳一样是永恒的。可是他施行的暴政，弄得民不聊生，老百姓们恨透了他。所以《书经·商书·汤誓》篇记载，一般的百姓们，因为深深怨恨夏桀而说道：'你这位如同烈日似的暴君啊！你什么时候才会没落呢？你赶快没落吧！我宁愿和你这暴君一同灭亡，也不愿再忍受你暴政的残害了。'一个做君主的，使人民怨恨到宁愿和他同归于尽的地步，即使拥有美好的台池、鸟兽，又怎么可能安享下去呢？"

孟子这样把握住机会，列举两个历史上的经验，述说周文王是如何深得民心，所以建立了延续七百多年的悠久政权；又相反地指出三代时期的夏桀，遭到老百姓的怨恨，以致迅速败亡。

在我们现代读到这段书时，或者会感觉到，孟子所列举的这两个史实，其所阐明的为政原则，可以说是大家都明白的普通常识，并没有什么高深的道理。这就是我们读古书应该注意的地方了。

我们要知道，在孟子的那个时代，没有什么社会福利制度，统治者不会去建筑一个公园，和老百姓共有、共享，一起游乐。只有帝王的宫室，才会有如此伟大的建筑，老百姓根本不准去游玩的。所以孟子当时提出这两个史实来，就等于建议梁惠王实施我们现代的共有、共享的政治思想。在时代背景上而言，孟子在那个时代能提出这种政治思想，实在是了不起的。此其一。

同时，我们透过这一段记载，可以了解我们固有的中华民族文化，在上古时候，就早已经有了这种共有、共治、共享的公天下政治思想。自从夏朝开始，演变成家天下的政治制度，所谓帝王世袭的政治制度开始以后，帝王们的享受，才和老百姓有了分别。而孟子在他的那个时代，能劝导一个有野心要据地称雄的人主，恢复共有共享的公天下政治制度，他的主张和这种精神，还是相当可贵的。此其二。

再从后世的历史看，自秦汉以下，曾经有四个时代的类似事件，都与孟子这一节的政治思想有关。第一是秦始皇建筑阿房宫；第二是隋炀帝造迷楼；第三是宋徽宗造艮岳；第四是清慈禧太后造颐和园。这四次著名的伟大宫廷建筑的结果，都印证了孟子在这段书里所说："民欲与之偕亡，虽有台池鸟兽，岂能独乐哉？！"理论的正确性。此其三。

阿房宫与秦始皇

对于秦始皇的阿房宫，唐代的大诗人——和杜甫并称为二杜的小杜——杜牧，曾经构写了一篇《阿房宫赋》，作了很生动的介绍。他一开头就说，秦始皇并吞了六国，统一天下之后，便把四川的山头，砍伐得像秃子的脑袋一样，而把这些砍下来不可胜数的木材，运到咸阳去建筑阿房宫了。试想想看，台湾也是盛产木材的地方，经过日本人五十年的砍伐，也没有被砍得山头光秃秃。而四川的面积，比台湾大上若干倍，他为了建筑自娱的阿房宫，一下子把那里的树木砍光，该有多少木材？同时这些木材的砍伐、运输，制成梁柱门窗等等，又需要多少人力呢？

何况这仅仅是建筑材料的一部分而已，还有石头等等其他方面的建材，以及施工建筑的人力物力，更是难以统计了。花费这数以万计的人力和物力，建起来的阿房宫，又是个什么样子呢？

占地是方圆三百多里，高到看起来快接近天日了。从北面的骊山一直南下，转向西边和咸阳连接起来了。把渭川和樊川两条河川的水，也引导流进了阿房宫，造成了宫里的人工河流湖沼。五步一楼，十步一阁的，华丽精巧，各种不同形式的宫室，像蜂室那样多。在水上架的长桥像卧龙一样。凌空搭的复道，从宫殿下面通到南山的山脚下，五色缤纷，有如挂在天上的彩虹。在这许多宫室中，每一间房子，一天之中，都可以变换成四季的不同气温。

秦始皇又把没收来的六国的财宝、美女，全部集中到这阿房宫来，把人家的鼎当作煮菜饭的锅子用，把玉当作石头用。妃子上万，早晨这些宫女打开镜子梳妆，那些镜子有如夜空中的繁星那么多。飘拂在窗前的长发，有如乌黑的浮云。渭河的水每天早晨上涨，浮现了一层滑腻粉红的颜色，原来就是阿房宫里所流出来的宫女们洗除脸上隔日胭脂的水。半山腰袅袅上升的云雾，却正是阿房宫焚烧椒兰等等贵重香料的烟雾。秦始皇这位暴君，就在这个走进去难分东西南北的阿房里朝歌夜宴地享乐。

这样秦始皇就快乐了吗？大不然。司马迁在《史记》里写道：秦始皇因为想求得长生不老的药，听信了一个方士卢生的话，必须隐蔽起来，才可以求到不死的药。他就住进那隐秘的复道里，往来于二百七十间密室里作乐。除了他要杀人时，狱吏见得到他以外，丞相大臣和七十名博学之士，都只有照他传来的命令办事，根本见不到他，更谈不上提什么意见了。后来这位卢生和一位自韩国来的侯生商量，认为秦始皇如此专断横暴，嗜杀而好贪权势，不可以替他求仙找不死药，于是双双逃走了。秦始皇知道这个消息，大发脾气，活埋了四百多人泄愤。

像这样躲在复道里一天到晚发怒杀人，又有什么真正快乐可言呢？正如孟子说："虽有台池鸟兽，岂能独乐哉?！"

《三辅黄图》

或者说小杜生于唐代，比秦始皇晚生了七八百年，况且阿房宫被项羽进咸阳时，放一把火烧掉了，他在赋中的描写不一定实在。小杜的《阿房宫赋》，是否有史料为依据？或是仅凭他的才华和想象写成的？我们无法考据。但是紧接着秦代之后的汉人记录，应当不会太离谱了。

　　《三辅黄图》这本汉代的著作里，记载着说：阿房宫又叫作阿城。原来是秦惠王在这里建造宫室，还没有完工就死了。始皇统一天下以后，就选择了这个地方，扩大范围，建筑阿房宫，占地方圆达三百多里，造了许多离宫别馆，跨过了山谷，把一望无际的高山大岭都遮盖起来了，专门供秦始皇车辆通行的道路，从宫室到骊山，就有八十多里长；并且在南山的顶上，建筑了一道巍峨雄伟的阙门，高高矗立在上，似乎和天上飘过的云彩相接；还开了河道，远远地把樊川里的水，接引到阿房宫里来，灌进壮阔的池沼中去。仅仅是阿房宫的一处前殿，从东到西有五十步宽，约三十丈（汉朝度量衡制度，很难考实），南北之间则有五十丈深。上面可以坐上万的人，下面建有五丈旗，用最贵重的建材兴建，横梁是用木栏架设，门则用磁石砌成。仅仅一处前殿，就这么瑰丽，正殿和其他宫室的情形，就可想而知。另外还有四通八达的双层高架复道，和那些楼阁连接起来，而且通往咸阳。

　　证之这一段汉人的记载，和小杜的描写相比，除了杜赋的文体更美，易于使人记忆外，同阿房宫实际状况是极相近的。

　　还有更可靠的史料，那是在《史记》中，司马迁叙述了鸿门宴上项庄舞剑志在沛公的一段故事后，立即就说：项羽知道汉高祖自鸿门逃回坝上，引兵他去，便"引兵西屠咸阳，杀秦降王子婴，烧秦宫室，火三月不灭"。这寥寥的"火三月不灭"五个字，可以说完全证实了那些笔记、诗赋的可靠性。在今年（一九七七年）不久前，美国加州的一场森林大火，毁了那么广阔的山林。当然，林木蔓延起来比较快，但也只延烧了个把月。而阿房宫的大火，却烧了三个月之久。这一比较，就可见阿房宫规模的恢宏了。

　　然而秦始皇又享受了多久呢？可以说，阿房宫动工之日，正是秦朝政权开始崩溃的时候。杜牧在他的《阿房宫赋》结论说：

使天下之人，不敢言而敢怒，独夫之心，日益骄固。戍卒叫（陈涉一呼揭竿而起），函谷举（汉高祖进兵），楚人（项羽）一炬，可怜焦土。

呜呼！灭六国者，六国也，非秦也。族秦者，秦也，非天下也。嗟夫！使六国各爱其人，则足以拒秦。使秦复爱六国之人，则递三世可至万世而为君，谁得而族灭也。

秦人不暇自哀，而后人哀之；后人哀之而不鉴之，亦使后人而复哀后人也。

他的这一结论，正是孟子对梁惠王所说"虽有台池鸟兽，岂能独乐哉"这句话的发挥。尤其是"后人哀之而不鉴之，亦使后人而复哀后人"，两句话等于指责了隋炀帝的错误，也为后来的宋徽宗、慈禧太后这些人作了预言。

迷楼与隋炀帝

可不是吗？且看隋炀帝这位著名的荒淫皇帝的行径，他早上调戏后母被发觉，恐怕他老子杀他，派人秘密杀了做皇帝的父亲。当天晚上对后母逞了兽欲，第二天就发丧即皇帝位，又把他的哥哥杀死。

第二年的季春三月，就驱迫二百万名壮丁，在洛阳建筑宫室。远从长江一带和广东等地，收集奇材异石。又向全国各地搜罗珍奇高贵的花草树木、飞禽走兽，运到洛阳，布置在宫廷的园林中，供他赏玩。同时特别开一条水路，把汴河的水引到离宫中，并造龙舟，供他在水上游乐。他所建的宫廷园林，占了方圆二百里的广阔土地。在园林中又造了一处人工海，周围有十几里路。海上又想象方丈、蓬莱、瀛洲等三处仙岛，建起人工岛来，高出水面一百多尺。

台、观、楼、阁、宫殿等等，连绵地分布在山上。海的四周又建筑了十六处庭院，每院都住有许多美女，每院的主持人，都给予四品夫人的高贵头衔。海里的荷花、宫殿前的花木，如果到秋冬季节自然凋谢了，就命人用纸或绢缎，制造假花，安放在树枝上和水中，只要褪了颜色，就随时换新的。十六院的食物，更是互相争求精美，来讨好他的胃口。至于他驱使八万人拉着他的龙舟，经运河到扬州游玩，船只相接二百多里的奢侈行为，是人人都知道的。

他又曾驱使一百多万壮丁，作历史上的第六度修筑长城。历史上记载，他搞这些用来自娱的工程，所驱迫的四百万人力，其中一半以上累死在工地。

不但是人民受到迫害，就是连鸟兽，也不得安身。他为了要做一件新的大氅，在即位后的第三年，通令天下各州各县，进贡白鹤的羽毛。于是全国上下，都纷纷捕白鹤取羽毛。当时在四川的乌程县里，有一棵十丈多高的大树，上面有一个很大的鹤巢。可是树太高了，没有办法上去捕鹤，也无法张那么高大的罗网。但是，如果不将这鹤的羽毛取来进贡，就犯了欺君之罪，是要杀头的，弄得不好，甚至会诛九族的，于是老百姓只好砍伐树根，准备把树弄倒了，以便捕鹤。大概是树上的大鹤，恐怕这样会伤害到小鹤的生命，所以在树上拔下自己身上可以制大氅的羽毛，投到地上来。而谄媚的地方官，不念鹤自己拔毛的痛苦，反而说是一种祥瑞的征兆。报告到宫里，讨隋炀帝的欢心，以期博得一个加官进禄。

他建筑了这些地方，经常在有月光的夜晚，带上几千名美貌的嫔妃宫女，都骑了马，在大园林中夜游，而且还特别作了歌曲，在马上演奏歌唱。可是，这样还不满足，他后来又认为宫殿虽然壮丽宽敞，可惜没有曲房小苑，幽轩宫室。如果再有这一类型的布置，就更快乐了。于是他身边的侍臣高昌，介绍了一位高明的建筑设计师项升。依照他的愿望，设计了一张蓝图，呈献到宫里。隋炀帝看了以后，非常满意。立即下令向天下搜索材料，又征调了几万名壮年男子，建造了一年多才完工。所花费的钱财之多，难以统计，连国库也因此空虚了。这座新的建筑，除了华丽以外，更十分精巧别致，是自古以来所未有的。人们走进去了，往往会整天都找不到出路。隋炀帝重重地赏了项升为五品官及千匹库帛外，更得意扬扬地对近臣说："即使是真的神仙到了这里，也一定会迷了路的，这真好比一座迷楼。"于是后世的人也都管它叫迷楼了。

迷楼建好以后，隋炀帝在里面的荒淫生活，更是不忍卒睹，不忍卒闻，也不忍去说了。到后来健康大损，虚弱得终日昏睡，无法清醒。到了夏季，一天要喝几百杯水，面前放一大块冰，还是口渴得烦躁不安。最后，隋炀帝再度南游到扬州，被起义革命的百姓抓住，他想饮毒酒自杀被拒绝，最后被宇文化及叫人用绳子把他勒死了。

而他在洛阳的迷楼呢？当唐太宗起义，提兵打到京城，看到这座迷楼，便说："这是用千万老百姓的血汗脂膏建筑起来的哪！"于是就下命令把迷楼烧了，也是烧了好几个月才烧光。这又是孟子所说"虽有台池鸟兽，岂能独乐哉"的另一形态的印证与发挥吧！只可惜那时候的人，没有充分发挥与民同乐的思想，致使素称英明的唐太宗，也和项羽及清末的八国联军一样，都做了"焚琴煮鹤"、大煞风景的事。

这位荒淫到极点的君主，穷奢极侈，看来是享尽了那种皇家宫室的园林之乐。事实上，不但当时是喝凉水，对冰盆，甚至还落得一个被勒死的结果。所以后代诗人李商隐的《隋宫》诗便有"乘兴南游不戒严，九重谁省谏书函。春风举国裁宫锦，半作障泥半作帆"的感叹。春秋时代的齐景公，也建筑供给自己玩乐的一个台，并且还想造一座大钟，当时的贤相晏子便反对而劝谏说："敛民作钟民必哀，敛哀以谋乐不祥。"

艮岳与宋徽宗

至于宋代那位被金人俘虏了十几年，终于死在异邦五国城——塞北漠地的徽宗皇帝。如果我们说北宋的败亡，就是败亡在他"独享宫室园林之乐"的生活上，并不为过。虽然当时是由一些宦官、奸佞，如童贯、蔡京之流乃至于装妖弄鬼的道士，专政弄权。但这些人之所以能够得他的宠信，掌握到政权，细按史实，都和他的独夫之乐有密切关系，这又是较之秦始皇、隋炀帝，更进一步危害到政治。

擅长揣摩他人心理和巧言令色等谄媚功夫的宦官童贯，一得到徽宗欢心后，第一件事就是跑到江苏、杭州一带，去搜索江南的书画古董，以及各种奇奇怪怪的奇珍异物。在杭州一住，往往就是几个月，一天到晚和蔡京在一起鬼混，因此每得到一件奇珍古玩，派人送到京里时，在信上总是为蔡京说上些好话，再加上一个常到皇后那里画符念咒的道士徐知常，透过大学博士范致虚在京里为奥援，于是徽宗的心里对蔡京留下了好印象，也就从此播下了北宋败亡的种子。

后来童贯在江南搜索珍玩的事，愈来愈大，竟然设立了一个专门机构——"应奉局"，扩大搜括，凡是牙角犀玉、金银、竹藤、装画、糊抹、雕刻、织绣等手工艺品，无一不包，样样都要。每天都有几千人，在那里为皇帝尽义务做苦工，而所用的这些价值昂贵的材料，也是由老百姓负担，皇家是不给钱的，真是使老百姓喘不过气来。

当时苏州有朱冲、朱勔父子，本来是犯法受过刑的人，在蔡京的下面做事，很得欢心。于是蔡京就推荐到童贯的下面听差，而做起官来了。一次徽宗看到童贯送到京里的花石，非常高兴。蔡京从宫廷的内线中，知道了这个消息，就嘱咐朱冲，秘密地搜集浙江的珍异送到京里。最初送去的三株黄杨，徽宗颇为欣赏，嘉勉了一番。这条路子一打开，以后送到京里的花石和珍玩，就越来越多，年年增加，运输的船只，在汴京与淮河之间往来不绝，而被人号称为"花石纲"。因此更得到徽宗的喜爱，而命令朱冲的儿子朱勔，在童贯下面，主持应奉局和花石纲。

朱勔这小人得势之后，横行霸道，真是不可一世，一方面向内府需索，一伸手就是上百万，少也几十万，他说是为了替皇帝办事要用的。皇家管钱的人，谁也不敢说个不字，谁也不敢得罪他，内府的钱就好像是他口袋中的钱了。在民间他更是严搜刻括，巨细无遗，就是穷乡僻境、深山大壑中隐藏的东西，也逃不过他的搜括，老百姓家里的一石一木，只要稍微有一点赏玩的价值，就派兵卒闯进去，贴上皇家的黄色封条，责令原物主负责保管，如果有所损失，就是对皇帝不敬，一定杀头。如果是较大的东西，搬运不便，就连物主的房屋也给拆掉。假如有人家有一件东西稍微畸形一点，又被指为不祥而获罪。在室外郊野的东西，不论是山巅谷底、深渊巨壑，都千方百计，不惜人命找来。运输这些东西的船员们，也是狐假虎威仗势欺人，有时甚至凌辱到州官县官的头上。

这种情形之下，老百姓卖儿鬻女、家破人亡的大有人在，道路为之侧目，而已经种下了后来方腊的一场大乱，严重地动摇了国本。

最严重的是"艮岳"的建筑，徽宗因为没有儿子，心里总是不惬意。有一个也是以画符念咒常常出入禁宫的道士刘混康，对徽宗大谈其风水之道。说什么京城的西北方，具备了调和天地、顺应阴阳的地理。如果在那里堆起一座山来，将地势加高，一定会多子多孙的。徽宗听信他的话，动员老百姓，把那里的地势加高了几丈。后宫恰巧有几个嫔妃生了儿子，于是徽宗更加相信。到政和七年，便命户部侍郎孟揆，在京城上清宫的东边，依照余杭凤凰山的形势，筹筑一座万岁山。直到宣和四年，一共花了六年的时间，才把这座山筑成，命名为"艮岳"。

艮岳的规模，在徽宗自己作的《艮岳记》里，有梗概的记载。尽管只是梗概，我们读了以后，也要惊奇得张口结舌。现代一些国际驰名的什么公园、什么乐园的，比较起艮岳来，也逊色得多。如果阿房宫、迷楼、艮岳这些历代的宫室园林今天还在的话，中国的观光胜景，恐怕是世界首屈一指。

徽宗自己描写他的得意杰作有一节说："……按图度地，庀徒潺工，累土积石，设洞庭、湖口、丝谿、仇池之深渊，与泗滨、林虑、灵璧、芙蓉之诸山，最瑰奇特异瑶琨之石。即姑苏、武林、明越之壤，荆楚江湘、南粤之野。移枇杷、橙柚、橘柑、椰栝、荔枝之木，金峨、玉羞、虎耳、凤尾、素馨、渠那、茉莉、含笑之草。不以土地之殊，风气之异，悉生成长养于雕栏曲槛，而穿石出罅，冈连阜属。东西相望，前后相续，左山而右水，沿溪而傍陇；连绵而弥满，吞山怀谷。"从开头这一小段文字，就可见这座山的恢宏气魄，把全国的名胜古迹，奇石异木，都集中到这里来了。

宋人张昊的笔记里，还指出了这些东西从各地搬来的运输情形，都是越江渡海，甚至把城郭都凿开来，以便这些巨大的木石，不受损伤地得以通过。

在南宋时候，四川一位僧人祖秀，写了一篇《华阳宫记》，所写的"艮岳"景物，许多是在徽宗自己的记中未曾说到的，可能是艮岳筑成以后，还在陆续增加修建。祖秀和尚的那篇记中最后的描写——"括天下之美，藏古今之胜，于斯尽矣！"可谓道尽了一切。

而徽宗自己作的记中，结语说："四面周匝，徘徊而仰顾，若在重山大壑，深谷幽岩之底，不知京邑空旷，坦荡而平夷也。又不知郛郭闉会，纷萃而填委也。真天造地设，神谋化力，非人所能为者，此举其梗概焉。"一副志得意满的样子，比起梁惠王那一句"贤者亦乐此乎"来，更神气得多了。

可是我们再把他被掳以后，押解到女真去的时候，在中途驿馆题的一首诗："彻夜西风撼破扉，萧条孤馆一灯微。家山回首三千里，目断天南无雁飞。"和他的《艮岳记》放在一起，对照咀嚼一下，真要感慨万千了。这又是孟子所说"不贤者，虽有此不乐也"的照会。

所以清人吴楚材对他有两段极严厉但也极适切的批评。一则说："徽宗任市井丐儿，为此纵欲逆天之事，其与隋炀帝、陈后主一律也。然炀帝之颈，斫于宇文化及之手；陈后主之身，陨于台城辱井之中；徽宗之命，殒于金虏沙漠之地。天岂有意肆毒于三君哉！无乃自取之也。书曰：'内作色荒，外作禽荒，甘酒嗜音，峻宇雕墙。'有一于此，未或不亡。况三君兼有者乎？"

另一段说他筑艮岳是"极土木之盛，殚亿万之财，天怒于上而不悟，民怨于下而不知，是时强狄在外，渐为国患，宋之君臣，曾未见其思犯预防之心，而徒今日敛民赀，明日劳民力，自古荒淫之君，愚之甚者，未有如徽宗之甚者也。噫！民心既离，天命亦叛，虽有台池鸟兽，岂能独乐哉！"他用孟子的话作了结论，也等于演绎了孟子这两句话。

颐和园与清末

但是，正如杜牧说的"后人哀之而不能鉴之，亦使后人而复哀后人也"，清人对宋代徽宗皇帝作了如此严刻的批评，可是清朝的末代，并没有把它当作一面镜子，放在当前，经常对照对照，看看自己可曾变成那副模样？所以后来有了慈禧太后的兴建颐和园，大动土木，搜括天下，弄到民不聊生。当时列强环伺，乘隙而入，强行索取，纷纷要求割地、赔款。后来八国联军一役，西人的坚甲利兵，进逼北京，清廷毫无阻挡能力，结果慈禧这位老太婆只好带着小皇帝，狼狈而逃。

最后终于把清朝祖宗打下来二百七十多年的江山断送了。幸亏国民革命乃属义师，鼎革之时，还优待了清朝末代皇帝的家室，并且保留了那座用老百姓血汗建成的颐和园，应该为后世万代很好的殷鉴吧！

凤阁龙楼与李后主

检讨了这几个"内作色荒，外作禽荒，甘酒嗜音，峻宇雕墙"的皇帝，贪享园林之乐的结果。我们更想到一位极有诗才的末代皇帝——李后主被俘后的诗：

> 江南江北旧家乡，四十年来梦一场；吴苑宫闱今冷落，广陵台殿已荒凉。云笼远岫愁千片，雨打孤舟泪万行；兄弟四人三百口，不堪闲坐细思量。

又另一阕词：

> 四十年来家国，三千里地山河，凤阁龙楼连霄汉，玉树琼枝作烟萝，几曾识干戈？一旦归为臣虏，沈腰潘鬓销磨。最是仓皇辞庙日，教坊犹奏别离歌，挥泪对宫娥。

写来字字是泪，句句是血。而当时那些吴苑宫闱广陵台殿，以及凤阁龙楼等等的昔日繁华，却不能与民同乐，可见没有"共有、共享"的社会福利，是不会长久的，独乐是不可能的。

在西方国家，当时统治阶层的奢靡状况，也是如此，甚至还要更厉害。西方国家共有共享的社会福利制度、民主自由的思想，那还是十四世纪文艺复兴运动以后的事，距今不过几百年而已。

　　从这些历史事实，以及李后主的诗词中，我们可以知道，孟子所说的"贤者而后乐此，不贤者虽有此不乐"的两句话，不但是一个国家的政权如此，即使一个家庭的兴衰，每一个人的成败，也都是如此。尽管是做了庞大的事业，拥有千万美金，如果没有中心思想，没有建立起一个道德标准，作为自己立身处世的基础，也是没有用的。因为这些有形的财富，只是暂时属于你的，而不是真正为你所有的。当你到了眼睛一闭、两腿一伸的时候，一块钱也不是你的了，这也就是孟子说的"贤者而后乐此，不贤者虽有此不乐"。

　　再说，物质环境好，是不是就一定能够快乐？这是一个观念问题，并不是绝对的。固然，物质环境的好坏，可以影响到人的心情与思想。但有高度精神修养的人，同样的能够以自己的心，去转变环境的。如孔子说颜回："贤哉！回也。一箪食，一瓢饮，在陋巷，人不堪其忧，回也不改其乐，贤哉回也！"他自己有自己的天地，并不因为物质环境的影响而有所改变。如果没有中心思想，没有立身处世的道德标准和这一些精神的修养，纵然有再多的财富，再好的物质环境，而他的心理上，并不会快乐的。前面我们所举历史上那几个君主的史实，固然是很好的例证，我们如果再从现代西方国家的精神病学家或心理病学家手上的病例去研究，也可以获得证实——"虽有台池鸟兽，岂能独乐哉"。

　　　梁惠王曰："寡人之于国也，尽心焉耳矣。河内凶，则移其民于河东，移其粟于河内。河东凶亦然。察邻国之政，无如寡人之用心者。邻国之民不加少，寡人之民不加多，何也？"

　　　孟子对曰："王好战，请以战喻。填然鼓之，兵刃既接，弃甲曳兵而走，或百步而后止，或五十步而后止，以五十步笑百步，则何如？"曰："不可！直不百步耳，是亦走也。"

　　　曰："王如知此，则无望民之多于邻国也。

"不违农时，谷不可胜食也。数罟不入洿池，鱼鳖不可胜食也。斧斤以时入山林，材木不可胜用也。谷与鱼鳖不可胜食，材木不可胜用，是使民养生丧死无憾也。养生丧死无憾，王道之始也。

"五亩之宅，树之以桑，五十者可以衣帛矣。鸡豚狗彘之畜，无失其时，七十者可以食肉矣。百亩之田，勿夺其时，数口之家，可以无饥矣。谨庠序之教，申之以孝悌之义，颁白者不负戴于道路矣。七十者衣帛食肉，黎民不饥不寒，然而不王者，未之有也。

"狗彘食人食，而不知检。涂有饿莩而不知发。人死，则曰非我也，岁也。是何异于刺人而杀之，曰：'非我也，兵也。'王无罪岁，斯天下之民至焉。"

《清明上河图》的背面

当然，由于孟子的伟大人格和高尚的道德修养，一直讲王道政治的精神，也感动了梁惠王，已经渐渐听得进孟子的话了。所以两人在这一段谈话语气中，已经表现出来，不像前两次，一边说："老头子，你从那么远跑到我大梁来有什么对我的国家有利的办法？"一边却答："何必一开口就谈利，谈谈仁义吧！"那么格格不入了。这次的谈话情形，就比以前融洽一些，好像比较更谈得来了。

所以梁惠王说："平心而论，我对我的国家已经尽心尽力地去做了。譬如说，在我的国境以内，黄河内套，如果遭遇了水旱天灾、粮食歉收的凶年，我就把河内的人民，迁移到河东来；同时在河东征收了粮食，送到河内去，使河内的人，不至于受到饥饿的痛苦。假如是河东遭遇到什么灾害的时候，我也是以同样的方法，去照顾帮助河东的人民，这都是我尽心仁爱人民的事实。你是讲仁义的，要我施仁政的，我这样不是正符合了你的主张吗？现在看看我的邻邦，他们没有这样做，可是他们的人民并没有减少，我曾经照你的理论那样做了，我的人民也没有增加起来。这是什么道理呢？"

梁惠王为什么会提出这些问题来？假如以现代的人口观念来看，世界人口爆满，各国粮食都发生问题，普遍在推行家庭计划，哪里怕人家的人口不少，而自己的人口不多呢？固然他那样应付凶年歉收的态度，也是理所当然，政府应有的责任。但在方法技术上来说，弄得老百姓搬来迁去，那么辛苦，也未必是最好的措施呢！

可是我们必须先了解战国的时代文化背景。战国的诸侯各国，虽然不同于西方的封建制度，但人民、领土、政权，都是诸侯们的私有财产，自然领土越广，人民越多，实力、权势越大，在国际间的地位就愈高，就能称雄称霸。由于那时还没有国籍制度，也没有移民限制，更没有护照的办法，老百姓可以比较自由迁徙，哪一个国家富强，可以过更好的生活，就可以搬到哪一个国家，做他的国民。而在战国当时，天下——全中国的人民，只不过几千万人而已，真正是地广人稀，和近代的情形大不相同。这一分析之下，就知道当时梁惠王对孟子提出这个问题来，是有他的道理的。

那么孟子怎样答复呢？他说："你梁惠王喜欢打仗，我就以战争来譬喻给你听。在作战的时候，战鼓一响起来，部队向前冲锋，双方接近战斗以后，一些怕死的兵将脱了战袍，丢了兵器往后逃走，有的逃了一百步才停下来，有的跑了五十步就停下来，而跑了五十步的人，却讥笑跑了一百步的人胆小。你梁惠王觉得讥笑得对吗？"孟子这样反问，等于设了一个圈套，先把梁惠王套住，这是他谈话技巧的高明，如果写文章，则是一种有层次、设伏笔的手法。由此足见孟子这个人不是后世一些腐儒所说的那么迂阔。

果然，梁惠王说："当然不可以讥笑别人，他们不过没有逃一百步，但同样的是逃亡退却啊！"

于是孟子说："你既然知道这个道理，那也就不必希望你的老百姓会比邻近国家的更多了。"

孟子说梁惠王好战，老实说在那个时代，谁不好战？如不打仗，就难以生存，就不叫作战国时代了。梁惠王为了恢复他父亲魏武侯、祖父魏文侯时代的那种辉煌的局面，只好求之战争。但也确有好战之过，像他派庞涓去打齐国的那一仗，是大可以不打的，结果庞涓战死，吃了一个大败仗，实在是人谋不臧、自食恶果之报。

不过孟子的话，还是说得相当委婉的。他这个比喻的意思是说，你梁惠王遇到凶荒的年岁，移民、输粮，固然是好事，但也只是头痛医头、脚痛医脚的办法而已。你的邻国是坏，但是你实行这种头痛医头的办法，也只是比邻国好了一点。你不从根本上去着手，除去病源，为国家千秋万世着想，做百年大计，长久之图，怎么可能比邻国的人民多起来呢？

从我们的历史上看，孟子这个话，的确有他的道理。自从战国以后，自秦以下，汉、唐、宋、元、明、清，历代除了少数的开国皇帝或中兴之主有值得标榜的建树外，大多数的人主，都犯了这种头痛医头、脚痛医脚的毛病，很少有为国家百年大计作打算的。

孟子在消极地指出了梁惠王的错误观念后，又继续做积极性的建议，告诉梁惠王实行王道政治，开始时应该注意的基本政策，所谓"不违农时"等等。这一段可以朗朗上口、诵读起来音节铿锵的美好文章，它的内容则是以当时的农业社会经济为基础的政治，从农业的发展，达到农村经济的繁荣，形成国家的富有；由国家的臻于富庶，进一步达到社会的安定，然后在安定中，实现中国文化所标榜的政治精神——养生、丧死。

"养生"包括了人口的增加、生活的不断改善，以及生存的保障，生命的延续。现代西方国家，重视儿童福利以及老人福利的精神，就是孟子"养生""丧死"的理想范围。也就是我们今日标榜的《礼运》

的大同世界理想。所谓"使老有所终，壮有所用，幼有所长，鳏寡孤独废疾者皆有所养"的境界，也是王道政治的基本精神。

但从孟子这一个具体的建议里，我们可以知道他当时也是所见有限。因为他的出游各国，也只到过中原农业地区，走的地方并不多，比如他所谈的只是农业、渔业、林业三方面的建设，如果他到过新疆、内蒙古或者中国西南部分的山区省份，那么"数罟不入洿池，鱼鳖不可胜食也"就要成问题了。这些地区哪来的洿池，又从何处去捕鱼呢？又像广西边境和贵州有些地方，所谓"天无三日晴，地无三尺平，人无三两银"，又如何去发展平原农业经济？

不过那个时代，还是大禹治水以后，形成以农立国的中原，连发展盐铁之利的理论都还没有确立，在战国时代还没有大行。所以孟子这个具体意见，是将就当时实际的情况，针对当时的经济结构而建议，是有其时间性和空间性的。奈何后世直到清末以前的读书为政的知识分子，死死抓住孟子的这些观念，形成了重视农业而轻视工商业的偏激错误观念，导致产业落后、经济衰退的恶果。

不违农时

但是，在这里要特别注意到"不违农时"的这个"时"字所涵盖的意义，不要光从字面上看。只是依文解义，就无法了解真正的道理。梁惠王身为一国君主，而且也不是过于昏庸的统治者，难道会不懂得农时？谁也不会在寒冬大雪的时候去播种布谷，在六七月的炎炎夏日方才去种西瓜，或者在不宜于种蔬菜的时候去下菜种。而孟子却在向梁惠王建议三点农事上的注意事项时，第一点就讲到"不违农时"，岂不是没有意义的事吗？假如我们注意到历史和地理问题，对于时间——时代背景，空间——地理环境两种因素，共同去体会这句话，就可以看到它的真面目了。

我们知道，在春秋战国时代，各国诸侯，为了达到他们不断互相征伐、争雄称霸的目的，都实施富国强兵的近利政策，便滥用民力，不管老百姓们是不是正在插秧的清明、谷雨期间；或者是立秋、处暑的收割季节，都在那里动用民力，乱搞一阵。同时渔猎也不选地方，不择时候。本来在禽兽产卵生子的时候，是不打猎的，捕到小鱼是该放回水里的。所以渔猎也一样要在适当的时候，不可以任性地乱捕乱猎。在现代也是如此，像用电捕鱼，或用毒药投到水里"闹鱼"，都由法令明文禁止。现在的术语叫作"保护天然资源"。林业也是如此，不可随便砍伐，否则的话，直接的影响，是土地流失，河床淤塞，失去森林的水土保持功能，导致洪水泛滥的灾害。间接方面，甚至影响到雨量减少等气象方面的异常。过去曾经看到许多地方有所谓"童山濯濯"的土山，一个个山头，像婴儿尚未长发的头一样，光秃秃的。因为过去没有什么林务局去管理或经营林业，都是任由老百姓自由砍伐，不知道保养森林。

孟子是邹人，邹在鲁国，即现在的山东。而他所游历的地方——齐、魏等国，即现在的河南、山西一带平原地区，都是农林业和小型渔猎的社会。他又看到当时天下的各国诸侯，包括魏国的梁惠王在内，都在为了扩充自己的权力、土地，设法富国强兵，大量剥夺了老百姓的生产时间和劳力。所以他提出这三件事，对当时的战国，是非常重要，深具价值的。我们非但不可依文解义来读这句话，并且不可轻易放过。所以他提出这些事是实施王道的开始，一点也不错。我们了解了这一层道理，就可知以后孟子一而再地说到"无失其时""勿夺其时"，对这"时"字特别重视和强调的道理所在了。

孟子建议梁惠王在国内实施王道政治，社会安定以后，还要提倡家庭副业，譬如五亩之宅，就叫他们种桑养蚕、饲养家禽家畜。然后五十岁以上的人可以穿丝织品的衣物；七十岁以上的人可以天天吃肉了。到达了这种富庶的小康境界，进一步教化老百姓们，发扬孝悌的道德，使年长的人不必劳苦，生活能衣帛食肉，国境之内，没有人挨饿受冻。孟子说，假使一个国家经济上的富庶，政治、社会中的安定，到达了这样的情形，却还不能为国际间的政治领导者，不为天下的盟主，是不可能的。

乱世流亡图的文学

再看下面一段，孟子指出当时狗彘食人食，途有饿莩，也即如后世所说"朱门酒肉臭，路有冻死骨"的社会状况。这是一段反面文章。我们从这一小节中，又看到了孟子说话的高明技巧。他是以当代各国社会中的病态，反面地刺激梁惠王，以激发他行王道的政治。

孟子在这里，用"狗彘食人食"，及"途有饿莩"不到十个字，描写春秋战国时的乱象病态，虽然深刻而悲痛，但是，没有经历过乱世的人，也许无法在这寥寥几个字中，体会到战国时代各国的悲惨情形。

在一九三七年，许多人进入四川，就亲眼看到一个个饿死的人，躺在道路的旁边，尸体的头上差不多都裹了一块白布，更增添了悲凉的气氛。（当时四川百姓有如阿拉伯、印度的风俗，喜欢在头上包块白布，如古代所称的"缠回"一样。）那都是当年四川军阀们，为了争权夺利，连年内战，为四川造下的恶果。他们打仗争权，所需的经费，都是从老百姓身上榨取而来，真是弄到民穷财尽。他们榨取的方法有两种：一是征收，将老百姓的财物，单方面地强征硬取而去；二是加租税，把税率提高到无法再高了，就有所谓预收。据说在一九二六年北伐前后，四川的军阀们收税，竟然预收到一九六一年的税了。这是当时一个天大的笑话，在军阀们制造的这个天大的政治笑话后面，隐藏了多少老百姓的眼泪和血汗！以四川这样的天府之国，那么富庶的地方，弄到路有饿莩，原因就是军阀的穷兵黩武，以致民穷财尽。

在历史上，这一类的事情也是屡见不鲜的，尤其是在战乱的时候为甚。像五代时南唐后主李煜的父亲李景（原名李景通，后改名李璟，又改名李景），史称南唐中主，他在国用不够的时候，就拼命增加赋税，除了提高税率以外，还增加税目，各种苛捐杂税都来了，名目繁多，简直难以计数。甚至老百姓家里的鸡、鸭、鹅等家禽，同时生下两只蛋，也要征税。到了春夏之间，老百姓庭前门外种的杨柳，当柳絮随风满天飞舞的时候，竟然还要收柳絮税。老百姓在重重赋税压力之下，再也无法负荷，敢怒而不敢言的时候，自然就形成了"予及汝偕亡"这种深深的怨恨。

像这样为扩张自己的权力，乱用民力的君主，往往在生活上贪图享受，耽于声色，每在宫中养些优伶戏子，唱戏作乐。这些伶人当然与民间较为接近，比较了解民间的疾苦，有时就在歌舞上，以幽默、滑稽的方式，将老百姓的心声，在皇帝面前反映出来。所以当李中主征税征到双鹅蛋及柳絮上面去的时候，就有一个伶人演戏时高唱着："惟愿普天多瑞庆，柳条结絮鹅双生。"这两句深刻的讽刺，成了名句而流传千古，幸而李景故装糊涂，当时没有追究严办。

从孟子说的"狗彘食人食，途有饿莩"这两句话，就知道当时魏国所谓的公府，梁惠王和他的高级干部、大臣豪门们的生活是相当糜烂奢侈，而老百姓却相当穷困。

如果移用孟子这两句话来形容今天的美国，也有点相像。美国人养狗，有狗医生不说，还有特制的狗衣狗帽，以及狗的美容院，为狗理发修毛。平日有专门喂狗的罐头食品，其中牛肉、鸡肉都是上等货，不次于落后地区人们的食物，近来还有狗饭店，专门为那些"天之骄犬"准备它们喜欢吃的东西。在美国虽然很少听到饿死人的事，可是失业的问题却很严重。

孟子对梁惠王指出了魏国当时的不良政风，更加强了语气说，这样狗食人食的情形，你不做一番检讨；路上饿死了人，你也没有开仓拨粮去救济。透过这两句话，我们就知道，魏国的政治的确不好。所以孟子就针对梁惠王自夸移民输粮的话，加强了语气说，在这样狗食人食，途有饿莩的情形下，你还自夸河东凶年移民河内，把河内粮食送到河东就是德政。对于死了的人，你还说是天灾，是凶年造成的，并不是政治不好。这种说法，和用刀杀了人，而后说不是我杀的，是刀杀的，又有什么两样？

最后，孟子说，你不必把这些造成人民痛苦的责任，推到天灾荒年上去。如能自己检讨，承认在政治上还没有真正为民谋福利，然后向王道的政治上去努力，那么就可以使天下归心，大家都会拥护你，钦仰你，到你魏国来的人民自然就多了。

读了这段记载，又使人想到五代的一些故事。在唐末以后，乃至于历代变乱的时候，中原的知识分子和高阶层人士，多向南方逃到广东、福建一带避乱。唐人诗所说的"避地衣冠尽向南"，就是这一阶段的事。唐末有一个藩镇王审知，在福建拥兵割据，他的后代曾自称闽王。王审知倒很有大量，收罗了这些自北边逃来的文人名士，都在福建落籍，名诗人韩偓就是其中之一。他在当时目睹唐末的现况，所作的诗中曾有"千村冷落如寒食，不见人烟只见花"的句子，这是何等凄凉的景象（在古时，清明节前二日为寒食节，禁火三天，全国都不举烟火，没有炊烟）。走遍了上千的村落，像是在寒食节的日子，看不见人烟，而郊野的山花，依然开放，却没有人去欣赏，又是多么落寞。光是这诗人笔下的风光，就够使人酸鼻的了。

在明代张式之抚闽的时候，亦有"除夕不须烧爆竹，四山烽火照人红"的诗句，描写战乱的景象。

至于五代诗人杜荀鹤的诗，就是把战乱中的百姓苦难，刻画得更详尽而深刻了。在这里介绍他十首时世吟中的两首，就可见其一斑。

其一云：

夫因兵乱守蓬茆　麻苎裙衫鬓发焦
桑柘废来犹纳税　田园荒尽尚征苗
时挑野菜和根煮　旋砍生柴带叶烧
任是深山更深处　也应无计避征徭

其二云：

八十衰翁住破村　村中牢落不堪论
因供寨木无桑柘　为点乡兵绝子孙
还似升平催赋税　未曾州县略安存
至今鸡犬皆星散　落日西山哭倚门

用文艺的眼光看，这两首七律，不但是诗中有画，而且画中有泪又有血，可不就是孟子见梁惠王时，所说"狗彘食人食，途有饿莩"的放大么？这正如清末日据时期台湾诗人王松的诗说："不合时宜知多少，生逢乱世做人难。"

谈到五代的诗，又令人想起五代时冯道的典故来。冯道这个人，后代批评他无耻，指责他自称儒者，竟然"有奶便是娘"，前后做了后唐、后晋、后汉、后周四个朝代十个皇帝的官。

但是深入地仔细研究冯道的诗文以及他为官时的作为，当可知道，在他心目中，五代时的那些君主，都是不值得去尽忠的。他之所以历代为官，目的并不在于贪图富贵，而是怕五代那些外族皇帝乱来，毁了中华文化。为了保全中华民族的传统文化，才不得已厕身于那乱世中的宦途，甚至冒天下之大不韪和后世的误解而为官。

　　这并不是故意捧他，而是有事迹可寻的。像后唐的明宗皇帝李嗣源，就是一个目不识丁的人，各方来的奏章他都不会看，要叫别人读给他听。这位老粗皇帝即位后的第三年，全国丰收，自然很高兴，也不再粗里粗气，一副不像皇帝的样子了，懂得斯斯文文、从从容容和冯道谈起国内丰收、四方无事的乐事。

　　这时冯道并没有一味圆滑、锦上添花地顺着明宗说话，他却对明宗说："我以前在先帝庄宗幕府做事的时候，有一次奉命出使到中山去，经过井陉县。那里的地形非常险恶，路况又不好，崎岖不平的，我深恐摔下马来跌死了，所以两手紧紧地抓住缰绳辔口，两腿用力夹住马身，小心翼翼地走，才侥幸没有出事。等走过了这段险路，到达平坦大道上的时候，心理上放松了，手脚也放松了。可不料在这平坦大道上，却狼狈地摔下马来，跌了一大跤。所以我想到，身为一个国家领导人，从事天下国家大业的时候，大概更要时时留意。"

　　他就这样浇了明宗一头冷水。这盆冷水当然不敢直泼，以免惹祸，于是拐了许多弯子，也可见他用心良苦。

　　这位不识字的皇帝，倒蛮有器量的，听了冯道的反调，不但没有生气，反而认为冯道的话很有道理，甚至有一点向冯道讨好的意味，接着问冯道说："今年虽然丰收了，老百姓的粮食够吃了吗？"这种态度和刚刚志得意满的味道不同了，一副忧国忧民的样子。

　　可是冯道还是没有阿谀奉承的话，他还是讲实际的情形和正确的道理。所以他说："农家在歉收的凶年，很可能会饿死。如果是丰收，则所谓谷贱伤农，谷米多了，卖不出高价，还是吃亏受损。所以无论是丰收或歉收，农民的生活都是很苦。我记得进士聂夷中曾经有这样一首诗：'二月卖新丝，五月粜新谷。医得眼前疮，剜却心头肉。'这首诗虽然句子很白话，没有什么文学价值，可是委婉地写尽了种田人家的实在情形，在士农工商四民之中，农民是最辛劳也是最困苦的，这是身为人主不可不知道的。"

明宗听了他这些话，大为高兴，立刻命令旁边的人，把聂夷中的这首诗记录下来，并且要常常朗诵给他听。

我们引述这些历史故事以后，对于孟子这几句精炼的话，才能够有深刻的认识，而了解他在中国文化政治哲学中的重要性，就不会觉得孟子的话枯燥无味，平淡无奇了。

同时，把历史和经书综合起来研究以后，我们更可以发现中国历史几千年来的一大缺失，就是农田水利问题。直到现代，还没有获得彻底圆满的解决。如冯道所说"丰凶两病，惟农家为然"的农村情形，自汉、唐、宋、元、明、清历代中，除了各有一段极短时期例外，农村都是如此困苦，未获解决。

只有现在三十年来，积极改良土地，建设水库水坝，再加配肥等措施及农技，才免除了凶年歉收的现象。丰收中又实施了以高市价的标准价格，收购余粮，避免了谷贱伤农的弊病。的确是中国历史上的善举。但农村经济受到现代工商业发展的冲击，新的问题又复不断产生，因此有关当局仍须继续努力。

二郎神和都江堰

而过去几千年来，农田水利问题一直没有解决，尤其黄河的河患，往往造成千百里地田园庐墓为废墟。耕种的田地，住的房屋，乃至于祖宗的坟墓都保不住，这又和孟子所说的中国政治哲学的"养生丧死无憾"的原则违背了。造成这种弊害的，水利不兴的原因尤重。

我国自大禹治水以后，三代以下近两三千年以来，时有水患，而以黄河长江两大河流为烈。黄河的水利，根本就没有治好过；长江的水利工程，有所成就的，也只有上游川西的一段地方，就是远在秦始皇时代治好的都江堰。那是在四川青城山下，灌县县治旁边的一个峡口，名为灌口，也就是杜甫诗中"锦江春色来天地，玉垒浮云变古今"所谓的"玉垒"和"离堆"等名胜地区所在。此地筑有一座水坝，在坝上有一座二郎庙，庙中所供的神像，并不是《封神榜》小说中的二郎神杨戬，而是秦昭王时，蜀中太守主持建筑都江堰的李冰父子。

说到李冰父子，现在让我们看看清人钱茂所撰《历代都江堰功小传》中对他们的简述：

秦　李冰

李冰，战国时人。知天文地理，隐居岷峨，与鬼谷友。时张若守蜀，与张仪筑城不就，兼苦水患，乃荐冰代若。

冰营郡治，致神龟，凿离堆，以避沫水之害。壅江作堋，穿郫检两江，别支流过郡下，以行舟船。岷山多梓柏大竹，颓随水流，坐收其利。又引溉田畴，以万亿计。旱则引水浸润，雨则杜塞水门，镌石定水则，俾无失度。作大堰以扼蓄泄咽喉，称都安堰。即今都江堰。蜀以此无饥馑，号天府焉。

冰复导洛通山洛水，与郫别江会新津大渡，穿广都盐井诸陂池，凿南安溷崖，以杀沫水，世咸缯其利，都江堰乃其较著者也。

其作堰，破竹为笼，以石累其中，或镇以石牛石人，设象鼻鱼钓护岸。有石刻"深淘滩，低作堰"六大字，尤心传之妙者，历代尊其法，食其德，立祠致祭，元至顺元年，封圣德英惠王。

至国朝，封敷泽兴济通祐王，载在祀典。

李二郎　王戮

二郎为李冰仲子，喜驰猎，史轶其事，名字无考，世传种种异迹，荐绅先生难言之。可征者，惟作五石犀，以压水怪，穿石犀溪于江南，命曰犀牛里，与其友七人斩蛟。又假饰美女，就婚蠡鳞，以入祠劝酒。或谓即冰为牛斗刺杀江神事傅会之，详见《水经注》。

然考亭朱子云：二郎与文昌，分踞蜀境，是二郎克迪前光，以得全蜀人心者，固有在也。元至顺元年，封英烈昭惠灵显仁祐王。

国朝封承绩广惠显王。

王叕事轶，蜀典姓源韵谱，谓与李冰同时人。方氏通雅作王绖，谓与冰同穿二江，其他无闻焉，或亦冰之良佐也。

原来灌口这个地方，河床有一个弯道，每年到了春末夏初的时候，这条江上游源头的雪山上，整个冬天的大量积雪开始融化，雪水自广阔的雪山山脉数以百计的峰头，滚滚而下，汇集到灌口这个隘口时，更是波涛汹涌，声若雷鸣。气势之雄，力量之大，和今天石门水库放水时的情况，有过之而无不及。如不作适当的措施，那么灾害之大，当不止四川一省，可能遍及下游各地，与黄河的水患，互相比恶了。

早在几千年前，李冰父子就想出了"深淘滩，低作堰"这六字真言，以抛流笼的办法，建筑这座都江堰，使这里的洪水不致泛滥。

所谓流笼，是用青竹，剖开以后，浸过桐油或石灰，增加它的纤维拉力，以及防水渍的腐蚀力。再将这种处理过的青竹，编织成长数丈，直径一公尺多，有六角形空洞（俗称胡椒眼）的竹笼，然后把大大小小圆形——近似鹅卵的石块（俗称鹅卵石），填到这竹笼内，就做成了流笼。

把这种流笼，坝作江岸，做有规则的排列，而堆积成水坝。当洪水冲来的时候，遇到这种流笼，汹涌的水势，就被阻挡，但又从笼与笼之间以及笼中鹅卵石之间的空隙通过，于是就收到了减缓水势的适度效果。堰堤水坝便安全不致被冲毁，也无堤脚被淘空的危险。只是每年要检查一下，发现了腐朽的流笼，就要更换新的。

这座都江堰，就这样从秦代到现在，使用了几千年，堰堤不坏，功能不减。抗战时期，曾有德、英、法、美等许多西方国家的现代水利学者、堤坝专家们，到都江堰共同参观研究，认为常换流笼太麻烦，于是提出计划，以他们的现代力学方法，改建水泥坝。不料还是不行，一下子就垮了，唯有恢复原状，用几千年前李冰父子的老办法。这种流笼，我国现代的水利工程人员，目前还在沿用。但是这种流笼，如果用在黄河，就失去效用。因为黄河的流水混浊，带有大量的泥沙，流过流笼时，泥沙沉淀停滞在石缝间，很快就被淤塞起来，就失去减缓水势的功用，而终被流水冲垮。

这历史上唯一成功的河渠水利工程，也反映出我国几千年来的政治，在经济建设方面，工商发展方面暂且不说，我们这个以农立国的国家对于农田水利的问题，则始终没有解决。

引申到这里，我们透过孟子这简练的几句话，可以看到中国历史上悲剧性的一面，存在着许许多多的问题，而一直未做到孟子所说的"使民养生丧死无憾"的程度。同时我们也了解，这"使民养生丧死无憾"，也就是孙中山先生所提出来的民生问题。而现在世界各国，各种政治思想哲学，都以解决民生问题为主。民生主义也好，社会主义也好，乃至共产主义也好，不管他们提的什么主张，何项办法，总不外乎解决民生问题。究竟要做到什么程度，各有各的思想，各有各的目标。当然，现在的民生主义，也就是上继孔孟所提出来的中国文化大同世界的理想。但看今日的实际情形，大同理想的实现，还有待我们各方面更多的努力。

杀人和吃人的譬喻

梁惠王曰："寡人愿安承教。"

孟子对曰："杀人以梃与刃，有以异乎？"

曰："无以异也。"

"以刃与政，有以异乎？"

曰："无以异也。"

曰："庖有肥肉，厩有肥马；民有饥色，野有饿莩。此率兽而食人也。兽相食，且人恶之；为民父母行政，不免于率兽而食人，恶在其为民父母也。仲尼曰：'始作俑者，其无后乎！'为其象人而用之也，如之何其使斯民饥而死也。"

这段文章的记载上，显示出来，梁惠王大概受了孟子的影响，每谈一次话，态度就好转一次。这次的谈话，比以前几次更好得多了。他一开口就说："我愿意虚心地专诚向你请教，听取你孟先生的意见。"所以他也没有提出什么问题来发问，只是希望孟子给他一些意见，今后治国该怎么办。这种态度，看来的确是虚心而诚恳的，存心要向孟子请教。

孟子见他那样诚恳，所以答复梁惠王的话，也是诚恳地讲实在话，一点没有虚伪客套。他以问为答地说："一个人用棍子去打死人和用刀子去杀死人，有什么分别么？"孟子这个问题，可以说是不成问题的问题，所以梁惠王可以不加考虑地立即答复孟子："当然没有什么分别啊！"虽然用的凶器不同，但杀人的居心，和杀死人的结果都是一样，这有什么不同呢？

在这里，我们又看到孟子谈话的高明了。真是剥茧抽丝，逐步层层深入。等到梁惠王肯定了他的这个问题以后，冷不防，话锋一转，逼进一步问道："好了，你既然说用棍或用刀，都是一样杀人。

那么我再请教你，用刀和用暴虐不良的政治杀人，是不是就有所分别了呢？"

孟老夫子这一逼，可把一个梁惠王逼得转不过弯来了，也许当时被问得愣了一下，梁惠王心里总不肯承认是在施行不良的暴虐之政的。但是因为自己身为施政的一国之主，只好眨眨眼，摇摇头说："当然也没有什么两样啊！"

好了，两个问题一转折，把梁惠王扣住以后，正文来了。孟子于是说："那么，现在的君主们，厨房里存放着许多肥美的肉类，马厩里养育壮硕的马匹。可是老百姓却吃不饱，一个个面黄肌瘦的；在城外郊野，还有人饿死在路旁。这种情形对照一下，可不等于是纵容驱使禽兽去吃人吗？"

今天在富庶社会中过安定日子的人，或者体会不到这种景象的悲惨，而认为冰柜里多存一些肉，养上几匹马，又算得了什么？殊不知，在古代没有冰箱，也没有冰柜，而内府中的人多得很，储存的肉类不能不多，但是存久了会变质发臭，就只好扔掉。这就是所谓的"朱门酒肉臭"。至于养马，现在大家都坐汽车了，不知道养马的耗费。以前养一匹壮马，比十个人的生活费还多。要给它好的豆料、鸡蛋，还要喝酒，有时候是上好的名酒。那种跑马场的赛马，还要喂整枝的人参。战马当然也要吃得很好，"马无夜草不肥"，夜晚要派人去遛马，还要给马洗澡，真是一笔大耗费。现在有些人不买汽车，因为汽车每个月的油料和保养费太高了，但比起养马来，汽车的耗费又小得多。何况当时的诸侯，并不是光养一匹马，而是养许多马。大夫干部们也养许多马。还有成千上万的战马呢！了解了这些情形，计算一下所需的费用，那么就知道孟子所说的"率兽食人"一点也不假了。

孟子这几句话，反映了春秋战国当时政治和社会状况的大概，同时巧妙地指责了梁惠王与他下面的这些大臣和干部。另段"率兽食人"，也等于说你梁惠王的这些大臣们，和猛兽差不多，你如今就好比带了一批野兽，在那里吞食老百姓的骨肉啊！所以他又劝梁惠王说：我们看到禽兽互相残杀，弱肉强食的时候，都会非常厌恶、憎恨它们，巴不得杀掉它们。而我们民族文化，作之君，作之师，作之亲，你是一国的君主，也等于是全国老百姓的父母，应该像对自己儿女一样，去爱护照顾老百姓。可是，你现在实施的政治，还免不了好像带了一群猛兽去吃人似的暴虐，那么老百姓又怎么不感到厌恶，你又怎么算得是老百姓的父母官呢？

孟子始终是遵奉孔子的学说的，最后他还是引用孔子的话来作结论。

在这里，先要提出一个题外话来研究一下。原文上，孟子引用孔子的话时，是用"仲尼曰"三个字，为什么不用"孔丘曰"或"丘曰"呢？我们知道，孔丘是孔子的姓名，仲尼是孔子的字。依古礼对长辈，是可以称字或号的，甚至于对同辈的人，也只称字号而不称名的，绝对不能连名带姓一起叫。孔子是春秋时人，孟子是战国时人。时间上，孟子已经是晚辈了。而孟子是子思门人的学生，子思又是孔子的孙子，所以孟子比孔子当然是再晚又晚辈了，所以他应该尊称孔子的字号。即如在《礼记》中子思称孔子，也称仲尼，这是中国的古礼。但是到了后来，渐渐变成对长辈不能称字号了。尤其是对自己的父亲或祖父，直接称号，反倒要让人觉得大逆不道了。

孟子在这次谈话中，把孔子的话举出来，他说："孔子曾经说，第一个制作陶泥人用来陪葬的人，不会有后代吧！"因为他虽然没有用活人去陪葬，但所做的陪葬陶泥人和活的人一样，在心理上，还是存了以活人陪葬的想象——正如许多标榜素食的人，跑到素食馆里，大吃素鸡素鸭。诚然，所吃到的仍旧是豆腐、豆皮、豆干、面粉之类，如果心理上存了吃鸡吃鸭的念头，就和吃荤没有两样。既然这种用代替品假设，而存有一点活人陪葬的心理念头都是不可以、不应该的，又怎么可以活生生地使老百姓们饿死呢？

实际上孟子是指责梁惠王上梁不正下梁歪。领头在那里率兽食人的，就是他梁惠王。只是不便直接指责，才引用孔子这个"始作俑者"来隐喻，指责梁惠王领导无方，自己王府里那么奢侈，领导大臣们也竞相浪费，而老百姓们则无饭可吃，竟然饿死。

梁惠王念苦经

梁惠王曰："晋国，天下莫强焉，叟之所知也。及寡人之身，东败于齐，长子死焉；西丧地于秦七百里；南辱于楚。寡人耻之。愿比死者一洒之，如之何则可？"

孟子对曰："地方百里，而可以王。王如施仁政于民，省刑罚，薄税敛，深耕易耨，壮者以暇日修其孝、悌、忠、信，入以事其父兄，出以事其长上。可使制梃，以挞秦楚之坚甲利兵矣。彼夺其民时，使不得耕耨以养其父母，父母冻饿，兄弟妻子离散。彼陷溺其民，王往而征之，夫谁与王敌？！故曰仁者无敌。王请勿疑！"

他们这一次的谈话，司马迁在《史记》中《魏世家》梁惠王的一段，曾经稍稍提到过一点，语意一样，文字不同。在这里，梁惠王提起晋国。大家应该记得，原韩、魏、赵三国的祖先，历代都是臣事晋国的，后来他们分了晋国的土地，而自己独立称王。现在他又自称是承接了晋国的传统，晋国就等于是他们的祖国。因此梁惠王对孟子从他的祖国谈起。

他说："我的宗主国在晋文公的时候，曾经称霸诸侯，历史上的强盛情形，你老夫子是知道的。但是到了我这一代，说来真惭愧，倒霉得很，在西方割地七百里，求和于强秦，在南方又常受楚国欺凌侮辱，一直受他威胁。像这样的国耻，我实在忍受不了。我愿意为这些为国牺牲的先烈们雪耻。请问你，我应该怎么做才好？"梁惠王提到他祖先的光荣历史。其实从春秋大义来说，魏是叛晋的，谈不上光荣。不过当时在中原一带，三晋的确是相当强盛的。这些且不去管它，我们从历史上可以知道，这次梁惠王对孟子所提出来的，正是他那个时候的中心问题。魏国当时为政的重心所在，就是为了雪耻图强。梁惠王先后对邹衍、淳于髡这些谋士的恭敬礼请，也都是为了雪耻图强。当时的各国，走富国强兵的路线，大多也都是为了雪耻图强。这是战国时代，国际间一种共同的情况——相当于个人的冤冤相报。在循环报复的思想下，绵延了几百年的国际战乱，这是值得注意的。

仁政之道

对于梁惠王的宏图，孟子告诉他，只要有百里的小小领土，如果做得好的话，也一样可以成为国际上的领导国家，可以达到以王道统治天下的目的。他继续告诉梁惠王治国之道，要用王道仁政的精神，不要用存心去统治别人的霸道思想。所以，他要梁惠王第一步实施仁政，其次要注重教化。

怎样施仁政？孟子对梁惠王列举了几点施仁政的做法。当然，这只是仁政的做法，不是仁政的最高目的。

孟子列举仁政的要点，第一是省刑罚。刑与罚是法治上的两种精神，有所不同，但却是相辅相成的两个重点。孟子这里告诉梁惠王，对于刑罚的施为，应该以省略为上，不可太苛重。法治并不是和王道完全相反的，法治也是王道治国的治术之一，不过在王道的精神之下，法治要简明，不可繁重严苛。王道是要以仁义为本的。

后世儒者有的只讲仁义，主张不要刑罚，有的法家主张治国不能用仁义，都是失之于偏。所以唐代的学者赵蕤，在他所著的《长短经·政体》篇中，对于严刑罚，曾引孔子的话，作了这样的评议：

　　孔子曰：上失其道，而杀其下，非礼也。故三军大败，不可斩。狱犴不治，不可刑。何也？上教之不行，罪不在人故也。夫慢令致诛，贼也。征敛无时，暴也。不诫责成，虐也。政无此三者，然后刑即可也。陈道德以先服之，犹不可；则尚贤以劝之，又不可；则废不能以惮之，而犹有邪人不从化者，然后待之以刑矣。袁子曰：夫仁义礼智者，法之本也；法令刑罚者，治之末也；无本者不立，无末者不成。何则？夫礼教之法，先之以仁义，示之以礼让，使之迁善，日用而不知。儒者见其如此，因谓治国不须刑法。不知刑法承于下，而后仁义兴于上也。法令者，赏善禁淫，居理之要。商、韩见其如此，因曰治国不待仁义为体，故法令行于下也。故有刑法而无仁义，则人怨，怨则怒也；有仁义而无刑法，则人慢，慢则奸起也。本之以仁，成之以法，使两道而无偏重，则治之至也。故仲长子曰：昔秦用商君之法，张弥天之网，然陈涉大呼于沛泽之中，天下响应。人不为用者，怨毒结于天下也。桓范曰：桀纣之用刑也，或脯醢人肌肉，或刳割人心腹，至乃叛逆众多，卒用倾危者，此不用仁义为本者。故曰：仁者法之恕，义者法之断也。是知仁义者乃刑之本。故孙子曰：令之以文，齐之以武，是谓必取，此之谓也。

　　赵蕤所引用孔子及各家的话，对于王道政治中，刑罚与仁义道德的关系，相辅相成的功能，体用本末的作用，实在可以视为孟子这里"省刑罚"三个字的阐扬。也是王道精神并不排斥刑罚，以仁义为本，以刑罚为用，而辅仁义教化之不足的最好说明。由此我们也可以了解孟子动辄称仁义，但是对梁惠王说仁政，只说"省"刑罚，而不说"去"刑罚的原因。所谓"治国不须刑罚"，那只是秦汉以后腐儒们的迂阔之见。

孟子指出仁政的第二个措施，是"薄税敛"，减轻国家的经常税赋，减轻公府的公费、规费和临时的稽征。像秦始皇造阿房宫、宋徽宗之造艮岳，征用民财，就是敛，征用民力，就夺时。老百姓这一些额外的负担和经常的税赋，都要减轻，否则的话，征敛太多太重，则等于杀鸡取卵。弄到民穷财尽，路有饿莩，则无从征敛。能够薄税敛，则藏富于民，国家自然富足，国库自然充裕。现代的名词，所谓"培养税源"，也就是薄税敛的道理。

仁政的第三个重要措施，孟子提出"深耕易耨"四个字。这是农业技术上的两件事。"深耕"就是将泥土耕得更深一些。如此使植物吸收更多养分，成长得更好。"易耨"，耨就是江南一带所谓的耘田，又叫作芟草。秧苗插下去以后，过一段时间——大多在谷雨之后，要把秧苗四周长的杂草除去，以免消耗浪费了土地中的养分，使秧苗长得更好。在台湾，我们常在季春时节，看到农民跪在水田里，两手在地上画圈圈一样，把秧苗四周的杂草压到土里，不但却除了杂草之害，这些杂草又可腐化成有益的肥料，这就是耨。而所谓"易耨"，应该包含了轮作的意思。同一块土地每年种同样的庄稼，会长得不好；如果轮换一下，今年种稻，明年种菜，那么两种植物都会长得比较好，这是古人早有的常识。农业方面是有许多技术的，这里因为古代文学的精简，只用四个字来代表农技。所谓"不夺农时"，用现代的语言来说，就是要教老百姓把握时空、勤于耕种，改良农业技术来增加生产。

综合以上三点，王道政治的重点，第一是法治，第二是财政，第三是经建。孟子说在法治上做到了省刑罚，财政上做到了薄税敛，农业建设上做到了增加生产，便可使社会安定、丰衣足食，然后进一步再提高教育水准。

在少年人、青年人空闲的时候——正如《论语》中孔子说的"使民以时"——在最适当的时间，也就是前面所说"不夺时"，不在农忙时耽误耕作的空闲时间，教化少壮青年，具有孝、悌、忠、信的修养与行为。在个人的品德上，对父母尊长，能够善尽孝道；对兄弟姊妹、同辈朋友，能发挥友爱的精神；对人对事，能殚智竭虑，做得最适当，能够言而有信，不虚伪诈欺。人人如能如此知耻，自立自强，在家的时候，这样孝友父兄，到了社会上，能以这种品德待人处世，那么就形成了孝、悌、忠、信的大家庭。各个家庭如此，便成了孝、悌、忠、信的社会。扩而充之，就是孝、悌、忠、信的国家。

到了这个时候，不必拿兵器去作战杀人，在文化战、政治战上，就已经打了一个大胜仗。如果必要打仗时，你纵然教老百姓拿了木棍，去挞伐秦国、楚国这些具备坚甲利兵的国家，他们也会勇敢地拥上前去。

孟子告诉了梁惠王施仁政的做法之后，又反过来，从另一面分析当时邻国敌国的国情，告诉梁惠王说："现在他们这些国家，都是不管老百姓的死活，乱用民力。不问农忙不农忙，说打仗就随时征调老百姓去打仗，使老百姓不能耕田生产，无法过农业社会的安定生活，弄得人人家园破产，上不能奉养他们的父母，致使他们的父母也冻死饿死。强迫出征，和兄弟妻子就因此而离散。像这样，等于把自己的百姓扔到水里淹死，推进深坑泥淖活活埋了。"

这种征役之苦，后世在唐代杜甫的《兵车行》和《石壕吏》等诗中，有详细的刻画，这是大家都能熟诵的。在明末，一名进士杨士聪的《凶年四吟》中，也有深刻的写照，其中两首写道：

名将重威信　过师从枕席
平日少抚练　临戎增叹啧

贼焰既已炽　　调发杂主客
强者太狰狞　　弱者不任革
缘村掠民蓄　　孰操自完策
贫民无立锥　　更复遭奇厄
谈笑借汝头　　聊以充斩馘

杀运殄生人　　轻细如螓蟻
兵荒已半死　　岂堪雁病孽
春来渐多疫　　什九剧绵惙
蠢凶既草菱　　良谨或兰折
道路续新鬼　　亲属累死别
贫民无棺敛　　委弃空痛结
横尸陈道衢　　端为鸟鸢设

　　这两首诗的文艺境界如何，且不去讨论，但说得是相当沉痛的，例如："谈笑借汝头，聊以充斩馘。"是说借用老百姓的脑袋，造成自己的功绩，等于清代所说的，大人的顶子，是血染红了的（隐喻清朝大官们的红缨帽）。其余如"横尸陈道衢，端为鸟鸢设"，这就是穷兵黩武的结果，一幅悲惨世界的画面。如今百余年来，我中华民族即经常在此浩劫的笼罩下，国家多难，人民不幸，实令人不胜慨叹！

　　还有前面引用过的一位五代朱梁时诗人杜荀鹤，也有两首诗感慨这种"陷溺其民"的暴政所造成的社会状况。他在赠朋友张秋浦的诗中写道：

人事旋生当路县　　吏才难展用兵时
农夫背上题军号　　贾客船头插战旗

把"夺其民时"的情形，写得入木三分。

又在一首题为《旅泊遇郡中乱》的诗中写着：

> 握手相看谁敢言　军家刀剑在腰边
> 遍搜宝货无藏处　乱杀平人不怕天
> 古寺拆为修寨木　荒坟掘作甃城砖
> 郡侯逐去浑闲事　正是銮舆幸蜀年

孟子早已说过，你这些拼命扩张武力的邻国，把社会弄成这个样子，陷溺其民。如果你实施了仁政，法治上了轨道，财政经济充裕，国民教育水准提高了，人人自立自强，然后再去征伐邻国，自然就天下无敌了。所谓"仁者无敌"，不要对仁义治国的最高原则怀疑，不要犹豫，走向仁义的大道吧！

"仁政"——这个孟子的主张，在现代也还是正确的，如果能够施行"仁政"，使人人明白国耻，人人教战，达到国强民富，则自然是"仁者无敌"，最后必能致胜的。

孟子和梁惠王，从第一次见面开始，到这里告一段落。从他们两人数次的谈话中，可以知道，孟子是始终奉行中国的传统文化，尤其是孔子的学说思想，推行仁义，讲求仁政，期望天下太平，人民的日子过得好。对于当时那些策士，所谓纵横家、谋略家等游说之士，如苏秦者流，为求取功名富贵，讨好君主们扩充权力的心理，不顾老百姓死活的一套主张，他不是不知道的，而是知而不为，不愿那样去做。

人品与器识的评鉴

可是孟子运气相当不好。正当他和梁惠王慢慢谈得来，已经可以劝梁惠王不必怀疑他的"王亦曰仁义而已矣"的道理，不要犹豫去施仁政的时候，不幸得很，梁惠王死了，新王——梁襄王即位，这时孟子即将离开魏国，因为新王上台，一切情形也就不同了。下面就是孟子和这位新王见面后的情形：

　　孟子见梁襄王。出。语人曰："望之不似人君，就之而不见所畏焉。卒然问曰：'天下恶乎定？'吾对曰：'定于一。''孰能一之？'对曰：'不嗜杀人者能一之。''孰能与之？'对曰：'天下莫不与也。王知夫苗乎？七八月之间旱，则苗槁矣。天油然作云，沛然下雨，则苗勃然兴之矣！其如是，孰能御之？！今夫天下之人牧，未有不嗜杀人者也。如有不嗜杀人者，则天下之民，皆引领而望之矣。诚如是也，民归之，由水之就下，沛然谁能御之？'"

　　这一段文章，写得真好，不要说在古文中，很少有这样生动、幽默的作品，就是在现代用白话文来写，也很难写得如此活灵活现，而又恰到好处。在字里行间，体会一下，蛮好玩的。

　　魏国的新王——襄王即位了，第一次召见孟子，孟子去了，可是两人见面谈话的情形和内容，没有作客观的直接记述，只说孟子见了襄王以后，出来了。然后由当事人之一的孟子对别人说：这位新王，一眼看上去，给人的第一印象，就不像个皇帝。"望之不似人君"这句话，成了名言，成了大家的口头语。几千年来，直到今天，大家常会借用这句话去批评别人，每个人都可以体会一下，当借用这一句话去批评别人时，自己的心理、情绪上，是什么状况，那一种心理状态也是颇为复杂、微妙而难以形容的。

　　孟子又补充一句说：等到接近他时，再仔细地看看，他一点谦虚之德都没有，一点恐惧戒慎的心情也没有。我们知道一个越是有德的人，当他的地位越高，临事时就越是恐惧，越加小心谨慎。尤其当时的魏国，在战略地理上，处于四战之地，强邻环伺，而又已经打了几次大败仗，正是国势不振的时候，他应该知道，这个国君是不好当的。别说是这样一个国际现势，就是天下太平，身居如此高位，也该诚惶诚恐才对，可是梁襄王一副公子哥儿的作风，满不在乎的样子。所以孟子说他"就之而不见所畏焉"。不但一国君主应该戒慎恐惧，就是一个平民，平日处世也应该如此，否则的话，稍稍有一点收获，就志得意满。赚了一千元，高兴得一夜睡不着，这就叫作"器小易盈"，有如一个小酒杯，加一点水就满溢出来了，像这样的人，是没有什么大作为的。

　　这两句话，是孟子叙述他观察梁襄王以后所得的印象，好像是替梁襄王看相。当然，这个看相不是看眼睛如何？鼻子如何？运气又怎样？这是一般江湖术士的看相术。中国的传统文化中，对于"识人"的学问，有好几部书，汉末有刘劭的《人物志》，最近的有清代曾国藩的《冰鉴》。《人物志》，可视之为看相的书，也就是识人之学。所谓"形名"之书，也可看作是现代研究人事管理不可不读的书。里面是讨论人的气宇、气度、神态等问题。其实说到看相，中国远在战国时代就有。在汉代有一个著名的相人者名叫许负，名声普闻朝野，看相看得很准。当然，也有一些是献媚的小人，对人说些好听的话，一味地阿谀奉承，这是另外一回事。但从一个人外在的言谈举止，而看他的内在品德修养，也是一件很难的事。以现代的名词来说，就是品质问题。现代的工业产品，要加强品质管制，就是每一种产品，有它一定程度的规格，这种规格，就是起码的品质。产品有一定品质，出厂前要用科学方法，精密仪器鉴定，超过标准规定的是优良品质，不及的就是不良品质，必须淘汰。人也有各人的品质。人之所以成功，自有他气度，有优良的品质。而看人的气度好坏，也如同鉴定东西品质好坏，从外形上即可看出一样，从人的言谈举止之间，即可看出此人之气质如何。如所谓"龙凤之姿，天日之表"等对帝王人物的评语，就是对气度的描写。如形容汉高祖的隆准、龙颜等等，表面像龙的那个样子，鼻子高高的，下面大大的像一颗独蒜头，嘴巴阔到耳根边，睁大了两个眼睛，好看不好看呢？不去管他。也有人说明太祖朱元璋的相很像猪，指现在故宫博物院收藏的那张朱元璋画像是假的，而在庐山天池寺的一张才是真的。我看过庐山天池寺那一张被指为真的明太祖画像，真的就像一个猪头，所谓五岳朝天，嘴唇特厚。在我看来，庐山那张是假的，故宫那张是真的才对，否则一个皇帝长成那个猪头样子，实在难看！事实上也不可能。这是讲历史故事的闲话。

另外在历史上有两件关于人的气度的故事。也足以证明人的气度，的确是他的内涵修养气质的表现。晋朝著名的奸雄，也是历史上一位半成功的人物——桓温，他伐蜀打到了川东，在白帝城看到了几堆砌起的石头，据说是诸葛亮当年作战时，依奇门遁甲，克敌制胜而摆下的八阵图。这时桓温自认为了不起，觉得诸葛亮也不过如此。因而表现出一副很自豪的态度，便向身边一名在年轻时候曾经跟随过诸葛亮的老兵说："你是跟过诸葛丞相的，今日你看看我和诸葛公比较起来怎样？"这位老兵最初连声说："差不多！差不多！威风差不多，可是……"顿了一下，他又叹了一口气说："我跟过诸葛丞相许多年，可是诸葛丞相死后，这几十年来，又看了这许多人，可就没有一个比得上诸葛丞相。"桓温听了这位老兵的结论，脸都发白了。

桓温平日就很自我欣赏他的雄姿、风度、气质，认为和晋宣帝、刘琨他们的气质不相上下。他征伐了秦国回来的时候，收买了一个年纪大的女仆人，查问之下，这个女仆人，以前就是刘琨的女仆，自然是熟识刘琨的。这个老女仆一见到桓温的时候，就禁不住流下眼泪饮泣起来，同时对桓温说，"您很像刘司马"。桓温听了她这句话，正中下怀，高兴得不得了，可是还不自满足，再把帽子戴戴好，衣服拉拉平，弄得更端端正正，又问这个女仆："你再仔细看我，到底像刘司马——像到什么程度？"这个女人一面仔细看他，一面说："您的面貌很像，就是面皮薄了一点，不像他那么福泰；眼睛也很像，可惜小了一点，再大一点就好；嗯，胡须的样子很像很像，可惜您是红胡子，不像他的乌亮；整个身材也差不多，奈何您不及他高；声音也像，但是您的声音有点娘娘腔。"这个老仆妇，奉命评头品脚，谈了老半天，说得什么都像，可是什么都差一点，都不像。把一个桓温气得摘下帽子，脱了袍子，干脆跑去蒙头大睡，好几天都不快活。此外，例如许劭看曹操，便说他是"治世之能臣，乱世之奸雄"。曹操问裴潜说："卿昔与刘备共在荆州，卿以备才如何？"裴潜说："使居中国，能乱人，不能为治。若乘边守险，足为一方之主。"这些有关历史人物的评鉴，都是绝顶聪明的人旁观者清的智慧之语，当然不是全仗看鼻子、眼睛等五官相法而论人物的。

也是相法

大人物的情形如此，小人物也有小人物的气质。有这样一则笑话：清朝末年，国库空虚，于是鬻官卖爵，设立捐班，定下价格，捐多少钱，便可做多大的官，以资敛取。当时有一个发了横财的船夫，捐了一大笔钱，得了一个七品顶戴，也在礼部学了礼，大概用苦功学了一段时间，在场面上也能摆出一副官架子来了。可是有一次，和一些同一阶层的官员们在一起吃饭，这位捐班出身的大人，在拿起筷子来夹菜之间，仍不改他在船上吃饭时的习惯，右手拿的筷子往左掌心一戳，把两根筷子，弄得齐平。他的这个小动作，被同席的人看见了，一猜就知道他是捐班出身，而且以前可能是做船夫的。这还是小事。饭后大家坐下来喝茶聊天，其中有一位进士出身的清廉县知事，穿的一双靴子破了，但他仍毫无愧色地伸在前面摆开了八字脚。这位捐班的船夫看见了，于是说，某大人！你的靴子破了。这位县知事听了不但没有难为情，反而举起脚来说："我这靴子的面子虽然破了，可是底子好得很。"这是一句双关语，意思是说：我这县官的底子，是凭学问考来的，不像你老哥这个官儿是用钞票买来的，所以羞红了脸垂下头去的，反而是这位笑别人破靴子的船夫。这就是气质的不同了。

可是看人的气度，有时也是不简单的。像这位船夫大人在手心里齐筷子，是很明显的所谓职业的习惯性动作，但也有时一些似是而非的外表，那可就要别具慧眼来辨别了。像《吕氏春秋》说的：

> 相玉者，患石似玉。相剑者，患剑似吴干将。贤主患辨者似通人，亡国之君似智，亡国之臣似忠。

识人如辨物，那一种似是而非的赝品，最会把人难倒，玉和石，是很容易分辨得出来的。但是遇到一块很像玉的石头，那么珠宝店的专家，也感到头痛了。至于评断宝剑也是一样，普通的生铁所铸，锋刃不利的，一望而知。但是，如果样子很像什么干将、莫邪的古代名剑，也会令古董商人头痛。物固如此，对人的认识就更难。因为人是活着的，是动的，会自我巧饰，所以一个很贤能的君主，也怕遇到那种耍嘴皮子能说善道的辩士，弄得不好就误认他是有真才实学的通人，予以重用而终于误国。历史上更有许多亡国之君，看来非常聪明；一些亡国之臣，看来非常忠心的。例如大家最崇拜的诸葛亮，也把马谡看走了眼，而自叹不如刘备的知人。

鉴识人，见其气度固难，即使是从言谈举止有了认识，也是不够的，还必须要更深入地了解他的个性。在仲长统的《昌言》中，有一段讨论到气度的反面个性说：

"人之性，有山峙渊渟者，患在不通"。一个稳如山岳，太持重的人，做起事来，往往不能通达权宜。"严刚贬绝者，患在伤士"。处世太严谨刚烈，除恶务尽的人，往往会因小的漏失而毁了人才。"广大阔荡者，患在无检"。过分宽大的人，遇事又往往不知检点，流于怠惰简慢，马马虎虎。"和顺恭慎者，患在少断"。对人客客气气，内心又特别小心谨慎的人，在紧急状况下，重要关键处，则没有当机立断的魄力。"端悫清洁者，患在拘狭"。做人方方正正，丝毫不苟取的人，又有拘拘缩缩、施展不开的缺点。"辩通有辞者，患在多言"。那种有口才的人，则常犯话多的毛病，言多必失，多言是要不得的。"安舒沉重者，患在后世"。安于现实的人，一定不会乱来，但他往往是跟不上时代的落伍者。"好古守经者，患在不变"。尊重传统，守礼守常的，又往往会食古而不化，死守着古老的教条，于是就难有进步。"勇毅果敢者，患在险害"。现代语所谓有冲劲、有干劲的人，在相反的一面，又容易造成危险的祸害。

所以认识了一个人的气度，同时还要知道他这一种气度在反面有什么缺陷，那么"事上"也好，"用下"也好，才能达到知人善任的目的。

孟子一见到梁襄王，就说他"望之不似人君"。这是孟子的善于识人。历史上的确有许多不像皇帝的职业皇帝，尤其是生下来就是太子的人，常有不像样的。野史的资料，记载朱元璋统一全国以后，有一次拿起元朝后代皇帝的画像来看，他说："左看右看，只像是个牛医，哪里像个君临天下的帝王相。"牛医就是兽医的意思。清代最后一个皇帝宣统，有许多人是见过的，他的照片，大家差不多都看过，虽然清秀，但却带着点"我见犹怜"的味道，的确也是"望之不似人君"的一种典型。

从"望之不似人君，就之而不见所畏焉"这两句话，就知道孟子的心目中，已经认为这位魏国新王是扶植不起来的，这时也已经注定了孟子将要离开魏国的命运。

天下定于一

孟子告诉别人——也可能是告诉他的学生，这位魏国新王，还有更妙的事。梁襄王见到孟子，既没有寒暄，也没有礼貌，招呼也不打一个，连"叟"都不叟一下了。忽然间毫不客气地、冒冒失失、没头没脑地捅出一个不着边际的问题来："怎么定天下？"于是孟子只好答复他："定于一。"

这一个"一"是什么？一个人？一件事？一个原则？一个战略？或一个国家？到底是"一"个什么？好比佛家参禅的话头，看不出一个确定的意义，你爱怎么想就怎么去想吧！

可是这位"不见所畏"的公子哥儿想的是一个人，而且这个人就是我襄王自己。所以马上接口问孟子："哪一个人可以定天下？"这时孟子就他的话告诉他："只有那个不喜欢杀人的人，才能够定天下。"这时候襄王才明白，孟子所说定天下的人，并不是他梁襄王，而是不喜欢杀人的人。

不杀人的人就能定天下。如果在现在这个时代，我们依文释义，这句话似乎就不通，没有道理。你我不要说不喜欢杀人，即使杀一只鸡也害怕，难道就可以定天下？果真如此，则人人可以定天下了。当然，我们不能作这样的解释。孟子这句话，是指当时那个时代的君主而言。在战国时代的人主——民众的家长，是可以随自己的喜恶，任意杀人，有绝对的杀人权利，没有权能分别的法令，没有绝对合理的规章，人主不必守法，可以生人，也可以杀人。所以孟子这句话，是对当时有杀人特权的人主们而言。

梁襄王说：假如一个人主不杀人，那有谁和他在一起肯来帮忙他呢？大概战国时代，各国君主，都以杀人为务，以杀人来立威，使人畏惧，因为怕被杀而跟着走。自幼在这种人主可以随意杀人的观念下长大的梁襄王，听孟子说不杀人的人可以定天下，感到意外，所以才问出"孰能与之"这句话来。

孟子听到这个无知的问题，还是开导他，告诉他："假如今天有一个爱护百姓、不随意杀人的人主，则天下的人都会和他在一起。"孟子还怕他听不懂这个道理，于是又改用比喻的方式开导他说："您对于田地里禾苗生长的情形，是一定知道的。每年到了七八月的时候，如果久不下雨，田地干旱，稻子没有水分滋养，眼看就要枯萎了。正当这个时候，艳阳高照的万里晴空中，突然涌来弥漫着水汽的云层，接着充沛的雨水如注地降下来。很快地，那田地里本来已经垂头弯腰，快要枯萎的稻子，就又有了生气，欣欣向荣地伸直了禾秆，生气勃勃地复活成长起来。像这股充沛的滋润力，是自然的法则，又有谁阻挡得了呢？"

可慨叹的，孟子这个枯苗的比喻，恰好就是乱世败政——如战国时代人生境况的写照。在古代历史上，碰到乱世的时代，人命真如枯苗草菅，有野心的诸侯们，大都是走"残民以逞"——满足私欲的路线。读了《孟子》这一节书，由乱离人命如草菅枯苗，使人联想到明代沈明臣的诗句——"杀人如草不闻声"这沉痛的描述。

接着孟子又说："今天那些统领人的人主们，各国的国君们，没有一个不是好大喜功，杀人如麻而无动于衷。倘使其中有一位大仁大义的国君，能够施行仁政，体恤百姓，不随意杀伐征战的话，那么天下的老百姓，一个个都会伸长了脖子仰望着，期待着这位君主的领导。如果真的有一天，出现了这样的君主，发生了这样的情形，那么百姓们就会像往下冲的巨流般归向他。这股自然的趋势，哪里是人力所能阻挡得了的呢？那么这个不好杀人的君主，当然就可以统一天下了。"

这一节，等于孟子的日记，是他自身的历史笔记。当他快要离开魏国之前，非常倒霉不得意，梁惠王虽然谈不拢，结果还是谈得差不多，至少是可以谈，现在这位新王根本"望之不似人君"，谈也不必谈了，只有卷起铺盖走路了。

在这一节记载里，虽然梁襄王的问话不好，而且问得没有礼貌，没有意义。可孟子答复他的话，都是至理名言，是真正的道理。凡是想要作为一国之主的，就要具备这样的胸怀和气度。相反地，也解释了孟子说梁襄王"望之不似人君"的理由。梁襄王没有这种抱负，那么就不能令人见了产生肃然起敬的心理，他的气度、胸襟，都没有那种令人愿意臣服为他辅助的气势。

孟子与苏秦的对照

孟子自从那次见了梁襄王，出来对人说梁襄王"望之不似人君"以后，就离开了魏国。这应该是梁惠王刚刚去世，襄王即位那一年的事情。梁襄王二年，苏秦大约就在孟子之后，又到了魏国，并且以合纵之说，说动了梁襄王，参加了苏秦所主张的六国合纵以抗秦的计划。当然，精确的考据很难说。

这次苏秦访问魏国，和梁襄王谈话的经过，《史记》和《战国策》都有记述，内容差不多，但是《战国策》的记载比较详细而精彩。现在引用到这里，我们可以对照起来，做一些研究。

苏子为赵合纵说魏——《战国策》原文

苏子（即苏秦）为赵合纵，说魏王（惠王嗣。时襄王二年）曰：大王之坒（古地字），南有鸿沟（即狼荡渠，在河南荥阳东，南至陈入颍，宋以前汴河是其道，今谓之贾鲁河；自荥阳经河阴开封等县，南至商水县，合于汝水）、陈、汝（汝水出今河南嵩县南山，东北过伊阳、临汝，又东南经郏县、宝丰、襄城、郾城，又东南为涡河，旧时自郾城南至西平、上蔡、元季水溢为害，于涡河截其流，约水东注，而西平上蔡之水，仍名为汝水云。魏地不至陈，盖夸之）南有许、鄢（即鄢陵）、昆阳、邵陵（即召陵）、舞阳（今县，为汝阳道，故城在县南）、新郪（故城在今安徽阜阳县东南）。东有淮（魏地不至淮，盖夸言之）、颍（源出河南登丰县，东南流，经开封、许昌等县，合大沙河，又东南入安徽阜阳，合小沙河，至寿县入淮）、沂、黄、煑枣（故城在今山东菏泽县西）、海盐、无疎（《史记》——无海盐字，疎作胥，索隐——地阙），西有长城之界（自郑滨洛以北，至固阳。秦魏之界也。今陕西华县西郦西南有故长城，即六国时遗址），北有河外（《史记》索隐——河之南邑，若曲沃、平周等地。案今河南郏县有曲沃故城，战国魏地，非晋都曲沃也。平周，邑名，在今山西介休县）、卷（魏邑，在今河南原武县）、衍（故衍城，在今河南郑县北）、燕、酸枣（故城在今延津县北）。垆方千里，垆名虽小，然而庐田庑舍，曾无所刍牧牛马之地。人民之众，车马之多，日夜行不休，已无以异于三军之众。臣窃料之，大王之国，不下于楚。

然横人（主张连横的人）谋王，外交强虎狼之秦，以侵天下，卒有国患，不被其祸。夫挟强秦之势，以内劫其主，罪无过此者。

且魏，天下之强国也。大王，天下之贤主也。今乃有意西面而事秦，称东藩，筑帝宫（言为秦筑宫，备其巡狩而舍之，故谓之帝宫），受冠带（谓冠带制度，皆受秦之法），祠春秋（谓春秋贡秦，以助秦祭祀），臣窃为大王愧之。

臣闻越王勾践（允常子）以散卒三千，禽夫差于干遂（即干隧，吴王夫差自刭处，今江苏吴县西北万安山，一名秦余杭山，一名阳山，又名四飞山，山之别阜曰隧山，即其地也。吴王伐齐后，与晋会于黄池，于是越王袭吴。时敬王三十八年。至元王三年，越灭吴）。武王卒三千人，革车（兵车）三百乘，斩纣于牧之野（即今牧野，在今河南淇县南）。岂其士卒众哉？诚能振其威也。

今窃闻大王之卒，武力（《史记》作武士，武卒也。《汉书·刑法志》——魏士武卒，衣三属之甲，操十二石之弩，负矢五十，置戈其上，冠胄带剑，赢三日之粮，日中而趋百里，中试则复其户，利其田宅）二十余万，苍头（谓以青巾裹头，以异于众）二十万，奋击（军士之能夺击者）十万，厮徒（炊烹供奉杂役）十万，车六百乘，骑五千匹。此其过越王勾践、武王远矣。今乃劫于辟臣（邪僻之臣）之说，而欲臣事秦。夫事秦，必割地效（献也）质，故兵未用而国已亏矣。凡群臣之言事秦者，皆奸臣，非忠臣也。

夫为人臣，割其主之垒，以求外交偷取一旦之功，而不顾其后，破公家而成私门，外挟强秦之势，以内劫其主，以求割地，愿大王之熟察之也。

《周书》曰：绵绵不绝，缦缦（《史记》作蔓蔓，谓蔓延也）奈何！毫毛不拔，将成斧柯。前虑不定，后有大患。将奈之何！大王诚能听臣。六国从（纵）亲，专心并力，则必无强秦之患。故敝邑赵王（肃侯语）使使臣献愚计，奉明约，任大王诏之。

魏王曰：寡人不肖，未尝得闻明教，今主君以赵王之诏诏之，敬以国从。

苏秦以合纵发起国——赵国的名义来到魏国游说，实际上是为他自己争取功名富贵。他可不管梁襄王像不像人君，一开头，就从魏国的地理形势说起，细说魏国的战略地势，还带上几分夸张，把魏四周的疆界，说得很热闹，并说到魏国人民有如何的多，大吹其牛，给魏襄王戴高帽子。这也就是孟子与苏秦所以不同之处。所谓谋士、说客、纵横之士，都是给别人戴高帽子的，竟然说魏国不下于楚，其实当时南方的楚国，在领土的幅员、地理的环境等各方面，都比魏国强大得多。

接下来，把梁惠王、梁襄王父子下面的大臣，都骂了。他说他们"挟强秦之势，以内劫其主，罪无过此者"，这几句话很严重，等于说梁惠王这些干部都不尽忠。苏秦的这一着非常厉害，他这一骂，把梁襄王下面那些想发表意见的人，一下子就堵住嘴了。

可是对于梁襄王，他还是一顶又一顶的高帽子继续送上去。"天下之强国也""天下之贤主也"，大拍马屁。反正天下事，千错万错，马屁不错。和现代的推销员一样，千方百计也要把顾客说服。而说服之道，戴高帽最安全，也最有效。马屁拍完，在对方听得浑浑淘淘的时候，另一手来了，他立即一个耳光上去，说梁襄王有这么大一个强国，竟然想奴颜婢膝地向人低头，这岂不是太可耻了！

苏秦的权谋

这时，苏秦又举过去历史上吴越之战的故事，同时分析魏国的国力，作为申述他合纵主张的基础。我们不要以为苏秦第一次游说失败，回到家里，读了几年《阴符经》，就把学问读出来了。如今大家从小学读到大学，读了十六年的书，走入社会，找一份七八千元的工作还不容易。苏秦这里所举魏国的国力，绝对不是他关在房子里，窗帘都不拉起来，头悬梁，锥刺股搞出来的。他在这段时间里，搜集情报，把国际间各国的实力，都弄得清清楚楚，了若指掌了。所以我们大家读书不要读成书呆子。苏秦第一次出来游说的时候，的确还是书呆子，但是第二次出来游说时，就大不相同，各国国防上的机密情报他已清楚得很了。

同时我们了解当时魏国是这样的情形，而孟子见梁惠王时却要他们行仁义之道的仁政，这就好比对一个衰病的老年人，要他不必吃补药、打补针，他一定不肯依着去做，是一样的。

苏秦在梁襄王面前，如数家珍地陈述了魏国当时的局面和战备详细数字，接着又骂他下面的那些大臣、干部们，说梁襄王身边这些亲信的人，都是辟佞之臣，只是会讨好、拍马屁，不会谋国的奸臣，而不是忠臣。苏秦以一个外国人，跑到魏国，居然敢在魏国君王的面前大骂他的亲信大臣，我们就要从这里了解到他当时的背景。

苏秦第一次游说的时候，虽然已花了家里很多钱，有车、有马、有裘，打扮得很像个样子，颇壮行色，但到底是单枪匹马，脑袋是提在手上的，弄得不好，随时会丢掉的。至少，也会像即将（按指一九七七的十一月廿日）访问以色列的埃及总统萨达特一样，担心着被人轰出去。可是这次的苏秦，胜过以前不知多少倍了。他是先说服了赵王接受他的合纵计划。然后是代表赵国去说服梁襄王的。这时的苏秦，不但身边带了一大批助手和卫士，而且还有赵国作后盾，所以他说话的态度就不同了。义正辞严地指责魏国的大臣们，以人主之地，与外国结交，贪求近功，不顾后果。其实这些话都是骂梁襄王的，只是他身为一个外交官、一个谋略家，自然不便，也不会去面对面地骂一个他要说服笼络的君主。于是就把这些话、这些责任完全转嫁到这个国家的干部身上，使对方有一个转身的余地。

苏秦的这一招，是骂得相当厉害的，他所指的"以求外交偷取一旦之功"这些话的评语，也正和前几年美国国务卿基辛格的情形完全一样。其实呢？苏秦他自己不也正是"以求外交偷取一旦之功"吗？由此看来，天下的是非，大多数只能暂时保留一时一地，很难永远成为"公是公非"。

然后，他再引经据典地，说出《周书》的理论。在当时可以说没有出版事业，书籍都是刻在竹片上，非常稀少而珍贵。苏秦引经据典，暗示了他自己很有学问，读过一般人不易读到的书，一方面表示他的计划是有根据的，最后说出他六国纵亲的计划，礼貌地请梁襄王作决定。

那么，孟子形容为"望之不似人君"的这位梁襄王，听了苏秦这番话以后怎样呢？自己责备自己不肖，从来没有听过这样高明的意见，立即签约，全力支持到底。

不过，后来苏秦死了，张仪也来见梁襄王，提倡连横之说，又是另外一套理论，反过来驳倒苏秦的说法。这两篇文章，如果办报纸、杂志，正是社论体结构上的好蓝本。

我们读书，是为了引古以证今，也可由今而鉴古。单看这一篇《战国策》中的文章，记载苏秦说魏国梁襄王的故事，当时情形，是不是完全一样，不得而知。但后代的记载，大部分是不会太离谱的。看了这篇文章，就知道当时是很热闹的了。

由这篇文章，可以了解魏国在梁惠王、梁襄王那个时代，也就是孟子到魏国的那一段时期，魏国所处的国际地位和战略环境，它的历史背景，以及当时的国内情形。了解这些以后，我们可以用现代的立场，去体会一下梁惠王、梁襄王在战国那个时代中，如果采用孟子所提出来行仁政的王道精神，是不是行得通？

当然，孟子对梁惠王所建议的，只是政治哲学上的最高原则，并不像苏秦、孙子等兵法家、谋略家那样，提出立即可以付诸实施的，如"合纵""连横"一类的具体办法。不过话得说回来，假定梁惠王或其他国君，接受了孟子这项政治哲学的最高原则，像鲁国接受了孔子的意见，并给予权位一样，那么孟子有了权位以后，自然会提出具体的办法。因此，我们不要随随便便就把"书呆子"这顶帽子往孟子头上戴。

孟子的机锋转语

尽管孟子说（魏）梁襄王"望之不似人君"，但是照这段《孟子》记述的文字来讲，其中含有中国传统文化上政治哲学两个大道理，必须特别留意，不可只为了一句"不似人君"的评语，就轻轻地盖过去，认为孟子对梁襄王的问题，并没有用心去答复。其实他说梁襄王"不似人君"是一回事，他以诚恳的教化对人，又是一回事。

第一个问题，当然就是梁襄王提出的"天下恶乎定"，这个定天下的问题。他问的是如何"定"天下，并不是说如何"安"天下。就中文的含义来讲，这一个"定"字与"安"字，用在这里，就大有分别了。如照曾子所著《大学》一书的观念来讲，"定而后能安"，也是有它程序上不同之差别。

我们只要了解了前面梁惠王所说，他自己国家的处境，和他个人心理上的烦闷，便可知道梁襄王父子当时在战国互相吞并局势上的困难和不安。再看一看《战国策》上所记载苏秦说梁襄王的一段，对于魏国当时情势上的分析，便可知道梁襄王问孟子的"天下恶乎定"的问话，并没有错。错只错在他问孟子这个问题时的诚心和态度而已。

我们大家都很欣赏《三国演义》上所描写刘备三顾茅庐问计于诸葛亮的一幕，此景此情，也正是梁襄王当时的写照。只是刘玄德冒着寒风大雪，三顾诸葛先生的茅庐之中，他所表现的诚恳和谦卑，首先便具备了一副"君人之度""有容德乃大"的卓越风范，不得不使那高卧隆中的诸葛孔明，为了感遇知己，而为他破格出仕了。

梁襄王所问的如何能定天下，这正是周秦以后千余年来，生当乱世，每一个具有武力，具有野心者的初心动机，也就是所谓霸业思想的原动力。天下一定，便可化家为国，"四海之内，莫非王土；率土之滨，莫非王臣。"家天下的威权，便从此建立。刘邦做了皇帝以后问他的父亲，我挣的财产比哥哥多吧？李世民要起义，他的父亲李渊对他说，希望你这一举，便能"化家为国"。这些观念，也都是由一个"定天下"的观念而来。

孟子深深知道这种心理的错误，所以他不从如何"定天下"的霸业思想上去答复梁襄王的问题。他要从王道的思想上去诱导梁襄王行仁政开始。所以从表面看来，便大有驴唇不对马嘴，所答非所问的味道，自然就不能投当时人主们的喜好了。由于古文写作，重在浓缩简化，对此要点语焉不详。因此我们在此加以申论，才能把孟子弘扬传统王道学术思想的精神，更明显地表达出来。

第二个问题，便是孟子所提出天下"定于一"的重心。孟子只是说天下定于一，并没有说只靠一人来定，或者说定在哪一个"一"上。这句话看来真是相当含糊，因此也难怪梁襄王为之茫然，于是颠倒了它的逻辑，跟着便问："孰能一之？"哪一个人才能一定呢？因此，孟子只好将错就错，他知道这位"望之不似人君"的梁襄王很难懂得这个高深的政治哲学，于是把它向当时时代病，极其需要的一剂消炎药上去引导，希望他施行仁政，所以就说，"不嗜杀人者能一之"。其实，天下真正好杀人的并不多。不敢杀人，与不好杀人的人很多。难道那些不好杀人的便都能统一天下吗？这个道理，上面已经约略讲过，不必重复讨论。

如果要认真讲来，古文写作的文法和逻辑，实在是很认真的。只是古今文法运用不同，就显出它的逻辑也有点矛盾。尤其古代由于印刷不发达，所以古文尽量要求文句简练，一个字往往代表了一个观念，含义又深又多，于是后世就难得读懂了。

例如宋代欧阳修奉命修《唐史》的时候，有一天，他和那些助理的翰林学士们，出外散步，看到一匹马在狂奔，踩死路上一条狗。欧阳修想试一试他们写史稿做文章的手法，于是请大家以眼前的事，写出一个提要——大标题。有一个说："有犬卧于通衢，逸马蹄而杀之。"有一个说："马逸于街衢，卧犬遭之而毙。"欧阳修说，照这样作文写一部历史，恐怕要写一万本也写不完。他们就问欧阳修，那么你准备怎么写？欧阳修说："逸马杀犬于道。"六个字就清楚了。这便是古今文字不同的一例，再看第一个人的文句，就好像明代一般文字的句法。第二人的，好像宋代的句法。其实，时代愈向后来，思想愈繁复，文字的运用也就愈多了。

定于一

如孟子这一段中，一句"定于一"的答词，非常有趣，而且内涵深远，是对中国政治哲学的至高原则而言，既不是指一个人，或一件事，更不是说某一种方法，当然也不是光指仁或义。因为仁和义，也只是政治行为之一，是实施一种政治思想的高度道德行为而已。所以"不嗜杀人"，也是针对当时好作乱、好杀伐的政治风气，一种高度道德性的政治行为。在战国当时，或任何一个混乱的时代中，这是值得天下归心的作为。如以现代民主思想的眼光来看，那是不必说的当然道理。除非好杀成性的暴力主义者，或是今天国际政治上闹笑话的非洲阿明，那就不足道了。

可是这句"定于一"的答话，一听进梁襄王的耳朵里，他脑子里的观念反应，却一变而成为"天下可定于一个人的手里"了！因此他便迫不及待地再问出哪个人能够一统天下的问题来。你看这是多么有趣的误解，使孟子再也无法发挥"定于一"的高度哲学理论，只好随着他所能了解的方向，一变话题，转而为"不嗜杀人者能一之"的答案了。

我的口才不好，对于这句话在逻辑上的分析，或许不够清楚，同时又不肯引用翻译式西方逻辑那些名词和术语来表达，只好凭诸位高明，自己去体会其间会心之处。但在此可以引用唐代禅宗大师们的一个故事，作为参考。

"满堂花醉三千客，一剑霜寒十四州。"就是唐末一位有名的诗僧贯休，他为越王钱镠所作的名句。钱镠看了很高兴，但是要他把十四州改一改，变成四十州。他不肯，便说，州也不能添，诗也不能改。因此他和钱镠处不来，便千里迢迢跑到四川去依靠蜀主王建，写出"一瓶一钵垂垂老，万水千山得得来"的千古名句。有一次贯休自己作了一首很得意的诗，其中有"禅客相逢唯弹指，此心能有几人知"的两句名言。他拿去看当时有名的禅宗大师石霜禅师，认为是自己明心见性的悟道之作。石霜看了诗，便放在一边，转过来问他："如何是此心啊？"这一下，问得贯休和尚哑口无言，无法对答。石霜禅师便说："你不知道，就问我。"贯休不觉脱口问道："如何是此心呢？"石霜禅师一笑而答说："能有几人知。"你看，懂了这个逻辑运用的关系，便同样可以了解孟子这一节天下"定于一"，和梁襄王问答的要点了。

儒道同源的一统天下

说了这些闲话，我们再回头来讨论这个中国政治学上"定于一"的问题。讲起来，实在牵涉太多，也太难。不但孟子提出了"定于一"，我们且把后世自称为正统儒家们所不甚同意的道家老祖宗——老子的话搬出来看看，他同样也有中国政治哲学有关"一"的思想。老子曾说："天得一以清。地得一以宁。神得一以灵。谷得一以盈。万物得一以生。侯王得一以为天下贞。"老子这个得一以天下平的"一"，和孟子劈头而来的"定于一"，是不是一个模子，如出一辙呢？实在值得慎思，明辨。

综合起来，这个"一"的问题，如果和专讲内圣外王之学的《大学》《中庸》的内圣之学相提并论，那么《大学》的"明德"和"慎独"，以及《中庸》的"中和"和"诚明"串通一气，发而挥之，岂非又是一部专论吗？虽然，孟子这里的"一"，也可以说是一个中心思想——实行仁政的王道。

但再引申为外王之学来讲，那么，孟子所讲天下"定于一"的道理，便可认为是中国历史哲学的不二法门，必须要"天下统一"或"天下一统"，才有长久的安定。我们只要仔细研究秦、汉以后历史，凡是不得统一的时代，它的祸乱也始终不得平静。这已成为中国历史上千秋不易的定则。因此自孟子以后，影响两千年中国历史上的帝王政治，都是循着孟子这个论断的观念去立足的。甚至反动的人，也都是拿它来做口号。

不管是正的或反的，假借为号召的或真心为国家天下的，对于这个"定于一"的理论，当然都无可非议。事实上，凡是真理，自然便是不二法门，当然无可非议。可是两千年帝王专制政治，到处都是假借孔孟之学的大盗而兼神偷，真如庄子所谓连仁义之道也被他们偷盗而用了。这是什么理由呢？因为孟子只说了一句天下"定于一"三个字，他并没有说定于一人啊！而历代的帝王们，却生吞活剥地把"定于一"三个字，硬生生地拉到定于一人，而且一定是定于我了。你看这有多滑稽！

现在问题不要扯得太远，免得与讲孟子的本意大相径庭，暂时到此打住。拉拉杂杂说了一大堆，只是提醒大家研究上的注意，孟子这段对话中机锋转语的关键，不要随便忽略。

在我们几千年来的中国文化里，有一个中心思想——"邪不胜正"——这是一项真理，已成为家喻户晓、人人能道的至理名言了。但是自古以来，在任何时代，行正道都是非常艰难的。孟子始终想要行正道，所以他的理想很难实现。不过，如果说苏秦这派人所行的是邪道，而究竟邪到什么程度呢？这也很难下定论。他们的主张，只是针对当时的利害而来的。摆在眼前的现实利益，不管智、愚、贤、不肖，大家都容易看见，人人能取得，如果立刻见效，大家都乐意去做。而孟子所提倡的王道仁政，是大利，是远利，是百年大计，甚至更远在百年后。今天耕耘的人，自己不一定享受得到它的成果。

人不论为国、为家、为自己，都是希望自己看到，享受到自己努力的成果，这也是人情之常。对照一下孟子与苏秦两人，对魏国君王所提的意见，以及所获的迥然不相同的结果，很明显地我们可以看到，人类总是急功好利的。对此，也只好付之一叹了！

关于孟子说梁襄王"望之不似人君"的话，并非说他没有人样，只是不像可以当大君的神态。很可能他是南唐李后主、蜀主孟昶一流人物，风流潇洒，可以成名士，不能做人君。据晋武帝司马炎时代挖出梁襄王坟墓的出土资料，在他葬的墓穴中，还藏有相当可观的古典经书，由此可见他也是个读书种子，例如三国时代的江夏刘表，还是位《易经》专家呢！讲到这里，想起我幼年的一位老师作的诗："隋炀不幸为天子，安石可怜做相公。若使二人穷到老，一为名士一文雄。"梁襄王可能也是这个类型的人，不适宜于做人君。

仁爱的推广

> 齐宣王问曰："齐桓、晋文之事，可得闻乎？"孟子对曰："仲尼之徒，无道桓、文之事者，是以后世无传焉，臣未之闻也。无以，则王乎？"曰："德何如，则可以王矣？"曰："保民而王，莫之能御也。"曰："若寡人者，可以保民乎哉？"曰："可。"

本来在《孟子》这本书里，所以把他见梁惠王、梁襄王父子最后的谈话，放在最前面，是因为这些谈话，是孟子政治哲学的中心思想，所以放在最前面，以显示其重要性。孟子见齐宣王是在见梁惠王之前的，不过这种孟子年代时间上的争议，历来就很分歧不一，各有各的考据理由，也实在很难确定。我们在这里特别再提醒大家一下。在本章后段再讲齐宣王，等于现代小说写作法中的所谓倒叙法。

齐宣王见了孟子以后，开始就问：在春秋时代齐桓公和晋文公，都曾经先后称霸于天下，他们是怎样做到天下的盟主？这其中的道理，你可以说给我听听吗？

孟子的答复，可并没有说齐桓公、晋文公称霸的理由何在，因为他是孔子的孙子子思一系的学生，一生都遵奉孔子的学说，所以他站在自己的学术立场上说话。他说孔子的弟子们，从来没有说过关于齐桓公、晋文公他们称霸的事情，因此后世没有传下来，我也没有听过我的前辈们告诉我这些事，假如你齐宣王一定想要知道如何领导天下的话，又何必一定要了解齐桓公、晋文公称霸的道理呢？他们没有什么了不起，不过称霸而已，真正想治好国家，名称普闻于天下，何不谈谈称王于天下的王道。

这里我们知道，孟子是一直强调施行王道的。不过我们读了"仲尼之徒，无道桓文之事"这几句话，就囫囵吞枣吃下去，不咀嚼一下，好好作一番理解和体会，那一定会食而不化，成为笑话了。如果真的如此，孔子三千弟子不谈，就以七十二贤人来说，连桓文之事都不知道，岂不太孤陋寡闻，太不渊博了？何况孔子正当春秋时人，一部《春秋》是孔子自己著作的，书里尽多的是谈桓文之事的地方，孔子这些学生，岂有连老师所著的书都不读的道理？这可成为大笑话！

老实说，这时的孟子是有意逃避，不愿意和齐宣王谈霸道，只是想对齐宣王说他的王道政治，这也可以看到孟子之所以为孟子，儒家标榜的圣人之所以为圣人，就是那么方正，不转一点弯。假如纵横家之流，一定先顺着齐宣王说一番桓文的道理，接着说一番王道的道理，比较一下两者的利益，最后劝他行王道，而孟子则一圣就圣到底，直言无隐地说了。

齐宣王不像屠户

于是，齐宣王问孟子，那么我行德政，讲究德行，就可以王天下了吗？这里齐宣王只称德。在古代——秦汉以前，"德"与"道"是两种不同的概念，所以在那时以前的古书上，这两个字大多是分开来，到了后世，才把道德两字合在一起用，而成为"道德"一统的概念了。这里齐宣王以修德、行德政为问，而孟子仍没有作正面的答复，只是告诉齐宣王，你如果能够保护老百姓，爱护老百姓，就可称王，没有人可以抵抗你的。齐宣王进一步又问，像我这个样子来说，你孟先生看看，可以做到保护老百姓的仁政吗？孟子说当然可以。

> 曰："何由知吾可也？"曰："臣闻之胡龁曰：'王坐于堂上，有牵牛而过堂下者，王见之，曰：牛何之？对曰：将以衅钟。王曰：舍之，吾不忍其觳觫，若无罪而就死地。对曰：然则废衅钟欤？曰：何可废也？以羊易之。'不识有诸？"曰："有之。"曰："是心足以王矣。百姓皆以王为爱也，臣固知王之不忍也。"王曰："然。诚有百姓者，齐国虽褊小，吾何爱一牛？即不忍其觳觫，若无罪而就死地，故以羊易之也。"曰："王无异于百姓之以王为爱也。以小易大，彼恶知之？王若隐其无罪而就死地，则牛羊何择焉？"王笑曰："是诚何心哉？我非爱其财而易之以羊也，宜乎百姓之谓我爱也。"曰："无伤也。是乃仁术也，见

牛未见羊也。君子之于禽兽也，见其生不忍见其死，闻其声不忍食其肉，是以君子远庖厨也。"

齐宣王听见孟子说他可以做到保民而王天下，反问孟子说，你怎么知道我可以？齐宣王也许听了这句话，相当高兴，希望多听几句好听的，或者没有自信，以为孟子是顺口说说的，所以追问一句。但孟子不能不说出一番理由来，而且举事实为证。

他说，我曾经听见你一位臣子——胡龁，和我谈起，说你齐宣王有一次坐在庙堂上面，有一个人牵了一头牛经过下面，被你看见了，问他把牛牵到哪里去。他告诉你是牵去杀了取血涂钟（古代铸钟要用畜牲的血去涂祭）。你听了他的报告后，命令把那头牛放了，你说看到那头牛发抖的样子，像一个没有犯罪而被送去杀头的人，十分可怜，实在不忍心杀他。于是那个牵牛的人向你请示，是不是新铸的钟不必再涂牲血了。当时你又说，这怎么可以不涂血呢？另外换一只羊好了。

我所听到的这件事，不知道是不是真实的。齐宣王说，有这回事啊！孟子就说，凭了你的这种"不忍见其觳觫"的心理，扩充开来，就可以实行王道。虽然你的老百姓们说你小器，舍不得杀那么大一头牛去取血涂钟，才换一只较小的羊去杀。可是我知道并不是牛较大，羊较小的原因，而是你不忍心。

齐宣王说，你说得对。诚然我的老百姓误会我是因为那头牛太大舍不得杀，而换一只小一点的羊。但是你是知道的，我齐国固然没有统一天下，不能说大，可也并不是太小的国家，还不至于连一头牛也吝啬得不肯杀。实在是因为我看见那头牛发抖，像一个没有犯罪的人被牵去杀头一样很可怜，心里不忍，才换了一只羊的。

孟子接着说，你也不必怪你的老百姓误会你吝惜一头牛，是因为牛比较值钱。事实上牛比较大，羊比较小，你用小的羊去换大的牛，价钱上有显著的差别，他们又怎么知道你是另有原因呢？话又说回来，假如你是为了看见牛发抖而不忍杀他，于是另外换了羊，可是，羊同样是一个生命呀，这又怎么说呢？老百姓又怎能理解呢？

这一说，齐宣王听了，不禁笑起来：真是！这到底是一种什么心理啊？不过说真的，我当时绝对不是因为牛大，比较值钱，舍不得杀才换羊的。不过经你这么一说，就难怪我的老百姓们误会我是小器了。

接下来，看到了孟子的答话，就知道孟子的高明，因为在当时君主时代，齐宣王不忍杀牛的这一片好心，老百姓不但不领情，反而说他小器，万一弄得不好，这位国君因此一发怒，又不知道会枉杀几个人，所以孟子设法缓和齐宣王的情绪，做一疏解。

其次，孟子也为了要齐宣王接受他所提出的意见，施行王道的仁政，所以在这里，以幽默式的轻松的口吻，把话锋一转说道，这也是一件小事，老百姓的这种误会，对你不会有什么损失或妨害的，这正是你的仁术（注意，孟子只说他是仁术，并没有说他是仁心。这个"术"字，读书时不要轻易放过）。因为当时你只看到牛发抖，没有看到羊流泪。作为一个君子，只愿意看到禽兽活生生的样子，不忍心看到它被杀的惨状。如果听到它们被杀的惨叫声，就不忍吃它的肉了。所以说君子远离庖厨，就是这个道理呀！也就是和你的羊换牛的心理完全一样啊！

可是，君子远庖厨这句话，被后世曲解了。近代的年轻人，当太太要他到厨房里帮个小忙的时候，他就拿这句话来做挡箭牌。太太请原谅！孟老夫子说的，"君子远庖厨"，我要做君子，你的先生不能是小人哪！于是坐在客厅沙发上看电视，等太太把热腾腾的菜饭端来。这是笑话。可是后世把古人的名言曲解，并拿来做胡作非为的借口的事例，实在不少，这且不去说它。

行为心理

在《孟子》这一节里，涉及一头牛的问题。中国古代，凡是谈到君主帝王，大多都以龙来作比拟。这次孟子和齐宣王见面，而大谈其牛，这是历史上较为有趣的事。然而这次谈话中，讨论的是齐宣王不忍杀一头牛而改杀羊的事情。这件事在后世学者研究孟子思想时，列为重要的问题之一，经常特别予以讨论的。从这件事上，我们至少可以发现两个学说问题：第一是仁爱心理的心理行为问题；第二是领导人行仁政的方法问题，亦即古代帝王，以及现代民主国家、政治领导人行仁政的方法问题。

先说心理行为问题。针对孟子对齐宣王的这段谈话而言，当时齐宣王看出了一头牛被杀前发抖，而不忍宰杀的时候，告诉他，这就是人类仁慈心理的根本。

这种仁慈心理，在平时看起来，似乎人人都具有，并没有什么了不起。但是假如真正研究心理学，不论政治心理学，或者宗教心理学，齐宣王这个以羊易牛的故事，可以用一句后世人人引用，大家都知道的俗语——"妇人之仁"来形容。因为女人容易掉眼泪，只要一点点鸡毛蒜皮的小事情，就难过掉泪。我认为，古人说"妇人之仁"这句话的意思，是要人们的慈悲，不要走小路线，要发大慈悲，具大仁大爱，所以才用妇人之仁——看见一滴血就尖声惊叫的"仁"来作反面的衬托。实际上妇人之仁，也正是真正慈悲的表露。正如齐宣王看见一头牛发抖不忍宰杀，扩而充之，就是大慈大悲，大仁大爱。只可惜没有扩而充之而已。

一般的妇人之仁，如果扩而充之，就是仁之爱，那就非常伟大了。且看不同宗教中的几位代表人物，就可知母性仁爱的伟大。佛教里最受欢迎的是观世音菩萨，虽然在佛经的原始记载上，他是一位男性，但是他却常以女身出现，而后世人们也都喜欢膜拜他以女性姿态出现的化身。代代相传，如今他已成为母性慈爱的象征。天主教的圣母玛丽亚，是伟大母爱的表征。至于道教标榜的则有瑶池圣母。尽管人类不少宗教的教规、教条、教义，都是重男轻女，但最后还是推崇女性的伟大。看来蛮有意思的。

谈心理行为的修养，齐宣王看到牛发抖，不忍心宰杀。我们在路上看到一条狗、一只猫被打死或被车碾死，围上一堆人，欣赏名画似的观看，甚至有的还拍手。如果一定说这些人是坏人，那也未必。他们在另外某些事上，却又很仁慈。人的心理经常在变化，很难从某一件事上就遽然断定他是仁慈或者不仁慈。有的人有其习惯，也许他会杀猪，不喜欢杀牛。譬如印度教徒，对牛十分崇拜，绝对不杀牛，但却杀猪；伊斯兰教徒则不吃猪肉，但他们杀牛杀羊，吃牛羊肉。

对牛谈心

中国历史上关于牛的故事也蛮多的，五代时的另一位才子皇帝——前蜀的后主王衍，他的醉词："者边走，那边走，只是寻花柳；那边走，者边走，莫厌金杯酒。"是脍炙人口的名句。他爱好文学也喜欢看戏，自己还会唱戏，常有一些伶人在他身边玩乐。南唐中主——李璟也有此同好，有一次他正玩得高兴，见原野上一头牛，悠闲地吃着草，画面很美，他顺口就称赞那头牛很肥。晚唐以后的伶人——现在叫作明星的，有一些真是了不起的。这时他身边有一位伶人李家明，听见他称赞这头牛以后，就立刻作了一首咏牛的诗："曾遭宁戚鞭敲角，又被田单火燎身；闲向斜阳嚼枯草，近来问喘更无人。"

四句中，三句说到牛的典故，这是大家都知道的。齐国的名相宁戚，在他未发迹以前，曾经替人放过牛，也许在他牧牛的生活当中，磨炼了自己，也许在牛的身上得到过什么启示，而结果成为名臣。反过来说，牛对宁戚是曾经有所贡献的。次句田单的故事，用火牛阵，一举而复国，牛的功劳可大得很。第三句指眼前的这头牛，可就可怜了，在日落黄昏的斜阳下吃草，吃的却还是枯草，连嫩草都没得吃。最后一句就厉害了，"近来问喘更无人"，这是汉代名宰相丙吉在路上，遇到杀人事件，他理也不理，后来看见一头牛在路边喘气，他立即停车下来，问这头牛为什么喘气。后来有人问他，为什么关心牛命，而不关心人命。丙吉说，路上杀人，自有地方官吏去管，不必我去过问，而牛异常的喘气，就可能是发生了牛瘟，或者是其他有关民生疾苦的问题，地方官吏不大会注意，我当然就必须问个清楚。由于他细察垂询牛喘的事，于是名声流传，而称他为好宰相。

李家明的这首诗，等于是说当时的南唐，可惜没有像丙吉这样的贤相。这是李家明对李璟的一种讽谏，另一面看，也就是李中主身边的这位伶人，很大胆地把当朝在位的大臣都骂了。他想促使这个风流才子型的皇帝，收收心，好好当政。

我有一天吃西餐，当牛排端上来的时候，曾经想到上面这首诗，因此也作了一首诗，题名《吃牛排有感》。说来供大家一笑："曾驮紫气函关去，又逐斜阳芳草回。挂角诗书成底事，粉身碎骨有谁哀。"老子出函谷关，没有交通工具，只有坐在牛的背上。又隋唐之间的李密，早年时，家贫好读，曾骑在牛背上读书。他每次出门，便把书本挂在牛角上，这就是后世挂角读书的典故。这一天，当我看到大家吃牛排时，油然生起了对牛的感激之心。现在全世界的人，都在风行保护动物的运动，成立动物保护会，利用电影、书刊，以及各种传播工具，广为宣传提倡，可没见人成立一个敬牛会。为什么要敬牛？现在全世界的人，都在吃牛肉，喝牛奶，穿牛皮等等。可是除了印度尊牛为圣牛，尊得太过分之外，全人类就没有人感谢牛所给予的恩惠。看来似乎是可以替牛掉一滴同情之泪。

同时想到，曾经有一位老兄讲过一则颇有深意的笑话。他说世界上爱好吃牛肉、戴尖顶高帽的民族，都是喜欢征服别人的。反之，不吃牛肉、戴平顶帽的或圆顶帽的民族则比较爱好和平。他说，你如果不信，就去研究一下世界历史看看。这话虽幽默，确也有些道理，不过有一个很大的例外，戴平帽的日本人，曾经对我们发动了这么一次重大的侵略战争。

另外，在好的一面，如佛教或其他宗教、学说，他们谈修养时，也常常谈到牛。四川峨眉山上，有一座佛教的寺庙，命名为牛心寺。我问庙里的和尚，这寺名的来历，他说是因为这座庙前面的溪水中，有一块大石，被称为牛心石，所以这座庙宇，就据以命名为牛心寺。实际上并非如此，因为佛教中常常谈到牛，如禅宗的大师们，就好几位都是谈牛说法的。

因为佛学中本来就有拿牛来比喻心性的故事，所以唐代著名的禅宗大师百丈和尚，有一次答复他的弟子长庆禅师时，便用牛作比喻。长庆问他："学人欲求识佛，何者即是？"百丈说，你这一问，"大似骑牛觅牛"。长庆又问，那么，假如"识得后如何"？百丈说："如人骑牛至家。"长庆又问："未审始终如何保住？"百丈说："如牧牛人，执杖视之，不令犯人苗稼。"因此长庆便悟到了此心即佛的要旨，再也不向外面去乱找什么佛法了。后来长庆禅师教化别人，也常用牛的故事作譬喻。

因此，在宋元以后，禅宗里出了一位普明和尚，把心性的修养，比如牧牛，从一头野牛修到物我双忘，分作了十个步骤。第一是"未牧"，好比恣意咆哮、随意践踏禾苗的野牛。第二是"初调"，已经穿上了鼻子随着人意牵着走。第三是"受制"，不再乱走，牛绳子可以放松一点。"回首"第四，癫狂的心境比较柔顺了，但是还要牵着鼻子走。"驯伏"第五，可以自然收放，不必牵了。"无碍"第六，可以安稳不动，不必让人费心。"任运"第七，牧童可以睡大觉了。"相忘"第八，牧人和牛两无心。"独照"第九，到了无牛的境界，人的一切妄心已除。最后"双泯"，则人也不见，牛——心也不见。

还有最妙的比喻，无过于著名小说《西游记》的牛魔王。大家都知道，《西游记》是阐述修道的一部小说，其中的孙悟空，是表征努力改过、有意向善的人心。而牛魔王，是孙悟空的拜把兄弟，代表了到处乱跑，不易驯服的狂野之心。因为牛魔王厉害，又是天将，所以孙悟空遇到他也没有办法。牛魔王固然厉害，更厉害的是牛魔王的太太铁扇公主。她厉害的是嘴巴里一样法宝，在牙缝里藏有一把芭蕉扇，这把扇子就是她的法宝。拿出来放大的时候，上可以遮天，下可以盖地。这还不算，更厉害的是，她用这把扇子，正面一扇，天下就清凉起来，反面一扇，全世界就着起火来。所以牛魔王两夫妇如果一合作，孙悟空就赶快逃，深怕一身猴毛都给烧掉。

《西游记》里这类故事，也就是心理行为的分析，可惜孟子当时，《西游记》这部小说还没有写出来，否则的话，他如果看了《西游记》，对齐宣王说牛的故事，要说得更有趣（一笑）。

政治领导者的病态心理

当我幼年读书的时候，读到这一段，觉得一位圣人和一位皇帝谈话，不谈天下国家大事，却谈拿小羊换大牛的事，似乎孟老夫子未免小题大作。可是经过几十年的人生经历，读书、做人，累积起来，才知道凡是人，都离不开这种心理行为的范围。

不但是齐宣王，世界上任何一个人，在心理行为上，即使一个最坏的人，都有善意，但并不一定表达在同一件事情上。有时候在另一些事上，这种善意会自然地流露出来。俗话常说，虎毒不食子，动物如此，人类亦然。只是一般人，因为现实生活的物质的需要，而产生了欲望，经常把一点善念蒙蔽了，遮盖起来了。而最严重的，是刚才说到的，《西游记》中的牛魔王，也就是人的脾气，我们常常称之为牛脾气，人的脾气一来，理智往往不能战胜情绪。所以凡是宗教信仰、宗教哲学，乃至孔孟学说，都是教人在理性上、理智上，就这一点善意，扩而充之，转换了现实的、物质的欲望和气质，使内在的心情修养，超然而达到圣境。所以孟子及时把握住齐宣王的这一点"不忍其觳觫"而舍牛的善念，就是基于这种心理行为的道理。

如《吕氏春秋》说："有道之士，贵以近知远，以今知古，以益所见知所不见。故审堂下之阴，而知日月之行，阴阳之变；见瓶水之冰，而知天下之寒，鱼鳖之藏也；尝一脔肉，而知一镬之味，一鼎之调。"这也就说明，在心理行为学上，孟子看齐宣王以羊易牛这件事，就知道齐宣王有善念，有仁慈之心。仁政要从仁心做起，也就是扩大那点善念。公孙文子说的："心者，众智之要，物皆求于心。"可以说是更强调了心理影响对于人类行为的重要。至于佛家，更是主张唯心了。但这里只讲孟子，且不必多牵涉到其他方面的思想，只讨论到齐宣王的善念与心理行为的问题。

其次关于领导人的心理行为问题，我们站在心理哲学立场（我今天提出"心理哲学"这一名词，也许有些人要反对、批评或指责。但事实上任何一种专门学说刚刚提出来的时候，一定会遭遇到这样的反应，然后大家慢慢了解，进而接受。如果有时间到学校里开这么一门课，必能建立起"心理哲学"这一学说的完整体系。）来看历代帝王，有很多人，或多或少，都有心理变态，或心理病态的。如明代的开国皇帝太祖朱元璋，到了晚年的好杀，就是心理病态的一种。至于其他皇帝所表现的，也往往有医学上所称心理变态或病态的症状，只是各有不同而已。有的好杀，有的好色，有的好货等等，但都属于心理变态或病态的症状是没错的。如果遇到这样的皇帝，那就很不幸了，往往会弄得民不聊生，甚至于丧身失国。

　　历史上这一类的例子很多，所以几千年来，我国固有文化讲究心性修养，讲究内圣外王之道，尤其对于君临天下的政治领导人要求更严，这是很有道理的。这里孟子把握机会，对齐宣王的谈话，要他扩大以羊易牛的那一点仁心善念，保民治国，这就是对齐宣王讲领导人的心理行为学，不过那时候还没有成为一项专门学问，没有这个名词而已。

　　不但是古代需要重视领导人的领导心理行为，就是现代，更要重视这门学问。放眼今日世界，有许多国家的领导人，像乌干达的阿明，假如他有勇气到心理医师那里去就诊，那么诊断书上的记载，可能相当严重。至于拿破仑、希特勒、墨索里尼等，世人已经公认了他们心理不健全。至于尼克松、卡特将来如何，尚难定论。我们不再讨论它了。

　　现代的暂且不说，再回过头来看我国古代，还是以前面刚说的那位五代蜀主王衍为例。这位"只是寻花柳""莫厌金杯酒"的才子皇帝，经常喜欢奇装异服，把一方小布巾，在头上裹成一个圆锥形，顶上尖尖的，大概和演戏的人在戏台上，面对成千上万的观众时，头上戴的那种尖帽子的形式差不多。这位风流皇帝带了许多宫妓，穿起女道士的衣服来，头发上簪着莲花帽子，脸上用胭脂涂得红红的，称这种装扮为"醉妆"，在后宫饮宴无度。这时候，他的心理和隋炀帝当年开好运河以后，南游到江南扬州时的情形一样。当时隋炀帝照着镜子，拍拍自己的颈子，自言自语地说："好头颅，谁能砍得！"这时候，他明知道自己的这种做法不会有好结果，所以才有这种感慨。他既然明知道自己这样做没有好结果，又依然故我地这样做，这就是心理病态了。这不是政治的病态，而是他本人的心理有了病态。

　　王衍当时，也有隋炀帝一样的心理病态，明明知道这样的生活是不对的，却一直颓唐下去。所以在和那些宫妓们一起饮酒作乐时，自己也唱起名诗人韩琮的《柳枝词》来："梁苑隋堤事已空，万条犹舞旧春风。何须思想千年事，谁见杨花入汉宫。"他能唱出这首《柳枝词》来，从另一面看，也可以说和隋炀帝一样，是相当聪明的人。他能够看到自己的错误，知道未来的恶果，奈何却不肯，或许不愿改过来。

在王衍唱过了这首韩琮的《柳枝词》后，有一个学问很好的内侍宋光溥，正在旁边，吟出胡曾一首有关吴越之战的诗："吴王恃霸弃雄才，贪向姑苏醉绿醅。不觉钱塘江上月，一宵波送越兵来。"咏叹吴王夫差，当年自恃已称霸天下，把伍员这些英雄豪杰之士，都弃而不用，甚至杀害，一天到晚在姑苏台上和西施饮酒作乐，遭到迅速的败亡。这也是宋光溥的一番劝谏，王衍听了以后，大发脾气而撤除了这次宴会，这不是王衍的心理病态么？他如此的饮宴无度，难得有自知之明，唱出韩琮的《柳枝词》来。宋光溥看到他灵明一现，立刻把握这进谏机会，希望能够挽救这位皇帝，挽救前蜀的江山。不料王衍又复归昏昧，发起脾气来，在一席酒之间，这几层情绪的变化，喜怒的起伏，岂不是心理的变态、病态？

历史上这一类的故事可多了，研究起来，又可立一个专题，写好一部书来讨论。年轻人不要以为无书可读，世上的书实在是没有读完的时候，只要抓到一个问题，就够你去钻研半辈子了。在这里，不另作发挥。还是回到《孟子》的原文上来。

孟子的行为心理学

王说曰："诗云：'他人有心，予忖度之。'夫子之谓也。夫我乃行之，反而求之，不得吾心。夫子言之，于我心有戚戚焉。此心之所以合于王者，何也？"

　　孟子从以羊易牛这件事情，指出齐宣王是一位有仁术的君主。齐宣王听了非常高兴，就对孟子说：好极了，《诗经》上说的，别人有什么心事，我都可以揣摩测度出来。这句话，就好像是为你孟老夫子说的。我当时以羊换牛，哪里是为了价钱的问题，只是一点慈悲的心理而已。当时我看见那头牛发抖的样子，没有做什么考虑，就那样做了，叫人不要杀牛，另外换一只羊。后来我自己想想，为什么会这样做呢？怎么会有这个心理？是什么理由使我这样做？我自己也想不出一个道理来，你现在这样一讲，把我当时做这件事的心理状况以及道理一说出来，的确就是如此，和我当时的心境完全一样。回想起来，现在好像都还有那种感受。不过，你说凭着我的这种心理，就能实行王道而名闻天下，这又是什么道理呢？

　　齐宣王不知道自己当时以羊换牛的心理，大概是当时还没有心理学这门学问。如果他生在现代，读过心理学，就不待孟子指明，而自己了然了。不过，也不尽然，有些心理医生或学心理学的，自己也正好有心理病。接着，孟子就告诉他："是心足以王矣"，也正是对他讲的政治领导心理学，我们看孟子怎么答复他：

　　　　曰："有复于王者曰：'吾力足以举百钧，而不足以举一羽，明足以察秋毫之末，而不见舆薪。'则王许之乎？"
　　　　曰："否。"
　　　　"今恩足以及禽兽，而功不至于百姓者，独何欤？然则一羽之不举，为不用力焉；舆薪之不见，为不用明焉；百姓之不见保，为不用恩焉。故王之不王，不为也；非不能也。"

　　齐宣王问到了这里，孟子便引比喻来以问为答。他说：假使有一个人告诉你，到底他有多大力量的时候。他说，他两只手的力气，可以举起一百钧来。可是要他去捡起一根羽毛来，他却没有办法。

至于他的眼力，可以把秋天鸟类换毛时身上刚长出来的茸毛末梢都看得清清楚楚。可是有一整车的木柴，他却看不见。像这样的话，你齐宣王会相信他吗？

齐宣王说：不！当然不相信，世界上哪有这种事，哪有这样的人呢？孟子当然知道齐宣王也认为这是不可能的，不合逻辑的，但是他要齐宣王亲口否定了这种不合逻辑的假定，才好继续作深一层的进言。

所以齐宣王一否定了比喻的可能性，他就立刻说：好了，既然能举百钧的人不可能拿不动羽毛，能察秋毫的人不可能看不见一车子木柴，那么现在事实上，你齐宣王能以羊易牛，恩惠普及于禽兽，而你的功业成果，老百姓却分享不到，得不到好处。我们知道，举得起百钧的人说拿不起一根羽毛，那是他不肯用力。至于眼力可以看见秋毫末端的人说他看不见整车木柴，是因为他不肯用眼力。而你齐宣王，对于一头牛都能够发慈悲，下命令不宰杀；可是你的百姓们却没有过着安和乐利的生活，你还没有好好保养、保护他们，那是因为你没有顾念到他们。所以没有去实行王道政治，而不是你没有推行王道的能力。

日："不为者与不能者之形，何以异？"

日："挟泰山以超北海，语人日'我不能'，是诚不能也，为长者折枝，语人日'我不能'，是不为也，非不能也。故王之不王，非挟泰山以超北海之类也；王之不王，是折枝之类也。老吾老，以及人之老，幼吾幼，以及人之幼，天下可运于掌。诗云：'刑于寡妻，至于兄弟，以御于家邦。'言举斯心，加诸彼而已。故推恩足以保四海，不推恩无以保妻子。古之人所以大过人者，无他焉，善推其所为而已矣。今恩足以及禽兽，而功不至于百姓者，独何欤？权，然后知轻重；度，然后知长短。物

皆然，心为甚。王请度之！抑王兴甲兵，危士臣，构怨于诸侯，
然后快于心欤？"

孟子一说齐宣王有走王道路线的能力，而没有去实行王道，于
是激起了齐宣王的反问，孟子便在"不为"与"不能"的问题上，作
更进一步的说明。这一说明，又是逻辑上的一个问题。

于是齐宣王反问说，你所说的"不为"和"不能"这两种情况，
又有什么样的差异呢？什么样具体的情形是"不为"？什么样的具体
事实是"不能"呢？

乍看起来，齐宣王连不为和不能都分辨不出来，这位国君似乎
是太差劲、太幼稚了。我们不可以用这样的观念去读这句话，否则
的话，差劲、幼稚的该是我们了。首先要了解，当时的齐国，在各
国中是相当富强的国家之一，正如现代的美国一样。在战国时代，
凡是有学之士都到齐国去，不但孟子、邹衍这些人到了齐国，就是
后来的荀子也去了齐国，住在齐国。所以读古书要深思，要经史合
参，每句每字都不轻易放过，不要像现代有些青年同学读书，肤浅
地去做表面的文字解释。

齐宣王当时心目中是认为，我齐国如此富强，要做的都做了，
而你还说我没有做。那么到底要怎样才算做了？我们经过一番深思，
了解了齐国当时的背景，就知道齐宣王这句话，问得相当有深度，
也颇有涵养，因为他不好意思和孟子做正面的辩论，于是对孟子提
出这样一个问题来，是很有道理的。

权能问题

孟子答复他，假如叫一个人，把泰山挟在腋下，跳过北海，这
人说，这种事情我办不到。正如现在我们叫世界拳王阿里，挟起日

本的富士山来，跳过太平洋，落到美国西海岸去，阿里说，我办不到。这是不能，是能力不够，不是不愿意去做。假如叫一个人去为一位老年人折一根树枝，而这个人说，我没有办法，折不下来。那么，这个人是不肯做，而不是他没有能力。

孟子引用这种譬喻，粗看起来，很像一个童话故事，没有什么了不起。其实，内涵很深。一个普通人，当然不能"挟泰山以超北海"。但是如果领导，集中一国人，或天下人的力量，那就另当别论了。再进一步来说，一个普通人，对于举手之间，折下一根树枝，这件小事当然可以做到，但他不肯做，这又是一个问题了。这正是孟子暗示齐宣王，你有此权能，不是做得到做不到的问题，只是你肯做不肯做而已。因此，答复了齐宣王这个问题以后，马上直截了当指到事实上来。于是他紧接着说，如果你齐宣王能走王道的路子，肯施行王道的政治，以你现有的国力和所处的政治环境而言，并不像挟泰山以超北海那么困难，并不是没有推行王道政治的能力，就像不愿为长者折枝一样，是你不肯去实行，而不是没有实行的能力。

孟子又不待齐宣王插嘴，继续向齐宣王推销他中国传统政治哲学的最高理想，以大同世界为目标的王道与仁政。他说，假使你齐宣王施行仁政，从你本身做起，然后推行到全国的老百姓。先敬重每个人自己的父母长辈，然后推而广之，同样地敬重别人的父母长辈，每个人都爱恤自己的子弟，然后把爱恤自己子弟的心，推广开来，扩而充之，同样地去爱别人的子弟，等到你做到了这种程度，那么天下就可以运筹在你的手掌上了。

正如《诗经·大雅·思齐篇》上所说的，先做一个榜样出来给自己的太太看，使她也做到这样，然后再推广到你的兄弟身上，再扩大来教化整个的家族，乃至于治理一个国家。这几句话的意思就是教我们推己及人，把这种老吾老，以及人之老，幼吾幼，以及人之幼的仁心，扩而充之。如果能扩大仁心，推恩出去，保护四海的百姓，就能够保有天下。否则的话，只顾自己的权位、利益，刻薄寡恩，那么到头来，会连自己的妻子儿女也保不住了。

在历史上，有不少刻薄寡恩的政治领导人，都不得善终。所以古代的人，如尧、舜、禹、汤、文王、武王、周公、孔子，乃至于齐桓公、晋文公这些人，他们在思想上、功业上，所以能够大大地超越别人，使他人望尘莫及，并没有什么其他特别的本领，他们不过善于推广他们的仁心，也就是孔子所说的那种推己及人的恕道。譬如你想吃好的，穿好的，也让别人吃好的，穿好的。从心理建设、建立恕道开始，行仁政就是这样去做的。

可是现在你齐宣王，对于一头牛，看见它发抖，就那么慈悲，不忍心杀了它。而你对你的老百姓，却没有像对这头牛这样的有爱心，你的恩惠并没有用到老百姓的身上，他们并没有获得你给他们的什么利益呀！那么，这是什么原因呢？为什么给禽兽恩惠，唯独不给老百姓恩惠呢？这就是孟子从心理行为上，对齐宣王的一个分析了。

接着孟子又举出一项物理性的事例，说出一个逻辑。他说，譬如一件东西，用秤称过，才知道它的轻重，用尺量过，才知道它的长短。世间万物，也都是这个样子，要经过某些标准的衡量，才知道究竟。而一个人的心理，更应该如此，经常反省衡量，才能认识自己，改善自己。

我们要注意孟子的这句话，人的心理行为，应该经常自我检讨，这就是《论语》上曾子说的"吾日三省吾身"。我们如果不及时反省，就会犯错误，而心理反省对道德修养的重要，就和秤与尺在权衡上所占的分量一样重要，所以，检讨了自己的行为，多加反省，就可知道自己是不是合乎道德的标准。如不反省，就无法知道自己的思想、心理，有哪些地方需要改过，有哪些地方需要发扬光大。正如齐宣王放了那头牛，而不知其所以然是一样的。在佛家的唯识学里，这种反省功夫，也只能叫作"比量"，还不是佛学心理的最高境界。其实严格地说，"比量"也就是"非量"，这是对形而上的本体而言。至于形而下的起用来说，就不能不用"比量"了。

孟子举出心理上的衡量，更重于物质的衡量，并请齐宣王仔细省察他自己的心理之后，进一步向齐宣王追问，难道你是要兴甲举兵，发动战争，使自己国家的官员百姓，受到战乱的威胁，同时在国际上，造成紧张的敌对情势，你才觉得痛快吗？换句话说，杀一头牛，你心里就不忍，便发慈悲。难道去发动凶恶的战争，你心里反而感到痛快吗？

世上无如人欲险

王曰："否。吾何快于是！将以求吾所大欲也。"

曰："王之所大欲，可得闻欤？"王笑而不言。

曰："为肥甘不足于口欤？轻暖不足于体欤？抑为采色不足视于目欤？声音不足听于耳欤？便嬖不足使令于前欤？王之诸臣，皆足以供之，而王岂为是哉？"

曰："否！吾不为是也。"

曰："然则王之所大欲可知已。欲辟土地，朝秦、楚，莅中国而抚四夷也。以若所为，求若所欲，犹缘木而求鱼也。"

王曰："若是其甚欤？"

曰："殆有甚焉！缘木求鱼，虽不得鱼，无后灾。以若所为，求若所欲，尽心力而为之，后必有灾。"

孟子问齐宣王，是不是要发动战争，才觉得痛快。齐宣王说，不是的，我哪里是想发动战争来求得自己的快意呢！不过，我有一个大的愿望，希望能够实现。齐宣王没有直接说出他的这个理想是什么。于是孟子便问他，你这个愿望是一个什么样的大愿望，可以说来听听吗？

齐宣王对于这个问题，只是笑一笑，并没有答复。在他这一个笑容里，也许有故作神秘的味道；也许表现了"你猜猜看"的反问眼神；也许根本就懒得对这位孟老夫子说；我们没在场，就不得而知了。假如把这一段故事，用现代的戏剧表现出来，那么舞台上齐宣王的面部表情、眼神、笑声，或是无声的笑，或者打个哈哈摇一摇头就不说下去了。该如何去表达齐宣王这时的心理状态和情绪，那就要导演去揣摩、去指导了。

总之，齐宣王没有说话，没有直接把他的大愿望说出来，孟子对他没有办法，也只好故作猜哑谜状了。于是就说，难道说你是为了吃的方面不能满足，想吃得更好？或者是为了身上所穿的衣料不理想，不够柔软，不够暖和，又不够轻巧？或者是要有好看的，或者是要好听的呢？以现代的视听享受来说，别人有录放影设备，而你还只是一架彩色电视机放在客厅里，或者你只有一部钻石唱针的留声机，而希望有八声道立体声，收、录、放三用的声响设备吗？拿古文和现代语一对照，就看出今古文章的写法不同。古文精简几个字，涵盖的意义很广，现代只讲电视、录音机两种视听上的享受，就要说上一大堆。这是顺便说一下文学方面古今不同之处，其余的还是由大家自己去体会它的文学价值。现在且回到原文吧！

孟子讲述了物质声色上的享受，又继续转到人事上来。他说，假如你不缺乏这些物欲上的享受，那么难道是在你身边那些服侍你的臣仆，以及你所宠信喜爱的男女宫人，不够称心吗？事实上，现有的大小臣仆，男女宫人，已经是够你使唤，可以把你服侍得舒舒服服，难道你还不满意吗？

齐宣王说，不！这些倒不是我所要追求的。

到了这个时候，孟子便直截了当说出齐宣王的心思来了。实际上，在我们现在看来，孟子应该早就知道了齐宣王的大欲是什么。也许一开头说穿了，双方都难为情，齐宣王还可能会加以否认。所以先说一些声色货利等琐碎的事，把齐宣王套住，让他先否定了这些以后，才真正地放矢，直中红心，说到他内心深处。因此这时候便说，既然这些都不是你的大欲，那么除此之外，你的大欲，说来也就可以想象得到了。那就是希望扩张领土（在战国当时来说，扩张领土，自然就是掠夺别家诸侯的土地，划入自己的版图的侵略行为，孟子不便当面指他侵略，只有含蓄地说扩张，因此用这个"辟"字，不用"夺"字）。增强国力，让目前国际间的最强盛的秦国和楚国，都向你低头，向你朝拜进贡，那么你站在霸主的立场，以中国之主的地位，去抚顺四夷（东方的夷族，西方的戎族，南方的蛮族和北方的狄族），要这些没有文化或文化落后的民族，都来归顺你。换句话说，你的大欲是要成为全中国的领导者。但是，以你现在这样的做法，而希望能够实现你这样的理想，满足你这样的欲望，就好比是爬到树上去抓鱼，永远也达不到愿望的。

关于齐宣王说到的大欲，在后面他还会很坦诚、很直率地说到他个人还有好勇、好货、好色等私欲，而有别于这里所说君临中国的大欲。孟子在前面所说的那些衣食声色等方面的享受，也只是小欲而已。其实，这里所说的大欲和小欲，只是比较的说法。

就人类的欲望而言，在《礼记》中记载孔子的话说："饮食男女，人之大欲存焉。"这是每一个人，上自帝王，下至百姓，人人共有的大欲。但是我们要知道，人的欲望是没有止境的，一个人到了某种地位，某种环境，某一时间，某一空间，他的欲望是会变的，不断地增加累进。尤其做了君侯的人，除了饮食男女基本的欲望以外，他的大欲就是君临天下，要权势，要更大更大的权势。普通的人，满足了饮食男女，就是求功名富贵，拿现代的话说，是发展事业，事业成功了，要权力，可以支配别人；有了权力，又希望君临天下；

君临天下以后，还是不能满足；那么，希望长生不老，永远活下去，永远掌握着这个权力，所以秦始皇派人到蓬莱三山去求长生不老之药，当然是求不到，但求不到还是要求，希望在家天下的支配欲上延伸，把这份已得的权力，传给自己的万世子孙，永远掌握下去。

在明、清之间，有一本闲书名叫《解人颐》，这个书名就说明了，只是使人破颜一笑，松弛板起的面孔，咧开嘴来笑一笑的意思。这本书里许多记载，的确有令人发出会心微笑之处。不过它也是像《聊斋志异》一样，大多以狐鬼的故事来讽世。它所搜罗的许多可笑的文字中，笑里或有血，或有泪，蕴含了许多做人处世的道理，启发人们的良知，在过去的时代，的确是深具教育意义的一本闲书。

这本《解人颐》中，有一篇很有哲学意味、描述人类欲望无止境的白话诗：

终日奔波只为饥　　方才一饱便思衣
衣食两般皆具足　　又想娇容美貌妻
娶得美妻生下子　　恨无田地少根基
买到田园多广阔　　出入无船少马骑
槽头扣了骡和马　　叹无官职被人欺
县丞主簿还嫌小　　又要朝中挂紫衣
作了皇帝求仙术　　更想登天跨鹤飞
若要世人心里足　　除非南柯一梦西

这其中"作了皇帝求仙术，更想登天跨鹤飞"两句是我随便凑上去的。这位作者写这篇白话诗的时候，正是君主专政的时代，当然不敢连皇帝也写进去。而在历史的事实上，像秦始皇、汉武帝一样，做了皇帝又想长生不老的例子也不少。所以齐宣王虽然已为一国之主，但还想君临天下，那也是很自然的趋势。

这篇七言韵文的白话诗，可说道尽了人类欲望无穷、欲壑难填的心理状态。本来一个一无所有的穷光蛋，连吃饭都成问题，一天到晚，劳劳碌碌，也许是贫户登记，扫街掏沟的。好不容易，赚的钱吃饱了，就觉得身上穿的毛线衣，已经穿了三五年，下水洗过很多次，不够暖和，去见朋友时，也不体面，于是在衣服上讲究起来了。等到衣食两个问题都已解决，那么正如谚语所说，饱暖思淫欲，想娶一个漂亮的小姐做太太。后来，太太也娶了，孩子也生了，一家数口，融融乐乐，过得蛮好的，可是还不能满足。念头一转，家无恒产哪！总得买幢房子，弄点田地什么长久的生产之道，打下经济基础，让下半辈子生活安闲，子孙也不愁吃穿。这些都齐全了，还想买汽车，坐在八个汽缸的全自动别克名牌汽车里，又想到警察昨天开了一张违规的红单子，税务员的面孔不大好看，而朋友张三做了官，比较吃得开，还是弄个一官半职在身，才不吃亏受气，于是竞选去，或者走门路，搞个官来做。官也当上了，可是这县政府的科长、秘书，能指挥的人太少，来指挥自己的人多，还是不过瘾，应该想办法当大官去。又这样往上爬，结果当了皇帝还是有欲望，又希望成仙上天，长生不老，所以这位作者最后两句结论是，人类这永无止境的欲望，除非到死方休。其实人的欲望，是死也不休的。

梦似人生

中国文学里，有三个很有名的美梦，是指点人生哲学的妙文。一个是庄子的蝴蝶梦；一个是邯郸梦；还有一个便是唐人李公佐著的南柯梦。纵然南柯梦醒，但人欲无穷，仍不肯罢休。死了还想升天堂，到他方佛国，也许在那里，可以满足了在这个世界上所不能满足的欲望吧！

其中一个唐代文学上有名的梦，便是邯郸梦。这是说一个卢姓书生，进京去考功名，走到邯郸道上，疲倦了想休息，旁边一个老头子正把黄粱米洗好，要下锅做饭，就把枕头借给这个卢生去睡。这个书生靠在他的枕头上睡熟了，睡中他做了一个梦，梦到自己考上功名，中了进士，娶妻生子，又很快地当了宰相，出将入相，四十年的富贵功名，煊赫一时，结果犯了罪，要被杀头，像秦二世的宰相李斯一样，被拉出东门去砍头。他一吓醒来，回头一看，旁边这个老头儿的黄粱饭还没煮熟。老头子看他醒了，对他笑一笑说：四十年的功名富贵，很过瘾吧！他一想，哎呀！我在做梦，他怎么知道？他一定是个神仙来度化我的。于是不去考功名，跟着老头儿去修道了。

有的说，这个邯郸梦的主角，就是历史上有名的神仙吕纯阳，那个老者，便是他的老师汉钟离。这个故事，是教化性的，宗教哲学性的，要人看破人生。所以在后世的文学中、诗词里，很多提到黄粱未熟，或黄粱梦觉。

但是后来有一个读书人，却持相反的意见。他也落魄到了邯郸，想起这个故事，作了一首诗说："四十年来公与侯，纵然是梦也风流。我今落魄邯郸道，要向先生借枕头。"即使是梦中事，也可以过过富贵瘾。这首诗对人欲的描述，真可说淋漓尽致。

我们除了引用《解人颐》中的一首白话诗，来说明齐宣王在人性上，很自然地会产生君临天下的欲望以外。其次，我们再从历史上来看齐国当时的背景、国情和环境，来了解他这欲望的由来。

据历史上的记载，当齐宣王即位的第二年，魏国梁惠王发动了战争，用庞涓为大将，率兵攻打赵国。这一仗，赵、韩联盟，韩国向齐求救，起用孙武子的孙儿——孙膑的战争计划，歼灭魏国的名将庞涓，打败了魏国以后，过了将近二十年的安定生活，可以说是当时很有福气的一个君王。他在安定中，把内政做得还算不错。在这时期，他娶了一个历史上最有名的丑女人"无盐"做君夫人，这是后话，留待下次再说。他这样把齐国经营得几乎有了国际间霸主的气势，当然，君临中国的大欲自然而然地就慢慢形成了。在这二十年当中，他虽有这种欲望，可是没有发动过大规模的侵略战争。只有对北方的燕国，有一次还不算太大的战役。在《孟子》本书中，下文便有记载，在宣王晚年，到他儿子湣王的阶段，割据了燕国一小块土地，埋下了后来被燕国乐毅连下七十余城，几乎亡国的仇恨种子。幸好有田单在莒、即墨二城，又兴起反攻复国的事。但是当孟子在齐国的这个阶段，也正是苏秦去齐国游说合纵的时期，从《战国策》中，"苏秦为赵合纵说齐宣王"这篇记载中，便可了解到孟子见齐王时，那时齐国的国情了。

齐国富强的素描

"苏秦为赵合纵说齐宣王"原文：

苏秦为赵合纵，说齐宣王曰：齐南有太山，东有琅邪（山名，在今山东诸城县东南），西有清河（《史记正义》：即贝州），北有渤海（案下云四塞之国，则泰山、琅邪、清河、渤海。皆以山川形势言，以郡邑当之恐误。《方舆纪要》曰：齐西有清河，即济水也。当以济水为是），此所谓四塞之国也。

齐地二千里，带甲数十万，粟如丘山，齐车之良，五家之兵，疾如锥矢（小矢也，喻劲疾也），战如雷电，解如风雨。即有军役，未尝倍太山，绝清河，涉渤海也。

临淄（齐都，故齐城，在今山东临淄县北）之中七万户。臣窃度之，下户三男子，三七二十一万不待发于远县，而临淄之卒，固已二十一万矣。

临淄甚富而实，其民无不吹竽鼓瑟，击筑弹琴，斗鸡走犬，六博蹹踘者。临淄之途，车毂击，人肩摩，连衽成帷，举袂成幕，挥汗成雨，家敦而富，志高而扬。

夫以大王之贤，与齐之强，天下不能当。今乃西面事秦，窃为大王羞之。

且夫韩、魏之所以畏秦者，以与秦接界也。兵出而相当，不出十日，而战胜存亡之机决矣。韩、魏战而胜秦，则兵半折，四境不守。战而不胜，以亡随其后。是故韩、魏之所以重与秦战而轻为之臣也。

今秦攻齐，则不然，倍韩、魏之地，过卫阳晋（故城在今山东曹县北，故卫地）之道，径亢父（故城在今山东济宁县南，故齐地）之险。车不得方轨，马不得并行，百人守险，千人不能过也。秦虽欲深入则狼顾，恐韩、魏之议其后也。

是故恫疑虚揭，高跃而不敢进，则秦不能害齐，亦已明矣。夫不深料秦之不奈我何也，而欲西面事秦，是群臣之计过也。今无臣事秦之名，而有强国之实，臣固愿大王之少留计。

齐王曰：寡人不敏。今主君以赵王之教诏之，敬奉社稷以从。

这篇资料，一开头就指出了齐国在战略上极其有利的地理形势。国内为一大平原，而四面的疆界，都有大山巨川或深海，可为险阻。所谓"四塞之国"，易于防守，而外敌不易入侵。

次一段，是指出齐国国富兵强的实际情形。苏秦把齐国的兵力，了解得清清楚楚。他指出，齐国正如现代的强国一样，军队有数十万人。粮食的储存，堆积得像山一样高。军队的强盛，攻击力量的尖锐，行动的迅速，可以雷电疾风作比拟。这当然是苏秦夸张性的形容，但仍可见齐国的军力之强。他并指出，这样强大的武力，一旦有敌人来侵，可以不必离开自己的国境，就把敌人击退，使得难越雷池半步。

　　接着他叙述齐国首都临淄的情形，当时人口就有七万户，如果以战国时代的人口比率来说，则当时七万户大约相当于今天的国际名都——纽约市的人口。依照苏秦的估计，一户有三名兵役年龄的男子，那么临淄在一夜之间，就可以动员二十一万的士卒，不必再从外县市征调，这是首都一地的充足兵源。

　　再看临淄的繁荣，经济上的富庶，所表现在居民日常生活上的状况，真是富足得不得了。社会安定，经济富裕后，社会的趋势就一定会变，于是吃喝玩乐都来了，或者是玩玩竽、筑、琴、瑟这些乐器，或者是斗鸡、跑马、打球以及各种赌博性的娱乐。在路上，车子太多，轮轴常常互相摩擦。路上的行人当然比车子还多，挤在一起，有如台北的西门町，走起路来都感到困难。这些人把衣裳的下摆连起来，或者把袖子接连举起，就会形成一块大布幔，密不透气的。这时候如果大家同时流汗的话，就会像下雨似的。

　　由于人们都过得殷实而富裕，所以一个个都显得志得意满的样子。"家敦而富，志高而扬。"这八个字，是苏秦对临淄居民的生活写照，我们在今天读史时，对于这八个字，就要特别注意了。这八个字，从另一面看，也是一种弊害的源头。当一个国家，经济安定，社会繁荣，国民收入增加之后，往往就流于浪费，生活方式多半都骄奢淫逸，精神生活方面则道德堕落，产生优越感，看轻别人。这就是当时齐国的情形，和今天美国的情形差不多。

　　下面是苏秦的说辞。他说，以你齐宣王的英明，领导国家建设，趋于如此的地步，各国诸侯，没有比得上你的。可是你却还要对西方的秦国低头，去听他的话，我苏秦实在替你暗暗惭愧，真是不必如此啊！

　　苏秦这个论调，对当时的齐宣王来说，实在是够刺激的。

　　苏秦指出了齐国当时地理上的先天优势，以及充沛的军事与经济力量，然后再进一步对齐宣王分析当时的国际情势。他说，韩国和魏国会怕秦国的原因，是他们的边界和秦国的边界连接在一起，如果打起仗来，双方出兵，力量都差不多，不出十天的时间，就可以决定胜负。韩、魏两个国家，如果打败了秦国，这场战争，必然是很刺激的。虽然胜了，也会损失一半的国力，余下的一半力量，实在不足以保卫疆土，在国防实力上，还是处在空虚危险的状态中。假如打了败仗，当然更惨了，跟着来的，就只有亡国的命运。由于这样不利的形势，韩、魏就把和秦国作战，看成了严重的问题，所以他们避重就轻，只好对秦朝贡称臣，以博取和平。

苏秦的这一分析，确实是有相当道理的，这又证明了他刺股用功，不止是读一部《阴符经》而已，而是得到《阴符经》的启示，晓得要注意到各国的形势，去搜集国际资料，了解各国的国情和国际形势。年轻人今天读书，实在要把握这一点，才不会读死书，变成书呆子。

他作了国际形势的分析后，再进一步将齐国的国际关系，分析给齐宣王听。他指出：秦国当然也有他的大欲，也想君临中国。不过秦国如果要攻击齐国，情形就不一样了。

第一，齐秦之间，还隔了韩、魏这两个国家，还要借道于卫国的阳晋，再经过亢父一带险要的山区。这一段路，战车无法顺利通过，马匹也不能并行。只要派一百人守在那里，那么成千的兵力都攻不进来，是十倍兵力所不能攻克的战争死角。

还有，纵然秦国冒了最大的危险，深入内地进犯。它也还要狼顾一番（中国相法中，"狼顾"是奸诈的表象，因为狼在走路的时候，是低着头，眼睛向左右回顾四周。"鹰视"是眼睛发现一个标的时，睁大了眼盯着看，眼神中含有贪婪的掳掠意味。有时狼顾鹰视并用，这是描述一个人的奸诈、贪婪而又狠毒）。要分心注意到韩、魏这些国家，是不是会动脑筋，趁它秦国攻击你齐国的时候，在它的背侧，向它进攻。

以秦攻齐，既处于不利的战略形势，又有后顾之忧，因此，这只是唬唬人的心理战术。虽然秦国的确是跃跃欲试，可是却不敢轻易付诸行动，所以，秦国不足以为害你齐国，是很明显的事了。

苏秦分析了这些情势，最后作了结论，也是他对齐宣王的进言：现在，你低估自己，没有想到秦国是奈何不了你齐国的，它根本不敢来攻打齐国，而你反而要去听秦国的话，跟着它走。帮你出主意的大臣们，实在是估计错误了。如今，假使能照我的意见来合纵，那么齐国不但在名义上，不需称臣于秦；而且实质上，还是一个真正强盛独立自主的大国。我希望你能多加考虑。

齐宣王听了，于是"敬奉社稷以从"，加入了这个合纵的国际组织。

从这里，我们又可以知道，苏秦之所以能够同时把六个国家的相印挂在他的腰上，并不是一件简单的事情。

从这一段苏秦口中所说的齐国情形，齐宣王用孙膑打败魏国后，二十年来的经营，达到国强民富的地步。而苏秦以"无臣事秦之名，而有强国之实"两句话，说动了齐宣王加盟合纵，这证明孟子见齐宣王时，齐宣王正有称霸天下的心思，这也就是他"笑而不答"的大欲。

在那个时候，天下知名的知识分子，大多数都在齐国，像今天的美国一样，齐宣王当然想开疆辟土，使秦楚来朝，进而平定天下，这是很自然的。孟子当然知道他有这个野心，这里不过是用饮食、声色这些基本的欲念来套他的话，诱导他行仁政。孟子并没有阻止他这种欲望，只是告诉齐宣王，以他现有的政治做法，而要实现他这样的理想，就好比爬到树上去抓鱼吃，是绝对办不到的。在他认为，齐宣王的行为与理想是背道而驰的。

于是齐宣王说，依你这样说，我现在的所作所为，错得这么厉害吗？孟子说，事实上你的作为，比缘木求鱼还要严重得多。爬到树上去抓鱼，虽然抓不到鱼，再爬下树来就是，不会有后遗症，不会有什么祸害。可是你现在的情形不同，以你现在的做法，去追求你那个莅临中国，抚有四夷的大欲，纵使你竭尽心力也不可能达到目的，而且会有后遗症、副作用，会带来灾祸的。

    曰："可得闻欤？"

    曰："邹人与楚人战，则王以为孰胜？"

    曰："楚人胜。"曰："然则小固不可以敌大，寡固不可以敌众，弱固不可以敌强。海内之地，方千里者九。齐集有其一。以一服八，何以异于邹敌楚哉？盖亦反其本矣。

    "今王发政施仁，使天下仕者皆欲立于王之朝，耕者皆欲耕于王之野，商贾皆欲藏于王之市，行旅皆欲出于王之涂，天下之欲疾其君者，皆欲赴愬于王。其若是，孰能御之？"

缘木求鱼

齐宣王听孟子说得那么严重，以他多年来的经营，到达了《战国策》中所描写的富强情形，还说有后遗症，当然觉得不可思议，于是对孟子说，你说得那么严重，到底会发生一些什么事，是不是可以说来听听看。

孟子说，假如我自己的故国——邹，和现在南方的强国——楚国打仗。你看是哪一方面胜利？

齐宣王说，那当然是楚国会打胜的。

于是，孟子说，这是很容易明白的道理，小国当然不能去敌对大国，兵少的不能和兵多的打仗，力量弱小的也不能去对抗力量强大的，这是不变的原则。如今，你齐国虽有千里之广的土地，但却只占了天下的九分之一而已。你现在以九分之一的力量，想去征服其他九分之八的力量，以达到称霸天下、统一中国的目的，就等于邹国去打楚国一样，最后一定失败的，而失败的后果就严重了。所以你最好从根本思想上，回过头来重作考虑，放弃用武力统一天下的想法，改变国策，从实施仁政做起，使天下读书人——知识分子，想做官的人，都愿意做你的干部；所有的农人，都喜欢到齐国来耕种；所有的商人，都愿意到齐国来做生意；而观光客们也都愿意到齐国来游览；国际上，所有对他们领导阶层不满意的，都到齐国来向你投靠。到了这个地步，虽然你不动一兵一卒，谁又能和你相对抗呢？

孟子的这些主张，是反缘木求鱼的。而他把齐宣王的做法，比为缘木求鱼，的确比喻得很妙，所以这句话也就成了后世几千年来，大家常引用的成语。

说到缘木求鱼，想起另外一句成语——"百尺竿头，更进一步"。大家都知道，这是一句鼓励别人的话，和缘木求鱼的意义不一样，作用也是不相同。一般人听了"百尺竿头，更进一步"的话，都很高兴，认为是被夸奖励，而没有仔细去想一想，为什么说百尺竿头更进一步呢？试想想看，在地上竖立了一根一百尺高的竿子，当一个人由地面向上爬，爬到了一百尺的竿上，已经到了顶点了，还鼓励他更进一步？这一步进到哪里去？再一步就落空了，落空可不就又掉到地下来了吗？所以这句话的意义，是勉励人，要由崇高归于平实。也就是《中庸》所说的"极高明而道中庸"。一个人的人生，在绚烂以后，要归于平淡。

在明人的笔记中，有一则类似"百尺竿头，更进一步"的故事，叙述一位道学家求道的故事。这位道学家修道，研究了许多年，始终搞不出个名堂来，得不了道，非常苦恼。于是有一天，带了一些银子，出门去访名师。不料在路上遇到一名骗子，知道他是出外访师求道的，身边带有许多银子，就打他的主意，设法和他接近。骗子当然是很聪明的，和他一聊上天，两人就很谈得来。可是尽管这个骗子，假装是得了道的道学家，使这位求访名师的书呆子道学家，对他十分钦佩，但就是骗不到他的钱。后来，到了一个渡口，要过河了。这名骗子脑筋一转，对道学家说，要传道给他了，而且选择在船上把道传给他。这位道学家听到有道可得，非常高兴。两人上了船，那个骗子告诉道学家，爬到船桅顶上就可以得道。这位求道心切的道学家，为了求道，为了便于爬桅杆，他那放有银子而永不离身的包袱，这时就不能不放下来了。当他爬到桅杆的顶端，再无寸木可爬的时候，也没有看见什么道，便回过头来，向这位传道的高人请教：道在哪里？不料那名骗子早已把他留在甲板上的包袱银子拿去，走得无影无踪了。船上的其他乘客都拍手笑他，上了骗子的当。可是这位道学家，在大家拍手笑他的时候，他在桅顶上，突然之间真的悟了，所谓道就在平实之处，并不是高高在上的什么东西啦。于是立刻爬下桅杆来，对大家说，他不是骗子，的确是高明！的确是吾师也！他高高兴兴地回去了。

这虽然是一则讽刺道学家迂腐的笑话，透过这个笑话来看，实在有其至理。和"百尺竿头，更进一步"那句话一样，道就在平庸、平淡之中，也就是极高明而道中庸的道理。

笑话说过了，再回到《孟子》的本文。我们看他在大原则上，对齐宣王说，不要用武力，而以仁政，使天下归心，各行各业、各阶层的人，都会愿意到齐国来，做齐国的臣民。如此，自然就可以"莅中国而抚四夷"，齐宣王的大欲，就可以达到了，这当然是没有错的。

但是参考苏秦、张仪，这些所谓纵横家的谋略之士们，依据各国的情势、地理环境、时代背景、战略地位，再配合国际关系的说辞，则与孟子之说有所不同了。

就战略、政略问题的讨论上来说，我们不妨牵扯一点孙武子所著《兵法》中的两段记载。孙子说：

兵者，国之大事，死生之地，存亡之道，不可不察也。

兵者，诡道也。

凡用兵之法，驰车千驷，革车千乘，带甲十万，千里馈粮，则内外之费，宾客之用，胶漆之材，车甲之奉，日费千金，然后十万之师举矣。……夫兵久而国利者，未之有也。故不尽知用兵之害者，则不能尽知用兵之利也。

如果我们假设一下，由孙子来与齐宣王见面，那么他将会说出上面这些话的。从这里看到，以一师之众，要十万人做后盾，而所花费的战费，是多么庞大，所以作战用兵久了，绝对不可能对国家有利。后人也说兵贵神速，如果战争拖下去，绝没有好处。抗战期间，日本人估计，只要三个月便可征服中国了。而我们对日本人的战略，就是以空间换取时间，尽力设法把战争拖延下去，使日本人渡太平洋而战的部队，师老兵疲，自尝败亡的苦果。所以，如果没有把作战的害处弄清楚，就不会懂得用兵，当然也就不会得到战争的胜果。因此，作战并不是那么容易的。这又是个不同的论点。

经济和政治

王曰："吾惛，不能进于是矣。愿夫子辅吾志，明以教我，我虽不敏，请尝试之。"

曰："无恒产而有恒心者，惟士为能。若民。则无恒产，因无恒心；苟无恒心，放、辟、邪、侈，无不为已。及陷于罪，然后从而刑之，是罔民也。焉有仁人在位，罔民而可为也？

"是故，明君制民之产，必使仰足以事父母，俯足以畜妻子，乐岁终身饱，凶年免于死亡，然后驱而之善，故民之从之也轻。

　　"今也，制民之产，仰不足以事父母，俯不足以畜妻子；乐岁终身苦，凶年不免于死亡。此惟救死而恐不赡，奚暇治礼义哉？

　　"王欲行之，则盍反其本矣。"

　　齐宣王听了孟子这一番行仁政的王道理论，似乎还听得进去，对孟子的态度也算客气，称"夫子"，不像梁惠王只称他"叟"。所以他对孟子说，我真有点糊涂，没有你看得那么远，这方面还有什么更高深的道理，希望你帮助我，明白地告诉我。虽然我还不够聪明，或者可以听你的办法，试着去做。

　　于是孟子提出一个原则来，也成为后世的千载名言。不过名言是名言，有时候又会事实归事实。因为在某一种时代，某一种情况，或某一种特殊的因素，这种种客观的条件下，现实与理论会互相违背的。

　　孟子这句名言的意思是，有恒产的人才有恒心。他说："无恒产而有恒心者，惟士为能。"假使一个人没有稳定的经济基础，而对一件事，一个观念，或一个中心思想，能够专心一致地奉行下去，中途并不因穷困而改变他的节操，不见异思迁，不改行跳槽的，只有那些品德好、有修养、有学问的人才做得到。普通的人，一定要有了稳定的经济基础之后，才可能奉公守法，才可能讲礼义廉耻。四川朋友有两句谚语："最穷无非讨饭，不死总会出头。"一个人既然穷到了讨饭，他还有什么顾虑？这时候名誉根本无所谓了，什么操守、人格的，更是管他去的。为了填饱肚子，为了活命，什么都做得出来。一般没有固定产业的人，既没有恒心，就没有中心思想，平日的生活行为，或者是任意妄为，放肆胡搞，或者是稀奇古怪，吊儿郎当，或者走邪门，或者挥霍无度。因为在没有恒产的心理上，认为反正就是这么点钱，花了再说，享受了再说。所以没有钱的，反而舍得花钱。钱花惯了，虚荣心越来越大，总有一天钱不够用了，于是心存侥幸，动起脑筋作奸犯科，无所不为了。等他们犯了罪以后，你齐宣王用法令，又把他们抓来，再处罚他们，这是一定的道理，一定的过程。现在，你看见他们犯了罪以后，只晓得去处罚他们，而不改善你的政策，使他们不至于走上犯罪的路，这就等于你设下犯罪的陷阱引他们跳下去，结果又来责罚他们，这就是陷他们于不义。一个真正行仁政的领导人，是不会如此对待老百姓的。

看完了这一段孟子的谈话，我们就可以做几点研究了。

第一，我们读了《战国策》中苏秦描写齐国，尤其描写齐国首都临淄的情形，是那么繁华，那么奢靡，而这种社会形态的内在精神又是什么呢？所表现的是一种什么样的社会心理呢？就是孟子这里所讲的："放、辟、邪、侈，无不为已。"而终于"陷于罪"的一种社会心理和时代精神，是病态的，而不是健康的。以现代的理论去衡量齐宣王时代的社会，是没有真正实行民生主义，使每一个国民，每一个家庭，都得到富足、安乐、和睦、健康的生活，而只是表面的繁华而已，只是一个所谓"浮华"的社会，并不是踏实的安和康乐。

第二，孟子的这段话，虽然是对齐宣王说的，可并不一定齐国才如此。战国时代，各国的情况，也都是如此，尤以强国为然。所以孟子的话，也可以说是针对整个时代而说的。

第三，在任何时代，任何政权下，政治不上轨道，社会形成病态，都会产生这类现象。

那么如何才能做到强国富民的均富政治，建立安和康乐的社会？孟子继续说出了他的意见，在现代来说，他指出了民生主义的重要性。他主张先要使每个人经济安定，每个家庭经济充裕，然后达到社会的富裕，国家的富强，仁政一定要以经济安定，安和康乐的社会为基础。在当时，是没有现代这些分门别类的术语来表达这种政治的境界，孟子只有以具体的事实状况作说明。所以他说，一位英明的政治领导者，实行建设安和康乐社会的政策，必须要使得每个国民，对上能够养得起父母，对下能够娶得起妻子，生儿育女后，要有抚养孩子的能力。更重要的，到年成好、丰收的时候，大家都可以吃饱；即使遇到歉收的凶年，大家也不会有饿死、流亡的痛苦。假如社会建设到这个地步，每个国民都可以安居乐业，然后再施以教化，教百姓都向好的一面去努力，往好的方面去求进步。这些也都做到了，你有事下一道命令出去，老百姓们很自然地都乐于听从了。

现在你齐宣王在民生问题上的措施，究竟如何呢？你走军国主义的路线，武力第一，只求国家的强大，实施专制的、独裁的、集权统治的政治，拼命榨取人民，扩充国家的武力军备，结果弄得老百姓养不起父母妻儿，家庭破碎。即使年成好，农产丰收，也被集权统治的政权征敛去充实军备了，老百姓还是吃不饱。假如是遇到年岁不好，粮食歉收，那就更惨了，只有饿死。到了这个地步，活都活不下去了，还谈什么教育，讲什么礼义。所以齐宣王你，如果想行仁政，使全国国民都很乐于服从你，然后以王道领导天下，那么你就应该一反今日的做法，回到根本原则上去检讨，有所改变才行。

我们看到孟子这项主张，就知道儒家的孔孟之道，并不是像后儒所说的那样，坐在那里空谈、讲道，钻研心性微言，讲授孔孟理学，静坐终日，眼观鼻，鼻观心，观到后来，只有"乐岁终身苦，凶年不免于死亡"。那才真是误了道，造了孽了。所以孔孟之道是救世济民的，正如管子政治哲学的名言——"仓廪实，则知礼节，衣食足，则知荣辱。"都是先要个人的经济充裕了，才有安和康乐的社会，然后才能谈文化教育，谈礼乐。孟子也是如此，大家可不要冤枉了孟子，以为他们是坐在那里眼观鼻，鼻观心的，只讲养浩然之气，讲尽心修道而已！

为而不有的农民

　　"五亩之宅，树之以桑，五十者可以衣帛矣。鸡豚狗彘之畜，无失其时，七十者可以食肉矣。百亩之田，勿夺其时，八口之家可以无饥矣。谨庠序之教，申之以孝悌之义，颁白者不负戴于道路矣。老者衣帛食肉，黎民不饥不寒，然而不王者，未之有也。"

　　这一段话，前面孟子见梁惠王的记载中，已经有过。只是"数口之家"，在这里记的是"八口之家"；"七十者衣帛食肉"，在这里记的是"老者衣帛食肉"；这些具体数字的些许差别而已，在文义上，没有什么不同，所以这里就不再作字句上的讲解了。

　　从齐宣王问齐桓、晋文之事开始，到这里为止，他和孟子一波三折，数度起伏的谈话，告一个小小的段落。就在这一小小段落中，有好几个值得我们研究讨论的重点。

　　后世常引用孟子的许多名言名句，如"君子远庖厨"，"察秋毫之末而不见舆薪"，"是不为也，非不能也"，"犹缘木求鱼"，"邹人与楚人战"，"无恒产，无恒心"及"乐岁终身苦，凶年不免于死亡"，等等，不但是文学上的名句，也是学术思想上的名言。无论研究政治，研究经济，研究社会，乃至于研究民生问题、土地改革，以及心理建设、文化教育，等等，都是很有参考价值的至理名言和最高原则。它涵盖的意义，相当广泛，值得作更深入的研究。

　　其次，齐国当时的社会，尤其首都临淄的景象，表面上是商旅辐辏，经济繁荣，市面一片景气，简直如欧洲的罗马鼎盛时期，又如今天新大陆的纽约一样。然而，这种繁荣的现象，是真实的吗？是表里一致的吗？不然！在齐宣王的战国时代的政体，一般学说上，称之为封建制度，这是对中央政府的周天子而言。如果以诸侯各国的内部施政，就诸侯与人民之间的权利义务而言，则与秦以后的专制政体，是完全一样的。所以一般以为在秦商鞅变法以后，才有"私有财产制"，其实春秋诸侯各国，早已演变成了私有财产制。从孟子建议梁惠王和齐宣王"五亩之宅，树之以桑"，发展农村副业以达到"仰足以事父母，俯足以畜妻子"的目的，就证明了当时的财产私有制。商鞅不过是就当时演变发展所形成的事实，制作一套更完整的法令制度出来，更便于征敛而已。当时各国的财政、军用，都靠征敛而来。而征敛的对象，唯有从土地上去不断压榨，在农产品上去征收了。

不但战国时代如此，后世两千年来，尽管在汉以后，有了盐、铁资源的开发，所谓"上山下海"，扩大了生产的领域，增加了这两方面以及其他商业货物方面的税赋收入。可是直到几十年前，我们还是以农立国，于是不可避免的，农民就挑起了国家财政的重担，成为征敛的主要对象。尤其在战国时代，国家一旦用兵，军费支出之浩大，人力消耗之惨重，如前面孙子所说的那样，实在是农民们的苦难。

所以孟子"乐岁终身苦，凶年不免于死亡"不只是对齐宣王说的，也是对当时各国说的。不只是战国时代如此，后世几千年来的事实，大多如此。而他的"乐岁终身饱，凶年免于死亡"的希望，也是几千年来国民共有的希望。尽管几千年来的历史，都在歌颂农民，赞叹农民，但在没有实施"耕者有其田"的平均地权政策以前，农民的生活始终没有获得保障，始终是一个问题。

生民何计乐樵苏

其次，我们研究政治的也好，研究社会的也好，研究军事的也好，许多都认为历史上朝代的变更，是由于农民不满于政府的压榨而起义革命，也有的说是农民与知识分子结合而起义。其实，并不如此，农民们并不是因不满现实，就好作乱；我国农民素来乖得很，没有这种情形。认真地说，只有来自农村的人，知道民间的疾苦，与知识分子结合，起来革命的则有，至于农民本身起来革命的事情则没有。固然汉高祖、朱元璋曾经种过田，但也只是一个短时期，不算是真正的农民。但是，因为中国的农业社会，几千年来，都停留在"乐岁终身苦，凶年不免于死亡"的状况之中，有人起来鼓动一下的时候，社会就乱了。

以上这些是中国的情形，我们放眼看世界各国，又有所不同。例如欧洲的古希腊、西班牙等等国家，先天上没有办法向农业方面发展，只有在商业上找出路。而商业的最好出路，是航海到别的岛屿或陆地做生意，于是形成了海运的发达。当时的所谓海运，老实说，到了陆地，有王法的地方就是贸易，在海上一般人看不见，就是海盗。至于奴隶的买卖，女奴的掠夺，乃至新大陆的恶行劣迹，都是有史可寻的。大概说，十六世纪以前，欧洲国家并不富裕，连黄金都少有，许多都是这些海盗们抢印度、骗中国，这样从东方劫掠过去的。

等到欧洲的产业革命以后，机器发达，代替了人力，资本集中，大量生产以后，资本家的财富愈来愈多，工人愈来愈苦。这时马克思看到当时的景象，才提出了劳工第一，劳工神圣等意识，才有共产主义思想的产生。

但是也说明了，在欧洲、美洲以及世界其他地区，不问其是以农立国或工商立国，在过去的历史，一般百姓们总是过着"乐岁终身苦，凶年不免于死亡"的生活。

至于今后如何呢？经济不断地发展，社会福利等措施也不停地扩展，大家都汲汲于全人类的"乐岁终身饱，凶年免于死亡"。结果如何呢？问题似乎并不单纯，也不乐观。因为还有一个复杂的心理问题有待处理，在心灵的修养达到相当的程度，精神、物质两方面都满足了，人类才有安定的可能。不然，仍会造成"乐岁终身苦，凶年不免于死亡"的痛苦。

孟子和齐宣王的这段谈话中，我们还可以看到他们两人思想上，最大的一个分歧点。孟子是圣贤，圣贤的思想，处处是为了大多数人，普遍的、平等的和长远利益着想，要大家"乐岁终身饱，凶年免于死亡"。而齐宣王是一个国君，尤其是战国时代的典型君主，他的为政，是为了他那笑而不答，隐藏在心里的"莅中国而抚四夷"的个人大欲。所以我在前面讲到，历代帝王出来打天下，口里都是说为人民解倒悬之苦，而事实上是为了满足他们个人的权力欲。过去由英雄主义一变而跃登帝王宝座的帝王与强盗，都一样会造成社会的不安和动乱。

元朝时有人就曾写过这样一首诗："中原莫遣生强盗，强盗生时岂可除？一盗既除群盗起，功臣原是盗根株。"

元人还有一首讽刺帝王政治时代官场的白话诗说："解贼一金并一鼓，迎官两鼓一声锣。金鼓看来都一样，官人与贼不争多。"锣是金属制成的，所以"金"字也就是代表锣。

不敢为天下先的后儒

我们研究《孟子》到这里，从书上记载的编排次序，可以知道孟子已见过了梁惠王、梁襄王和齐宣王。前后三位国君，每一位国君的思想观念、处境以及素养，都有所不同。而孟子对他们，却一贯地阐扬王道政治的哲理和政策。

从他和这三位国君的谈话中，我们可以了解，就教育的方法看，他是用诱导的方式，就教化的立场而言，他始终走的是师道与臣道之间的路线。例如：他对齐宣王的谈话，一开头就把握住齐宣王不忍杀牛这一点善念，然后教他将这一点扩而充之，推及爱人、爱世上面。这就是顺其所念所行而诱导，不像一般宗教或其他说教的理论，以辨别是非善恶的方式，在可以与不可以、善良与罪恶的种种对比中，作强制性的说教。而是先同意、赞成对方的意见，而后诱导对方，使他扩而充之，知道自己所爱好的别人也爱好，自己所要的别人也要，这就是孔子"推己及人"的恕道，也是实施仁义之道的方法。所以跟着下面齐宣王说到自己好乐、好勇、好色、好货的时候，孟子都说没有关系，不要紧，不过要扩而充之，使天下人都能达到富强康乐的生活水准。

我们看到孟子这种教化的方式，联想到一个非常有趣的问题。众所周知，两千多年以来，孔孟之道一直是中国文化的中心，也是儒家思想的中心。但是几千年来，儒家在推行王道政治，发挥仁道精神的作为上，虽然秉持着师道的原则，但事实上，始终是走臣道的路线。换言之，是"依草附木"式的，依靠一个既成的力量，借以推行王道的理想。尽管儒家标榜的是尧、舜、禹、汤、文、武历代帝王的盛德，可是他们本身所走的路线，都是依据既成的力量，推行他们的理想；依附别人的门户，并没有自己去走出一条路来，或自己起而行之，去实现他们的理想。

简要而切实地说，儒家从来没有想到自己为尧，为舜，也没有这样做过，他们只是希望已经在位的帝王，能够变成尧，变成舜，因此影响到后世两千年来的儒家思想，永远是走臣道的路线，只希望做到"致君尧舜"，使在位的帝王，能够像尧舜一样，施行仁政。

可是，"致君尧舜"又谈何容易！自秦汉以后，历代的帝王，在基本素质上，他们不但并非尧舜的根株，而且都是以征服起家的。正如杜甫《过昭陵》诗说："草昧英雄起，讴歌历数归。风尘三尺剑，社稷一戎衣。"

这一首五言绝句，短短的二十个字，对于历史哲学的感慨，既含蓄又坦率，直言无隐，和司马迁写《史记》的哲学观点，完全一样，只要懂得古诗写作原则，了解所谓温柔敦厚的含蓄艺术，便可透过他每一句的字面，明了他所说的深邃含义。

第一句"草昧英雄起"，一开头就说明生当乱世时期，英雄都起于草泽之中，成王败寇，很难论断，到了成功以后，便四海讴歌赞颂，认为是天命有归，历数更代，成为不可置疑的真命天子。事实上，他们无非都起于风尘之中，犹如汉高祖，手提三尺剑，斩白蛇而起家。到了以戎衣而平定群雄之后，江山社稷便成为一家一姓的天下了。他由唐太宗的开基创业，而联想到汉高祖等历代帝王，几乎都是一个模式出来的。

但"乃翁天下"虽在马上得之，当然不能在马上治之。于是乎才轮到了后世标榜儒家的读书人们，来坐而论道，大谈其治平之学，与孔孟之道。事实上，那些天子的禀赋，既非尧舜的本质，要想"致君尧舜"，岂非痴人说梦。历史上虽然也出过极少数几个比较好的皇帝，到底距离孔孟所标榜的先王之道，相差太远。可怜的后世儒生们，在文章上拼命讲述"致君尧舜"，而事实上每况愈下，都只是希望自己考取功名以后，"致身富贵"而已。

像孟子一样，极尽所能诱导齐宣王走上王道的路子，结果还是徒劳无功。何况既非孔孟之才，又非孔孟之圣，哪有可能？此所以我们过去的文化历史，始终在帝王专制政体中，"内用黄老，外示儒术"的一个模式之下，度过了两千多年。也使孔孟的道统精神，依草附木式地攀附在帝王政体之下，绵延存续了两千多年。

以前我在读《孟子》的时候，也曾为古圣先贤们发出同情的一叹，写了一首不成才的诗："千秋礼乐论兴亡，儒墨家家争辩忙。尧舜不来周孔远，古今人事莽仓仓。"我说是不成才的诗，那是老实话，绝不是自谦。

在文艺与哲学相凝结的唐诗里，前有杜甫《过昭陵》的五言绝句，后有唐彦谦《过长陵》的一首七言绝句，都是很好的历史哲学写照，而且很典型地具有温柔敦厚的诗人风格。他的诗说："耳闻明主提三尺，眼见愚民盗一抔。千古腐儒骑瘦马，灞陵斜日重回头。"

第一句"耳闻明主提三尺"，是说由历史得知，凡是开国的君主帝王，大都以武功而得天下。这一句和杜甫诗的涵义一样。第二句"眼见愚民盗一抔"，其典故出在汉文帝时，张释之为廷尉，说"愚民有盗长陵一抔土即斩首"的法令，此处影射历史上成王（夺得天下即为天子）败寇（侵犯帝陵即便杀头）的人生悲剧。下面两句，也便是我们常有的感慨，自孔孟以来，后世的读书人——儒家们，虽然满腹诗书，究竟有何用？比较有成就的，也只是引经据典，成为第一流的帮闲而已。等而下之，差一点的，一辈子死于头巾之下，谈今论古，满腹酸腐味道，也就是汉高祖刘邦口头常常爱骂的"竖儒"或"鲰生"、"腐儒"之类，等于近代常用的"酸秀才"、"书呆子"，是同样的意思。所以唐彦谦在他后两句诗里便感慨地说，最可怜的是像我们这些念书的，生逢乱世，"千古腐儒骑瘦马"，只有一副穷酸落魄的样子，在那夕阳古道，经过汉王帝寝的灞陵之下，回头望望，发思古之幽情，作一副无可奈何的穷酸相，所谓"灞陵斜日重回头"而已。

在宋人笔记上记载着一则故事更有趣。有一次，宋太祖赵匡胤经过一道城门，抬头一看，城门上写着"某某之门"四个字，他便问旁边的侍从秘书说，城门上写着某某门便好了，为什么要加一个"之"字呢？那个秘书说"之"字是语助词。赵匡胤听了就说，这些"之乎者也"又助得了什么事啊！

讲到这里，同时要注意中国文化的诗和哲学等等，都有我们民族传统的特性，必须具有温柔敦厚的内涵，才算是忠厚之德，不然，就都流于轻薄。中国人喜欢作诗，无论是古诗或今诗——白话诗，反正大家先天秉性就有诗人的才情，这也是我们民族的特殊气质之一。但是有才华，还必须要经过力学的锻炼才好。比如诗圣杜甫，或者较有名的历代诗人们的好诗，都有这种风格。刚才所举杜甫、唐彦谦两首和历史哲学有关的诗，的确是涵养深厚，使人读了虽然有感于怀，却不致愤世嫉俗。

相反地，有同样的思想，但一下笔、一出口，便具有煽动性，容易引起叛乱意识，犹如《水浒传》上梁山泊式的诗，我们举一个例子来看，那便是前面所讲元朝人作的那首"中原莫遣生强盗"的诗，你能说这首诗作得不好吗？看来浅显明白，而且直截了当便表白了对历史哲学的看法，哀伤感叹、悲天悯人的文学心理，都兼而有之，但它在文学的价值上，就不足为训，不足为法，到底是缺乏文化熏陶的根基。前两首与此有同样的意义，但用不同的文字修养来表达，便合于中国文化"温柔敦厚，诗之教也"的标准了。前面提过近代诗人易实甫先生的"江山只合生名士，莫遣英雄作帝王"那就对了，这也是文化与教育最要注意的地方。

尤其是诸位年轻的同学们，如果去当老师，培养后一代，那就更要注意了。像我现在讲《孟子》，讲《论语》，故意用轻松的办法，嬉笑怒骂，来引起大家对固有民族文化思想的注意，只能偶尔一用，到底有流于轻率之嫌，不足为训。所以我始终说自己这些讲解，虽然用心良苦，但却不入正途的。大家千万注意这一点，有的人用来可以改邪归正，但同样的方法，被别人用偏差了，说不定会改正归邪了。

现在我们研究，孔孟当时为什么会走这种师道与臣道之间的路线呢？我们知道，虽然后世的儒家，有了门户之见，对于道家的思想起了争论，但是在孔孟当时的知识分子，是没有儒道之分的。老子有三宝之说：曰"慈"，曰"俭"，曰"不敢为天下先"。孔孟的这种做法，也就是老子的"不敢为天下先"，绝对没有挺身而出，亲自扮演尧、舜的思想。

　　这种自己绝对不来的态度，是儒家的好处，因为他们唯恐会使天下更乱。儒家自己不来，好了儒家，却苦了天下的老百姓。更可怜的是影响后世的儒家精神，只能规规矩矩走臣道的路子，但是要想"致君尧舜"——走上王道，改变现有的状态，却又往往力不从心，受到各种客观环境的限制而事与愿违。在达不到理想的时候，有时只能以身殉道，充分发挥了"臣节"的教育精神，做到了尽忠报国，尽忠报王而已。如果就行为哲学和历史的事实互相参究起来，那么这是一个值得深思的问题，也是个很难解决的问题。我们看历代的名臣和大臣，以儒家之学，处身庙堂，尽管有许多作为，有许多成就，可是一遇到帝王本身或者宫廷中出了问题，他们便一点办法也没有。所以从几千年的历史来看，儒家只是一直依傍人家的门户，无法自立，也无法对天下有更大的影响。让我们抛一句文言，便可说："至堪浩叹！"

梁惠王章句下

庄暴见孟子曰："暴见于王，王语暴以好乐，暴未有以对也。"曰："好乐，何如？"

孟子曰："王之好乐甚，则齐国其庶几乎！"

他日见于王曰："王尝语庄子以好乐，有诸？"

王变乎色，曰："寡人非能好先王之乐也，直好世俗之乐耳。"

曰："王之好乐甚，则齐其庶几乎！今之乐，由古之乐也。"

曰："可得闻欤？"

曰："独乐乐，与人乐乐，孰乐？"

曰："不若与人。"

曰："与少乐乐，与众乐乐，孰乐？"

曰："不若与众。"

臣请为王言乐："今王鼓乐于此，百姓闻王钟鼓之声，管籥之音，举疾首蹙頞而相告曰：'吾王之好鼓乐，夫何使我至于此极也？父子不相见，兄弟妻子离散！'今王田猎于此，百姓闻王车马之音，见羽旄之美，举疾首蹙頞而相告曰：'吾王之好田猎，夫何使我至于此极也？父子不相见，兄弟妻子离散！'此无他，不与民同乐也。

"今王鼓乐于此，百姓闻王钟鼓之声，管籥之音，举欣欣然有喜色而相告曰：'吾王庶几无疾病欤！何以能鼓乐也？'今王田猎于此，百姓闻王车马之音，见羽旄之美，举欣欣然有喜色而相告曰：'吾王庶几无疾病欤！何以能田猎也？'此无他，与民同乐也。

"今王与百姓同乐，则王矣。"

讲究礼乐的治道

前面已经提过，《孟子》的这一章，绝大部分是记载孟子与齐宣王的谈话。从齐宣王心理上不忍杀牛的一点善念说起，一直谈到后面实行王道政治的许多问题。在孟子到齐国的前后，也正是田氏齐国最鼎盛的一个时期。此时，苏秦也到齐国游说合纵的思想。这里的记载，则是孟子在齐国的这段长时间里，与齐宣王多次见面的谈话摘要。

这段又提到一件事，是说有一次孟子接见他的学生，也就是齐国的大夫——庄暴，谈到齐宣王好乐，所引起的一次谈话。庄暴有一天来见孟子，对孟子说：我见到齐宣王的时候，在闲谈中，齐宣王说他好乐，我当时不知道君主们偏好音乐这件事，对或不对，不晓得该怎么说才好，所以没有作答。请问孟老夫子，君王偏好音乐这件事，您认为怎样？

对于这个问题，以我们现代的观念来看，会觉得很滑稽，好乐就好乐！这有什么了不起。好比有一个朋友告诉你，他的孩子一天到晚弹吉他，你一定说，好嘛！既然有这方面的天赋，就好好培养他往这方面去发展。所以只从"好乐何如"这四个字的字面上去看，依文释义，或断章取义，就往往会发生偏差了。

如今要注意的是，这句话是针对人主而说的，人主的嗜好，所发生的影响就大了！一个国家的领导人有了偏好，或者好音乐，或者好打球，则往往会影响到政治，所谓"上有好之者，下必甚焉"。问题就来了。因为庄暴知道这个问题的严重性，所以特别向孟子提出来请教。其实从庄暴问话的语气里，可以看得出来，庄暴这个人的心目中，认为齐宣王偏爱音乐，是不大妥当的。

孟子对于这个问题持什么态度呢？他与庄暴不同，他始终是用诱导的方法，希望君主们能行王道，施仁政，这就是孟子所以能为圣人的道理。他不同于一般说教家，明辨是非，将善恶作尖锐的对立；也不像后世的理学家们，认为这件事不好，就把它戒除掉。

例如宋代的大儒家程伊川（颐）做讲官时，一日讲罢，还未告退。宋哲宗站起来松动一下，顺手折了栏杆外的一枝柳条，程颐马上就进谏说：“方春发生，不可无故摧折！”上掷枝于地，下殿而罢。

所以明人冯梦龙便说：“遇到孟夫子，好货好色都自不妨。遇了程夫子，柳条也动一些不得。苦哉！苦哉！”因此把他列入迂腐之列。

我们且看在这段书里，孟子怎么答复。他告诉庄暴说，齐宣王好乐有什么关系？如果他对音乐喜好到推之于民，那么齐国差不多可以治平了。

为什么齐宣王把好乐的嗜好扩而充之，齐国就能平治呢？这个在孟子与齐宣王另一次见面的谈话中，就有了交代。

过了几天，孟子和齐宣王见面，提起上次和庄暴谈的那件事。他对齐宣王说，我听庄暴说，你曾经告诉他爱好音乐，有这回事吗？

我们看齐宣王用什么态度来答复呢？

“王变乎色。”

从这句话，可以看到《孟子》这本书，文章手法的高明，这也是古文的妙处。短短的四个字，表达了许多的含义，而且把当场的情况写活了。我们透过这四个字，可以想象，当齐宣王听到孟子谈到他对庄暴说过，自己爱好音乐时，脸色有多尴尬！

齐宣王为什么会变了脸色呢？

一方面，我对你庄暴说我爱好音乐，这里君臣如家人一样闲聊自己的私生活，你却把它当作话柄，去和这位外国来的老夫子谈论，真是莫名其妙！

另一方面，自己是一国之主，和这位外国嘉宾所谈的是天下国家大事，属于严谨的一面。而今人家却问起自己爱好音乐的问题，好比现代一个国家领袖，被人问起他爱好流行歌曲一样，当然是有点尴尬。

虽然如此，齐宣王的修养还是蛮好的，脸色变了一下，仍然静下心来，和孟子谈论这个问题。而且下面还很幽默地承认自己有好勇、好色、好货等的毛病。他甚至于坦白地说，自己所爱好的是现代音乐，是流行歌曲，而不是先王流传下来的正统音乐。因为上古时代的那种传统音乐太高深了。

重要的问题来了，我们在孔孟和历代学者的著述中看到，中国文化在上古时代，尤其到了周朝，是很注重礼乐之治的。而且后世也都一直推崇上古的音乐是如何如何的好。儒家这样推崇上古礼乐，绝不是盲目的，也不是故意强调的，在中国上古时代，就已向往先民时代的文化了。但所谓的先民（先王）时代，究竟断自何时，我们很难决定一个明确的时间。这不只是从黄帝的时代算起，可能在更上古时，曾经有很好的文化成就，在文化成就达到巅峰的时候，又进入了一个冰河时期。所以儒家推崇的先民时代，很可能是个很古远很古远的代表。后世儒家向往先民的文化精神，所以都讲礼乐之治，行先王之道。

从这里又可以看到，不只是孔孟及后世一般儒家注重先王的礼乐之治，齐宣王也说出"非能好先王之乐"，这证明当时一般人，也都是崇尚先王之乐的，所以他对孟子谈到这个问题的时候，会不大好意思，并且又接着坦白地说，他不懂得先王之乐，所以他只爱好现代音乐。

孟子却说，爱好现代音乐并没有什么不对，只要你能够把这好乐的精神，推广开来，对于齐国的民俗政风就有帮助。这是孟子的精神，此所以孟子之为孟子也。同时，从这里我们又看到孟子思想之开阔，不像后世儒家所标榜的那么严谨而趋于狭隘。

孟子接着告诉齐宣王说，现代音乐并不是突然凭空产生的，而是由古代音乐慢慢演变而成的。

孟子的这个理论固然是事实，是可以成立的，从另一个角度看，也可见孟子是善于辞令的。本来齐宣王为了好今乐而不好古乐，感到难为情。现在经孟子这样为他开解，心理上原有的那一层阴影，自然就解除了，所以也就轻松了。于是便问孟子，为什么自己好乐，扩充开来，齐国就可以治理得很好？希望孟子把道理解说一下。

于是，孟子问齐宣王，你一个人单独听音乐，和与别人一起欣赏音乐，这两种享受，哪一种乐趣高？

齐宣王说，当然和别人共同享受，会更加快乐。

孟子又进一步问，是和少数人共同欣赏音乐快乐呢？还是和多数人共同欣赏音乐快乐呢？

齐宣王说，当然和大伙共同欣赏音乐，来得更快活啊！

这时齐宣王说出了"独乐乐"不如"众乐乐"的看法，于是孟子抓住了这个观点，提出具体的例子，作进一步的发挥。

他对齐宣王说，假使你在深宫里，举行音乐会的时候，老百姓听见了从宫廷中散播出来的钟、鼓、管、籥等等乐器的声音，大家都像生了病似的——以我们现代语说，感到头痛，皱起了眉头，相互议论着说，我们的君王有那么好的兴致开音乐会，而我们却困苦到这个地步，妻离子散，生不如死。

或者你去野外打猎，老百姓听到你的辚辚萧萧的车马声，看到那色泽艳丽，迎风而舞的羽饰、旗帜，大家也是紧皱着眉头，深恶痛绝地议论着，我们的君王竟然在那里兴高采烈地打猎哪！但是我们却困苦地流离失所，不得安居。

像这样的怨声四起，没有别的原因，就因为你做国君的，没有与民同乐。

但是，相反的情形，你在宫廷中开音乐会的时候，或者在田野间打猎的时候，老百姓听到了乐声或车马声时，看到你美丽的旗帜，全体都高高兴兴地谈论着，我们的国君一定很健康，心情好，所以他今天才有这样好的兴致举行音乐会或出来打猎。

为什么老百姓有这样良好的反应呢？这也没有其他特别的原因，只因为你能与民同乐而已。

这一段的原文，举了鼓乐和田猎两个例子，每一例子，又举了正反两面的情形，但只说了与民同乐一个道理。而在原文文字的安排上，有许多重复之处，如"今王鼓乐于此"，有正反两面叙述时的重复，又有与"今王田猎于此"的相叠形式。或许有人嫌它啰唆，但这是古文学写作上的一种方法，以现代语来说，这是写作技巧的一种，它的功用，一方面加强文字形式上的排列美，一方面加重了语气，也就是现在所谓的强调，这样可以加深读者对其含义的印象。后世的骈体文、赋、诗、词中的双声叠韵，如李清照词中常常连叠好几个字；对联以及今天的白话文中，也常见许多重复句子，这些演变都具有同一种作用。所以这一段也可以说是，颇具有欣赏价值的文章。如果认为重复太多而嫌啰唆，那就只好嫌自己不懂得欣赏了。不妨试着朗声读诵一遍，就读出味道来了。

孟子说完了这几个例子，把正反两面的现象作结论说，你齐宣王喜欢音乐，好打猎，好开运动会或喜欢其他娱乐活动都没关系，只要能做到与百姓同乐，就可以达到王道与臣道的仁政境界了。

这是孟子就齐宣王自己说的好乐，借机诱导。孟子的手法的确不错，多半是启发式的，抓住一个机会，就施以教育，拼命鼓励他，走上王道的思想，实施王道的仁政。

音乐的今昔观

在这段记载里，引发一个问题，值得我们讨论。那就是儒家素来标榜的礼乐之治。在礼的方面，包括了一切文化的整理。乐的方面，是单就音乐对政治教化的重要关系而言。

据说，孔子删诗书订礼乐，一共整理了《诗经》、《书经》、《易经》、《礼记》、《乐经》及《春秋》六部书。但自秦始皇烧书，再加项羽咸阳的一把火，《乐经》遂告失传。所以流传下来只剩了"五经"。到现在，中国文化流传下来和政治哲学有关的乐礼部分，只有《礼记》中的一篇《乐记》，但不足以概括当时孔子所整理的《乐经》。孔子本身对于音乐的造诣颇高。我们从《论语》中的记载，可以看出一个大概。"子谓韶，尽美矣，又尽善也。谓武，尽美矣，未尽善也。"推崇舜作的韶乐，而批评武王作的武乐不及韶乐好。

尽管孔子在春秋时代，认为当时的礼乐已经不如古代，文化在衰退了，可是我们现在从历史的资料上来看，则春秋时代的礼与乐，还是很可观的。例如孔子曾经从学过的音乐大师师襄，以及为了音感的灵敏，希望学好音乐，而把眼睛刺瞎的师旷，这两人都有很高的音乐造诣。

究竟中国的音乐好到什么程度？据孔子的话，以及古书上的资料，有许多神奇的故事，如弹琴、吹箫，演奏到美妙处，能够使百鸟来朝。不但天空中所有的飞鸟会来，而且百兽率舞，各种野兽听到音乐，也都会跑来，满山遍谷，远远近近的，在那里随着乐声起舞。真不知道这种音乐有什么力量，能够引起这种共鸣，产生这种反应。至于现代音乐，除非是缅甸人驱蛇，笛子一吹，洞穴里的蛇都出来了。

诸如上述的神话很多，透过这些神话的流传，其含义，一言以蔽之，不外乎推崇中国古代音乐的造诣成就。

《乐经》虽然流失，但也不能说中国的古乐就完全消失，例如古代的琴、瑟、筝、鼓等等，都流传下来，乃至后世杰出的音乐家，也有很好的作品。可是现代的我们，不但找不到秦汉以前的音乐，就是唐、宋间的音乐也找不到了。听说这些在韩国、日本还保留了一些。当然，很多也走了样。

唐太宗统一天下以后，在贞观元年，春正月，大宴群臣的时候，曾经演奏了一首《秦王破阵乐》。是唐太宗当秦王时，破刘武周的战役中，利用闲暇时所作的一阕大乐章，配合了一百二十八个舞蹈乐工，穿上银色的甲胄，拿着戟为武器，随乐声起舞。到贞观七年的时候，又改名为《七德舞》，后来这个音乐又改名为《神功破阵乐》。这显然是场面很壮观的集体演奏的音乐，但现在也失传了。最近听说，韩国还保存了一部分，而日本则保留了全套的音乐和舞蹈。

谈到中国上古的乐器，使我们联想到一个颇为有趣的问题，如钟、鼓、琴、瑟、筝、箫，这些上古的乐器，除了钟以外，多偏重于丝竹之声，其次为土、革，或木质等质料，很少用金属制乐器。现代的金属乐器，则多来自西方，这又是东西文化基本精神在乐器上所表现的不同之处（甚至可能"锣"都是由西域传过来的）。中国古代作战的时候，是以击鼓为号，以鼓声来传达进退攻守的命令，后来才有鸣金收兵，以敲锣声来辅助传达作战时的号令。而胡琴、琵琶等，这些都是外来的乐器。所以我们乐器的历史，越到后来，发出的声音愈大，也越是可以让多些人来共同欣赏，而这些乐器多半来自胡地。

现在我们再回头看看齐宣王好乐的问题。照现代观念，一个国家的领袖爱好音乐，这会有什么问题？二十多年前，碧瑶会议后不久，我们一个记者团去访问菲律宾，当时菲律宾的总统，还开舞会欢迎。第一支音乐起奏，就由总统夫人以女主人身份，邀请记者团的团长共舞。而我国的传统文化，即使在现代，当友好国家的元首来访，以国宴款待时，也演奏国乐，作为一种外交礼仪。

远在战国时代，也有关于音乐用于外交的故事，那是赵惠文王和秦昭襄王，相约在两国的边界渑池会盟。见面以后，举行欢宴，在酒席上，正喝得高兴的时候，秦王突然对赵王说，听说你在音乐方面，很有造诣，现在我有一张宝瑟，是不是可以请你演奏一个曲子，给我们大家欣赏欣赏？在国际性的欢宴中，却要一国君主在酒席上弹琴助兴，这是多不礼貌的事！赵王听了，脸都涨红了，可是那时秦国比赵国强盛得多，又不敢拒绝，只好乖乖地演奏了一支曲子。更气人的是，秦王立即叫他的史官记下来，某年某月某日，秦王与赵王会于渑池，令赵王鼓瑟，把这一件事，记到秦国的历史上去，岂不是千秋万世都丢人。这时赵国的宰相蔺相如，端了一个瓦盆子到秦王面前说，赵王也听说你秦王，对秦国的音乐很有造诣，现在也请你演奏一下你们秦国的乐器，互为娱乐。秦王听了也气得变了脸色，说不出话来。蔺相如端了那只盛酒的瓦盆，跪到秦王面前说，你秦王是仰仗你国力强大吗？现在我离你不到五步，可以用我头上的血，溅到你秦王的身上。这时秦王的卫兵们想把蔺相如拉开来，可是他睁大了眼睛大骂这些人，连头发、胡子都竖了起来。秦王的卫兵看见他这暴怒得要拼命的样子，都吓得进退无据。秦王这时心里虽然不高兴，但也有点顾忌，只好勉强在那瓦盆上敲了几下。于是蔺相如才起来，也叫赵国的史官，记录下赵王令秦王击缶的这件事。

现在庄暴听了齐宣王好乐，会认为很严重，是因为一个国家领导人，如果有所偏好，则对于社会风气，会发生很大的影响。

后世好乐的帝王也很多。刚才说的唐太宗，他也爱好音乐，同时爱好武功，爱好书法。中国的书法，以他提倡最力。后来几位大书法家，如颜真卿、柳公权等，都出在唐代。其实唐太宗自己的字就写得很好，还有他的"秘书长"虞世南，"秘书"褚遂良等，都是最好的书法家。唐太宗临死时，什么都不要，吩咐他儿子把从别人那里抢来的王羲之写的《兰亭集序》，放到棺材里陪葬，可见他爱好之深。他同时也爱好诗，结果不但自己的诗作得好，而且影响唐代的诗达到鼎盛。唐太宗有多方面的兴趣，也有多方面的欲望，可是他自己知道站在领导人的地位，应该如何去适当处理自己的欲望，使之变为正常化，所以他能够成为后世的英明之主。不然的话，像另外几个爱好音乐的帝王，因为不善于处理自己的爱好，结果都是把政治生命连同本身生命一起玩掉了。

在唐代帝王中，最好提倡音乐的就是唐明皇，后世戏班中供奉的祖师爷，就是这位唐朝的皇帝。

唐代末年的僖宗，年少不懂事，只好玩乐，政令都被他左右的权奸、大臣们所把持。他好踢球，自己认为球技最佳。有一天打球回来，对他最嬖幸的优人，也是球手石野猪说，如果打球也可以参加考试的话，我一定可以考取状元。石野猪说，不错，你在打球上可以考状元。但是，如果碰到尧舜来主管吏部的话，在考绩的时候，一定会把你免职了。僖宗听了，便哈哈大笑了事。

再下来残唐五代，几乎没有几个帝王不好音乐、戏剧，如南唐后主等，结果都是这样玩玩，把政治搞坏了，国家也完了，而整个五代也因此弄得乱七八糟。这在历史的环节中，也是很有趣的问题。如果我们不作深入的研究，不了解这些史实，就会认为齐宣王爱好音乐，玩玩乐器，听听歌有什么关系呢？这就错了。

在音乐本身而言，以我们自己几十年来的生活体验，礼乐在整个文化中，的确是占了重要的位置，是一个大问题。音乐往往能代表一个时代的精神，过去的音乐就代表了过去的时代；现代的音乐，则代表了现在的时代。在文化深厚的时代，所产生的音乐的确也更丰硕、更深厚。

齐宣王问曰："文王之囿，方七十里。有诸？"

孟子对曰："于传有之。"

曰："若是其大乎？"

曰："民犹以为小也。"

曰："寡人之囿，方四十里，民犹以为大。何也？"

曰："文王之囿，方七十里，刍荛者往焉，雉兔者往焉。与民同之，民以为小，不亦宜乎？臣始至于境，问国之大禁，然后敢入。臣闻郊关之内，有囿方四十里，杀其麋鹿者，如杀人之罪。则是方四十里，为阱于国中；民以为大，不亦宜乎？"

林园与治道

这里当然又是另外一件事了。有一天，齐宣王问孟子，据说文王有一处可养鸟兽的皇家大园林，方圆达七十里，有这回事吗？

这在当时已经是考古的问题了。当然齐宣王没有亲眼见到，不知道有没有这件事，我们现在也无法知道它究竟有多大，因为古代的度量衡，和现代的度量衡有所不同。而当时孟子答得很高明，他说在古书上是记载了这样的事。

齐宣王接着又问，有那么广阔么？大概孟子认为机会来了，又赶紧抓住机会说，那时的老百姓，还认为文王的这处皇家花园太小了呢！

齐宣王说，我的森林花园，方圆不过是四十里，和文王的比较起来，范围已经小得多了，可是我的老百姓们，还觉得太大了，这是什么道理呢？

好了，孟子就事论事，发挥起来了。他说，文王的森林花园，虽然方圆七十里，比你的大得多，可是百姓们可以去里面割草、砍柴，也可以到里面打野鸡、捉兔子。他开放了这座森林花园，和老百姓共同享用。老百姓们嫌它太小，不是很合情理的吗？

可是我到贵国来，在还未进入你的国境之前，就先打听了你们齐国的大禁。当时就听说，在都城外百里的郊关之内，你有一处森林花园，方圆是四十里。如果有人在这四十里方圆内，杀死一头小鹿，就和犯了杀人罪一样，是要抵命的。那么你这方圆四十里的王家林园，对百姓来说，岂不好比是一个具有诱惑力的大陷阱吗？老百姓们觉得四十里方圆太大了，可不也是合情合理的么？

这一段谈话内容，和前面他与梁惠王立于沼上谈灵台之乐的意义是一样的，不必重复解释了。

但这一段中，有句名言，我们要注意的，那就是"问国之大禁"这句话，也就是后世说的"入国问禁，入乡随俗"。这是很重要的一个措施，尤其近代交通工具发达，超音速的交通，减少了旅途上使用的时间，等于缩短了空间的距离，于是人与人的接触愈益频繁。因此，在现代所谓"人际关系"上，问禁与随俗，更是十分重要的。我们在进入一个国家之前，一定要先了解这个国家的法令；去一个地方时，也一定要先弄清楚这个地方的风俗习惯；到任何国家，任何地方，都要尊重当地的法令和习俗，不要做出违逆的事来。对异国如此，对他乡客地如此，最好对于一般团体也如此。假如你带了一包猪肉松走进一所清真寺去，那就犯了莫大的忌讳。对于个人也应注意到，例如某人精神有问题，见不得红色，而你穿了一件大红衣服去看他，结果一定很糟糕。扩而大之，对于某些行业，也要注意其禁忌。比如坐旧式的船，在船上吃过饭后，把筷子搁在碗上，就犯了大禁忌。我们这样注意自己的行为，一则是对人的礼貌和恭敬，次则是减少自己的麻烦和困扰，甚至减少失败的因素。可惜许多年轻人都忽视了孟子这句话，认为是几千年前的陈旧思想。

另外让人感慨的是，从孟子那个时代开始，一直到清朝两千多年来，中国历代的帝王，都是尊儒家孔孟之学。但他们只是要求别人遵孔孟之学，尽为臣之道，以立身处世。而他们自己，却忘了为君之道。在这一方面，都和梁惠王、齐宣王一样，甚至比独享园林还过分的事，也照做不误。真是"教化自教化，帝王自帝王"，直到孙中山先生领导了革命，推翻清代，取消帝王专制政体，建立了中华民国，这才取消了宫廷的林园。

> 齐宣王问曰："交邻国有道乎？"
>
> 孟子对曰："有。惟仁者为能以大事小，是故汤事葛，文王事昆夷。惟智者为能以小事大，故大王事獯鬻，勾践事吴。以大事小者，乐天者也；以小事大者，畏天者也。乐天者，保天下；畏天者，保其国。诗云：'畏天之威，于时保之。'"
>
> 王曰："大哉言矣！寡人有疾，寡人好勇。"
>
> 对曰："王请无好小勇。夫抚剑疾视曰：'彼恶敢当我哉！'此匹夫之勇，敌一人者也。王请大之。诗云：'王赫斯怒，爰整其旅，以遏徂莒，以笃周祜，以对于天下。'此文王之勇也。文王一怒而安天下之民。书曰：'天降下民作之君，作之师，惟曰：其助上帝，宠之，四方有罪无罪，惟我在，天下曷敢有越厥志？'一人衡行于天下，武王耻之，此武王之勇也。而武王亦一怒而安天下之民。今王亦一怒而安天下之民，民惟恐王之不好勇也。"

外交策略——大小之间

这开头一段，也是一个大问题，孟子所提出的，正是中国传统文化中，外交思想的两大原则。至少在过去，中国的外交思想不出这两大原则。

齐宣王提出来问孟子，对于与邻国的邦交，有什么好的办法，好的策略。孟子说：大致可以分成两种原则。一种是"以大事小"，这是仁者的风范。虽然自己的国土大，国力强，但是仍旧愿意配合领土比他小、国力比他弱的小国的政策。像在历史上，夏朝的时候，汤以亳为都城，地大人众，国力强盛。而夏朝的另一诸侯，嬴姓的葛国，在领土、人民、财力上，都不及汤。葛的故城，在现在河南省葵丘县东北，在地理位置上和汤为邻。当时的汤伯虽有专事讨伐的特权，但葛在夏朝诸侯的等级上也称为葛伯，政治地位不下于汤，所以汤在国交上，对葛仍然是尊敬的，顺服的，绝对不因自己的权势大，而去欺凌力量弱小的葛国。

更近一点的史实，在商朝的末期，西方的昆夷——即犬戎，那是以犬皮作为战衣，乘坏车的国家，和在西岐的文王接壤。而文王当时所治的周国，不论文化、经济，都非常发达，广土众民，声望又高，不知道要比犬戎强盛多少倍。可是文王为了行仁政，绝对不以兵戎相见，为了行仁政，不忍动武，虽然犬戎经常有粗暴鲁莽的侵犯行为，而文王还是忍让着，不愿意生灵涂炭，以免苦了老百姓。

孟子再举出第二个外交原则："以小事大"，这属于明智之举。他也举出两个当时的史例，一个是周太王的例子。商朝末期时，姬周诸侯，由太王当政，这时周国正在积极图治，而北方自五帝时期以来，就常常在边界上生事的獯鬻——也就是后世匈奴的一支，这一支游牧民族非常强悍，常常犯边闹事，周太王为了致力于内政，为了在安定中求进步，不去和匈奴力争，而采取退让的态度，以免扩大战争，影响了内政的建设。

第二个例子，是吴越两国的史实。越王勾践被打败了以后，只好对吴国俯首称臣，一切听从吴王夫差的命令，还献上绝代佳人供他娱乐，讨他欢心，以便能够回到自己的故国。他回国后，卧薪尝胆，"十年生聚，十年教训"，而后终于雪耻复国。这都是明智的外交原则。自己力量不够的时候，就顺服强者以图生存。

他举了仁与智为出发点的两大外交原则以后，又对齐宣王作进一步的阐述。以大事小的外交原则是"乐天"的，以小事大的外交原则是"畏天"的。

这里所说的"乐天""畏天"的天，当然不是愚夫愚妇心目中的天老爷。不是讨天老爷欢心的"乐天"，或者怕上天打雷的"畏天"等愚妄迷信。这里的"天"，在"天人合一"的哲学上，是包括了人事在内。如果作详细的解释，会是一篇很长很长的文章。限于时间和篇幅，姑且勉强作个简单的解释。以现代名词来说，就是非人力所可违反的定理；拿我们中国的词汇来说，就是天理。

那么以自己的大国之尊去配合小国，就是顺应"天地生万物"的乐天心理，不愿意欺负弱小；至于以弱小的国势臣服于强国大族，不敢得罪大国，就是敬畏天理。否则，天地间的定理，不会容许你成功如愿的。最后，孟子进一步说，凡是乐天的，效法天地的博爱精神，不以强压弱的大国，结果一定四海归心，可以保有天下；而弱小的国家，如果能够敬畏天道，服从强者的领导，不怀叛逆之心，那么就可能保住自己的国家。他并且引据《诗经》来支持他的理论，他说，《诗经·周颂·我将》篇中记载着"畏天之威，于时保之"。这个"威"字的含义，是指时代的大趋势。孟子引用这句话，是对智者的外交政策而言。意思是说，必须以敬畏谨慎的心理，因应国际上自然的大趋势，把握时间的契机，以维系自己的生存。

孟子说到这里的时候，齐宣王不让他说下去，在中间打了岔，插进来说：孟先生，你讲的这些理论，太伟大了，太高深了。暂时不谈这么高远深奥的哲理，就目前的现实问题来说——换言之，他不喜欢再听孟子那些大道理，什么是畏天戒慎一类理论，他心里对当时的国际看法，正是认为强权就是公理。因此便直截了当地说，我有一个毛病，我这个人爱好武勇。

大勇定天下

齐宣王这一打岔，话题就转了方向，可是孟子也真高明，立即随着这个方向，继续施行他王道仁政的教化。他说：你齐宣王好勇，不要紧，只要你爱好的不是小勇。你不要专去喜欢摔跤、柔道、弄枪、舞棒这些个人小勇的玩意儿。一个人握着剑把子，把剑抽出一截来，眼睛瞪得大大的，冲着人说，你敢跟我较量吗？这种只是普通的个人勇武而已，充其量是一个人对一个人的对打。功夫好，也许可以把别人打垮；功夫差，自己会被打得鼻青脸肿，难有大志。我相信你齐宣王不会局限于这样的小勇，我希望你能把好勇的范围扩大，像《诗经·大雅·皇矣》篇描写的文王那样。当文王得到密国无故攻打阮国的报告时，怒不可遏，立刻整军经武，出兵阻挡了密国的攻击，逼得密国退兵，不敢再轻易侵犯别人。同时巩固了周国自己的国防，增加了周国人民安居乐业的福祉，对天下人的期望也作了交代。这就是"文王之勇"。所以说，文王一怒，使得天下人民得到安定。当然，文王有没有真的发怒，不得而知。像文王这样的人会不会发什么怒，也很难说。

在大家的想象中，孟子说话，总是有根据的，他说了文王的大勇后，接着又引《书经·泰誓》所说，"作之君，作之师"的话，对齐宣王说，《书经》上这几句话告诉了我们一个政治哲学的大原则，这原则要把握住。

在我国古代，君道与师道是平等的，要同时注意的。除此之外，后世要加一个"作之亲"。身为一个领导人，不但要作为部下的老师，教导他们；同时还要像父母待子女一样，关怀他们，保护他们。今天的公务人员，也应该具备这种精神的修养。虽然以公仆的观念做事，但同时要具有"作之君，作之师，作之亲"的情操。处理行政事务时，要兼带教导之责与关怀之情。

《书经》上接着说："其助上帝，宠之。四方有罪无罪，惟我在，天下曷敢有越厥志？"在天时、地利、人和等各方面有所欠缺时，政治领导者要设法弥补这种缺陷。同时一方面管领四方的百姓，不管他是善良的或邪恶的，都要负起教化、领导的责任。只要我这个领导人在，有谁敢放肆作乱？这一种气魄，确实是宏大。因此，一旦有人横行天下的时候，武王就责无旁贷地加以平服，使天下没有横行的人，没有横逆的事。这就是武王的大勇。所以他一怒之下，便吊民伐罪，把残暴的纣王灭掉，而安定了天下的人民。

孟子最后说，你齐宣王的好勇有什么关系，只要你所好的不是匹夫小勇，而是如文王、武王的大勇，能够有大英雄气魄，在一怒之下，而使天下安定下来。那么有哪一个老百姓不喜欢大王的好勇？大家只怕你齐宣王不这样好勇呢！

从齐宣王不忍心杀一头牛开始，一直到这一段，孟子对齐宣王所谈的任何事，都是采取诱导的教育方法。齐宣王说自己有好勇的毛病，孟子就说好勇不是毛病，只要能够扩大这个好勇的境界，齐国就有办法。好像是假如齐宣王说好吃零食，他也会说没有关系，只要把点心做得很多很多，人人都能吃到就行。假如齐宣王说好踢球，大概孟子也会说没关系，只要全国的人都有踢球的闲暇和兴致，都把脚力练好，就是好的。这就是孟子的教化，可见他并不是一个迂腐的人。

美中不足的，是他并不能像纵横家们一样，只用两三句话，就投其所好，打动对方的心。孟夫子的王道仁政毕竟还是难于被接受。

齐宣王这里讲到好勇，前面讲到好乐，后面还讲好货、好色。在他同一时代的各国诸侯中，谁也没有这样坦白的，即使后世那样多的帝王中，也很少有他这样坦率的。所以我觉得他是比较可爱的一个人，而在他二十年的当政期间，能把齐国治理得繁荣、安定，实在有他的道理，并不是一件偶然的事情。

他在这里所说的好勇、好乐、好色、好货，其实也不只是帝王的心理如此，每一个人都有这种心理。谁不好勇、好乐、好色、好货？只是在程度上略有不同而已。当然他在这里所说的好勇，也不是孟子所说的那种大勇。他所好的，还是一般人所好的小勇。谈到好勇，我们想起两个好勇的人，他们也是一国的君主。

为强国而改服制——赵武灵王

其中之一是赵国的武灵王，他是一个好勇任事的国君，最后失败了，当然这是由于没有扩大好勇的胸襟所致。赵国的北边，是和胡人的边界连接的，那时候的边疆民族，都是游牧民族，为了生活方便，同时受生活环境的影响，都是好勇斗狠。所以在服装上，都是短衣窄袖，甚至露出一条手臂来。而我们中国古代的服装，受礼乐之熏陶，向来是宽袍阔袖，走起路来"翼如也"，两只大袖子像翅膀张开似的，雍容有致，的确是很好看的。当时武灵王为了要使赵国强盛，下命令改变服装，废弃中国原来的服饰，改用胡人的装扮，希望借此能达到富国强兵的目的。当时赵国的王室和大臣们纷纷反对。武灵王和这些人的辩论很有趣，也有他的道理。我们姑且不论他这一做法对或不对，看看他的这些辩论，也可想见他当时的思想观念。

有一天，赵国的辅相肥义和武灵王闲聊，问赵武灵王有没有想过世局的变化，军事的部署，以及先王们如简王、襄王他们当年的勋业，以及和胡人们的利害相处等等问题。

武灵王说，后辈的君王，不忘前辈君王的功勋德业，这是做君王的本分。而为人臣子的，则应该研究这些资料，记取历史的教训和榜样，辅助君王，尽量发挥他们的长处。所以贤明的君王，在平时教化人民，有所作为时，就要宣扬先王的功业。做人臣的，在不得其位时，要涵养孝悌、谦让的德性；在显达时，就要为老百姓们谋福，同时辅助君王的功业。这就是君道与臣道的不同了。

现在我想向胡、翟这两个邻邦拓展领土，以承继襄王未完成的功业，但是也许我这一生都不可能实现。因为敌人弱小的话，我们才能借机拓展领土，才能够用力少而功业多，不必耗尽民力，而得到如先生般的荣耀。但是目前的情势是强邻压境，胡人、翟人都那么强悍，这就难办了。

现在我也有我的构想，然而凡是有卓越功勋的人，在当初往往会留下不同习俗、违情悖理的恶名；有独到见解的人，在当初又往往得不到人家的信任，往往受到顾忌和反对。譬如我打算要全国的百姓，改穿胡人的服装，学习胡人骑马射箭的本领，想来一定会受到物议和反对的。

而这个肥义却是赞成他的。他说，对一件事犹豫不决，就难以成功；对一个行动迟疑不定，就难有结果，现在你不妨决定这革新的计划，不要顾虑别人的议论。俗语说："论至德者，不和于俗；成大功者，不谋于众。"凡是讲最高德行的人，往往不能跟着世俗走；要成大业的人，也不必和众人商议。从前舜到有苗这个地方，曾经随俗而舞。而禹甚至曾经敞开衣服到裸体国去访问。他们都不是为了纵欲或享乐，而是为了德业上的远大理想而随俗变通。所谓"愚者阇于成事，智者见于未萌"，一个笨人在事成之后，都还不明就里；而聪明人在事情还没发生时，就已洞烛机先。您就照您的意思去做罢。

肥义说，所谓"疑行无名，疑事无功"，所谓"论至德者不和于俗，成大功者不谋于众"，是引用商鞅游说秦孝公变法的话。他这一派独裁论，又牵强地把舜、禹办外交的故事引了进去，于是把武灵王说动了。

武灵王对他表示，不是对穿胡服这件事的本身有什么犹豫，只是恐怕天下人笑话。既然肥义你也这么说，那么我就下定决心了。于是自己先做一套胡服，准备上早朝的时候，穿起来和群臣见面。

当时公子成是武灵王的长辈，素有盛望。武灵王恐怕会遭到他的反对，所以先派了一位大臣王孙绁去疏通，请公子成也能响应改换胡装。

疏通不成，于是武灵王亲自到公子成家里解释说，服装不过是要穿用方便，礼仪也是为了处事方便。古圣先贤订下的礼法，都是因地制宜，因事制礼而来的。像南方的越国人，他们一个个披着头发，衣装不整地露个右膀子，浑身刺满了花纹；而吴国人甚至把牙齿染得黑黑的，额上刺些怪里怪气的花纹，头上戴的是鱼皮帽子，衣服则缝得粗里粗气。在我们看来，简直就像野人，但是他们却觉得安逸而自在。总之，不同的各种装扮，同样都是为了因地制宜，只要对大家方便，并不一定要统一。像儒家，同是一个老师教的弟子，他们发挥的文教就各不相同。他最后说出，变更服装，是为了便利教老百姓习武，以达到开拓领土的目的，以湔雪国耻。于是公子成同意了他的做法。

但是另一个大臣赵文，又提出反对的意见说，自古为政的原则，就是要辅导世俗合于礼法，提高文化水准。礼制中，衣服的式样有它的常规；而人民守法，不违俗礼，是他们的本分。您现在不顾前人的礼法，要改穿胡人服装，实在是有违传统文化的精神，希望您还是多考虑一下。

而武灵王辩论说，你这些都是墨守成规的世俗之见，不是具有创造性的远见。就说古代吧，三代的服装各不相同，而他们都完成了称王天下的伟业；五霸的教化也互不相同，但他们也都有相当可观的政绩。有头脑的人创制礼法，一般的常人就遵循他所制订的礼法，循规蹈矩地去做。贤能的人经常会评论世风习俗的好坏，而一般的世人则依照流传的成规去做。礼制和习俗，都是根据时代趋势在变化。这种变化是由在上位的人来领导和提倡的，而一般人就照着规范去做。现在正是他们在位者，就当下国情，订定一套因应环境需要的服制的时候。你放心好了，不必多虑。

又有一个叫赵造的，也力加反对。他的理由是，推行社会教育，不一定要改变人民原来的生活形态；行政措施，也不一定要变更原有的民风习俗。因民而教，据俗而为，往往收效更大。现在改穿这种奇形怪状的胡服，很可能会影响人们原来淳善的心理；教人们像胡人般一天到晚骑马打仗，也很可能会造成好勇斗狠的社会风气。反过来说，依循旧制，总是稳当的，遵照原有的礼法，也不至于出什么差错。

武灵王则对他辩论说，古代和现在习俗各不相同，到底要以哪个朝代的习俗为标准呢？历代帝王的礼法，也不是一成不变地一直沿袭下来，我们又该遵循哪一个时代的制度呢？像宓戏（伏羲）神农的时代，对犯罪的人是教而不杀。黄帝、尧、舜时代，对犯了死罪的人，虽然杀了他，内心还是哀怜同情的。到了夏、商、周，又因时代背景之不同，而制订不同的法律；因国情的变化，而订立不同的礼制。总之，都是以"方便制宜"为原则。衣服、器具的式样，也都基于同样的原理而有变革，不一定要效法古代一成不变的。一个开国的明主，虽然不承袭古法，仍然可以领导天下。至于夏、商衰败的时候，虽然他们没有变更古制、礼法，却也一样灭亡。所以反古不一定不对，而遵循礼法也不一定好。至于邹、鲁两国的服装奇特，但民风不正，那是由于他们没有卓越的领导人才。

他最后说：遵循法度的作为，绝不可能有盖世的功勋；效法古代的成规，也不足以适应现实的环境。我的决定大致不错，你就不要反对了吧。

这篇史料有很多高明的道理，可以启发大家的慧思，所以把原文附录于下，供大家参考：

武灵王平昼间居，肥义侍坐曰："王虑世事之变，权甲兵之用，念简襄之迹，计胡狄之利乎？"

王曰："嗣立不忘先德，君之道也；错质务明主之长，臣之论也。是以贤君静而有道民便事之教，动有明古先事之功；为人臣者，穷有弟（悌）长（上声）辞让之节，通有补民益主之业，此两者君臣之分（去声）也。今吾欲继襄王之业，启胡翟之乡，而卒世不见也。故弱者，用力少而功多，可以无尽百姓之劳，而享往古之勋。夫有高世之功者，必负遗俗之累，有独知之虑者，必被庶人之恐。今吾将胡服骑射以教百姓，而世必议寡人矣。"

肥义曰："臣闻之：'疑事无功，疑行无名。'今王即定负遗俗之虑，殆毋顾天下之议矣。夫论至德者不和于俗，成大功者不谋于众。昔舜舞有苗，而禹袒入裸国，非以养欲而乐志也，欲以论德而要功也。愚者暗于成事，智者见于未萌。王其遂行之！"

王曰："寡人非疑胡服也，吾恐天下笑之；狂夫之乐，知（智）者哀焉，愚者之笑，贤者戚焉。世有顺我者，则胡服之功未可知也。虽驱（通驱）世以笑我，胡地中山，我必有之。"

王遂胡服，使王孙绁（音薛）告公子成曰："寡人胡服且将以朝，亦欲叔之服之也。家听于亲，国听于君，古今之公行也。子不反亲，臣不逆主，先王之通谊也。今寡人作教易服，而叔不服，吾恐天下议之也。

"夫制国有常，而利民为本，从政有经，而令行为上。故明德在于论贱，行政在于信贵。今胡服之意，非以养欲而乐志也。事有所出，功有所止，事成功立，然后德且见也。今寡人恐叔逆从政之经，以辅公叔之议。且寡人闻之，事利国者行无邪，因贵戚者名不累。故寡人愿慕公叔之义，以成胡服之功，使缑谒之叔，请服焉！"

公子成再拜曰："臣固闻王之胡服也，不佞寝疾，不能趋走，是以不先进。王今命之，臣固敢竭其愚忠。臣闻之：中国者，聪明叡（音锐）知（智）之所居也，万物财用之所聚也，圣贤之所教也，仁义之所施也，诗书礼乐之所用也，异敏技艺之所试也，远方之所观赴也，蛮夷之所义（仪）行也。今王释此而袭远方之服，变古之教，易古之道，逆人之心，畔（判）学者，离中国。臣愿大王图之！"

使（去声）者报王。王曰："吾固闻叔之病也。"即之公叔成家自请之，曰："夫服者，所以便用也。礼者，所以便事也。是以圣人观其乡而顺宜，因其事而制礼，所以利其民厚其国也。被发文身，错臂左衽，瓯越之民也。黑齿雕题，鳀（音题）冠秫（音术）缝，大吴之国也。礼服不同，其便一也，是以乡异而用变，事异而礼易，是故圣人苟可以利其民，不一其用。果可以便其事，不同其礼。儒者一师而礼异，中国同俗而教离，又况山谷之便乎？故去就之变，知（智）者不能一。远近之服，贤圣不能同。穷乡多异，曲学多辨，不知而不疑，异于己而不非者，公于求善也。今卿之所言者，俗也；吾之所言者，所以制俗也。

"今吾国东有河薄洛之水，与齐中山同之，而无舟楫（楫）之用。自常山以至代上党，东有燕东胡之境，西有楼烦秦韩之边，而无骑射之备。故寡人且聚舟楫之用，求水居之民，以守河薄洛之水。变服骑射，以备其参胡楼烦（《史记》无楼烦二字）秦韩之边。

"且昔者简王不塞，晋阳以及上党，而襄王兼戎取代，以攘诸胡，此愚知（智）之所明也。先时中山负齐之强，兵侵掠吾地，系累吾民，引水围鄗，非社稷之神灵，即鄗几不守，先王忿之，其怨未能报也。今骑射之服，近可以备上党之形，远可以报中山之怨；而叔也顺，中国之俗，以逆简襄之意，恶变服之名，而忘国事之耻，非寡人所望于子。"

公子成再拜稽（上声）首曰："臣愚不达于王之议（《史记》作义），敢道世俗之闻，今欲继简襄之意，以顺先王之志，臣敢不听今再拜！"乃赐胡服。

赵文进谏曰："农夫劳而君子养焉，政之经也。愚者陈意，而知（智）者论焉，教之道也。臣无隐忠，君无蔽言，国之禄也。臣虽愚，愿竭其忠！"

王曰："臣无恶扰，忠无过罪，子其言乎！"

赵文曰："当世辅俗，古之道也；衣服有常，礼之制也；修法无怨，民之职也；三者，先圣之所以教。今君释此而袭远方之服，变古之教，易古之道，故臣愿王之图之！"

王曰："子言世俗之间，常民溺于习俗，学者沉于所闻。此两者，所以成官而顺政也，非所以观远而论始也。且夫三代不同服而王，五伯不同教而政。知（智）者作教，而愚者制焉。贤者议俗，不肖者拘焉。夫制于服之民，不足与论心；拘于俗之众，不足与致意。故势与俗化，而礼与变俱，圣人之道也。承教而动，循法无私，民之职也。知学之人，能与闻迁。达于礼之变，能与时化；故为己者不待人，制今者不法古。子其释之！"

赵造谏曰："陷忠不竭，奸之属也。以私诬国，贼之类也。犯奸者身死，贼国者族宗。此两者，先圣之明刑，臣下之大罪也。臣虽愚，愿尽其忠，无遁其死！"

王曰："竭意不讳，忠也；上无蔽言，明也；忠不辟（避）危，明不距人，子其言乎！"

赵造曰："臣闻之：'圣人不易民而教，知者不变俗而动。'因民而教者，不劳而成功，据俗而动者，虑径而易见也。今王

易初不循俗。胡服不顾世，非所以教民而成礼也。且服奇者志
淫，俗辟（避）者乱民，是以莅国者不袭奇辟之服，中国不近蛮
夷之行，非所以教民而成礼者也。且循法无过，修礼无邪，臣
愿王之图之！"

王曰："古今不同俗，何古之法？帝王不相袭，何礼之循？
宓（音伏）戏神农，教而不诛。黄帝尧舜，诛而不怒；及至三
王，观时而制法，因事而制礼，法度制令，各顺其宜，衣服器
械，各便其用；故礼世不必一其道，便国不必法古。圣人之兴
也，不相袭而王，夏殷之衰也，不易礼而灭；然则反古未可非，
而循礼未足多也。

"且服奇而志淫，是邹鲁无奇行也；俗辟而民易，是吴越无
俊民也；是以圣人利身之谓服，便事之谓教，进退之谓节，衣
服之谓制，所以齐常民，非所以论贤者也；故圣与俗流，贤与
变俱。谚曰：'以书为御者，不尽于马之情；以古制今者，不达
于事之变。'故循法之功，不足以高世，法古之学，不足以制今，
子其勿反也。"

赵武灵王和大家辩论一番后，仍然下令全国上下改穿胡服。大
家都系皮腰带，穿皮靴，把衣服袖子改小，露出右边的臂膀，只有
左手穿着袖子，披着衣襟。同时把乘车改为骑马，教导人民每天骑
马出外打猎。

赵武灵王这一番经营，确实收到了一时的效果。国内的军队强
壮起来。于是他自己亲身带了部队出去攻打胡、翟的边界，拓展了
好几百里的领土。有了这次辉煌的成果，野心逐渐扩大，接着就打
算向西边的秦国进攻。

据传说，武灵王长得非常威武，他身高八尺八寸。古来称男子
汉，有"昂藏七尺之躯"的说法，他的身高自然在一般人之上了。而

且相貌堂堂，有龙虎之威，满脸的络腮胡须，皮肤黝黑而发光，胸脯有两尺宽，比起现在的拳王穆哈默德·阿里，或曾经做过拳王的乌干达总统阿明，还要威武。总之，被人形容为气雄万夫，志吞四海。

他亲自带兵，攻占了别人几百里土地，接着又开始打秦国的主意。于是他把王位传给他宠爱的吴姬所生的次子，立为惠王，而自称主父——太上皇。自己干起情报工作来，假冒是赵招，奉赵王之命出使秦国。暗中却带了一批测量人员，一路上探测秦国的山川形势，居然到了秦国的首都，谒见了秦昭襄王，应对得不卑不亢，也很得秦王的敬重。但到了那天半夜，秦王想起这名赵国的来使，仪表如此魁梧轩昂，不像是一个普通臣子的样子。而且传说赵武灵王长得非常雄武，觉得不太对劲。等到天一亮，就派人到大使馆去请这位大使来。而赵武灵王推说有病，拒绝前往。过了三天还是没去，秦王于是派人强迫他来，这时他已经逃走三天了。

可是，这位有雄才、有谋略的武灵王结果如何呢？因为被废的太子与继承王位的赵惠王争权，互相残杀，而他一个人被困在沙丘的宫里，活活饿死了。真是智足以知人，而不足以知己，才足以取人而不足以自保。至堪浩叹！

秦武王的任力好勇

另外有一位以好勇闻名的国君是秦武王，他也长得非常高大，孔武有力，自认为天下无敌，因此常常喜欢和那些大力士们比武取乐。当时秦国有两位前代将领的子弟，一名乌获，一名任鄙，都因为武勇力大，而得秦武王的宠爱，加倍封给他们高官厚禄。后来齐国也出了一个叫孟贲的大力士。据说他走水路不怕蛟龙，走旱路不怕虎狼，哪里都敢去，如果发起脾气来，怒吼一声，就像打雷一样的惊天动地。有一次他在野外看见两头牛正在相斗，他上前去劝架，用手把两头牛分开来。其中一头牛听劝，伏在地上不斗了，另外一头牛还要打。他大为恼火，左手按住牛头，右手把牛角活生生地拔了出来，这头牛当场毙命。

后来他听说秦武王正在招纳天下勇武之人，于是离开齐国去投奔秦国。往秦国的路上，正要渡黄河的时候，他不按先后秩序，抢着要在众人之前先上船，被人用桨子在他头上打了一下。他气得大吼一声，这一吼，河水被震动得起了浪头，翻动船身，一船人都被冲到黄河里去了。孟贲跳上船，拿起篙子一撑，脚底下稍一用力，一艘船就离岸射出去好几丈远，不多时就到了对岸，下了船直奔咸阳。见了秦王以后，和乌获、任鄙一样，也得到秦武王的宠爱，做了大官。

这位好勇的秦武王，自幼生长在中国的西陲边地。从来没有看到过中原鼎盛的现象，因此他颇为仰慕中原的文化。他觉得如果能到鞏、洛一带观光一次，则死而无憾了。奈何他好勇，不循正当的外交途径作正式的访问，却计划要把隔在中间的韩国打下来，以达到他这个愿望。后来居然打下了韩国，进了洛阳。周赧王派人到城外欢迎他，他却不去觐见。带了几个勇士，偷偷跑到周朝的太庙去参观宝鼎。他看到鼎上分别刻有九州的名字和图腾，指着镌有"雍"字的鼎说，这是秦鼎，我将来要把它带回咸阳去。又听守鼎的人说，这九个鼎每个千斤之重，从来就没有人能够移动过。秦武王问身边的任鄙、孟贲两人，能不能举起来，任鄙比较聪明，他说我只能举百斤，这鼎有十倍重，我没有办法举起来。孟贲就不同了，他说让我试试，他把鼎举离了地面半尺，可是因为用力太猛，眼球都暴了出来，眼眶裂开，流血不止。秦武王看了说，你既然能举，难道我不能举？任鄙在旁边劝他，以一国之君的身份，不要随便去尝试。可是他不听，反而说任鄙自己举不起来，唯恐他能举得起来。任鄙就不敢再多嘴了。秦武王也举起了半尺，他还想走几步以胜过孟贲，不料一转步，力尽失手，宝鼎掉下来，把他的胫骨压断，昏了过去。当天晚上，就因为流血过多而死了。这就是好小勇的结果。

秦武王身边三名力气最大的武士，他们的结果，也不相同。乌获在攻打韩国宜阳城的时候，他身先士卒，跑在前面，一跳就跳得和城墙一样高，用手抓住了城头的雉堞，可是他力气太大了，雉堞被他一把抓坏，崩裂下来，他也就摔了下来，跌落在一块大石头上，肋骨折断而死。至于孟贲，则在昭襄王即位后，检讨举鼎这次事件的时候，被认为是他闯出来的祸，于是把他磔死——裂身而死，并且灭族。而任鄙则因为当时曾经进谏，劝过秦武王不可轻易尝试，于是派他做了汉中太守。他们这三位大力士的不同下场，值得后世那些好小勇的人作为借镜。

项羽和刘邦

再将偏好个人武勇，与能任大勇的人，在对立之下，作个比较。历史上对这两个人，记载得很详尽。一个是项羽，有拔山扛鼎之勇，作战时单枪匹马，闯到敌人的阵中，纵横驰骋，谁也不敢阻挡。当汉高祖和他最后一次会战，用了许多兵力，围困他许久，虽然楚军已败，可是谁都不敢接近项羽。在这之前的另一次战役中，项羽和汉高祖在阵前见了面。项羽说，天下这多年来的战乱，就只是你我双方打来打去，今天你我见面了，我们双方下令，所有的部下都不许动手，你我两人出来单打独斗，作一死战，来决定胜负，免得再打下去，伤了许多无辜的生命。汉高祖说，对不住，我绝不和你单打独斗，我是斗智不斗力的。这就是汉高祖与楚霸王不同之处。

赵武灵王、秦武王、项羽等等，这些都是好小勇的人，不懂得大勇的道理。在历代帝王中，不问他们好的是大勇或小勇，只要是好勇的，从他们的谥号中，就可以看得出来。像赵武灵王、秦武王、汉武帝等等，凡是有一个武字的人，大多数都是好勇。但这些却不是中国文化中，孔子所标榜"智仁勇"之勇的真正精神。

墨子谈勇

如何才是正确的好勇？我们再看一段历史上的记录。

墨子谓骆猾螯曰："吾闻子好勇。"曰："然。吾闻其乡有勇士焉，吾必与斗而杀之。"墨子曰："天下莫不予其所好，夺其所恶。今子闻其乡有勇士而斗而杀之，是恶勇，非好勇。"

恐怕一般人，都是"骆猾螯式"的好勇，或简称之为"骆式"的好勇。现在电视、电影武打片中，常常可以看到这种典型的好勇，尤其是一些青少年们，听说某人拳头厉害，就不服气，一定要想办法，找到对方较量较量，势必将对方打垮才甘心。以此来表现自己的本领比他大，武功比人高，而且还自鸣得意，认为自己勇敢，不怕死。而墨子对这种心理，痛下针砭地说，世上的人，没有一个不是对于自己所爱好的，就加以保护、照顾，而对于自己所厌恶的，则扬弃或者销毁。就好像你喜欢自己的小孩，你一定培植他，你讨厌吃人的野兽，就杀掉它。现在你听到哪里有勇士就去杀他，这是恶勇，而不是好勇。

这是墨子所讲个人好勇的哲学。老实说，个人好勇，最高明的也不过是"任气尚侠"而已，其偏差的流弊很大，甚至睚眦必报，犯禁杀人而自取灭亡。至于帝王好勇的偏差，则必然会穷兵黩武，以残杀侵略为能事，那就弄得生灵涂炭，造成社会、国家、人类的大祸害了。最后的结果，不但害了别人，自己的社会国家也同样受害，乃至于本身生命都不保。现代史的希特勒和第二次世界大战的日本军阀们，就是如此。只有一怒而"安"天下，这才是大勇。

不管齐宣王口中所好的勇是什么勇，但他和孟子谈话时，是很够味道的。他也很尊重孟子，很有礼貌，对于孟子所提的意见，讲的大道理，都还算能听得进，认为不错，可是做不来，不能接受。到了紧要关头，受不了了，就想开溜，把话岔开。但他也很坦白，像前面孟子说到乐天、畏天的大道理，他就坦白地说，你这种高见实在很伟大，只可惜我是个老粗，我有好勇的毛病哪！

　　齐宣王见孟子于雪宫。王曰："贤者亦有此乐乎？"孟子对曰："有。人不得，则非其上矣。不得而非其上者，非也；为民上而不与民同乐者，亦非也。乐民之乐者，民亦乐其乐，忧民之忧者，民亦忧其忧。乐以天下，忧以天下；然而不王者，未之有也。

　　"昔者，齐景公问于晏子曰：'吾欲观于转附、朝儛，遵海而南，放于琅邪；吾何修而可以比于先王观也？'晏子对曰：'善哉问也！天子适诸侯曰巡狩；巡狩者，巡所狩也。诸侯朝于天子曰述职；述职者，述所职也。无非事者。春省耕而补不足，秋省敛而助不给。夏谚曰：吾王不游，吾何以休？吾王不豫，吾何以助？一游一豫，为诸侯度。

　　"今也不然：师行而粮食，饥者弗食，劳者弗息；睊睊胥谗，民乃作慝，方命虐民，饮食若流，流连荒亡，为诸侯忧。

　　"从流下而忘反，谓之流；从流上而忘反，谓之连；从兽无厌，谓之荒；乐酒无厌，谓之亡。先王无流连之乐，荒亡之行。惟君所行也。'景公说，大戒于国，出舍于郊。于是始兴发，补不足。召太师曰：'为我作君臣相说之乐。'盖徵招、角招是也。其诗曰：'畜君何尤！'畜君者，好君也。"

雪宫论政

齐宣王有一次在他的雪宫，也许是夏天避暑的地方，也许是下雪时取暖的宫殿，但应该不是办公室，或会议厅之类处理政务的场所，多半是供享乐纳福的别墅——和孟子见面，他就眼前的享乐和设施问孟子："贤者亦有此乐乎？"这和梁惠王在沼池上问的话一样。可见战国时那些诸侯们，不顾百姓死活，高高在上，那种志得意满的样子。我们可以想象另一种画面，好像老农夫们一天工作完毕，吃饱了晚饭，在门前大树下一坐，一支烟筒在手，摸摸挺起的大肚皮，大有"虽南面而王，不易也"的味道。

孟子答复他说：有啊！谁有了这种环境都会感到快乐的，谁都希望能有这种享受。不过一般老百姓得不到这样的享受，就会埋怨他们的国君。老百姓如果因为得不到这快乐，而埋怨国君，实在是不对的。然而一个领导人，没有做到与民同乐，也是不对的。一个领导人，以人民的快乐为自己的快乐，老百姓也就会以领导人的快乐为快乐。领导人能把人民的忧苦，看成自己的忧苦来解决，那么老百姓也会把国君的忧烦，看成为自己的忧烦去尽忠。所以，如果领导人以天下人的快乐为快乐，以天下人的忧苦为忧苦，而说他不能行王道于天下，那是绝对不可能的。

我们可以看到孟子又在这里推销王道了，他好像推销员似的，随时随地都在叫卖："王道！王道！"这也可见他忧世之急切了。

他说了这番理论，似乎意犹未尽，又举出一件事例，企图说服齐宣王，他举的正是春秋时代齐景公和相国晏婴的一段故事。晏婴是历史上的名相，《晏子春秋》就是他的大作。

当然，齐景公是姜太公的后人，而现在和孟子说话的齐宣王已经不是姜太公之后，他的祖先原是齐国的权臣田家，后来篡了位，而传给宣王的。孟子举出这段故事来也是一种很高明的说话技巧。从表面上看，孟子是以自己的口，说出他人（晏子）的意见来，而实际上他是借了他人（晏子）的口，来表达自己的意见，他举出的这段历史故事是这样的：

有一天齐景公对晏子说，我想去看看转附和朝儛这两座名山，然后沿海再到南方去，一直到琅邪为止。你看看，此行要怎么样才能够比得上先王他们那样的壮观呢？从"放于琅邪"和"比于先王观"这两句话上看，很明显地透露了齐景公当时，也是有统一天下的大志，并不是普通的观光旅行、游山玩水而已。只是当时有尊周——尊重中央政权的口号，不便把心意直接说出来。

晏子不愧为名相，他很聪明，听了景公的问话，就先用一套历史哲学答复他说："善哉，问也。"你这问题好极了。中国的佛经常有"善哉！善哉！"的说法，当时的译文就是套这些书来的。原文就是"好的"意思，佛家译经时，借用了这个名词。后经佛家多年的开口"善哉"，闭口"善哉"，慢慢的似乎这两个字，就含了更多的意义，而有浓厚的宗教意味。

晏子说了"这个问题很好"之后，接着就说，依照礼法，中央政府的天子，到各诸侯那里去巡视一周，叫作"巡狩"，意思是巡视诸侯所守的地方。而诸侯要到中央政府去朝见天子，名为"述职"，意思是向天子报告自己职务以内的事务。如果天下安定，没有非常特殊的意外事件的话，在春天，要出外视察民众的耕作情形，如果有情况欠佳的，就要设法补助。在秋天，则出外看着大家的收成和赋税状况，如果有入不敷出的，就设法贴补。所以在夏朝政治最修明的时候，民间流行的谚语说，君王不出来走走，我们哪里能喘口气？君王如果身心不适，我们又怎么得到他的帮助呢？所以古时候大家都希望帝王出来玩玩，好沾点光，得些好处。所谓"龙行一步，百草沾恩"。龙走一步路，下了雨，百草都得到滋养。所以那时候天子每次出来巡狩，不但给诸侯、大臣们一个警惕，同时也为"注意民生疾苦"树立一个榜样。

晏子说了过去的，又说到当时的。他感叹今不如昔地说，现在可大不相同了啊！诸侯们离开国都，一有行动，就带了大批的军队侍卫。于是后勤的各种补给，诸如粮食的供应，一大批、一大批地运送出去。如此一来，原本吃不饱的老百姓们，大家工作得更劳苦了。在强烈的对比之下，老百姓的眼里难免就有了怨恨之色。闲话、怨言当然也就开始了。日积月累地，就造成社会上的反感心理。诸侯们的这种行为，违背了天理人道，对老百姓不但没有善尽保护之责，反而加以虐待。只要"流、连、荒、亡"四种现象一出现，政权就要出问题了。今天这些诸侯们的所作所为，真让人担心啊！

像隋炀帝出游扬州，极尽奢靡，老百姓没有饭吃，他也不管。国君们只要动一动，下面的人就有的忙了，老百姓更是累得惨兮兮的。天怒人怨的结果，只有"好头颅"被搬家了。

这使我们想到一个明朝的小故事。从前的某些小庙，相当可怜，住在庙里的小和尚，等于是地方官绅们的仆役，常要听他们的差使。有的人做了官，衣锦荣归，事先通知庙里和尚准备素斋，约了朋友，到山明水秀的庙里联欢，吟诗作对。有一次，这些大人先生们，吃罢素斋，悠游半日，大为赞赏，对和尚说，大家劳碌半生，今天这次清游，一顿素斋，太舒服了。老和尚说，各位大人是舒服了半天，可是我们已经忙碌了三天啦。这就是"劳者弗息"了。

晏子又解释说，领导人的生活堕落，遂其私欲，像水势向下流，不知停止，就叫作"流"。违反人情，倒行逆施，如逆水而上，就叫作"连"。时常像野兽那样冲动，暴发兽性而不加节制，就叫作"荒"。沉溺酒色，永不满足，就叫作"亡"。这些都是领导人容易犯的错误。您景公方才问到，如何才可以比于先王的壮观。据我所知，先王们是不会有这样的"流""连"之乐，也不会有这种"荒""亡"的行径的。你自己看看该怎么办吧！

齐景公听了他这番话，非常高兴，立即下命令改革政治。同时以身作则，走出深宫内院，接近百姓，访察民情，并且积极从事地方建设，注意到社会福利。景公将行政工作处理妥当以后，就把兼管国史、文化、礼乐的太师找来，要他在国史上记下这件事，并且为他和晏子这段君臣相得的美事，谱下一段乐章。《徵招》《角招》两篇乐章，就是由此而来。这乐章中有一句诗，意思是说，我们的国君虽然是欲望大，但是没有关系，这并没有错，因为他扩充他的大欲望，建设了我们这个康乐的社会，正是一位好的国君。

这里孟子又针对齐宣王爱好享受的心理，借机启发他与民同乐，与民共享的精神。这次他运用的是鉴古以观今的手法，拿齐景公与晏子的对话加以阐述，孟子的用心，可谓良苦。他所讲的晏子，是春秋战国之间的名臣贤相，他留下的嘉言善政很多，大家不妨去读《晏子春秋》这本书，相信也会获益不浅。

由齐宣王在雪宫中与孟子的一段对话，又联想到齐景公与晏子的另一则故事，几乎和孟子对齐宣王的回答同样有趣。这个故事简短而生动，而且更有内涵，并不像孟子的长篇大论。这件故事的资料记载在《晏子春秋》里。有一年的冬天，连下三天的大雪。齐景公穿了很好的白狐袍子，坐在王宫里纳福，他对晏子说，下了三天的大雪，似乎没有什么寒冷的感觉！晏子听了便说，一个贤明的君主，自己吃饱的时候，应该要想到社会上还有饥饿没饭吃的人。自己温暖的时候，更应该想到世上还有没有衣服穿、受寒冻死的人。齐景公听到晏子这样一说，马上便把身上的狐裘脱了下来，当然他脱下狐裘不是生晏子的气，他是被晏子说醒了，觉得自己过分享受，忘记了百姓的饥寒，当着晏子的面有点不好意思。所以齐景公到底还不失为当时的一个好国君，因此也才能使晏子尽忠而直言无隐。可惜孟子碰到的齐宣王，比齐景公要差了些。原先的记述是这样的：

> 景公时，雨雪三日。被狐白裘，坐于堂侧，谓晏子曰：三日雨雪，天下何不寒？晏子曰：夫贤君饱则知人饥，温则知人寒。公乃去裘。

古书上短短四五十字的精简记述，便说明了一个领导人在政治道德的心理行为上，应当如何自处的道理，内涵丰富而精辟。如果用现代话来写，又要用很多字了。所以讲中国文化的复兴扎根，实在应当要注意国学的素养，这是刻不容缓的事。

> 齐宣王问曰："人皆谓我毁明堂，毁诸？已乎？"
>
> 孟子对曰："夫明堂者，王者之堂也。王欲行王政，则勿毁之矣。"王曰："王政可得闻与？"对曰："昔者文王之治岐也，耕者九一；仕者世禄，关市讥而不征，泽梁无禁，罪人不孥。老而无妻曰鳏，老而无夫曰寡，老而无子曰独，幼而无父曰孤。此四者，天下之穷民而无告者。文王发政施仁，必先斯四者。诗云：'哿矣富人，哀此茕独。'"王曰："善哉言乎！"曰："王如善之，则何为不行？"

什么明堂

有一天，齐宣王提出一个问题对孟子说，现在外面有人建议我，要把明堂拆毁，你孟先生对这件事有什么高见？如一般人所说，把这座不实用的建筑拆除掉呢？还是保留下来好呢？

所谓"明堂"，就是"明政教化之堂"，周代初期的建筑。也就是天子的庙堂，举凡祭祀、朝会诸侯、飨功、养老、教学、选士等，意义重大的活动，当在这里举行。是中国文化的重要精神表征，具有崇高的意义和文化的价值。在《礼记》中有一篇，专门记述明堂的建筑规格，以及政教活动的内容。以现代观念而言，它象征了固有文化的精神堡垒，比起法国的凯旋门，美国的自由女神像，乃至丹麦的美人鱼等等，不可同日而语，具有特殊的内涵与神圣的精神。

　　齐宣王所说的这个明堂，是周武王东征时所建的，直到汉朝还存在，后世才逐渐湮灭。当然，它表征了中国文化，同时象征了当时中央政府周天子的尊严。在齐宣王的心目中，虽然久已不闻尊周的口号，可是还没有一个诸侯敢明目张胆地提出灭周的主张。齐宣王这时把国家治理得蛮有规模了，在他心理上，不能说没有取周而代之的野心。拆毁明堂，何尝不是他自己的意思！可见他有蔑视和反抗中央周天子的微妙心理。但在孟老夫子面前，又怕碰钉子，不敢开口，于是借口是外面有人传说。换言之，是民间的舆论如此，借此来试探孟子的意向。否则的话，他假如没有这个念头，根本认为不可行，就不必问孟子拆了好呢？还是不拆的好呢？

　　孟子答复齐宣王的话，却也避开正面，不谈尊周与否的问题。他只说，这是王者之堂，象征着王道思想，您如果要想行王政的话，最好不要把明堂毁掉。齐宣王就说，你所说的王政，究竟是怎么回事呢？

　　其实对于王道仁政，孟子已经说过好几次了，而这里齐宣王还问孟子什么是王政，这就显示出齐宣王对孟子的意见，也许是根本没兴趣，从来就没有专心听过，所以现在又提出这个问题来。也许孟子所提倡的有关仁政学说，颇受当时社会民间的欢迎，各方予以好评，齐宣王不得不对孟子表示尊敬。也许这时候仁义还有利用的价值，可以披起仁义的外衣，而进行实质上的侵夺兼并，所以不得不向孟子请教。这也可以说是齐宣王的可怜处。

　　再反过来看孟子，他也很难堪，他希望推行王道仁政，但屡次被齐宣王在重要关头，来个太极拳的推手，推得远远的。于是他又"打蛇贴棍上"式的，再顺着齐宣王的话，接上去，还是推销他的王道思想。用心之苦，实在苦得也很可怜！他们两个，虽然互相尊重，而彼此似乎又话不投机。

　　在这里，孟子被直接问到王政的本题上去，自然有点兴奋了。

我们知道，孟子是一直以孔子的学说为标榜。而孔子对于政治，是推崇上古以及文、武、周公的政治风范的。所以孟子就举出周文王的政绩答复说，以前周文王在岐山发祥之初，走的就是传统王道精神的政治路线。第一点："耕者九一"，对农民只收九分之一的田赋。

这是古代的土地政策，后世称作"井田制度"。当时地广人稀，没有私人财产制，土地均属国有，田园都依照方整观念来划一。每一田园，在规制上区分"井"字式，分成九部分，收获的时候，四周八分，分别归八户农民所私有，中间一份公田，收成归政府，所以说只收九分之一的田赋，后世称此为"井田制度"。其实九分之一的田赋税收，也只是后世人根据古代资料来讲的。究竟实际情形如何？这种制度，历代学者也有很用心去考证的，但到底还不够详细，同时我们不要忘记，当时人口稀少，土地广大而没有太多利用和开发。其实在管仲相齐桓公的时期，以及秦孝公时期，中国的经济制度，早已演变为具有私有土地的形态了，商鞅只是就当时的实际情况和需要，也可以说，他师法管仲，订出一套完整而具体的法制来管理。

在历史上，秦以后，曾经有不少人向往古代的井田制度，更曾经有几度，意欲恢复它。最显著的莫如汉朝的王莽，想恢复井田制度，取消私有财产制。当然，王莽并不是因为有高深的政治思想或突出的见地，只是盲目地好古，妄想复古而已，所以没有成功。到了宋朝王安石变法，也想走这个路子，因为用人不当，也失败了。

孟子说到第二点"仕者世禄"，是说当时的政府官职，大多数是世代相袭的。这一点，和我们今天的观念不同。但在孟子当时，却不能说他百分之百是错误的。因为在那个时代，一直延续这样的制度。不仅在教育制度上，政治思想上也都是如此，没有发展出全民教育的观念，读书人也都是士大夫的世家世袭的。我们以现在民主思想为基础，就会批评那是封建思想，甚至斥为封建余毒。可是我们如果综合了时间、社会、经济、政治等等因素，去探讨这种制度的精神，则可发现，它的功用在当时的时代环境中，可能还是鼓励人们保护及发扬传统文化的最好制度。总之，我们论史，应该尽量客观厚道，就"时"论事。不能纯出主观，以今之所有，笑古之所无；也不能以古之所无，便否认今之所有。

第三点，孟子说到"关市"方面，关卡和互市，也就是现在的关税和商业市场上的捐税。这在文王时期是"讥而不征"的。只是派人巡察，看看有没有非法之物，顺便了解货物的议价状况，并不需要收什么关税、交易税之类。因为在战国当时，征敛相当烦琐、严苛，常常弄得民不聊生，所以他提出这一点。

第四点，说到周文王时"泽梁无禁"。泽为水泽，梁指山林。广义地说，就是无论上山下海，包括河川的资源开发，山林资源的开发，都是没有什么禁令的。人民在这方面的生产是自由的，但人民也懂得节制，不至于弄到资源枯竭。这里有一点我们要知道，倒退回去两千多年看，那时候的社会结构，可以说一切都还在尚未开发的阶段。情况和现在不大相同。

在司法方面，孟子指出"罪人不孥"。就是罪不及妻子，个人犯罪个人承当，自己受法律制裁，与家属无关。这句话在今天的年轻人听来，觉得没有什么道理，因为大家目前所认识的法律，本来就是如此，似乎这句话是多余的。可是在还没有推翻清朝以前，中国几千年来的法律，不像今天民主制度的法治精神。由春秋战国到清代的几千年帝制中，有许多情况，都是罪及妻孥，乃至于一人犯罪，可以诛灭九族，全凭当时专制帝王的意思而定。所谓"人主"者，朕即国家，朕即法律，他是国家主权的象征，他说的话就是最高的法律。在这种情形之下，孟子讲这句话，就非同小可了，可以说孟子相当大胆，凭他的浩然正气而对宣王进谏直言。

接着，孟子又举出在周朝的王道政治上，社会福利事业的成功，他说：鳏、寡、孤、独这四种人，是社会上最困苦无依的人。文王当时，凡是仁政爱民的措施，一定先顾及到这些人，使孤苦无依的人优先得到利益。他同时引用了《诗经·小雅·正月》篇第十三章，最后两句"哿矣富人，哀此茕独"，强调穷人的可怜。诗的意思是说，社会上一般衣食无忧的人是没有什么问题了，但是有些孤苦伶仃的人还不知道怎么活下去呢，对这些人，我们必须伸出关切和同情的援手。

孟子说"王政"说到这里，刚刚才一开头，还没有讲到正题上去，可是齐宣王似乎已经听不下去，又打起太极拳来了，插上一句"善哉言乎！"意思是说，你讲得好，讲得很好。又把"王政"这个正题用太极拳的推手往外一推。可是孟子还是用打蛇贴棍上的办法说，您既然认为这个道理很好，可是为什么不去实行呢？

　　王曰："寡人有疾，寡人好货。"对曰："昔者公刘好货，诗云：'乃积乃仓，乃裹糇粮。于橐于囊，思戢用光。弓矢斯张，干戈戚扬。爰方启行。'故居者有积仓，行者有裹粮也，然后可以爰方启行。王如好货，与百姓同之，于王何有？"

寡人好货

孟子采紧逼盯人的姿态，追问齐宣王，您既然认为很好，为什么又不实行王政呢？齐宣王答得很妙，他说我有一个毛病，我非常爱好财富。

古代"货"字的意思和现代的"财"字相同，包括了金钱、物资等等。齐宣王这句答话，在表面上是牛头不对马嘴，答非所问，但也很妙。孟子要他优先救济社会上最困苦的四种人，这当然是要花钱的，而他却说我爱钱，舍不得花钞票啦！这就像篮球场上的大国手们，你从后面紧逼盯人，我就来个转身，摆脱你。奈何孟子还是不放松，对他说，这没有关系呀！周朝的先祖公刘，就是一位好货的人，而且有诗为证呢！

公刘，据《周纪》说，是弃的后代。弃是唐尧的兄弟，到虞舜时，被封为后稷，有相当伟大的德业，传到不窋这一代的时候，因政治的衰退，不窋丢了官，就流亡异域，到戎、狄这两个外族之间的漆沮"自漆沮度渭，取材用"一带去求发展（漆水源出陕西省同官县东北大神山，西南流经邠县至耀县会沮水。沮水出耀县北分水岭）。当传到公刘的时候，才又振作起来。《诗经·大雅》生民之什的《公刘》篇，就是歌颂这段故事。

孟子又继续引用《诗经》的记载作补充说明。他说，公刘当年好货，但能推己及人。他首先教导人民，因地制宜，努力耕作，增加生产。在秋天丰收时，将粮食堆满在仓库里，还有许多粮食放不下时，只好堆积在仓外。另外，制造干粮，放在橐里、囊里，以便人民迁移时，可以随身携带。由于仁心德政的措施，投靠他的百姓愈来愈多，逐渐地便富强起来了。于是他又整军经武，把老百姓集中起来训练，等这些都差不多了，才带了弓箭，装备着干戈斧钺等各种武器，浩浩荡荡地由漆沮出发，回到他原来的封地豳邑，复兴他祖先后稷的旧业。所以留守的人有露天堆积的米粟和充实丰富的谷仓，出发的人有包裹好的干粮，如此准备妥善，才向豳地进发。周代也就从这时开始，渐渐兴盛起来。

所以当齐宣王说他自己好货时，孟子却故意装作不懂地说，您身为一国之君，喜欢财富是应该的。像周朝的先祖——公刘，创建基业时，也是积极地从事经济发展。如果您也能效法先人积极进取的精神，从事生产工作，藏富于民的话，如此，齐国得以富强，而百姓得以安居乐业。这不是很好的事吗？在这里，可见孟子的诱导教育，以及紧逼盯人的技术，和齐宣王的推托功夫是同样高明。

齐宣王的"太极拳"由"好乐""好勇"，这里又段数升高到第三段的"好货"了。现在让我们再来讨论一下好货的问题。

在中国文化中，有一句话，包括四件事："声、色、货、利。"在历史上只要帝王好"声色货利"，那个社会、国家，没有不乱的。这四件事，没有一件是好事，全是坏事。而齐宣王对这四大坏事，没有不好的，他全都爱好。

后世一些读书人，读了《孟子》这一类的书，学了这一派的论调，每提到"声色货利"，就视同毒蛇猛兽，像有剧毒一样的恐惧。其实，我们每一个人，对于声色货利，没有不爱好的。只是对这四件事的欲望，程度上有大小的不同而已。孟子这里没有从心理这一方面发挥，其实人人都是同样爱好这些的，只是程度上有所不同。只要扩充这大家都爱好的事，并导之正途，那么不但对社会无害，而且能收到移风易俗的效果，反而是国家、社会、人民的福利了。我们所谓现代化的第一流强国，正是"声色货利"最先进的国家。反之，就是尚在落后，尚未开发中的国家。

从这里，使我们想起齐桓公，他也有像齐宣王所说的三好。但在当时，他有幸得到一位好帮手管仲，能在当世成大功，后世历史上成大名。让我们看看齐桓公与管子对话的记载。

> 桓公谓管仲曰：寡人有大邪三。不幸好畋，晦夜从禽不及，一。不幸好酒，日夜相继，二。寡人有污行，不幸好色，姊妹有未嫁者，三。管仲曰：恶则恶矣，非其急也。人君惟不爱与不敏，不可耳。不爱则亡众，不敏则不及事。

齐桓公有一天对管仲说，我这个人，有很不正经、很邪门的三个嗜好，你看多糟糕！怎么办？喜欢打猎，常常跑出去玩，有时追捕猎物，玩到天黑了还不肯回来，第二天当然没有精神理政问事了。这是第一件事。

还有我喜欢喝酒，讲究口腹之欲，白天晚上都吃喝个不停。齐桓公好吃，是有名的饕餮，天下所有的美味，他都找来吃。他的一个部下易牙，专以烧一手好菜来侍候他、满足他。有一天，他吃喝得高兴了，对易牙说，天下的美味，我都吃过了，可就没有吃过人肉，不知道人肉的味道如何。后来齐桓公吃了一碗以前没有吃过的肉类，问易牙这是什么肉，易牙说是人肉。原来易牙杀了他自己的儿子，来取悦桓公。因此齐桓公认为易牙很忠心。当然有人说连自己儿子都会杀掉的人，一点仁心都没有，怎么谈得上"忠"。这是另一段公案，我们暂时不去讨论。易牙是坏蛋，历史早有明证和定评了。但由此可知齐桓公的好吃好喝，到了什么程度。他自己也对管仲说，这是他的第二件缺德。

他又说，更不幸的，我有比前面两项，更不干净的行为，说起来都难为情，我还喜欢女色。好女色倒是小事，我的同宗姊妹中，还有尚未出嫁的。他的姊妹为什么不出嫁，这当然是使他最难为情、难以启齿的话。只说这是他第三项劣行，就意在不言中了，所以他的毛病可真大，比齐宣王严重多了。

可是管仲怎么说呢？他说，你这三个大毛病，的确很不好，坏是坏透了，但对你现在来说，还不是最重要的事，不一定要立即改正。事实上，管仲明知他一下子改不过来。如果管仲说，要他马上改，反而会弄僵了。管仲只是说，一个做领袖的人，如果没有爱心，不爱天下人，智慧反应都不够敏捷，这才是最大的忌讳。因为没有爱心，不能"爱民"的话，就不会有群众和人民拥护他；不够积极，不能"勤政"的话，就会政务荒弛。因此，"勤政爱民"，是领导人所最需具备的条件（就是在管仲之后的孟子所说的仁政）。

这是管仲对君主辅助的一个范例。几千年来直到现在，我们一直都标榜管仲是历史上的大政治家。他不但是政治思想家，也是实行家，连孔子都很推崇他。现在管仲与齐桓公所谈的内容，和齐宣王与孟子之间的谈话内容是一样的。而谈话的态度与方法，孟子与管子也差不多一样。所不同的一点，管子是站在大政治家的立场，作臣道的建议和提醒，针对现实政治的具体做法而言。至于我们这位孟夫子，则更偏重于政治哲学的原则，同时带着师道的诱导方式，在境界上当然比管仲更高一层，可惜效果上，却差了许多。但是有一点要注意，孟子和管仲所遇到的两个主顾——老板，在人格、个性上，也有许多差异。因此，在历史上的成就，也就大不相同了。

其次，我们要讨论的"声、色、货、利"四事，我国历史文化上，几千年来，都认为是要不得的坏事。直至国民革命成功，推翻清朝以前，大家还是看不起工商业，尤其是看不起商人。过去习惯上所谓的士、农、工、商，商人被列为四民之末，这都是中国文化受这些传统观念的影响，致使工商业不发达，科学不进步，而形成中国文化呆滞的一面。

《货殖列传》的一斑

中国文化真是如此呆滞丑陋的吗？我们不必归罪于什么理学家、道学家或哪一家上去，只是由于少数读书人，把观念搞错了，把大家的观念带到歧路上去。中国文化的本身，并非如此。历史上，汉代的司马迁曾经就"货利"的问题，正式提出来谈经济思想。当时别人都不大注重经济问题，只有他特别注意，而在《史记》中写了《货殖列传》，成为中国经济学上的第一篇传记，也是中国讨论经济哲学思想的好著作。另外，《平准书》也是财政学上的重要资料。

司马迁看法与众不同，在当时大家看不起货利的时候，他却认为货利非常重要。他提出来的第一位经济专家是姜太公，第二位是范蠡，第三位是孔子的天才学生子贡。接下来还有很多，现在我们择要摘录下他这篇文章，来做个研究。

老子曰："至治之极，邻国相望，鸡狗之声相闻，民各甘其食，美其服，安其俗，乐其业，至老死不相往来。"必用此为务，輓近世涂民耳目，则几无行矣。

太史公曰：夫神农以前，吾不知已。至若诗书所述，虞夏以来，耳目欲极声色之好，口欲穷刍豢之味，身安逸乐，而心夸矜势能之荣使。俗之渐民久矣，虽户说以眇论，终不能化。故善者因之，其次利道之，其次教诲之，其次整齐之，最下者与之争。

夫山西饶材、竹、谷、𬍡、旄、玉石；山东多鱼、盐、漆、丝、声色；江南出枏、梓、姜、桂、金、锡、连、丹砂、犀、玳瑁、珠玑、齿革；龙门、碣石北多马、牛、羊、旃裘、筋角；铜、铁则千里，往往山出棊置；此其大较也。皆中国人民所喜好，谣俗被服饮食奉生送死之具也。故待农而食之，虞而出之，工而成之，商而通之。此宁有政教发征期会哉？人各任其能，竭其力，以得所欲。故物贱之征贵，贵之征贱，各劝其业，乐其事，若水之趋下，日夜无休时，不召而自来，不求而民出之。岂非道之所符，而自然之验邪？

《周书》曰："农不出则乏其食，工不出则乏其事，商不出则三宝绝，虞不出则财匮少。"财匮少而山泽不辟矣。此四者，民所衣食之原也。原大则饶，原小则鲜。上则富国，下则富家。贫富之道，莫之夺予，而巧者有余，拙者不足。故太公望封于营丘，地潟卤，人民寡，于是太公劝其女功，极技巧，通鱼盐，则人物归之，繦至而辐凑。故齐冠带衣履天下，湾岱之间敛袂而往朝焉。其后齐中衰，管子修之，设轻重九府，则桓公以霸，九合诸侯，一匡天下；而管氏亦有三归，位在陪臣，富于列国之君。是以齐富强至于威、宣也。

故曰："仓廪实而知礼节，衣食足而知荣辱。"礼生于有而废于无。故君子富，好行其德；小人富，以适其力。渊深而鱼生之，山深而兽往之，人富而仁义附焉。富者得势益彰，失势则客无所之，以而不乐。夷狄益甚。

《谚》曰："千金之子，不死于市。"此非空言也。故曰："天下熙熙，皆为利来，天下攘攘，皆为利往。"夫千乘之王，万家之侯，百室之君，尚犹患贫，而况匹夫编户之民乎！（文中所述范蠡、子夏等人致富之道，从略。）

此其章章尤异者也。皆非有爵邑奉禄弄法犯奸而富，尽椎埋去就，与时俯仰，获其赢利。以末致财，用本守之；以武一切，用文持之。变化有概，故足术也。若致力农畜，工虞商贾，为权利以成富，大者倾郡，中者倾县，下者倾乡里者，不可胜数。

夫纤啬筋力，治生之正道也，而富者必用奇胜。田农，掘业，而秦扬以盖一州。掘冢，奸事也，而田叔以起。博戏，恶业也，而桓发用富。行贾，丈夫贱行也，而雍乐成以饶。贩脂，辱处也，而雍伯千金。卖浆，小业也，而张氏千万。洒削，薄技也，而郅氏鼎食。胃脯，简微耳，浊氏连骑。马医，浅方，张里击钟。此皆诚壹之所致。

由是观之，富无经业，则货无常主，能者辐辏，不肖者瓦解。千金之家比一都之君，巨万者乃与王者同乐。岂所谓"素封"者邪？非也？

《史记》作者司马迁及其父司马谈，都是比较偏爱黄老道家的学术思想，尤其是推崇老子的思想。他写的《货殖列传》，首先就引用老子的话，描写社会到了富强康乐、民主自由的极点，才能真正进入大同的理想境界，也才能达到老子所说的无为之治，法乎自然的境界。老子前面的一段话，意思是说，比邻的国家，国界相接，或隔一条路，或隔一条小溪，彼此都可以一望而见，连鸡鸣狗吠的声音都听得清清楚楚。而各国的老百姓，都能够吃得好，营养足；穿得好，没有穿打补钉的衣服；社会风气安定，没有不良分子的骚扰；对自己的事业、职业，都很满意，各人安守本分。生活在这样安定快乐的社会中，人人都很满足，终此一生，都不会去羡慕别人，更不会为了生存，而离乡背井去外地谋生。

本来老子的说法，在我看来，和儒家大同思想的说法并没有两样，不过老子是对理想境界的描写，儒家的《礼运篇》则是原则的叙述。二者都是根源一脉相承的中国古代文化传统，如果一定要以表面的文字，把他们硬分为两派，是一件很遗憾的事情。

曾经听一位青年人说，现在日子过得好，有了钱，退了休，就该环游世界一番，"到老死不相往来"，不出国门，活着有什么意思。出国走走，这是一种很时髦的观念，而且也可增广见闻，但对于老子这句话的反驳，则似有断章取义之嫌。先从近处说起，就在中国台湾的山区或农林中，还是有一些人，不但没有到过台北，甚至连他居处的县治所在地也没有去过，一生没有离开家乡一步，但因生活过得安定快乐，临终之时，心中了无遗憾。而现代许多曾经环游过世界的人，在他临终之际，或对后代子孙，或对国家社会，或对他自己的一些事情，还是很不放心，带着满腔的无奈而去。

也还有人说，至美国或到欧洲去求学深造，或发展事业又有什么不好？为什么要"至老死不相往来"？这也是忘记了这句话前面的"至治之极"，以及接下去的描写。我们要反过来问一句，假如我们中国今天成为世界上经济力量最雄厚，教育文化水准最高，科技最发达，军事力量最强大，社会也最安定的国家，那么你还会想到外国去求深造，求发展吗？再进一步说，全世界，全人类，每个社会都达到了这个水准，那么又有谁不愿安安稳稳在自己家乡努力，反而到处奔波劳苦，替别人洗碟子、擦地板呢？现代的澳洲人，位于南半球，一般人过着太平日子，就很少往外国跑了。由此可见，想要达到"至老死不相往来"的境界，是不容易的，除非全世界、全人类，都富强康乐了，才能达到这个美好的境界。

历史社会演变的趋势

所以司马迁说，人类最好往这种美好的理想去努力。但是近代（司马迁当时的近代），一般人都只图声色耳目的享受，已经不可能达到那么高的境界了。

接着他又发表他史家立场的意见说，神农以前的情形怎样我不知道。我所知道的，像《诗经》《书经》这些书上所记载的事迹，自虞夏两代以后，由于社会的演进，人们都偏好物质生活的享受，喜欢追求声色之娱，以及口腹之欲。身安逸乐而汲汲名利，人人都如此，没有什么稀奇。这种风俗的演变，不是一天形成的。自从虞夏时代开始，就逐渐转变成近代这个样子。社会风气到了这一步，你即使以最高的哲理，挨家逐户地去劝他们，放下物欲，寻求精神生活的超脱，也是没有用的。

因此，自上古以来，最高明的为政方法是"因之"。依着百姓的本质和禀赋，在立法行政上，很自然地把他们引到好的方向。

如果这样行不通，退而求其次，顺着他们的兴趣嗜好，针对他们重视现实的心理，"利道之"，以利为引导，导致他们走到良善的路上。

"其次教诲之"，如果还是不能，于是用再次一等的方法，也就是用比较强硬一点的方法，教育他们，告诉他们，什么是对的，是应该的，什么是不对的，是不可以做的。

如果仍然没有效果，这就只好用更次等的方法，"整齐之"，以法令来纠正了。纠正不了的话，等而下之，"与民争利"，和百姓对立相争。

从这套理论来看，几千年的历史，都是等而下之，在与民争利之中。达尔文的进化论"物竞天择"，也同样认为人类文化，是在竞争当中发展的。说得好听一点是竞争，只要社会心理到了以争为能事的地步，人类就永远不得太平。人类社会固然有"争"的素质，但这正是要大家努力去改善的。如果以争为原则，以争为鹄的，社会必定大乱了。

司马迁这几句话，把人类社会演变的程度，以及人心不可挽回的趋势，全都说完了。我们无论研究政治、哲学，或者经济、历史，对司马迁这里所说，和孔子《礼记·礼运·大同篇》的叙述，互相参合研究，便可成为一部中国文化历史演进哲学的专书。

其次，司马迁举出当时中国所发现的资源情形，也相当富饶，很有利用价值的。但是现在我们新发现的资源，在质与量上都增加了许多，在这里不作详细的介绍了，且看他对于物资利用的观点。

"待农而食之"，在当时的农业社会，许多资源技术还没发掘，社会经济的必然趋势，当然是要依赖农业生产，才有饭吃。"虞而出之"，还要开发山林和畜牧的资源。"工而成之"，然后将农林、畜牧的产品加工制造。"商而通之"，最后，再由商业的经营，来流通农林畜牧和工业的产品，于是才能达到有无相济，各获所需，不虞匮乏的地步。

接着他又说，这种经济形态的发展，是顺着人类社会的需要，而自然演变出来的一种生活方式，并不是由法律或命令规定而来的，也不是由某一人提倡或教育而成的。而是大家为了生活上的需求方便，很自然地发展出来的。所以每个人都是各尽自己的能力，换取自己的需要。

在商业的经营上，是"物贱之征贵，贵之征贱"。也就是中国商业一句传统的成语——"贱物不可丢，贵物不可收。"一样货品，价钱跌了，不要赔本卖掉。储存在那里，将来一定回涨，甚至还可以加工制造，再卖出去，很可能还会赚大钱。一样东西涨价了，贵了许多，千万不要一窝蜂地跟着去买，因为不久的将来，很可能会跌价。所以，"贱价不卖，贵不买"。

"各劝其业，乐其事"。各人安于本分，敬业乐群。这种趋势，像江河的水往下流一样，是很自然的发展，用不着特地订立法令规章，自然而然就来了。一切物资的生产分配，也用不着刻意去营谋，社会上自然会有妥善的调配。这不就是老子"自然"之道吗？

接着他又引据《书经》上的话，强调农工商虞的同等重要性。这些来自农林、畜牧，以及工商业的产品，是富国富家的基础。虽然各地的气候、土壤、人力不同，资源的储藏与开发也不一样，但只要经营得好就富足，经营不好就贫穷。上天是不会厚此薄彼的。

像齐国的姜太公初被封到营丘时，那里靠海边，土里的盐分很重，老百姓很少。当地的土质根本就无法耕种，简直无饭可吃。可是姜太公不为地理环境所困，他教导妇女发展手工业。直到现代，山东烟台一带的刺绣、抽丝等工业还是很有名的。在台湾具有这种技术的人，也在生产从事外销，可能就是从古老的姜太公时代所流传发展下来的。除此之外，他又设法开发盐业和渔业，外销他国。齐国就此繁荣富庶起来，"冠带衣履天下"，各国闻风相望，连服饰都以模仿齐国为时尚。不论是靠山或临海的国家，都希望能到齐国去见识见识，一如今天世界各国的人，一窝蜂地往美国跑一样。

后来齐国到了中叶，国力曾经一度衰落，直到齐桓公的时代，用了现在大家都知道的，以经济政治为主，并以经商出名的管仲为辅相，把齐国的国势再度复兴起来。他设立了九个有关财经的行政机构，设置掌财务的官员，行"轻重法"，而使齐桓公完成他的霸业，九合诸侯，一匡天下。而管仲个人亦有富埒王侯的"三归"建筑，爱好豪华，也相当奢侈。政治地位到了陪臣——和国君近于朋友的关系，财富可和其他诸国的国君相比拟。可是他使得齐国的富强，一直延续到威王、宣王的时代。

经济、文化、道德的连锁关系

司马迁引《周书》的话，并举出齐国姜太公和管仲的例子，说明经济财富对政治功业的重要以后，又引用"仓廪实而知礼节，衣食足而知荣辱"这两句名言，讨论财富和德业的关系，提出"礼生于有而废于无"的主张。因为礼节、仁义这些德性，是以安定的生活与财富为基础的。一个君子富有了，就更乐于行善积德；而普通的人有了财富，也就安守本分，不会作奸犯科。接着他又把财富比作高山大泽，把品德比作山泽间的生物。水深了，自然有鱼，山高了，各种兽类自然繁殖其中。沟里水浅是养不活鱼的；小山也隐藏保护不了大的兽类。换句话说，贫穷就难有高超的道德修养，也难做出对人有益的善行。所以，有了财富，才能发挥出仁心义行。一个人有了钱，如果再得权势，就更容易彰显善举。反之，既无势力，又无钱财的他乡游子，自身难保，更何况其他。这是对有文化根基的中国而言，在文化低落的边疆来说，财富对德性的影响就更严重了。

所以普天之下，熙熙攘攘、来来往往的，都是为了一个"利"字。不论千乘之国，或者万户之侯，或者百室之君，他们都一个个唯恐受到贫穷的困扰，更何况一般老百姓！

接着，他又继续举出范蠡、子贡、猗顿、卓氏、程郑、宛孔氏、师史、任氏等十几位历史上名人的致富之道，以及对国家社会的影响，来强调财富和德业事功的关系。同时他强调说，所举的这些人，还只是少数的例子，而且都不是继承祖业，或世袭俸禄而来，都是靠自己的努力，用心经营，把握了时机，去规规矩矩地发展，以最平实的方法来赚钱，而以最高明的原则来守成。至于其他，以发展农林工商而富可倾城的，或者富甲一县，或者称富乡里的，这些就多得数不清了。

结论说，靠自己的劳力，从小生意做起，一点点积蓄起来，这是谋生发财的正道。但是小富由勤，大富由命，发大财也要靠机运。同时司马迁又强调，发大财，还要有头脑，譬如用兵，要出奇制胜。于是他陈列出一些历史资料说，像秦扬这个人，以种田起家，他的财富居然盖过了一州，等于现在富过一省。照理说，挖人家的坟墓，偷盗葬物，这是犯法的，可是田叔就是这样起来的；赌博说起来也是坏事情，但桓发却因此致富；至于行贾，类似我们现在所说跑单帮的，在古代也是大家不在意的行业，而雍乐成由此起家；卖油脂，当然也是低贱的行业，一身油垢，不受人尊重，而雍伯就在这个行业中，聚积了上千金的财产；叫卖浆汤、油条，是小生意，但张氏以此赚了千万的资财；磨刀，可以说是最简单的技术，但郅氏以磨刀闻名，人人找他磨，到后来发了大财，养了一大家的人，吃起饭来都是鼎食，气派得很；卖猪肉干、牛肉干，也只是小本生意，浊氏却因此发财，养了几十匹马。在现代说，就是拥有几十辆汽车了。还有马医，古代医生的社会地位不像现在这么高，兽医更是如此。可是有一个兽医张里，家里开饭的时候还要敲钟，可见其富庶的程度。以上这些都是因为专精一业，勤奋努力而来的。

最后他的结论说：从这些事实看来，致富并没有什么一定的行业，财富也不是说一定永远属于谁的。有能力的人自然会发财，懒惰的人就是站不起来。富有了自然就显贵。一个富有千金的人，就像士大夫般的被人敬重。至于巨万富翁，就和王侯一样享受。这不是上天所赐，也不是祖宗所给，都是靠自己努力得来的。

他这篇文章里，介绍那些商业巨子和大富翁的妙论很多。谈到好货的心理时，曾经举出，像秦始皇这位暴君，对于财富也很重视。当时在四川有一个名字叫"清"的寡妇，拥有大量的丹砂矿，富有得不得了，秦始皇还特别邀请她到咸阳，待以上宾之礼。同时为她建筑了一座"女怀清台"。由此可见财富的重要。不但个人如此，他也说到，国家非财富不能强盛，社会非财富不能繁荣。

我们看了司马迁在《货殖列传》中的议论，再来看看明人冯梦龙的一段小文，相互比对，倒是别有一番兴味：

> 人生于财，死于财，荣辱于财。无钱对菊，彭泽令（陶渊明）亦当败兴。倘孔子绝粮而死，还称大圣人否？无怪乎世俗之营营矣。

> 究竟人寿几何！一生吃着，亦自有限。到散场时，毫厘持不去。只落得子孙争嚷多，眼泪少。死而无知，真是枉却；如其有知，懊悔又不知如何也。吾苏陆念先应徐少宰记室聘，比就馆，绝不作一字。徐无如何，乃为道地游塞上，抵大帅某，以三十镒为寿，既去戟门，陈对金大恸曰：以汝故获祸者多矣，吾何用汝为！即投之涧水中。人笑其痴，孰知正为痴人说法乎。

寡人好色

再来看齐宣王讲到好货时，孟子不朝这一方面多作发挥，只是又把重点引向了王道仁政。其实在孟子之前的管仲的思想与理论，乃至在孟子之后的司马迁的思想与理论，孟子都了解，不过他不讲，不走这个路，而始终诱导人君们向"道德"这个方向走，这就是圣人之为圣人也。他告诉齐宣王，你好货没有关系，只要扩充你好货的境界，做到了"藏富于民"，这不是很好吗？其实，他这句话的内涵，已经包括了比他迟生四百年的司马迁一篇《货殖列传》的精义了。可惜的是，齐宣王听不懂，这一句话头，无法接受。

这时候，齐宣王的下一招又来了，刚才一招没有推成功，他再来一个太极拳的"野马分鬃"。

> 王曰："寡人有疾，寡人好色。"对曰："昔者大王好色，爱
> 厥妃。诗云：'古公亶父，来朝走马。率西水浒，至于岐下。爰
> 及姜女，聿来胥宇。'当是时也，内无怨女，外无旷夫。王如好
> 色，与百姓同之，于王何有？"

齐宣王说，孟先生，你有所不知啊！我不只爱财，我还有一个
大毛病，我好色。孟子说，不要紧，好色有什么关系。他又提出周
朝的太王——文王的祖父——古公亶父的事迹，他也有好色的档案，
在《诗经·大雅·绵之》篇里就有记载，当年太王为了躲避狄人的
攻击，要迁往岐山，通宵整理行装。第二天一早，骑马出发，沿着
漆水、沮水，到了岐山的下面。带着他喜爱的外国太太姜女，到这
里察看未来定居的地方。在那个时候，太王的国境之内，家家户户
都是成双成对的，没有嫁不出去、找不到丈夫的怨女，也没有娶不
到太太的旷男。每一个家庭，都幸福圆满。现在你齐宣王好色，有
什么关系，只要和太王一样，把你好色的心理，扩而充之，使全国
百姓都能有美满的家庭生活，这岂非是大好事！你怎么还耿耿于
怀呢？

这时我们必须了解一件事，周朝七百多年的天下，诚然是肇基
于太王在西岐的仁心德政，而后才有武王伐纣的成功，同时在文化
方面也发展出灿烂的成果。周朝的根基，扎得很深远，很巩固，如
果我们以严谨的治学态度，穷本探源的话，那就还要追溯到公刘迁
豳的生聚经营。自公刘又传了九世，到太王——古公亶父的手里，
因避狄乱而迁到西岐，于流离播迁之际，又以百姓的宜室宜家为要
务，奠下了稳固的政基。

因此，我们也可说，公刘开始了周代后来的王业，而太王更为

这已开始的王业，打下了深厚的基础。如果拿建筑作比方的话，公刘就好比一个垦荒者，开拓出一块建地。而太王则是架地梁、筑地基的人。文王、武王则负责盖起了这栋美轮美奂、坚固耐用的巍巍大厦。所以对于周朝，对于后世几千年来直到今天的中国文化，公刘与太王都有很大的贡献。他们不但在政治上、私生活上，乃至其他方面，也都有很好的德性，并不像一般只顾个人私欲的庸主。孟子在此举他们为例，而谈好货好色，只是一种权巧方便，借此诱导宣王向他们的功勋德业看齐而已。

眼看孟子被宣王的一招"野马分鬃"，又推于千里之外，可怜兮兮的。但齐宣王这一招，又被孟子破了，推也推不开，又落了下风。而且，齐宣王也不是什么好色的人，为了逃避孟子，而硬把自己说成是好色之徒，这也是他的可怜之处。

奈何后世的人，读了这段书，发生了误解，以为太王和齐宣王真是好色之徒。乃至一般好冶游的人，往往引齐宣王这句"寡人有疾，寡人好色"的话来自我解嘲，这真文过饰非了。

其次，有一点要附带声明的。诸位看了孟子引用的这段《诗经》，或许以为太王专宠了一位妃子。其实不然，因为在夏、商以前，并没有分别后妃的明文规定。国君的太太，都称作妃。所以黄帝、帝喾都有四个妃，而不见有后。一直到了周朝，武王平定天下以后，才确立制度，天子立后，正嫡称后，其他的叫作妃。所以孟子这里所说的"太王好色爱厥妃"，不能视为他冷落元配，而专宠一个姨太太。

丑与美

刚才说过，齐宣王的好色，不一定是真的，他只是用"好色"来打太极拳，企图把孟子推开。事实上他娶了一位历史上最著名的丑女人做夫人，如果他真的好色，怎么会娶那么难看的女人？这丑女人就是我们常听说的"无盐"。其实无盐不是她的名字，而是一个地名，她是生长在这个地方的人。她复姓钟离，单名春，用现在南方习惯的叫法，应该叫她"阿春"。这位阿春丑到什么程度呢？依照书上的记载，可真有得看的了。她的前额突出，而且特别宽，当然就形成了倒三角脸。眼睛深陷下去，鼻梁又长得很高，倒似乎有点像现代的西方人。但那时代西方人还没有来到中国，这深目高鼻的样子，在人们的视觉上就很不习惯，太别扭了。还有，一个女人家，居然长了个大大的喉结，鼓鼓地突出来。很可能还缺乏碘质，脖子特别粗大，衣领都包不住。背又是驼的，手指特别长，脚也特别大，头发又黄又乱，像秋天的一堆枯草，皮肤像黑漆似的。假如把这些特征画出来，可真是不堪入目。当然，这副长相是嫁不出去的，当她四十多岁的时候，还是"小姑居处尚无郎"哩！

　　一天，齐宣王在他曾经问孟子"贤者亦有此乐乎"的雪宫里，大摆筵席，招待天下的美小姐们，正在兴高采烈地饮酒作乐时，我们这位奇丑无比的阿春小姐，穿了一身又脏又破的衣服，来到了雪宫，求见齐宣王。宫门口的警卫们看到她又丑、又脏、又破，当然伸手一把拦住，不让她闯进去。她却理直气壮地说要见齐宣王。雪宫的卫队长看见她这副样子，居然要求见齐宣王，也许觉得又好气，又好笑，蛮好玩的。同时，因为太违反常情了，也许真的是什么异人，也不敢怠慢，原原本本，去报告了齐宣王。齐宣王听到报告，也感到奇怪，正是雪宫里美女如云的时候，一个丑女子求见，总该不会来赛美的，于是也好奇地召见了她。见面后，齐宣王问她，你一普通老百姓的妇道人家，今天要来见我，难道你有什么了不起的大本领吗？你到底有什么与众不同的本事呢？阿春说她会打哑谜。于是齐宣王要她打一个哑谜给大家猜猜。阿春就做了九个动作，把眉毛眼睛斜斜地向上一翻；咧开厚嘴唇，露出一排凹凸不平的牙齿；举起一只手指与手掌长度不相称的手，另一只手拍拍自己的膝盖。做了这么些个怪异的动作，可以说丑上加丑。她还问齐宣王，懂不懂她这几个动作所表示的是什么意思。齐宣王当然不懂。

于是阿春解释说，我翻眼睛，是告诉你敌国快要打来了，你危险得很；露牙齿，是告诉你，左右大臣都要不得，老百姓恨得咬牙切齿！她又建议齐宣王不要用王骧、驺衍这班人。她最后说，你好色是要不得的，你应该娶我，表示你好德不好色，而且我非正宫娘娘不干。奇怪的是齐宣王果然娶了她，并且封她为无盐君。这是很尊贵的封号，像当时的孟尝君、平原君、春申君，等等，都是不得了的人物。阿春虽然反对驺衍这一派的人，但却尊敬孟子。总之，从这段丑夫人的记载可以证明，齐宣王并不好色。他自称好色，只不过是和孟子打太极拳使用的招数而已。

在我们中国历史文化上，素来是反对好色的，但很妙的是，却允许帝王好色，三宫六院，甚至更多也无妨，愈多愈好，而且建立制度规章，法令也明文规定。儒家讲了几千年的不可好色，但却没有改变了哪一个帝王这种好色的生活。想来帝王也是教化之民吧？英明的帝王好色，美色只是生活的点缀，并不会影响他的事功。差等的皇帝，一沉迷美色，就昏天黑地去了，亡国灭家在所难免。

色字诗话的插曲

讲到历代帝王好色的故事，只要从古代的诗词中，就可以看到很多，如果把这些诗词集中起来，一一加以阐述、讨论一番，又可以编辑成有关这方面的诗话了。我们仅仅随意举几个例子来研究。

唐末的诗人李山甫题《石头城》那一首七律说："南朝天子爱风流，尽守江山不到头。总是战争收拾得，却因歌舞破除休。尧将道德终无敌，秦把金汤岂自由。试问繁华何处有？雨莎烟草石城秋。"这是李山甫在南京，有感于南北朝时代，在此立都，沉迷歌舞女色而亡国的名诗。诗的大概意思是说，南朝的皇帝们差不多都是战场上打下来的江山，辛苦多年，流血拼命所争取到手的，结果却为了几场歌舞，转手让人。

像远古的尧舜，以道德垂拱，结果天下太平，人心归向。而秦始皇以武力统一了天下，又继之以严刑峻法，结果却不足以保妻子。所谓"南朝金粉"，当时这座帝王都城，在风流皇帝的奢靡下，不知是何等风光！而今，往日的荣华安在？摆在眼前的，就是这座石头城上的荒草，在细雨之中，摇曳在秋风里。

这首诗委婉地写出了南朝帝王好色的后果，也提到尧的圣德。后来宋太祖看见了这首诗，叫大臣写下来，在宫廷立了一个碑，希望后代子孙看到这首诗，能够有所警惕。但是到了徽宗，仍然走进了这座窄门。

中国历史上几千年来，经常在讨论好色与政治的问题，自然就涉及到一些美人。如西施、王昭君、杨贵妃等等，为数很多。其中有人是谴责她们的，也有为她们叫屈的。几千年来，一直在争论不休，不曾得到定论。

有关王昭君案外的评语

像清代刘献廷咏王昭君的诗说："汉主曾闻杀画师，画师何足定妍媸。宫中多少如花女，不嫁单于君不知。"大家都知道这个故事，汉元帝时，宫廷中设有画师，把宫女们的像，画给皇帝去选择，以便召幸。当时的画师毛延寿没有把美丽的王昭君画好，以致她未得到宠幸，而被送去和亲了。汉元帝因此非常生气，把那名画师毛延寿杀了。杀掉毛延寿的传说，可靠性不大，因为后人为昭君抱不平，就都想把毛延寿杀掉。

这首诗是说，一个画师怎么能够评断出一个人的美丑？个人的审美观点，本来就不完全相同的，后宫里的美女，像王昭君这等姿色的，可能还多的是，只因为昭君要嫁到塞外，临行前向皇帝辞别时，才被元帝发现了她的美。至于那些始终没被皇帝发现，白头宫中的美女，还不知道有多少呢。表面看来这是为毛延寿喊冤的诗，其实也是对历史评论的反驳。主要寓意，则是对古代帝王后宫美女太多的一种评责。

昭君出塞的这段史实，不知博得多少人的同声一叹，感叹着红颜薄命的悲凉。另外一首咏王昭君的诗，则有不同的论调，另持一种观点，也是明代诗人的名诗："将军杖钺妾和番，一样承恩出玉关。死战生留俱为国，敢将薄命怨红颜。"

这首诗以王昭君的口吻说，将军战士们出关，是拿了兵器打仗；而我王昭君一个弱女子出关去，是遵奉君王的外交政策，通婚和番，嫁给外族人，以谋朝廷安宁，同样都是奉了君王的命令，远出塞外。多少战士们在塞外战死了；而我，身负和平使命，必须活着留下来。死者生者，都是为了故土。如今我这个弱女子，虽然远离故土，到那蛮荒的塞外，终此一生，又哪敢怨叹呢？他这一首诗，把王昭君对朝廷的忠义之情，推崇得就高了。昭君地下有知的话，不知作何感想！

唐代和番政策的感伤

另外，在唐代也发生过类似的故事。中国西北边疆的少数民族政权，在汉唐两代的时候，经常在边界上闹事出问题。而汉唐两代，对此的确是没什么高明的办法。唯一省事的办法，是靠女人来安抚。汉唐两代，是声威最盛的时期，可是外交政策上却走女人和番的路线。对大汉天威而言，不能说不是一项污损。如果站在妇女的立场来写历史，应该说汉唐两代外交上的辉煌史迹，大多是靠女性挣来的。因此清人刘献廷有诗感叹说："敢惜妾身归异国，汉家长策在和番。"

唐大历四年，回纥很强，向唐要求通婚，要一个公主嫁给他。当然，皇帝不愿把自己的女儿嫁到回纥，于是在后宫中挑选了一名宫女，封为崇徽公主，嫁到回纥去。当出嫁行列经过山西汾州，即将出关的时候，崇徽公主怀着满腔的怨恨，无奈又绝望地伏靠在关口的石壁上，真是凄凄又恻恻。然而，无奈归无奈，绝望归绝望，最后只得狠下心来，尽力一推，把自己推向那无边的塞外，真是一推成永别。美人含悲而去，石壁上则留下了她手掌的痕迹，后来有人在此，立了一座崇徽公主手痕碑，记述这件事情。

诗人李山甫经过这里的时候，就写了这样一首诗："一捣纤痕更不收，翠微苍藓几经秋。谁陈帝子和番策？我是男儿为国羞。寒雨洗来香已尽，澹烟笼著恨长留。可怜汾水知人意，旁与吞声未忍休。"留有崇徽公主手痕的石壁，长满了苔藓，经历了无数的春秋。究竟是谁想出这种以女子和番的办法？我们这些保国有责的男子汉，看到这种事情，不禁要为国家的声威而感到羞耻。这名女子为国牺牲的事迹，虽然像山上的花香一样，随着寒雨而逝，被人们淡忘了。可是那满含着幽怨隐恨的手痕，却仍然笼罩在烟云中。这汾河里的水，似乎也通晓人意，仍然伴着这石上的痕迹，呜咽地流着。

前面说到李山甫悲南朝那些风流皇帝的诗，有多少兴亡慨叹！同在唐代，名诗人韦庄的七律咏南国英雄，也是令人吟后荡气回肠，唏嘘不已的。他的诗说："南朝三十六英雄，角逐兴亡自此中。有国有家皆是梦，为龙为虎亦成空。残花旧宅悲江令，落日青山吊谢公。毕竟霸图何物在，石麒麟没卧秋风。"他感叹南朝各国的几十个帝王英雄，互相争夺，此起彼落，不但国与国争，姓与姓斗，甚至骨肉相残。虽然强者一时得势，不久又可能被人踩到脚底。到头来，国也好，家也好，权也好，势也好，都不过是一场幻梦。所谓"南朝金粉"，由这句话，我们可以想见当时繁华的盛况。但也只是"想见"而已，不但是现在无以目睹，就是距离那个时代很近的韦庄，也只见到残花旧苑、落日青山而已。表志功业的石麒麟，早已湮没在秋风荒野之中，徒然使人悲吊那江令、谢公。试问当年的霸业，又留下了什么呢？这是人生的感慨，乱世的悲叹！也是站在另一角度的政治哲理吧！这似乎是对只求现实权力者的一种告诫。其实看历史文化，也不必如此的悲叹。宋代谢涛一首《梦中咏史》吟得好："百年奇特几张纸，千古英雄一窖尘。唯有炳然周孔教，至今仁义洽生民。"现实的权势过后必然落空，而一种正确的文化思想，如周公孔子的仁义之道，则是千古不变的。

从这些正面反面的诗史，我们可以看出中国文化的政治哲学。我常常告诉这一辈的青年人，如果不深入中国的诗词，就无法了解中国文化的哲学思想。因为中国文化与西方文化的形态与结构不一样，中国文化的文学与哲学是分不开的，中国文化的诗词里往往都含有哲学思想，而高深的哲学思想也往往以优美的文字来表达，尤其喜欢透过有节奏、有旋律、有音韵美的诗词来陈述。

这些有关"好色"的正反两面的文哲思想，颇为有趣。同时也看到，在历史上和女人有关的政治资料，以及各种不同的见解。

杨贵妃的翻案语

顺便，我们再看看有名的杨贵妃。历史上说，由于唐明皇的好色，引起了安禄山之乱，因此部队发生了兵变，把唐明皇所喜欢的杨贵妃，活活吊死在马嵬坡。后世有许多诗文骂杨贵妃，也有许多诗文为杨贵妃叫冤。在唐明皇之后，那位喜欢吃喝玩乐，说他自己打球的技巧可以考状元的僖宗皇帝，为了避黄巢之乱，逃到四川，经过了当年唐明皇避安禄山之乱，吊死杨贵妃的马嵬坡。于是就有人在马嵬坡的驿馆题了一首诗道："马嵬烟柳正依依，重见銮舆幸蜀归。泉下阿蛮应有语，这回休更怨杨妃。"也有人传说这首诗是罗隐作的。他咏叹说，马嵬坡的杨柳树，和以前一样，正是诗情画意的时候。唐末的皇帝僖宗，又是为了逃难远离宫城，路过此地。玄宗地下有知的话，应该会说，你们这一次出的乱子，再也不会推到我那位杨太真身上来了吧！（唐玄宗小名阿蛮）这是为贵妃所作翻案文章中最精彩、最有趣的一首诗。

再说寡人好色的公案

我从前读《史记》读到《越世家》的时候，有所感触，曾写下这样的一首七言绝句："玉颜不意自成名，当日那知事重轻。存越亡吴论功罪，妾身恩怨未分明。"历史上的美人不少，而被议论得最多的，乃至在文学、艺术作品中出现最多的，恐怕是西施了。她之所以在几千年后，还有这许多人研究她，讨论她，批评她，歌咏她，扮演她，除了归之于"命运"外，恐怕很难有更好的理由了。其实她自己不过是诸暨乡苎罗村里一个以卖柴为生的樵夫的女儿。可能是因为常常挨饿，罹患了胃病，就常常扪住胸口，皱起眉头。那样子也怪惹人怜爱的。乡下人嘛，在村里村外走动的，看到她那娇弱的样子，和一般粗野的村姑大不相同。男孩子都认为她很美，别的女孩子也跟她学起来，于是名声就传出去了。这时越国被吴国打败了，带了仅仅五千人。困在会稽这个小地方。为了找美女献到吴国去求和，地方小，人口少，西施就被负责选美的范蠡选上了，把她送到吴国去。在她当时，只知道去侍奉一个外国人，可以多得一些赏钱，孝养她的父亲，哪里知道这许多国家大事的重要性。后来越王勾践灭了吴王夫差，报了仇。站在勾践一边的说她好，而为吴国说话的则骂她是罪人。直到现在，她在历史上的恩怨是非，还没有定论。

其实不论是功是过，都是后世的人，借用了她这一个出身山村美人的遭遇，来发挥自己对历史的政治哲学观点，或者抒发自己的一些感触而已。对于西施没有多大的关系。当我写出上面这首诗时，我的儿子说，好像曾经看过古人有同样的句子，但是出自哪里，一时找不出来。所以在此特别声明，"书有未曾经我读"，有些与古偶合，事非得已。不然，被别人发现了，还以为我犯了偷诗的盗窃罪呢。

像上面这类的诗文很多，虽然大家会喜欢这一类文学作品，但这里到底是研究《孟子》这本书，如果反宾为主，再继续引出这类诗词来讨论，那就有太过好色之嫌了（一笑）。就此打住。

人事行政

我们讨论到正题上来。孟子和齐宣王之间，"打太极拳"也好，"打篮球"也好，两个人推来推去，看来蛮好玩，也都蛮可怜。但齐宣王始终很尊重孟子，尽管他不接受孟子的意见施行王道，自然他有他不得已的苦衷。而孟子也真的看中了齐宣王，其实齐宣王也真是蛮可爱的。在战国时代的各国诸侯中，讲实在话，齐宣王是比较好的一个。

现在，孟子和齐宣王两个人推了半天，都推不出一个名堂来，于是孟子改变拳路，拿出大洪拳，硬碰上去。

> 孟子谓齐宣王曰："王之臣，有托其妻子于其友，而之楚游者，比其反也，则冻馁其妻子，则如之何？"王曰："弃之。"曰："士师不能治士，则如之何？"王曰："已之。"曰："四境之内不治，则如之何？"王顾左右而言他。

有一天，孟子对齐宣王说，假定你齐宣王的部下中，有一位大臣，把自己的妻子儿女，托给一位朋友照顾，自己到楚国去访问，等到他出国回来的时候，妻子儿女都已经冻死饿死了。像这样的朋友该怎么办呢？齐宣王说，对于这样的朋友，很简单，不理他。孟子又说，如果你下面的执法官员，没有好好尽职做事，那你怎么办？齐宣王说，那只有免了他的职位。孟子于是紧跟着问，那么一个国家的不安定，这个责任问题怎么办？齐宣王被他这么一来，大洪拳的打法太硬，吃不消了，只好不理他，随便找个其他的话题，岔过去。齐宣王此时好像和孟子下象棋，被将了一军，进退两难，下不了台了。

> 孟子见齐宣王曰："所谓故国者，非谓有乔木之谓也，有世臣之谓也。王无亲臣矣。昔者所进，今日不知其亡也。"王曰："吾何以识其不才而舍之？"曰："国君进贤，如不得已，将使卑逾尊，疏逾戚，可不慎欤？左右皆曰贤，未可也；诸大夫皆曰贤，未可也；国人皆曰贤，然后察之；见贤焉，然后用之。左右皆曰不可，勿听；诸大夫皆曰不可，勿听；国人皆曰不可，然后察之；见不可焉，然后去之。左右皆曰可杀，勿听；诸大夫皆曰可杀，勿听；国人皆曰可杀，然后察之；见可杀焉，然后杀之。故曰：'国人杀之也。'如此，然后可以为民父母。"

孟子将了一军之后，接着就使出柔道，乃至西洋拳击，硬拼硬打的都上场了。这个时候，大概孟子也看出苗头不对，准备收拾行李要走路了（这是孟子第一次离开齐国）。所以又一次对齐宣王说：所谓历史悠久的国家，不是指年代的久远，而是指文化根基的深厚，因此，参天的古木，不足以代表文化故国的气息。兼备功勋德业的世臣，才是一个文化故国的精神表率。现在您不但没有这一类的大臣，就是连真心忠于您，亲近您，而值得信任的臣子也没有。过去有人推荐了人才给您，虽然您也立即录用，可是过不了两天，把这个人的名字都忘记了，甚至于他因不被重用，悄悄离开了您，您都不知道。这怎么可以？

实际上，齐宣王最大的毛病，在于他不能真心信任臣下。后来他的儿子——齐湣王继位，变本加厉，更不能全心全意信任重臣。苏秦的弟弟苏代看出了他的弱点，报告了燕昭王，于是燕国打败了齐国，使齐国一蹶不振，几乎至于亡国。这一次，齐宣王很可能被孟子上一次大洪拳式的谈话，打得太厉害，答不出话来以后，齐宣王把他冷落在一旁，两人可能很久没有见面了。

齐宣王听孟子这么说，也只好敷衍地问，我下面那么多人，我怎么知道谁不好，应该免了谁，不用谁呢？我实在无法考核啊！孟子说，用人本来是有人事制度，可按照制度办理的，但是真遇到人才的话，就不要拘泥成规，应该越级拔用，使得人尽其才。接着孟子就对人事考核的几项原则，作了解说。

这个原则，孔子也曾经提到，在《论语》中有过记载。孟子的观点和他完全一样。他说有一个人，如果您左右的人都说他好，您不可以因此认为他好；您的高级干部们也说他好，您还是不可以认为他就真好；即使全国的人都说他好，您还是要慎重，加以考察，考察的结果，发现他真的很好，然后再用他。相反地，对于不好的人，也要这样一一查询，再经过仔细的审核，发现了他的确很坏，实在可恶，然后才可以不用他。这样，即使您下命令杀了这个犯罪的人，也等于是全国的人要杀他的，谁也不会怨恨您。要做到了这个样子，然后才可以为民父母。

其实一个国家的领导人，把全国老百姓，当作自己的子弟，予以教养爱护，使他们安居乐业，这就是老百姓最好的父母官。后世的人怕得罪帝王，而说地方官为民父母，就是脱胎于此，演变而来。

现在我们再次深入研究这段文章，这章书，是孟子在齐梁之间自己的笔记，至少也是门人记录，或者经过他自己看过、核定过的。可是这一段的内容，好像是凌空而来，与前后文的内容都不相衔接，没有关连。据我研究的看法，孟子和齐宣王两个人，一路打"太极拳"玩推手，推来推去，推到最后，孟子忍不住，突然猛击一拳，"跆拳"都上了。"跆拳"一上，齐宣王被打怕了，干脆不和孟子见面。

隔了一段时间，孟子有一天硬是轧一脚进去。见了面，孟子又改变拳路，来一套"形意拳"，骂他一顿。这就是上面的一段话。这一段的开场白等于说，你请了客人来，又不请他入席，这怎么可以呢？当然孟子不好意思说自己是圣人，只说他请来的人，如果悄悄地离开，他都会不知道。而齐宣王对他的答复——并不问有哪一位圣人贤人我没有用他，只说："吾何以识其不才而舍之？"我怎么知道谁是饭桶而叫他走路呢？这句话使得身为贵宾的孟子，听来很是难堪。孟子自己知道，很难在齐国再待下去了，可能很快就要走路了。所以才有"国人皆曰贤"、"国人皆曰不可"、"国人皆曰可杀"这三段话。因为孟子前面的"士师不能治士"和"四境之内不治"这两句话，把齐宣王和大臣们都骂进去了。这一拳是打得很重的。

可见这时，齐宣王左右，反对孟子的人很多，甚至可以怀疑，包括稷下先生们，以及推行合纵计划的，如苏秦方面的人，甚至孟尝君的门下客，都可能从中捣鬼。从孟子强调"国人皆曰可杀"的话，可见他们攻击孟子，几乎到了非去之而不甘心的程度。千古以来，政治上的倾轧，都是如此。小人与小人之争，是为了权势利害；君子与君子之争，则是为了思想意见不同。历史的成败关键，往往就种因于此。古今中外，都跳不出这个圈子，深为可叹！

高明柔克

说到这里，又使人想起清代乾隆时期的重臣孙嘉淦一篇奏议，也就是后人称为《三习一弊疏》的大文章。后来曾国藩到了功成名遂，威望足以震主的时候，他从实际人生的经验中，瞻顾上下左右，忽然想到了这篇文章，极力主张大家去细读。一方面是对湘军中如他的兄弟曾国荃等将领而发，另一方面也是希望清廷能够警觉，不要生起疑忌之心。

其实，任何一个事业的主脑人物，到了功成名就的时候，都可能有这种情形发生。无论是政治财经上的领导人物，或工商业的巨子，乃至学术教育界的权威，都必须读一读此文，深切省察，以永保成功。

有一点我们要知道的，孙嘉淦的《三习一弊疏》，是对升平时世的明主，如乾隆一类的老板讲的。换言之，中人以下的历代职业帝王们，还不足以语此。忠言逆耳，古有明训。讲话固然不容易，能够接受，能够听话的更难。只有高明的人，才肯接受逆耳之言。孙嘉淦的学养人品，素以审慎谨愿著称。如果他碰到的主子不是乾隆，大概也不会有这个奏本了。

因为孟子对齐宣王讲了这段话，使人想起距离孟子两千年后，有孙嘉淦指出，身处如齐宣王一样的环境和地位的人，应当要自己警惕的重点。所以特别附录原文，以供大家参考研究。

孙嘉淦《三习一弊疏》

孙嘉淦，字锡公，山西兴县人。康熙癸巳进士，官至协办大学士，谥文定。

此疏乾隆元年上。曾文正公《鸣原堂论》文云："乾隆初，鄂、张两相国当国，蔡文勤辅翼圣德，高宗聪明天亶，如旭日初升，四海清明。每诏谕颁示中外，识者以比之典谟誓诰。独孙文定公，以不自是匡弼圣德，可谓忧盛危明，以道事君者矣。纯庙御宇六十年，盛德大业，始终不懈，未必非此疏裨使高深。厥后嘉庆元年，道光元年，臣僚皆抄此疏进呈。至道光三十年，文宗登极，寿阳相国祁寯藻亦抄此疏进呈。余在京时，闻诸士友多称此疏为本朝奏议第一，余以其文气，不甚高古，稍忽易之。近所细加细绎，其所云三习一弊，凡中智以上，大抵皆蹈此弊，而不自觉。而所云自是之根不拔，黑白可以转色，东西可以易位，亦非绝大智慧猛加省惕者，不能道。余与沅弟忝窃高位，多闻谀言，所闻三大习者，余自反实难免。沅弟属官较少，此习较浅，然亦不可不预为之防。吾昆弟各录一通于座右，亦小宛诗人迈征之道也。"

　　臣一介庸愚，学识浅陋，荷蒙风纪重任，日夜悚惶。思竭愚夫之千虑，仰赞高深于万一。而数月以来，捧读上谕，仁心仁政，恺切周详，凡臣民之心所欲，而口不敢言者，皇上之心而已。皇上之心，仁孝诚敬，加以明恕，岂复尚有可议。而臣犹欲有言者，正于心无不纯，政无不善之中，而有所虑焉，故过计而预防之也。

　　今夫治乱之循环，如阴阳之运行。坤阴极盛而阳生，乾阳极盛而阴始。事当极盛之际，必有阴伏之机。其机藏于至微，人不能觉。而及其既著，遂积重而不可返。此其间有三习焉，不可不慎戒也。

　　主德清则臣心服而颂，仁政多则民身受而感。出一言而盈廷称圣，发一令而四海讴歌。在臣民原非献谀，然而人君之耳，则熟于此矣。耳与誉化，匪誉则逆，故始而匡拂者拒，继而木讷者厌，久而颂扬之不工者亦绌矣。是谓耳习于所闻，则喜谀而恶直。

　　上愈智则下愈愚，上愈能则下愈畏。趋跄诡胁，顾盼而皆然。免冠叩首，应声而即是。在臣工以为尽礼，然而人君之目，则熟于此矣。目与媚化，匪媚则触。故始而倨野者斥，继而严惮者疏，久而便辟之不巧者亦忤矣。是谓目习于所见，则喜柔而恶刚。

敢求天下之士，见之多而以为无奇也，则高己而卑人。慎办天下之务，阅之久而以为无难也，则雄才而易事。质之人而不闻其所短，返之己而不见其所过。于是乎意之所欲，信以为不逾，令之所发，概期于必行矣。是谓心习于所是，则喜从而恶违。

三习既成，乃生一弊。何谓一弊？喜小人而厌君子是也。

今夫进君子而退小人，岂独三代以上知之哉？虽叔季之主，临政愿治，孰不思用君子。且自智之君，各贤其臣，孰不以为吾所用者必君子，而决非小人？乃卒于小人进而君子退者，无他，用才而不用德故也。

德者君子之所独，才则小人与君子共之，而且胜焉。语言奏对，君子讷而小人佞谀，则与耳习投矣。奔走周旋，君子拙而小人便辟，则与目习投矣。即课事考劳，君子孤行其意，而耻于言功，小人巧于迎合，而工于显勤，则与心习又投矣。

小人挟其所长以善投，人君溺于所习而不觉，审听之而其言入耳，谛观之而其貌悦目，历试之而其才称乎心也。于是乎小人不约而自合，君子不逐而自离，夫至于小人合而君子离，其患岂可胜言哉！

而揆厥所由，皆三习为之蔽焉。治乱之机，千古一辙，可考而知也。

我皇上圣明首出，无微不照，登庸者硕，贤才汇升，岂惟并无此弊，亦并未有此习。然臣正及其未习也而言之；设其习既成，则有知之而不敢言，抑可言之而不见听者矣！

今欲预除三习，永杜一弊，不在乎外，惟在乎心；故臣愿言皇上之心也。语曰："人非圣人，孰能无过。"此浅言也，夫圣人岂无过哉？惟圣人而后能知过，惟圣人而后能改过。孔子曰："五十以学易，可以无大过矣。"大过且有，小过可知也。

圣人在下，过在一身；圣人在上，过在一世。书曰："百姓有过，在予一人。"是也，文王之民无冻馁，而犹视以为如伤，惟文王知其伤也。文王之易贯天人，而犹望道而未见，惟文王知其未见也。

贤人之过，贤人知之，庸人不知。圣人之过，圣人知之，贤人不知。欲望人之绳愆纠谬，而及于所不知，难已！故望皇上之圣心自懔之也。

危微之辨精，而后知执中难允。怀保之愿宏，而后知民隐难周。谨几存诚，返之己而真知其不足。老安少怀，验之世而实见其未能。夫而后欲然不敢以自是，不敢自是之意，流贯于用人行政之间，夫而后知谏诤切磋者，爱我良深，而谀说为容者，愚己而陷之阱也。

耳目之习除，而便辟善柔便佞之态，一见而若涣。取舍之极定，而嗜好宴安功利之说，无缘以相投，夫而后治臻于郅隆，化成于久道也。

不然，而自是之根不拔，则虽敛心为慎，慎之久而觉其无过，则谓可以少宽。励志为勤，勤之久而觉其有功，则谓可以稍慰，夫贤良辅弼，海宇升平，人君之心稍慰，而欲少自宽，似亦无害于天下。而不知此念一转，则嗜好宴安功利之说，渐入耳而不烦。而便辟善柔便佞者，亦熟视而不见其可憎。久而习焉，忽不自知，而为其所中，则黑白可以转色，而东西可以易位。所谓机伏于至微，而势成于不可返者，此之谓也。是岂可不慎戒而预防之哉。

《书》曰："满招损，谦受益。"又曰："德日新，万邦为怀；

志自满，九族乃离。"大学言，见贤而不能举，见不贤而不能退。至于好恶拂人之性，而推所由失，皆因于骄泰。满于骄泰者，自是之谓也。

由此观之，治乱之机，转于君子小人之进退。进退之机，握于人君一心之敬肆，能知非，则心不期敬而自敬，不见过，则心不期肆而自肆。敬者君子之招，而治之本。肆者小人之媒，而乱之阶也。然则沿流溯源，约言蔽义，惟望我皇上时时事事，常存不敢自是之心，而天德王道，举不外于此矣。语曰："狂夫之言，而圣人择焉。"臣幸生圣世，昌言不讳，敢故竭其狂瞽，伏惟皇上包容而垂察焉，则天下幸甚！

关于孟子这一节，除了上面所讲的大义以外，另外联想到几个重点，可以加以讨论。

世臣巨族门第之见

第一，是孟子对齐宣王讲提拔人才，引进人才的用人制度问题。由本节文字上"所谓故国者，非谓有乔木之谓也，有世臣之谓也"的措词看来，再加以历史上对历代人事行政的记载来参考，大凡要奠定一个新时代，开创一个新局面的时候，用人都不是依照治平时候的人事制度，都有一番新的气象、新的局面。等到天下安定以后，加上时间的历练，用人行政便不能不上轨道，要依循某种人事制度法规来进用，这也是古今不移的演变。一种制度施行久了，渐渐纰漏就出来了，这是必然的趋势。

一个有悠久历史的国家，故家世族，功臣遗荫，每每在政权体制的成规下，演变成左右政权，把持朝政的形势，成为政坛上的大包袱、大障碍，这也是历史上必然的趋势。例如两汉以后直到魏晋南北朝，士族门阀的权势，影响了四五百年的人事结构。

唐代新兴，在开创基业的时候，一个新的局面打破了这种陋习。但自唐太宗以科举考试取士以后，经过历史年代的累积，门第世臣的弊病还是照样发生。在盛唐的时候，如众所周知的李白、韩愈等名士，求取功名之初，还不是到处上书，希望那些有名的世臣们加以提拔。也有少数文武人才，是靠世臣故家的赏识，所谓"拔识于稠人"之中的，因此成为千秋佳话。"稠人"就是普通的群众的意思。如郭子仪在未得志时，由于李白的推重，才被重用。后来李白犯了死罪，靠郭子仪以身家性命力保而得救。这些历史资料，就是古今中外、千秋人情的各种反映。

到了晚唐的时候，在政坛上就有著名的牛（僧孺）、李（德裕）党派之争。李德裕乐于提拔平民出身的寒士们，等于我们现在所说的起用新人，后来李德裕被世族牛僧孺一派推翻，而内阁改组之后，被贬逐到岭南去。当时有"八百孤寒齐下泪，一时回首望崖州"的名诗，就是记载晚唐历史上这一事件。等而下之，宋、元、明、清，每个历史朝代，这些同类的故事的重演，比比皆是。其中最为悲惨严重的，那便是历史上有名的党锢之祸。

派系党祸之争

第二，是孟子讲到身为一个领导人的用人之道。无论是人才或非人才，好人或坏人，一个领导不能随便听信人言。甚至全国人都说其人可杀或可用，也不能受到群众情绪的影响，必须由"明主"来自决自裁。这种用人行政之道，在历代帝王专制的史实上，有太多数不清的资料。尤其中国历史的史家，特别强调历代的明主、贤君们在用人行政上的"不次之擢"——就是不照成规法令提拔人才。

但是话说回来，引用人才的最后取决裁定之权，全仗明主、贤君们的聪明智慧，由他自己的好恶来选择，也实在太难了。到底明主之所谓"明"，贤君之所谓"贤"，他的明，他的贤，到了什么程度？而且真明真贤之主究竟有多少？实在都是问题。历史上最令人推崇的唐太宗，他也亲自在诗上说："待予心肯日，是汝运通时。"这是极权性的坦白表达。他说，等到哪一天我心里高兴，愿意给你官做，给你富贵的时候，你的好运气就来了。以李世民之英才，尚且如此，何况等而下之的平庸之主呢！

在过去的历史上，因为人事制度不上轨道，取予裁夺，升降生杀之权，往往系于人主一时的喜怒，或出自党派的倾轧。因此，历史上冤死的人才，也是数不清的。在升平的时代，如唐、宋的党争，所谓君子与君子们在学术思想意见的争执，而形成政权上的排挤倾轧。末落的时代，则有如汉朝、明朝的党祸与派系之争。至于晚唐五代的乱世，好恶生杀之权，完全出于人主们的自决，那就更惨不可言了。这种历史的事实也很多，我们只要看看晚唐诗人杜荀鹤吊祭朋友的几句诗，便可知道了。杜的诗说："杀戮眼中皆名士，几人安稳到黄泉。"以及他的"四十年来人杀尽，似君埋少不埋多"。再加上唐末道人钟离权一首诗："莫厌追欢笑语频，寻思离乱可伤神。闲来屈指从头数，得见升平有几人。"这是多么悲哀的局面啊！当然，这些都是乱世的现象，好像与本题不大相关，其实是有关的。

随便信手举几个大家容易知道的史实来说，如刘宋时代的杀檀道济，宋代的杀曲端、岳飞，甚至如明代的杀于谦等等公案，这些罪过，都是由于人主们专权裁决之过。历史上在政坛的冤狱，岂只是少数而已！

至于由派系倾轧、政见不合所造成的，如宋代洛蜀两党之争，都标榜圣贤之学。如二程夫子等人与王安石，以至于苏东坡，这些正反双方人物，总不能算是坏人吧！而任侠好义的苏东坡，几乎也身遭不测，如果不是宋神宗的祖母太皇太后再三维护，恐怕苏东坡的性命，也早已不保了！我们且看看苏东坡最倒霉的时候，关在牢里，听到要被杀头的谣言，非常恐惧痛苦而作的诗。这时唯一令他安慰的，是浙江杭州一带的人们，为了他，请和尚道士念经，替他祈求消灾免难。他的诗说："圣主如天万物春，小臣愚暗自亡身。百年未满先偿债，十口无归更累人。是处青山可埋骨，他年夜雨独伤神。与君世世为兄弟，又结来生未了因。""柏台霜气夜凄凄，几动琅珰月向低。梦绕云山心似鹿，魂惊汤火命如鸡。眼中犀角真吾子，身后牛衣愧老妻。百岁神游定何处？桐卿知葬浙江西。"他在狱中作了这两首诗，自题为："予以事系御史台狱，狱吏稍见侵，自度不能堪死狱中，不得一别子由，故作二诗，授狱卒梁成，以遗子由。"最后又自注："狱中闻杭（州）湖（州）间民，为余作解厄道场累月，故有此句。"他作了这两首诗，拜托看守的狱卒梁成寄给他的兄弟，当然被侦察的人员拿到，不知道如何又传到宋神宗那里去了，皇帝看了也很难过，便说："我并没有一定要他死啊！"因此反而没有事被释放了。以苏东坡的旷达才情，真碰到要命的时候，也还是说："圣主如天万物春，小臣愚暗自亡身。"甚至也会："梦绕云山心似鹿，魂惊汤火命如鸡。"是多么的可怜。像这一类的事件，又完全靠那个为人主的皇帝在左右大臣们皆曰可杀时，作了聪明睿智的决定，平反了他的冤枉。当然，最大的影响，还是皇帝的老祖母。所以当太皇太后死时，苏东坡痛苦极了，他又写下两首名诗："巍然开济两朝勋，信矣才难十乱臣。原庙固应祠百世，先王何止活千人。和熹未圣犹贪位，明德惟贤不及民。月落风悲天雨泣，谁将椽笔写光尘。""未报山陵国士知，绕林松柏已猗猗。一声恸哭犹无所，万死酬恩更有时。梦里天衢落云仗，人间雨泪变彤帷。关雎卷耳平生事，白首累臣正坐诗。"自注题为："十月二十日，恭闻太皇太后升遐，以轼罪人，不许成服，欲哭则不敢，欲泣则不可，故作挽词二章。"这里所说的太皇太后，是宋神宗的祖母，也是历史上有名的贤后。她是名将名臣曹彬的孙女。他在诗中所说"先王何止活千人",是指在宋史上,仁宗皇帝和皇后,的确是很了不起的。应该说,都是读通了孔孟之学的吧!

我们牵扯了这些历史故事,都是为了讨论孟子和齐宣王对话的主题。当然,最重要的,由此可见孟子当时在齐国受排挤、受威胁的严重性,所以有不得不走的趋势,同时他所说对于用人行政的主旨,在当时封建制度的君主专权之下,不好太明白表露出君主必须要尊重人民,实行民主法治。但今日民主法治的要义,也已经隐约在其中矣。

民主难,法治也不易

第三,讲到选拔人才和用人的民主法治,我们拿孟子在这一节说话中的语意,来证之于近代和现代西方文化民主法治下的各种形态,也会有很多的感想。过去历史上一切的决定权,都取决于君王,实在是不合理,毛病很大也很多。但真正的全民民主可也真难说,要讲真正的全民民主,先决的条件,除非是真正做到全民都是圣贤。至少要全民的教育水准、学识修养都能达到一致的水平才可以。不然,千万不要忘了群众有时的确是很盲从盲动的。众人之纷纷,不如一士之谔谔,那也是不可否认的事实。所以国人皆曰如何如何,也并不见得就是真正的是非善恶。因此一个强有力的君主,他的主张的确具有百分之百决定性的影响,这就必须靠君主的聪明睿智了。我们放眼看今日西方文化的民主,尤其如美国模式的民主,群众所公认选举的,又何尝一定全是好的?至于幕后操纵在资本家手里的暗潮,更不必谈了。

现在转回来再说孟子当时对齐宣王说这一段话的时候,他虽然不像我们上面所讨论的三点那样具有严重的威胁,但齐宣王已经很不是味道了。总之，无论是天下大事如国家的拔用人才，小则如一个公司行号，乃至一个小小团体，人挤人，人排人，总是难免的。因为人这个生物，天生就是如此不成器的。所以一个当主管的、当家的，一定要切记"士无论贤愚，入朝则必遭谗。女无论美丑，入宫则必遭嫉"的原则，然后处之以仁义，运用以智慧德术，或者效果会好得多。

> 齐宣王问曰："汤放桀，武王伐纣，有诸？"孟子对曰："于传有之。"曰："臣弑其君可乎？"曰："贼仁者，谓之贼；贼义者，谓之残。残贼之人，谓之一夫。闻诛一夫纣矣，未闻弑君也。"

对圣人怀疑的趣话

上一次孟子打形意拳式的讲话，大概说得齐宣王也有点不好意思了，于是有一次和孟子谈起来，他问孟子，商汤把夏桀放逐到南巢去，武王出兵牧野攻伐纣王，有这件事吗？夏朝的末代皇帝桀最暴虐，弄得民不聊生，于是他的大臣成汤兴起，把桀赶到蛮荒的南巢去，汤取而代之做了君王，称为商朝。而殷商的最后一代后帝纣王，也是因为暴虐，而周武王起兵把他杀掉，也取而代之，这是大众都知道的过去两次历史上所谓真正的革命。现在齐宣王对这历史革命发生了怀疑，而提出来问孟子，是不是真的有这回事。

怀疑历史是件有趣的事，写《厚黑学》的四川人李宗吾，又自称是"厚黑教主"。所谓"厚黑"，脸厚心黑也。这位"教主"也是我相识中的老一辈朋友，其实他本人一点也不厚黑，可以说还很厚道，只是喜欢写反面文章来讽世而已。这位怪才，也是怀疑尧舜之为圣人的问题，还说这是他的发明，其实他前辈同宗明朝的李卓吾，已经开其先例。还有明朝末期的一些名士，也曾提出尧舜的禅位问题来讨论过。《木皮散客鼓词》里也是怀疑尧舜的，其中有一段就说到尧是为了自己的儿子无能，怕他将来保不住江山，被不相干的人夺去，就太可惜了，而见到舜很孝顺，又有能力，所以就把自己两个女儿嫁给舜，把舜收为了自己的女婿，女婿是有半子之分，由女婿即位做了皇帝，那么自己的儿孙，还是可以享受荣华富贵的。而李宗吾的《厚黑学》立论，却完全是从李卓吾和《木皮散客鼓词》上学来的，可惜他死了，如果还在的话，见了面，我可一定要骂他不老实，侵夺了别人的著作权。其实对于历史的怀疑，由本文便可证明齐宣王在那个时候，就已经提出来了。

孟子碰到这个问题，知道不大好答复，但是他答得很高明，完全用外交辞令说，在古书上是这么说的。言外之意，还可能"待考"呢！齐宣王说：这不是臣属的叛逆行为吗？为人臣怎么可以杀国君呢——齐宣王可忘记了，他田家的上代田和，何尝不是这样把姜太公的后代吕贷——齐康王送到海边，篡了王位而当起齐威王来，吕氏主祀就此断绝的。

但孟子对于这个问题的答案，作了历史性的解释，对中国文化的政治哲学，提出了两个观念。他说，这不是臣弑君，不是叛逆。只要一个国家的领导人违反了仁道，就算是坏人，就叫"贼"，不够资格做领导人。违反了毁坏了义理和道义的，就叫作"残"，他是冷酷无情的、是心智不完整的、精神有缺陷的人。这种贼仁残义的人，就是"独夫"。所以汤、武的革命，只是去掉一个独夫，并不算是叛逆的行为。这是中国历史文化的政治哲学，儒家大部分都强调这一点，在我看来，这是历史上的问题。司马迁虽然没有标明，但隐约间也透露了，他并不同意孟子这种看法。

除了司马迁以外，后世写历史的人，一直依照孔孟的这种思想，不敢有丝毫违反。不过，中国几千年来，对这个历史采取怀疑态度的人很多，只因在儒家的权威之下，不敢过分反抗，所以这一方面留下来的文字，并不太多，现在提几则小故事来看看。

在古人的笔记资料里，提到唐代名臣高定，他在幼年七岁时，读《尚书·牧誓》这一篇，里面说周武王集合诸侯，在牧野这个地方，誓师讨伐纣王的故事，也就是孟子这里所说汤、武革命的事。高定就对他父亲高郢说，做臣子的怎么可以用兵杀国君呢？高郢说，这件事是应天命顺人事的事情，不比一般的叛逆。孩子都是喜欢打破沙锅问到底的，于是他追问父亲说，听话的人，连他已经死的祖宗三代都会得到奖赏。不听话的人，就要被杀掉，这难道也叫作应天命顺人事的事吗？结果他的父亲答不出话来，拿不出任何理由对他解释。

这高定的思想，也不能说他不对。所以后世有些人，对于儒家过分强调标榜的思想，往往持高定这一类的态度。人类的思想观念，在有了怀疑时，提出来讨论，才可获致真理，否则过分强调某一思想的权威性，另外又过分压制别的思想，则并不见得有什么好处。

另外一个故事，宋代的名儒李觏（字泰伯），是一位很有风格的人，文章也写得很好。但他素来不喜欢佛，也不喜欢孟子，常常骂佛、骂孟子。他喜欢喝酒，有一天，一个政坛上地位很高的朋友，送了他许多高级名酒，他自己家里也做了些好酒。有一位读书人很想喝他的酒，但又喝不到，知道他喜欢骂孟子、骂佛，于是作了几首骂孟子的诗送给李泰伯，第一首诗是关于孟子说尧舜事："完廪捐阶未可知，孟轲深信亦还痴。岳翁方且为天子，女婿如何弟杀之？"他说历史是很难相信的，有许多舞弊不光彩的事情，未必会写上去，但孟子偏偏去相信历史，真是不够聪明。有些史料，是否有问题，还不得而知。至少在《孟子·万章》篇中记载完廪捐阶的事。是说，唐尧当皇帝的时期，自己非常俭朴节省，住的也只是"茅茨土阶"而已，但赐给舜仓廪和牛羊。以后，舜的父亲与异母弟弟象，想害他，叫他爬上仓库顶上去整修仓顶，却在下面放火烧他。结果舜在事前已受到两位太太的指教，把预先穿上去的大衣服张开，像飞鸟一样地跳了下来，安全地逃过这场火灾。后来，又叫他去凿井，然后投井下石想压死他。结果，舜又经太太的设计，预先在井的内壁旁边，打通隧道，压阶而上，安然无恙地出来。这首诗说，舜是尧的女婿，岳父做皇帝，舜的弟弟怎么敢去杀他。所以孟子相信历史的记载，实在很傻！

他的第二首诗说："乞丐何曾有二妻，邻家焉得许多鸡？当时尚有周天子，何事纷纷说魏齐。"他批评孟子的话说：孟轲说齐国有一个人，在外面讨饭为生，而家里却有一妻一妾，哪里有讨饭的能娶得起两个老婆，而且邻居们哪有这许多鸡给他偷呢？还有孟子那个时代，中央政府，周朝的天子还在那里，他应该和孔子一样尊周而讲王道，何以他不到周天子那里去帮助中央政府推行仁政，反而去游说齐国、魏国的诸侯，还想把他们培养成功，取周室而代之，这不是不对？我们知道，孟子是赞成汤武革命的，并不像孔子是主张尊周的，这也是事实，而这位读书人就凭相隔几千年的习惯和想象来骂孟子。李泰伯读了他这两首诗，引为知己同志，大为高兴，请他喝酒，一边喝酒，一边谈话骂孟子，连过几天，也骂了几天，把所有的酒都喝完了，这位读书人也走了。

几天以后，又听说有人送酒给李泰伯，于是这个书生不作诗了，作了三篇文章，名为《仁义正论》，都是骂佛的，送去给李泰伯。李泰伯看了他的文章后，知道这书生又是想来喝酒的，于是笑笑说，你的文章真好，可是上次的酒都被你喝光了，弄得我自己好久都没有酒喝，非常难过，对不起，这一次你尽管骂佛，请原谅我再不敢留你喝酒了。

金、元时期的名诗人元遗山，有一次，经过殷商的首都朝歌，也对武王伐纣的历史，兴起怀疑的感慨，他曾作了《北归经朝歌感寓三首》诗。其中的两首，也牵连到尧舜的"茅茨土阶"和纣王的造九层台，以及后来的墨子，因路过朝歌，对地名常有歌乐意味的反感，就立即回车、不肯经过朝歌的历史故事，提出怀疑的评论说："黄屋何曾土作阶？祸基休指九层台。书生不见千秋后，枉为君王泣玉杯。""墨翟区区不近情，回车曾此避虚名。采薇唯有西山老，不逐时人信武成。"

其实，对于尧舜禹三代禅让传位的怀疑，以及有关汤武革命的批判，都是后世人吃饱了饭很无聊的闲事。尧舜禹三代的禅让，在古文的记载上，明明告诉我们是"禅"，是"让"，已经很明显地说出"禅"，就是退位递补的意思。"让"，就是让送的意思。既然又让又禅，其中多少有些过节，但在过节当中，毕竟很坦率自然地把自己一手所掌握的天下权位交出去，并没有恋栈而不舍，也没有交了以后有怨恨的，这就不是一般常人所能做到的。他们所以能够如此做，当然道道地地可称之为圣人的行为，又何必多此一举，用后代世道人心的不古，而反证古人也必如后人的勾心斗角，而且是必须要把它拉到和自己当代同样的坏才算是合理？这岂不是读书人思想上的癌症，是多余的致命伤吗？

对汤、武革命的疏解，也是一样，古书上明明告诉我们这两代的历史事件是革命性的，事实上，也说明是出兵去征伐的。可见古人并没有文过饰非，故意加上那些好听的名词来骗后世的人们。只因为桀、纣不道德，虽为全国之君，而弄得民不聊生，水深火热，劝又劝不听，谏也谏不了，要他改又不肯改，谁也阻止不了，那么，汤、武不起来革命，难道要全国的人民生命财产完全毁于一个精神不正常的暴君手里，才算对吗？所以汤、武起来革命，充其量，也只能说出于被迫，不得已而倒行逆施，然后归之于正。何必另加曲解，硬认为他是蓄意图谋叛逆，早就想取而代之了。例如现代历史，孙中山先生领导全民革命的全盘经过事实，也便可以证明真正革命的意义，确是出于不得已，确是抱有一种悲天悯人、救国救民的志愿。如果硬要说汤、武的革命早已别有用心，则也可说是"欲加之罪，何患无辞"。这也是读书人思想上的恶性瘤。至于后世的儒生们，硬要把汤、武征诛，汤、武革命，加上极其冠冕堂皇的文句，强调应天顺人，那也只能视为秘书人才的文告手法，必须如此写作罢了。所谓"应天顺人"的文字涵义，也便等于现在有些国家的人民不满政府到了极点，希望早点变天而已。有人善用文词，便写成了"应天顺人"。读通了书，懂了道理，这些只是文字上的花枪，又有什么稀奇。不过，自从汤、武用过"革命"一词之后，后世的变革，甚至是抢劫、残杀，也便借用了什么"革命"等等的名词，这就等于老子、庄子们所说"仁义"一词，被后人假借乱用之过，两者实在不可一概而论。

所以我们要知道，凡是这些问题，都只是思想上、文词上、论理上的是非——逻辑问题，并非人事上实际的善恶问题。如果把文字逻辑的是非问题，硬用到实际人事上的善恶问题，有时候，会使你产生无可挽救的偏差而弄得害世害人不浅。不过，这个专题的确也很不简单，不是三言两语可以讲得完的，必须另作一个专题，在此只好打住，不再多做讨论了。

学非所用用非所长论

孟子见齐宣王曰："为巨室，则必使工师求大木。工师得大木，则王喜，以为能胜其任也。匠人斫而小之，则王怒，以为不胜其任矣。夫人幼而学之，壮而欲行之。王曰：'姑舍女所学而从我。'则何如？今有璞玉于此，虽万镒，必使玉人雕琢之。至于治国家，则曰：'姑舍女所学而从我。'则何以异于教玉人雕琢玉哉？"

有一天，孟子再见齐宣王，对齐宣王说，假如你要建筑一座巨大的宫殿，一定会命令负责工程的人，先去找很高大的木材——古代还没有钢筋、水泥，只有找大木材了——负责工程的人，找到了高大的好木料，你一定很高兴，认为他了不起，能够胜任这件工作。当然，从森林中砍伐来的原木，还不能立即拿来作梁、作柱，一定还要经过加工整理，用斧用锯，修整到合用为度。结果你看到他们把得来不易的大木头削小了，你一定很生气地认为他们没有善尽职守。一个人从小学一样东西，等长大了，要施展所学的时候，你对他说，不要管你所学的那一套，跟我走，照我的办法就好了。你齐宣王想看看，结果会是怎样呢？

再假定现在有一块很好的玉石在这里，虽然价值达二三十万两黄金之巨，也一定要"使"琢玉的工人依他的学识技术，把它雕琢好才可以。你现在虽在寻求治理国家的人才，但你却要求那个人放弃平生所学，跟着你的方向，照你的办法去做，这样岂不等于叫琢玉的人，放弃他所学的技术，照你的办法去琢玉一样，这怎么行得通呢？

这一段的背景，是孟子在齐国已经逗留好几年了，很不得志，孟子很着急，不得不像下象棋一样，要将上一军了。他对齐宣王说了这么多话，齐宣王一动也不动，没有听他的意见实行仁政，似乎有一点点震动了孟子的浩然正气，好像胡子都翘起来了。

说到这里，可看清一个事实，凡是一个知识分子，有了学问以后，想实行他的理想，有所作为，在际遇不好、机会不来的时候，都是这般痛苦的。过去如此，将来也还是一样。读了这段书，仔细想想，真令人不禁有许多感慨。中国过去有句俗话："学成文武艺，货与帝王家。"（古人对于文学、武学，叫作文艺、武艺。古人这个"艺"字用得非常好，不管是文学、武学，或任何学问，修养到了艺术的境界，才算有相当的成就。学武也是一样，学到了相当的程度，才称得上武艺，入于艺术境界，也就是所谓"化境"。不像日本人，有所谓一段、两段，一直到九段。日本武术的分段法，是由中国佛家禅宗的"浮山九带"蜕变而来的。）上面引用的这句古话，相当深刻，从这句话来看，人都有不满现实的情绪，尽管学问好，本事大，卖不出去，也是枉然。孟子卖不出去，孔子也是卖不出去，在《论语》中记载着孔子说的："沽之哉！沽之哉！"结果到了流动摊位上，还是卖不出去，永远是受委屈的一副可怜相。孟子也一样，现在和将来的人也是一样，卖不掉的时候，都很可怜。这就是世间相。过去是将学成的文武艺卖给帝王家。现在呢？是卖给工商巨子、大资本家。中国的知识分子，几千年来都是如此。沿街叫卖闹莲花的，又岂止是我们这位亚圣夫子而已。

另一方面，那些大老板的买主们，态度都很令人难堪，不但是讨价还价，苛求得很，有时候对知识分子就像对上门兜售的小贩一样，看也不看一眼，一挥手，一个劲儿地比着："去！去！去！"你把黄金当铁贱卖给他，他也不理，就是那么个味道。

我在小的时候，父亲告诫我两副语体的对联说："富贵如龙，游尽五湖四海。贫穷如虎，惊散九族六亲。"另一副说："打我不痛，骂我不痛，穷措大（现在叫穷小子）肝肠最痛。哭脸好看，笑脸好看，田舍翁（现在叫有钱人）面目难看。"活了几十年后，对人间事阅历多了，回头再想这副联语，的确是世间的淋漓写照。孟子的仁义之道，在齐宣王那里兜销不出去，他也不想再看这副脸色了。

在古代，尤其春秋战国间，知识分子第一个兜销的好对象，当然是卖给人主——各国的诸侯，执政的老板们。如果卖出去了，立即就可平步青云，至少可以弄个大夫当当。其次，卖不到人主，就卖给等而下之的世家，如孟尝君、平原君等四大公子，一般所谓卿大夫之流，能够做他们的座上客，也就心满意足了。实际上，名义虽称之谓"宾客"，也不过是一员养士而已。如弹铗当歌的冯谖，即是如此。到秦始皇统一天下以后，曾经下了逐客令，当时李斯也在被逐之列，临行之时，上书劝谏，秦始皇觉得有理，于是收回成令，李斯后来因而得以重用。虽然如此，各国诸侯的灭亡，对养士风气不能说不是个打击，这一阶段的读书人，是比较凄凉悲惨的，大多流落江湖，过着游侠的生活，这就是汉初游侠之风盛行的主要原因。

攀龙附凤——读书人的通路

汉代的初期，差不多也还有秦代轻视读书人的风气。秦始皇焚书坑儒，固然杀了很多读书人，但留下来的读书种子仍然不少。例如为汉代初创政治礼仪最著名的叔孙通，在汉高祖起义，到处征伐的时代，叔孙通便盯着他，跟来跟去的，很想把他的学问卖给汉高祖，可是总是卖不出去。当时汉高祖看见读书人就骂，甚至把儒生们的帽子拿来当便器用。叔孙通和他身边的许多学生，只有忍耐。有时学生们急了，催促他走了算了，叔孙通一直劝学生们忍耐等待。

等到汉高祖统一天下以后，中央政府里，都是和汉高祖一道起来打天下的好汉们，其中有许多还是地方上的流氓地痞。上朝、开会，都没有秩序，更没有气度。在朝廷开会的时候，饮酒争功，吵闹咒骂，甚至有当场拔剑击柱的，乱七八糟，没有一点体统，倒很像一群流氓在聚会生事。

乱无章法的朝廷会议，使汉高祖感到头痛之极，就采用了叔孙通的建议，颁布一项重要的律令，叫作"朝仪"。本来，汉高祖对儒生是看不起的，也没有信心，但聪明的叔孙通，看准了汉高祖烦厌廷臣不守秩序的心理，就对他说："夫儒者难与进取，可与守成。臣愿征鲁诸生，与臣弟子，共起朝仪。"这下只好依叔孙通了。于是叔孙通召集了一百多人，照规范排练了一个多月。就像今天庆典，先要学生练习排字，或大会操、团体舞一样，等精娴熟练了，才请汉高祖观礼。汉高祖看了大为高兴，于是命令群臣学习，这是汉高祖六年的事。第二年，高祖七年十月大会群臣，皆依朝仪行事。并由御史做监督，若有哪个举动不合礼仪的，立刻抓起来轰出去。于是举朝秩序井然，无人再敢喧哗失礼。汉高祖坐在龙位上，高兴极了，得意洋洋地说："吾乃今日知为皇帝之贵也！"——我直到今天才知道当皇帝是何等威风啊！他高兴之余，马上拜叔孙通为"奉常"，等于礼部大臣，并赐黄金五百斤，并且封他的学生们也都为郎官。

后来，陆贾又屡次建议汉高祖，推行诗书礼教。汉高祖听得不耐烦了，就破口骂道，你啰唆什么？老子的天下是马上打来的，什么诗啊书的，有屁用——"乃公居马上得之，安事诗书。"陆贾说，不错呀！你的天下是骑在马上打来的，可是你不能够还一直骑在马上当皇帝——"居马上得之，宁可以马上治之乎？"应该坐在宫廷的大位上治理天下了。

陆贾这个人很会讲话，很有办法，也很高明的，他曾先后代表汉高祖、汉文帝出使南越王赵佗，稳住了两广、南越一大片属国。并和陈平、周勃联手，平定吕氏诸王，拥立了汉文帝。

当时汉高祖听了陆贾的这句话，认为很有道理，要他详细报告，后来陆贾一连提了十二次建议——上奏章，汉高祖都说好，全部采用。这十二次奏章后来编在一起，就是有名的陆贾《新语》。

由这两件事看来，可见历史上许多读书人，大多同叔孙通一样，功名富贵必须靠嘴巴游说，或靠别人的推荐。运气好，就推销得出去，否则便穷愁潦倒一辈子。

当然，有不少是例外的，如孔孟之圣，如高士之高，隐士之隐，名臣大臣之精忠亮节，有许多可歌可泣之事。但在汉初那个时候，知识分子的功名富贵，还是靠嘴巴来游说，或者靠别人的推荐。

到了汉武帝以后，才有了选举制度的创立。那时的选举，是真正的选举，不像现在，竞选是竞而选之，靠竞争，那已不是中国文化的选举精神了，所以只可以依着西方文化叫作"竞选"。汉朝的选举，是由地方官和地方人士，平常就对贤良方正、孝悌忠义等品行加以考察，凡是有学识、德性高超的人，由地方官推荐称贤，向朝廷保举上去，称为"孝廉"。清初的博学鸿词征召，也是套用这个制度而来的，这样叫作"选举"。这种汉代初期的选举，一直沿用到汉末，但也变了质，人才推荐的出路都由世家门第把持，由平民出身的读书人，很不容易飞黄腾达。即使同是平民读书出身，到了权位关头，竞争排挤，也事所难免。例如汉武帝时代的名相公孙弘，结果也会排挤董仲舒，所以元人李过庭的诗说："古来好客数平津，我道真龙未必真。一个仲舒容不得，不知开阁为何人？"

在南北朝混乱的时代，读书人的出路就靠门第，靠名士们的揄扬推荐。所谓"门第"，就是有祖先父母的余荫，同时还带有现代人所谓"学阀"的那种味道。由于仕途受了这类世族子弟的专横把持，所以天下事也就不问可知了。

唐代选举的进士

在唐代的时候，唐太宗确立了考试制度，于是读书人埋头苦干，十载寒窗，一朝登第，一步一步，钻到功名场中。一直到现在，都在隋唐时代所创立的考试制度的精神下，使得考试成为知识分子求得功名富贵的必经之路。因此在隋唐以后，有很多的文学作品，赞颂由考试所取得的功名科第。社会上，每个家庭，每一个读书人都在祈求，希望由科第而考取功名，来光耀门楣，荣宗耀祖。到了清朝，甚至连做皇帝的乾隆，还想暗地化名来参加考试，偷偷尝试那考取进士的味道呢。所以以前教育儿童的读物，便有"天子重英豪，文章教尔曹。万般皆下品，唯有读书高"的格言。当然，这些话到了现代工商业的社会，完全变成落伍的陈腔滥调了。现在应该可以将它改为："社会重金条，技能须学高。万般皆上品，唯有读书糟。"

其实，在从前，考取了科第功名是一回事，有了功名，能不能在宦途上飞黄腾达，又是另一回事。许多人就是有了功名，没有门第，没有背景，没有人提拔，还是一样的清寒一生，只比那没有考得功名的白丁略胜一筹而已。例如在唐代诗的文学中，大家都读过秦韬玉的《贫女吟》，便是感叹这种宦途不遇而发泄的无奈和悲哀。同样的情形，借贫女来作寄托，抒发自己怀才不遇的诗，还有唐末诗人李山甫的一首名作："平生不识绮罗裳，闲把簪珥益自伤。镜里只应谙素貌，人间多是重红妆。当年未嫁还忧老，终日求媒即道狂。两意定知无处说，暗垂珠泪滴蚕筐。"第三句和第四句，就是感叹社会人情现实的可怕。第五句第六句，是说自己在年轻时代意气飞扬，非常自负，但早已顾虑到青春逝去，年华老大，还是早点找归宿才好，所以一直托人做媒，不过，别人却笑她疯，认为以她的美丽才华，不怕没有对象。最后说，现在呢？什么都没希望了。还是一个贫女终老，每天做做苦工，只有对着蚕筐暗自滴泪了。这是读书人多么有趣的讽喻，但其中又含有多少的悲哀啊！时代虽然不同，人情世态还是一样，即如现代读书人，得到了博士、硕士学位以后，同样的，也是"货与帝王家"，出卖给那些能付你薪水高的人，三万、五万一个月，非向他低头不可，只不过现在是由帝王家的买主，一变而为资本家的老板而已。

由此看来，孔孟以下，古今中外的读书人，大多是那么可怜，有时还卖不出去，像孟子一样。他和齐宣王这一次的谈话，就可想而知，有点类似买卖不成仁义在，讨价还价的味道。在这节书中，已可看出，齐宣王与孟子之间的往来，差不多快要结束了，同时孟子和齐宣王也都已过中年。我看齐宣王倒蛮有福气，舒舒服服地过了一生，人也蛮可爱的。老实说，孟子这样顶撞他，假如换作后世一些帝王，很可能不会接受，认为你孟某人谈了半天都是空话，我爱用你的意见就会用，我不用你，你就乖乖地领薪水吃饭，还来什么玉人、匠人、工师的，我现在不要盖房子，你工师又怎么样！假如是另一种个性的齐宣王，就告诉他，我现在不想盖房子，璞玉也找不到，你让我清静清静好吧！或者是"王拂袖而起"，以示冷落，不接受。

齐燕之战——历史战略的经验

而在孟子方面来说，平生志学孔子之道——"祖述尧舜，宪章文武。"而今遇非其主，言不听而教不从，"良禽择木而栖"，又何必为了生活而贪恋禄位，只是尸位素餐而已。因此他的去志已坚，只是还有老母待养，拖家带眷，不得不使他为现实生活、现实环境而踌躇再三了。

孟子终生奉母教

大家都知道，孟子的一生，除了他天生本质具有圣人之资以外，还有一个最大的助力，那便是一位贤母的教导。孟子不但在幼年时期、少壮时期，接受了母亲严谨的教育，即如这一次与齐宣王话不投机，决心要去齐的时候，又是接受孟母的鼓励，使他去志更加坚定。如《孟子外书》所载的母教，也正是他们母子俩在这个时期的故事。

> 孟子处齐为客卿，居常有忧色，拥楹而叹。
> 孟母见曰：子拥楹而叹，若有忧色。何也？
> 对曰：轲闻之，君子称身而正位，不为苟得而受赏，不贪荣禄。今道不用于齐，愿行，而母老，是以忧色。

孟母曰：妇女之礼，精五饭（稻、黍、稷、麦、菽五种饭类），幂酒浆，缝衣裳而已。故有阃内之修，而无境外之志。《易》曰："无攸遂，在中馈。"《诗》曰："无非无仪，惟酒食是议。"以言妇人无擅制之义，而有三从之道也。故幼则从乎父母，嫁则从乎夫，夫死则从乎子，礼也。今子成人也，而我老矣。子行乎子义，吾行乎吾礼。子何忧也。

孟子和齐宣王最后几次谈话，齐宣王在礼貌上虽然还相当尊敬孟子，但实际上已大有貌合神离的味道。孟子觉得不需再留下去了，心里很不自在。心有所思，容貌上不免略现愁苦之色。有一天，手搭着前门的柱头发呆，轻轻地叹息。

孟母早就看在眼里，心里有数。再次看到这种情形，就不得不问他了：儿啊！你为什么在这儿唉声叹气的，愁眉不展呢？

孟子听到母亲在问话，不免自悔失态，但又不能欺瞒母亲，因此便答道：儿子认为一个君子，应该知道进退之方。一个人的立身出处，必须名正而言顺，有为有守，不可以苟且求取荣誉与俸禄，贪受不义而不应该的赏赐。如今我和齐宣王话不投机，看来他是绝对不会接受王道政治思想，自然就无法在齐国实行仁政了。在这种情形之下，儿子觉得再不能待下去，但是想到您老人家年纪大了，更不宜远游，使您老人家受苦，所以左右为难，决定不下。

孟母听了孟子的对话，又是一本正经地说：一个妇道人家，只要安安分分地烧饭、煮菜、酿酒、缝衣裳，那是应守的本分。妇女的德行是专重家务的操持，不应该多管外务才对。《易经·家人卦》的六二爻辞说："无攸遂，在中馈。"家庭主妇没有向外发展的必要，只需管理家务，主持中馈便好了。《诗经·小雅·鸿雁·斯干》上也说："无非无仪，惟酒食是议。"一个贤良的主妇，平日不说什么东家长、西家短的是是非非，只要把家务和全家饮食起居料理妥当就好。

这些上古的名言，都是讲到妇人不该弄权，不要对外务擅作主张的意思。

况且自古以来的传统，妇人有三从之德：一、在幼年的时代，要依从父母。二、在婚嫁以后，就要顺从丈夫。三、如果丈夫去世了，儿子已是一家之主了，就要以儿子的前途为中心，加以辅助。

这是合情合理的事。而今你已长大成人，我也垂垂老矣，你不但已是一家之主，而且你走的是顶天立地大丈夫应走的仁义之路，我当然跟着你、赞同你。即使在生活上清苦一点，也是我应该分担的分内之事。你不必为了我而迟疑不决，果敢地决定你的方针吧！

我们读了这一节书，可以推测，孟子听了他母亲的这番话之后，宽心大放，去志更坚。不过，到正式离开齐国，还要一段时间来料理事务。因此，接着还有后文。

　　齐人伐燕，胜之。宣王问曰："或谓寡人勿取，或谓寡人取之。以万乘之国，伐万乘之国，五旬而举之，人力不至于此。不取，必有天殃。取之何如？"

　　孟子对曰："取之而燕民悦，则取之；古之人有行之者，武王是也。取之而燕民不悦，则勿取；古之人有行之者，文王是也。以万乘之国，伐万乘之国。箪食壶浆以迎王师，岂有他哉？避水火也。如水益深，如火益热，亦运而已矣。"

孟子的策略——规之以正

从这段记载看来，战国时代虽然已经很乱了，但是比起现在世界各国，用武力征服了人家，接着就并吞占为己有的情形要好些。所以齐宣王也还是蛮可爱的，竟然把这个问题提出来问。

这件事发生在周显王三十六年，齐宣王十年之间，也正是苏秦身佩六国相印的后期。燕国的国君文公死了，他的儿子易王继位，齐宣王是乘人国丧而去趁火打劫的。

　　齐国派兵去打燕国，在短期间内，齐国很快就把燕国打败了，齐国获得全胜，占领了燕国十个城池。齐宣王征求孟子的意见，问孟子说，有人建议我到此为止，不要把燕国并吞。也有人建议我，现在就把燕国并吞下来算了。以我这万乘之国的齐国，而去攻打万乘之国的燕国。在相等的国力之下，竟然不到两个月的时间，就把燕国打败了。这种胜利，似乎非人力所能为，看样子是天命。假如不把燕国拿下来，就是违背了天意，上天会降下灾难的。我看还是把燕国拿下的好。你孟老先生以为怎样？听听你的高见如何。

　　孟子告诉他说，假如你把燕国占领了，燕国的老百姓很高兴、很愿意的话，就不妨占领下来。古代曾经有这样的例子，那就是周武王。假如你占领了燕国，而燕国的老百姓不高兴，不愿意的话，那就不要占领，古代也有这样的历史经验，像周文王就始终没有起兵伐纣。

　　后世的说话，标榜文王是"不忍心也"。假如暂且推开王道精神不谈，只从谋略的观点来看，实际上是文王看得很准，在他那个时候，时机还没有成熟，在他自己手里来不及了。况且姜尚（太公）七十多岁才遇文王，而文王那时已经九十多岁，步入迟暮了。等到他儿子手里，纣王还不能反省转变的话，那么，一切的机缘成熟，才能一举成功。所以他把这个事业，留给儿子去完成。

　　这个历史故事被曹操"翻了版"，有人向曹操劝进，取汉献帝而代之，曹操说："若天命在吾，我其为文王乎！"下面意思就是说，让我儿子去干吧！

　　孟子接着又针对这次齐国伐燕国的战役对齐宣王说，如果以万乘之国伐万乘之国，在相等的国力下，只有五十天的时间，就打败了对方，而对方的老百姓们，拿了吃的、喝的，来欢迎你的部队。

没有别的原因，只因为他们的内政太乱了，老百姓们一心想要避开水深火热般的暴政，所以欢迎你去解救他们。假如你去了，老百姓生活得更痛苦，那怎么行呢？原来的统治是暴虐的，而你又更暴虐。这样，只不过是换一个暴虐的"手"而已。——这个"运而已矣"的"运"字用得很妙，可以作"换一手"解释，也可以解释为"也会轮到你遭遇同样的失败下场"。这"运"是运转，有如佛家说的轮回果报。

这一件事，在另外有些史书上的记载，孟子当时却是另外一种说法。因此，这件事成为历史上的一个大疑案了。

据《战国策》的《燕策》记载，孟子对齐宣王所说取不取燕国的话是："今伐燕，此文武之时，不可失也。"

但是《史记·燕世家》却说，孟子这些话是对齐宣王的儿子齐湣王说的。

苏秦口辩轻取十城

但据后世考证，本书上这一次的对话，应该是孟子对齐宣王说的话。至于"今伐燕，此文武之时，不可失也"的话，大致确定是孟子对齐湣王说的话。孟子第二次再到齐国，也就是湣王当政的时代，而且居留在齐国的时间也比较前一次长久，或者有此一说？

燕齐两国之争，也是历史上的大事。这一次的战役，齐宣王虽然也征询了孟子的意见，但到底没有采用，结果还是取了燕国十城。

燕易王没有办法，就来找苏秦理论了。他说："往日先生至燕，而先王（燕文公）资先生见赵，遂约六国从（亲），今齐先伐赵，次伐燕，以先生之故，为天下笑，先生能为燕得侵地乎？"

苏秦被燕易王这一责问，惭愧难受到了万分，他便很肯定地说："请为王取之。"——我一定可以为你燕国收复这十个城市的失地。

于是苏秦便转到齐国来见齐宣王。他首先向齐宣王朝拜，庆祝他打燕国的胜利。随后站起身来，便仰起头，对着齐宣王故作吊丧式的悲悼状态。齐宣王看了他的举动，莫名其妙，就说：你何以这样举止失常，一忽儿向我庆祝，一忽儿又那么悲伤？

苏秦说：燕国虽然弱小，但也是秦王的少婿呢，你齐宣王只顾眼前的利益，侵略了他十个城市。可是你知不知道，这样一来，你便与西陲的强邻秦国，结了不解之仇了。"今使弱燕为雁行，而强秦制其后，以招天下之精兵，是食乌啄之类也。"燕国好比一只飞行的孤雁，猎人看了，当然忍不住要射击，殊不知这只孤雁的后面，就跟着一只强有力的大猛鹫。你在前面射下了孤雁，它就趁机以保护弱小为名，来侵略你了。你这样做，不是太危险了吗？

齐宣王一听，脸都变青了，赶紧请教，该怎么办？

苏秦说："古之善判事者，转祸为福，因败为功。"你肯采纳我的意见，马上归还从燕国抢来的那十城失地，燕国无故而收复你慷慨还他的十城，必然欢喜得不得了。同时秦国心里也很明白，知道你是为秦、燕有岳婿的关系，而卖了一个面子给他，所以归还了燕国的失地，当然也很高兴你做得漂亮。此是所谓"弃强仇而立厚交也"。

齐宣王立刻接受苏秦的意见，甘愿吞下这包泻药，马上归还了燕国的失地。其实孟子的意见，比起苏秦的理由来，崇高而伟大，深谋而远虑，只有更好，没有更坏。为什么齐宣王听不进去？苏秦一说，就立刻变色呢？因为孟子说的目标，是要齐宣王光明正大，施行大仁大义的王道精神，所以齐宣王听了，认为是读书人的迂腐之见而已。苏秦说的，是动之以眼前的利害，惧之以可怕的后果，人的眼光见地到底是短视的，眼前的利害容易看得到，长远的大利实在无法去想象。

不过，由此也可见两个要点：一是辩士、说客的作风，与真儒圣贤的态度，截然不同。二是无论善恶、是非的动机如何，要想说得动人，听得进去，临机应变的妙用，实在是不简单。所以韩非子一再强调"说难"，说话不容易啊！

其实，孔孟圣人的仁义是正道、是正理，好比一个人的头脑。而利害权谋的运用，好比手足（手段）的运用，所以苏秦之辈，在当时的游说策辩，也非偶然，不是只凭一张嘴随便说说的。后来宋代司马光论史，曾经说过：

> 齐地广而民众，负沧海以临中夏，重以威宣之贤，国家富强。及湣王骄汰，不可盈厌，自取颠沛。苟无田单，齐不国矣。凡游士言从横者，虽更相倾覆，要之合从者，六国之利也。齐为三晋燕楚之根柢，三晋燕楚为齐之藩篱。秦虽强暴，百有余年，不能一诸侯者，以其表里相钩带也。及齐王建用后胜之谋，信秦间之言，拱手以事秦，不救五国，五国已亡，而齐并为虏，理势然也。

燕齐之战

为了研究孟子的学术思想，这里仅就流传较广的《史记》《战国策》等资料，先约略了解孟子答复齐宣王取燕与否的时代大势。然后，便须了解孟子后来对齐湣王的一段话。

在《史记·燕世家》里，说是燕王哙读书，中了"书毒"，很想自己当尧舜，学尧舜的禅位，把国家让给别人。当时燕国有一位叫子之的奸臣，是一个大坏蛋，知道他这位宝贝老板，有如此的想法，就布置了一个局面，由燕王哙把政权让给他。这个时候，燕国国内已经乱得不得了。

正在这个时候，苏秦在齐国被刺了，受了重伤。当时齐宣王听到苏秦被刺，非常生气，他因为爱才，特地亲自去慰问苏秦，并且追问凶手是谁。苏秦这个人真是高明，他很清楚，受伤太重，已经没有希望了，但临死时，还想出死后报仇的方法。他告诉齐宣王，查凶手的方法很简单，只要在他死了以后，对外宣称，苏秦本来就是为燕国到齐国来做间谍的，现在把他刺死了，对国家的贡献非常大。凶手有这样的大功，应该给予奖赏。齐宣王在苏秦死后，照他的话做，果然那名刺杀苏秦的凶手，出面来领赏，齐宣王把这名凶手杀掉，替苏秦报了仇。

苏秦过后，他的弟弟苏代起来了。苏秦读了几年书，连弟弟都能教得出来游说诸侯。现代的基辛格，只能一个人玩，还玩得并不十分高明。而苏秦兄弟两人，都能够把各国放在自己手掌摆来摆去地玩弄。最初，苏代到齐国、燕国，都不大受欢迎。可是不知道苏秦写了或读了一本什么秘笈，这秘笈后来可能被烧掉了，或失传了。而当时竟然教会了他弟弟，所以苏代尽管最初不受欢迎，但经他三言两语一说，那些君主们又听他的，相信他而任用他了。

这时苏代奉了燕王之命，也到了齐国。而《史记·燕世家》及《战国策》记载，燕王哙三年，燕国大乱，百姓恫恐，构难数月，老百姓死者数万。在当时的人口，几个月死了数万人，用现代人口数字类比，就好像一个国家在几个月以内死了几百万人，这数字是不得了的。

齐国就在这个时候，开始攻击燕国。这就是为齐、燕之间的仇恨，种下的一个因。后来燕国的昭王即位以后，为了要复国中兴，就广求天下良才，交接贤能才智之士，集中人才，共谋大事。这时有一个名叫郭隗的策士，抓到了机会，去对燕昭王说，你如果要招纳天下贤士，就先把我这个并不见得有特殊本领的人高抬起来，那么天下的贤能之才，自然就都到你燕国来效力了。燕昭王问他，这是什么道理？他说，从前有位喜欢千里马的国君，出千金的高价去找。后来派去买的人，花五百金买了一具千里马的骨骼回来。这位国君起初很生气，但派去买马的人解释说，连死马都花高价买了来，更何况活马呢！这个风声一传出去，千里马很快就会来了。果然，他爱马的名声传出去了，不到一年，就有了三匹千里马。现在你燕昭王把我供在这里，自然天下贤能之士，都投奔到你燕国来了。

燕昭王听了他的建议，用了他，后来果然许多知名之士都到了燕国。最后昭王用了乐毅，很快就把齐国打败，连下七十余城，只剩下即墨、莒两城未下。后来齐国又用田单，以火牛阵反攻，打败了燕国而复国。

这些战役，都是齐湣王在燕王哙让国而内政大乱时，乘人之危，攻打燕国所种下的祸因。

根据《战国策》和《孟子》的记载，好像齐国在攻伐燕国之前，齐宣王（《史记》则说是齐宣王的儿子齐湣王）曾经问孟子，可不可以占领。而《战国策》与《史记》上记载，孟子说，"今伐燕，此文武之时，不可失也。"意思是说，你现在去打燕国，和古代武王代纣，完成文王的事业一样，正是时候，你可以去打。假如孟子真的是这样说法，那么孟子和苏秦、张仪也差不多了。如果孟子没有说，那么司马迁和《战国策》的作者，就犯了诽谤罪，就要像最近报纸上为了韩愈的一篇文章，要打官司了。

总之，这已经为孟子上了一点颜色，有了一个小小污点。因为这句话等于鼓励齐国去侵略，这是很严重的。《孟子》本书上记载，当时便有人问孟子是不是曾经鼓励齐宣王去打燕国。孟子说，这是沈同问起，像燕国目前这样，燕王哙糊里糊涂地让国给子之，而子之把内政弄得乱七八糟，死了好几万人，燕国的老百姓这样痛苦，可不可以去攻伐。我告诉他，可以。但是我说的可以，是指顺天应人，吊民伐罪的出兵，而不是说侵略性的攻伐。正如有人问起，某人杀了人，犯了罪，可不可以处以死刑。我说可以，但并不就是说，任何人都可以去杀这个犯人，而是要执法机关依照法定程序，去判处他的死刑。

但这些话，对齐宣王说的也罢，对齐湣王说的也罢，对别人解释也好，到底孟子说了没有？是怎么说的？在《孟子·公孙丑下》，便有对沈同一段话，可作说明。

接下来第二部分疑案，是年代问题。本来孟子的年代，以及那时候许多事情的年代，是很难确定的。据《史记》记载，孟子这段话是对齐湣王说的，是孟子去过魏国，见了梁襄王，不投机，就回鲁国去住了一段时间，然后再次回到齐国来，见了齐湣王，湣王正好出兵攻打燕国。反正《孟子》这本书，不论是孟子自己作的笔记，或者门人根据资料写的，在文字上总会有多少修饰。但在语气之间，还是赞成有此"吊民伐罪"的一战，只是不像《战国策》式说得那么激烈而已。

苏代评论齐王

在当时的国际背景，还有一段有趣的事。原来燕国是派苏代去齐国做间谍的，苏代到了齐国，齐湣王本来认为他是一个政客，两边跑的，不太理他。可是苏代很厉害，最后还是说服了齐湣王，暗中帮了燕国的忙，甚至于齐国要他带兵去打燕国，结果打了败仗，齐湣王还是相信他，他又利用当时的国际情势，使齐王派他出使到燕国。

燕王哙看见自己派往齐国的间谍回来了，就问苏代说，齐王可能称霸天下吗？苏代说，不可能。燕王哙问，这是什么道理呢？苏代说："不信其臣。"这四个字是不是实在呢？这也是实情。

我说过，齐宣王是相当有器量的。那时候天下贤能之士，如孟子、邹衍等名贤，都集中在齐国，而齐宣王也很尊敬他们。这些人讲的话，他也听，但接纳不接纳是另外一回事。他等于设立了一所研究院，用很高的待遇养着这些人。你们讲演也好，开座谈会也好，你们尽量去吹你们的，我有我自己的一套，并不偏爱某一人，也不专采某一人的建议。结果他的儿子齐湣王也和他的父亲宣王一样，但更有甚焉，"不信其臣"。

苏代把这情形报告了燕王哙以后，燕王哙知道齐国已不能称霸天下，于是放心了，同时听了别人"不信其臣"的弊端，便专任子之，让他负更多的权责。最后让位给子之，终于导致了燕国内部的大动乱。

但是还有更深一层的秘密，原来子之早就看出苏秦是一个很厉害的角色。所以就教他的儿子，积极追求苏代的女儿。两个年轻人结了婚，子之和苏秦、苏代之间，早已成为儿女亲家，而且在苏代奉燕王之命到齐国去做间谍以前，是有深交，苏代自然要帮忙亲戚。所以又是寥寥"不信其臣"四个字，不着痕迹地种下了燕王哙让国的前因。再加鹿毛寿说的"人谓尧贤者，以其能让天下也。今王以国让子之，是王与尧同名也"。于是就演出了一幕食古不化的丑剧。

了解了当时的国际情势和人事的背景，权臣谋士们心术品格的卑劣，再来看《孟子》这一段书就更有味道了。虽然孟子说的是可取之道，与不可取之道，谈的是理论。但是以孟子谈话的气势、口吻，和当时国际情势配合起来看，那么孟子的话，和当时的谋略家，纵横家们没有两样，他的态度是赞成的了。其实在精神内涵上，还是大有不同。

前面已经讲述，齐宣王时期出兵攻伐燕国，打了胜仗，占领了若干土地与城市。但仍有下文：

　　齐人伐燕，取之。诸侯将谋救燕。宣王曰："诸侯多谋伐寡人者。何以待之？"

　　孟子对曰："臣闻七十里为政于天下者，汤是也。未闻以千里畏人者也。《书》曰：'汤一征，自葛始。'天下信之。东面而征，西夷怨；南面而征，北狄怨；曰：'奚为后我？'民望之，若大旱之望云霓也。归市者不止，耕者不变。诛其君而吊其民，若时雨降，民大悦。书曰：'徯我后，后来其苏。'

"今燕虐其民，王往而征之，民以为将拯己于水火之中也，箪食壶浆，以迎王师；若杀其父兄，系累其子弟，毁其宗庙，迁其重器，如之何其可也？天下固畏齐之强也，今又倍地而不行仁政，是动天下之兵也。王速出令，反其旄倪，止其重器；谋于燕众，置君而后去之，则犹可及止也。"

前文讲到齐国打燕国，把燕国拿下来了。可是国际上不同意，看不过去了。诸侯之间，计划组织一个联合阵线，要打齐国。这时，齐宣王问孟子，现在诸侯们要联合起来，替燕国打抱不平，攻击我们齐国了。孟先生，你看我应该怎么办？

孟子说，就我所知，我只听说过以方圆七十里领土，而领导了天下，像商汤当年就是这样兴起的。可还没有听说过，拥有方圆千里的一个大国，竟然还会畏首畏尾的。

从孟子这段话的论调，可以看到，战国时代终归是战乱的时代。不管你圣人高明到什么程度，时代的趋势，国际政治风气的力量，毕竟很大，个人的思想观念终究还是会受到影响，所以这时孟子就以力的大小来立论了。

孟子又继续引经据典，用《尚书·商书》上仲虺诰文"汤一征，自葛始"的一段话对齐宣王说，《尚书》上仲虺制的诰文上记载，商汤为了除暴安良，从"葛"这个小国开始了他的统一大业，天下的人都信服他。当商汤向东面征伐的时候，西面的夷人就抱怨，向南面征伐的时候，北方的狄族也在抱怨。他们都抱怨说，为什么不先来我们这里，而把我们摆在后面呢？

孟子说那时各方面的老百姓们，盼望商汤的王师，像久处大旱的农民，对着万里无云的晴空，盼望着能有云霓的涌现一样。

不过历史上汤武那个时候，是不是这样，就不知道了。也许是仲虺这位左丞相，在制诰时对商汤仁义的强调宣扬。

孟子继续描写商汤征伐时，部队纪律良好的情形说，当商汤的部队打来了，当地的老百姓，做生意的还可以照常做生意，种田的也照常种田，一点也不受影响。

像这样的情形是不是真的也有呢？在我们的历史上，像这样好的部队，像这样不扰民的战争，曾经发生过很多次。问题全在于这位指挥部队的司令官是一个什么样的人。

仁将——曹彬

如历史上有名的仁厚将军，宋朝初兴时的曹彬。他奉命攻打江南，征服南唐后主——就是那位被俘解送到汴京途中、船上吟诗填词"四十年来家国，三千里地山河"的李煜。

当时曹彬围攻南京半年多，连秦淮河、白露洲、西门水寨都占领了。到最后，只要一仗就可以轻易攻进金陵——南京城了。李煜也准备要投降了。在这紧要关头，总司令曹彬突然生病了。生的什么病呢？大家都着急，都监——副总司令兼政治部主任潘美，先锋——前敌指挥曹翰等都到总司令部去探病。问起生的是什么病，曹彬说是心病。于是大家纷纷主张找医生，还要找名医。曹彬说，不必找医生，我的病医生治不好，只有你们各位能医好。大家问什么办法。曹彬说只有一个办法，就是打进南京的时候，不许随便杀一个人，也不许任何人奸淫掳掠，做不做得到？这时一班将领们只好说，你命令下来就好了嘛！曹彬说，不行，要先发誓。于是大家就发誓。发过誓后，立刻下攻击令，打进了南京城，而城里的老百姓还不知道呢！

潘美的难以控制，曹翰的好杀，都是事实。当宋太祖赵匡胤授命曹彬去打江南的时候，曾告诫曹彬最好不要多杀人，对李煜一家人，更是要加以保全。曹彬当下迟疑不答，既不抗拒命令，也没有明确的答复。他只问副将——副司令要派谁来负责。赵匡胤马上懂了他的意思，立刻召见了潘美、曹翰等人，任命他们做副司令。不过，当着他们，交给曹彬他平日用的一把宝剑，告诉他说，你拿着这把剑，"如朕亲临"，等于我本人在场一样，凡是副将以下不听命的，我授权给你，你只管照军法办理，先斩后奏，一切由你全权作主。他一面对曹彬说，一面眼角看着潘美、曹翰。吓得这些人汗流浃背，只有禀报"末将听命"的了。

曹彬的高明还不止如此。他又向赵匡胤请调一位将军田钦祚，来担任另一路的前敌指挥官。弄得潘美、曹翰他们都觉得很奇怪。因为这个姓田的，既狡猾，又贪污，爱争功，又不肯负责。同时又最喜欢打小报告给赵匡胤，常常忌功而倾轧同事。曹彬所以请调了他来参加战役，作用是准备平定江南之后，送点功劳给他，免得他在后方捣乱，又增加赵匡胤的怀疑顾虑，而对前方有所牵制。这就是曹彬高明的权术大用了。

曹彬、潘美等破城以后，李后主在无可奈何之下，穿着白纱衫帽，亲自向曹彬投递降书。他先见副帅潘美，只好叩拜如仪，潘美却也答拜叩头还礼。进一步，便要上船晋见大元帅曹彬，他也设拜叩头。曹彬便叫左右告诉他说：恕我"介胄在身，拜不及答"。换句话说：对不起，我是军人，只好以军礼接见你，不能跪拜还礼了，请原谅。

行过了投降的典礼，正副元帅曹彬和潘美先自登上两只大船，很礼貌地请李后主上船饮茶。由岸上到战船上的跳板，当然是独木板。李煜素来是养尊处优，平时生活，哪里受过一点罪，今天忽然要他经过独木板上船，实在没有这个胆子，再三徘徊不敢踏上去。

曹彬便命令左右的副官扶他上来。

曹彬的确是很仁厚，他招待李后主吃茶的时候，他问起李煜家庭的成员，知道总共有三百多人，就替他准备一百条官船，给李煜三天时间，收拾财物，带着进京。并吩咐他尽管多带些财物去，暗示我曹彬不要钱，可是到了京里，还是有人要钱的，得准备送红包。然后放李煜这些人自己回去，连卫兵都不派一个跟着。其他将领们很不放心，但曹彬并不在意。他说，放心！他连上船的木板都不敢走，生怕掉下水去，可见他怕死得很，哪里会有逃跑的勇气。

曹彬知道有些人是靠不住的。等李煜走了，他吩咐副将潘美代理职务，表示自己要暂时离开总司令部三天，把统率部队的责任交给他，并特别交代不许杀人犯军纪。然后带了二百名亲信，在李后主的宫殿四周布防保卫，不许任何人闯进李煜的宫中。自己则亲守在大门口，以防止下面的士兵们，以对待敌人的态度，进去危害骚扰。第三天以后，李煜带了三百多人上了船，他才进宫去，查封了宫里的财物，造册呈报给朝廷。

据宋人的笔记，另一面他的副司令曹翰，后来奉命攻打九江。打进了九江，纵兵掳掠，还要屠城。而他自己却装了二十几船的财货宝物，悄悄地运回家乡去了。与曹彬相较之下，就有天壤之别了。

曹彬是历史上有名的仁将。所谓"积善之家必有余庆"，他的后代也很好，孙女做了宋仁宗的皇后，被誉为圣后；相传还有一个孙女成了神仙，便是道家《灵源大道歌》的作者曹文逸真人。历史上仁厚的名将，当然不只曹彬一个，其他还有很多，这里只是提出最有名的曹彬作例子。

这就是王者之师、仁义之师的风范。打仗时只要屈服了敌方的领导阶层就好，而对老百姓则是慰问、关怀、救助，像及时雨一样，老百姓当然高兴。孟子说，像这样的仁义之师，就如《尚书》上仲虺在诰文上记载，那时的老百姓天天盼望着仁主到临，仁主来了，就有好日子过，就能离开水深火热的苦难。

孟子引用了《尚书》的话以后，又针对当时的情况对齐宣王说，现在燕国内政那么紊乱，又虐待他的人民，你发兵去攻打燕国，这时燕国的老百姓以为水深火热的生活可以有所转机，他们将会有好日子过了，所以他们从家里拿出吃的喝的，高高兴兴地招待你的部队。如果你反而杀了燕国的百姓，捆绑他们的子弟，拆毁他祭祀祖先的宗庙，搬走他们贵重的宝物，使燕国的老百姓受到更深的痛苦，那怎么可以呢？

至于国际上的观感与反应，你要知道，天下各国诸侯对你国势的强盛，本来就畏惧三分，现在你打下燕国，得了加倍的土地，又不行仁政，各国诸侯为了自己的安全，同时又有了口实，自然要联合起来攻打你了。这等于是你自己发动天下的兵来讨伐自己。现在你只有赶快发布命令，释放俘虏，停止掳掠，再召集燕国的臣民代表开一个会，替他们选出一个贤君来，然后班师凯旋。这样还来得及阻止各国对你的联合攻击。

此刻孟子已经是要卷铺盖，离开齐国的时候，也许他还有一些话没有说出来。

仁义的实质与权谋

从历史的资料看，齐、燕的结怨，有两件事足以启发后人的睿思。

第一是，燕王哙传到昭王以后，燕国起来复仇。要复国仇，必须要内政修明，力图强盛。而内政之修明，又以人才之争取为先。他第一个就采用了郭隗"千金市马骨"的精神原则，广求人才，得到乐毅这一批贤能之士，一战连下齐国七十二城，湔雪了国耻。

第二是，在那个时候，苏代曾对燕昭王说过这样一句话："仁义者，自完之道也，非进取之术也。"他认为仁义的精神和行为，是个人对自己的一种最高修养。但是如果要想取得一国的政权，治理天下的百姓，仅仅讲究仁义的道理，是没有用的。把苏代这个理论和孟子的话对照一下，则很可以作一番深入的研究。基本上，仁义的思想和精神没有错，只是在方法上，因时间和空间的不同，而有所变通。

其实，苏代的话仍然不脱纵横家的论调，把仁义限制在个人的修养上。我们知道，武王在起兵伐纣之前，曾经和姜太公商量过。据《太公金匮》的记载："武王问太公曰：殷已亡其三人，今可伐乎？太公曰：臣闻之，知天者不怨天，知己者不怨人。先谋后事者昌，先事后谋者亡。且天与不取，反受其咎。时至不行，反受其殃。非时而生，是为妄成。故夏条可结，冬冰可释。时难得而易失也。"

周武王在准备起兵攻伐纣王之前，对姜太公说，现在殷纣王因为暴虐无道，已经失去了他十分之三的国力、土地和人民，而且看来还会变本加厉，天下将更动乱，百姓将更痛苦。现在是不是可以起兵，以革命行动，把殷纣的政权拿下来呢？

姜太公对武王说：据我所知道的，凡是知天——懂得天时、地利、人事等这些客观因素和时代趋势的人，当时虽然势不利于自己而无法实现理想，但他是不会怨天的。一个真正了解自己的人，也能将人心比己心，以己心度人心，那么就不会轻易去责怪别人了。所以处理一件事情，先把客观的因素衡量清楚，对别人的心理也了解了，根据这些条件，作好周密的计划，然后按计划行事，一定会成功的。反过来，如果不把这些客观和主观的条件弄清楚，盲目地先做了再说，那就必然失败无疑。而且，在客观条件已经具备，时机成熟，唾手可得的时候，你却迟疑不进，坐失良机，这样不是太可惜吗？比如田里的稻子已经成熟了，而你不去收割，这就不对了。一件事情，时机到了，大势所趋，由不得你，而你却偏偏不采取行动，这样是不会有好结果的。我们日常生活中的小事都要如此，大事业更要注意。至于时机不到，或者时机已过，却勉强去完成的，那是妄成，不会持久的。譬如夏天，枝叶茂盛，花开之后，到了秋天，自然结果。等到严冬来临，则遍地冰雪，但是到了相当的时节，又自然地春江水暖了。任何事情都有一定的时机，一个恰当的时机很难遇到，但却很容易失掉。

鹖子也曾经有这样的话："发政施令为天下福，谓之道，谓之仁。信而能和者，帝王之器。"据《汉书·艺文志》记载，鹖子名熊，著《鹖子》三十篇，分一卷六篇。他这几句话的意思是说，为天下福祉所作的行政措施，就是最崇高的行为，也就是所谓的仁道。能使全国上下安居乐业而心悦诚服，就是帝王之才。自己并不着意去追求争取，而自然由他人拥戴，那么你便立了信。为天下民众除害，换言之，谁危害天下人，你就除掉谁，这就是仁。如果顺天应人，自然获得权位，执政以后，全国上下亲爱精诚，和睦相处，一旦有了外患侵凌，或内在的灾祸危难，则和衷共济，同心协力。能做出这种政绩，那就真是为帝为王的材料了。

同样的，我们可以了解，孟子的赞成——至少是不反对齐宣王伐燕，并没有违背他一向所主张的"仁义"思想。而仁义也不一定如后来所说的，只是完成个人美好人格的修养而已。依照姜太公的说法，在客观条件的需要下，战争的手段可以完成更崇高的目的，则不但不违背仁义，且合乎仁义。照鹖子的理论推衍，一场为天下除害的战争，也就是仁道的伸张。

总之，孟子因为燕国老百姓生活于水深火热中，所以不反对齐国去攻伐，这并不违义。他的论调，可以说和当年姜太公对武王所说的，是同一个方向。问题是齐国之伐燕，没有做到如鹖子所说的那几个原则，也就非帝王之器了。事实上，基于当时时代趋势等因素，孟子的思想并不像孔子那样宗周。因为历经七百多年来的中央周室，实在已是一个扶不起来的破砂锅了。因此，只要有人能真正施行仁义，为民造福，他便可辅之为王。

孟子在魏齐的外一章

孟子为什么不能得到齐宣王、梁惠王的深信和重任呢？这实在使人有"读兵书而流泪，替古人担忧"之慨！为了解答历史上这一疑问，就不得不回来再综合研究齐宣王与梁惠王一下了。

齐宣王的风格

战国末期的齐国，已非西周时代的旧齐国，也非东周初期的齐国，而是由田完敬仲的后代，篡位而据为己有的新齐国。尤其从齐威王开始称王以来，齐国便成了与秦、楚分庭抗礼而互相争霸的大国了。

齐威王死后，他的儿子辟疆继位，称宣王。据孟尝君的父亲靖郭君（田婴）的门客齐貌辨的观察，说："太子（指齐宣王）相不仁，过颐豕视，若是者背反。"由此而知齐宣王的相貌和个性的一斑。所谓"过颐"，便是方面大腮，满脸福相的描述。也可以说是脑后见腮，不可往来，后有反骨的相貌。所谓"豕视"，便是像猪看东西一样，表面很糊涂似的，而实际上，心中自有主张，很精明，而且不时偷看到两旁的东西。所谓"不仁"，不是说他一点也没有仁慈的心肠，而是说他是个不容易对付、不容易侍候的角色。

但事实上，齐宣王也可算是一个英明的主子，有他父亲威王慷慨雄豪的秉赋。而且根据《孟子》的记述，他爽朗地承认有好勇、好货、好色的多种毛病，婉转地推掉孟子的高论，也可以说是不凡的作风。

朝中文武多才士

在他亲政的初期，仍然任用邹忌为相，但却召回了被邹忌所排挤，而具有上将之才的田忌为将，任命孙膑做元帅，一战而擒杀了魏国的名将庞涓，俘虏了魏惠王的太子申，一举而震动国际，威加海内。

齐国，不但一跃而为当时国际上的政治大国，而且是赫赫的经济强国。

当此之际，齐宣王任命了重要的高级干部：

孟尝君（田文）继邹忌为相国。

礼遇高士颜斶、王斗；甚至间接优待鲁仲连等不世人物。

优容淳于髡的滑稽隽才。

他听了邹忌及王斗当面批评他，不肯起用人才的一番话，一下子便任用他们与淳于髡等所推荐的一批人，而使得齐国大治。

邹忌事宣王，仕人众，宣王不悦。晏首（齐臣）贵，而仕人寡，王悦之。邹忌谓宣王曰："忌闻以为有一子之孝，不如有五子之孝。今首之所进仕者，以几何人。"宣王因以晏首壅塞之。

先生王斗造门而欲见齐宣王，宣王使谒者延入。王斗曰："斗趋见王为好势，王趋见斗为好士，于王何如？"使者复还报。王曰："先生徐之，寡人请从。"

宣王因趋而迎之于门，与入，曰："寡人奉先君之宗庙，守社稷，闻先生直言正谏不讳。"王斗对曰："王闻之过，斗生于乱世，事乱君，焉敢直言进谏。"

宣王忿然作色不说（通悦）。有间。

王斗曰："昔先君桓公所好者五，九合诸侯，一匡天下，天子受籍（谓土地人民之籍），立为大伯，今王有四焉。"

宣王说，曰："寡人愚陋，守齐国，惟恐失抎（同陨）之，焉能有四焉。"

王斗曰："否，先君好马，王亦好马；先君好狗，王亦好狗；先君好酒，王亦好酒；先君好色，王亦好色；先君好士，王不好士。"

宣王曰："当今之世无士，寡人何好？"

王斗曰："世无骐骥騄耳（良马之名），王驷已备矣；世无东郭逡卢氏之狗，王之走狗已具矣；世无毛嫱、西施，王宫已充矣；王亦不好士也，何患无士。"

王曰："寡人忧国爱民，固愿得士以治之。"

王斗曰："王之忧国爱民，不若王爱尺縠（音斛，绉纱曰縠，纺丝而织之。）也。"

王曰："何谓也？"

王斗曰："王使人为冠，不使左右便辟（便，顺其所好。辟，避其所恶。）而使工者。何也？为能之也。今王治齐，非左右便辟无使也。臣故曰，不如爱尺縠也。"

宣王谢曰："寡人有罪国家。"

于是举士五人任官，齐国大治。

王斗这番说辞，等于当面讽刺他的缺点，但齐宣王仍有雅量接受，不像秦汉以后的帝王，动不动便加以"处士横议"，或"大不敬"的杀头罪名。

赞美词与利害关系

至于说到宣王不肯听信臣下的劝谏，在用人上，信任不专，或学非所用，用非所长的事，大概不会错的。例如他前任相国邹忌的一番婉转譬喻，便是针对他这毛病而说。

　　邹忌脩八尺有余，身体映（日侧有光艳也）丽，朝服衣冠，窥镜，谓其妻曰：“我孰与城北徐公美？”其妻曰：“君美甚，徐公何能及公也！”

　　城北徐公，齐国之美丽者也，忌不自信而复问其妾曰：“吾孰与徐公美？”妾曰：“徐公何能及君也。”

　　旦日（明日）客从外来，与坐谈，问之客曰：“吾与徐公孰美？”客曰：“徐公不若君之美也。”

　　明日，徐公来，孰（通熟）视之，自以为不如，窥镜而自视，又弗如远甚。暮寝（通寝）而思之，曰：“吾妻之美我者，私我也；妾之美我者，畏我也；客之美我者，欲有求于我也。”

　　于是入朝，见威王曰：“臣诚知不如徐公美，臣之妻私臣，臣之妾畏臣，臣之客欲有求于臣，皆以美于徐公。今齐地方千里，百二十城，宫妇左右，莫不私王；朝廷之臣，莫不畏王；四境之内，莫不求于王。由此观之，王之蔽甚矣！”

　　王曰：“善！”乃下令：“群臣吏民能面刺（举）寡人之过者，受上赏；上书谏寡人者，受中赏；能谤议于市朝，闻寡人之耳，受下赏。”

　　令初下，群臣进谏，门庭若市，数月之后，时时而间（去声）进。期（暮）年之后，虽欲言，无可进者。燕、赵、韩、魏闻之，皆朝于齐，此所谓战胜于朝廷（与敌国战胜于朝廷之内也，即政治作战胜利之意）。

贫贱骄人

虽然宣王有用人不专的毛病，却能面对颜斶的顶撞，公然改变盛怒之威，愿执弟子之礼。最后，颜斶不受封而辞去，他又好像只能礼贤而不能真下士。

齐宣王见颜斶，曰："斶前。"斶亦曰："王前。"宣王不说，左右曰："王，人君也。斶，人臣也。王曰'斶前'，斶亦曰'王前'，可乎？"

斶对曰："夫斶前为慕势，王前为趋士。与使斶为慕势，不如使王为趋士。"王忿然作色，曰："王者贵乎？士贵乎？"

对曰："士贵耳，王者不贵。"王曰："有说乎？"斶曰："有，昔者秦攻齐，令曰：'有敢去柳下季垄（塚也）五十步而樵采者，死不赦。'令曰：'有能得齐王头者，封万户侯，赐金千镒。'由是观之，生王之头，曾不若死士之垄也。"宣王默然不悦。

左右皆曰："斶来，斶来，大王据千乘之地，而建千石钟，万古簴（音巨。天上神兽，鹿头龙身。悬钟之木刻饰象之，因名曰簴。每十六钟共一簴），天下之士，仁义皆来役处；辩知（智）并进，莫不来语；东西南北，莫敢不服。万物无不备具，而百姓无不亲附。今夫士之高者，乃称匹夫。徒步而处农亩，下则鄙野，监门闾里，士之贱也，亦甚矣。"

斶对曰："不然，斶闻古大禹之时，诸侯万国。何则？德厚之道，得贵士之力也。故舜起农亩，出于野鄙，而为天子。及汤之时，诸侯三千。当今之世，南面称寡者，乃二十四。由此观之，非得失之策与，稍稍诛灭，灭亡无族之时，欲为监门闾里，安可得而有也哉。是故《易传》不云乎：'居上位，未得其实，以喜其为名者，必以骄奢为行，据慢骄奢，则凶必从之。是故无其实而喜其名者削；无德而望其福者约；无功而受其禄者辱，祸必握。'故曰：'矜功不立，虚愿不至。'此皆幸乐其名，华而无其实德者也。

"是以尧有九佐，舜有七友，禹有五丞，汤有三辅。自古及今，而能虚成名于天下者，无有。是以君王无羞亟问，不愧下学。是故成其道德，而扬功名于后世者，尧舜禹汤周文王是也。故曰：'无形者，形之君也；无端者，事之本也。'

"夫上见其原，下通其流，至圣人明学，何不吉之有哉。老子曰：'虽贵，必以贱为本；虽高，必以下为基。是以侯王称孤寡不毂，是其贱之本与。'

"夫孤寡者，人之困贱下位也。而侯王以自谓，岂非下人而尊贵士与？夫尧传舜，舜传禹，周成王任周公旦，而世世称曰明主，是以明乎士之贵也。"

宣王曰："嗟乎！君子焉可侮哉，寡人自取病耳！及今闻君子之言，乃今闻细人之行，愿请受为弟子。且颜先生与寡人游，食必太牢，出必乘车，妻子衣服丽都。"

颜斶辞去曰："夫玉生于山，制则破焉，非弗宝贵矣。然太璞不完。士生乎鄙野，推选则禄焉，非不尊遂也。然而形神不全。斶愿得归，晚食以当肉，安步以当车，无罪以当贵，清静贞正以自虞。制言（命令）者王也，尽忠真言者斶也，言要道已备矣，愿得赐归，安行而反臣之邑屋。"则再拜而辞去。

君子曰："斶知足矣，归真反璞，则终身不辱也。"

滑稽大师——淳于髡

另有淳于髡，完全不同于颜斶的作风，他运用滑稽的调调，对了齐宣王爽朗的胃口。

他身为齐之赘婿，长不满七尺，而滑稽多辩，早为齐威王时代的左右宠臣。到了宣王时代，也同样受到重用。他是个有心人，也见过孟子。与孟子的对话，下文再谈。

有一次，在一天之内，他同时又推荐七个人，请齐宣王录用。宣王虽然觉得淳于髡太过分了，但辩论一番之后，还是照样任用不误。

> 淳于髡一日而见七士于宣王。
> 王曰："子来，寡人闻之，千里而一士，是比肩而立；百世而一圣，若随踵而至也。今子一朝而见七士，则士不亦众乎？"
> 淳于髡曰："不然，夫鸟同翼者而聚居，兽同足者而俱行，今求柴胡、桔梗（药名）于沮泽，则累世不得一焉。及之睪黍（山名）梁父（山名）之阴，则郄（仰也）车而载耳。夫物各有畴，今髡贤者之畴也。王求士于髡，譬若挹水于河，而取火于燧也。髡将复见之，岂特七士也。"

而且在军事方面，当大家说不进去话的时候，如果淳于髡来个猎狗的趣味性比喻，宣王就听进去，立刻放弃了原来的作战计划。

> 齐欲伐魏，淳于髡谓齐王曰："韩子卢（韩国有黑犬名卢）者，天下之疾犬也。东郭逡（兔名）者，海内之狡兔也。韩子卢逐东郭逡，环山者三，腾山者五，兔极（疲倦）于前，犬废于后，犬兔俱罢，各死其处。田父见之，无劳倦之苦，而擅其功。今齐魏久相持，以顿其兵，弊其众，臣恐强秦大楚承其后，有田父之功。"
> 齐王惧，谢将休士也。

又一次，齐宣王想征伐魏国，魏国派人暗中送礼给淳于髡，请他设法阻止。淳于髡公然贪墨，受了礼物。齐宣王有密报，也知道了这回事，但经他滑稽解说，又对了宣王的胃口，结果还是取消了作战计划。

> 齐欲伐魏，魏使人谓淳于髡曰："齐欲伐魏，能解魏患，惟先生也。敝邑有宝璧二双，文马二驷，请致之先生。"淳于髡曰："诺！"
>
> 入说齐王曰："楚，齐之仇敌也；魏，齐之与国也。夫伐与国，使仇敌制其余敝，名丑而实危，为王弗取也。"
>
> 齐王曰："善！"乃不伐魏。
>
> 客谓齐王曰："淳于髡言不伐魏者，受魏之璧马也。"
>
> 王以谓淳于髡曰："闻先生受魏之璧马，有诸？"
>
> 曰："有之。"
>
> "然则先生之为寡人计之何如？"
>
> 淳于髡曰："伐魏之事不便，魏虽刺髡，于王何益？若诚便，魏虽封髡，于王何损？且夫王无伐与国之诽，魏无见亡之危，百姓无被兵之患，髡有璧马之宝，于王何伤乎？"

齐宣王开战国养士之风

《史记》在《田敬仲完世家》中，述说齐宣王好养士，就好像开了一个议院或参政院，也相当于现在的研究院。如云：

> 宣王喜文学游说之士，自如驺衍、淳于髡、田骈、接予、慎到、环渊之徒七十六人，皆赐列第，为上大夫，不治而议论，是以齐稷下学士复盛，且数百千人。

因此，促成相国孟尝君——田文跟着他学样，也喜好养士。甚至，孟尝君与齐宣王还争相养士，大家熟知的冯谖弹铗，毛遂自荐，以及鸡鸣狗盗之徒等，统称他的门下，号称有食客三千之多。高明之士如鲁仲连，也是孟尝君的座上客。

由于齐宣王和孟尝君争相好客，而开创了战国时期的养士风气。此后，魏国有信陵君，赵国有平原君，楚国有春申君，都以好客养士号召，名动诸侯，而影响于国际之间。

不过，养士的风尚，除非有魏文侯、齐宣王、燕昭王的环境、器度与见识，或者还可以利多弊少。到了战国末期，自孟尝君、信陵君以后，其余大公子们的养士，利弊就很难说了。甚至可说弊多于利。人与人间的交情，主客之间的感情，不是基于利害关系的，实在不多。即如孟尝君晚年，被逐去齐，虽然经过冯谖设法，仕魏、居薛，如狡兔之有三窟，但后来他重返故国后，再也不能恢复昔日的风光。那些门客大都各奔前程，而孟尝君也由此勘破了人情世故。

> 孟尝君逐于齐而复反，谭拾子迎之于境，谓孟尝君曰："君得无有所怨齐士大夫？"孟尝君曰："有。""君满意杀之乎？"孟尝君曰："然。"谭拾子曰："事有必至，理有固然，君知之乎？"孟尝君曰："不知。"
>
> 谭拾子曰："事之必至者，死也；理之固然者，富贵则就之，贫贱则去之，此事之必至，理之固然者。请以市谕，市朝则满，夕则虚，非朝爱市而夕憎之也，求存故往，亡（通无）故去，愿君勿怨。"
>
> 孟尝君乃取所怨五百牒（书所怨之人）削去之，不敢以为言。孟尝君既反，因谢病，老于薛。

后来，赵国的大将廉颇，屈而再起，也曾有过孟尝君门下士同样翻版的情形。

特立独行于滔滔浊世的孟子

齐宣王时代，养士的风气是这样的盛行，而游说之士在齐国又这样的多，但总是仰承君王的鼻息，或者相公的喜怒，而取得个人的富贵功名，以至于谋生而已。

像我们的亚圣孟老夫子一样，特别受到齐宣王的重视而处处待之以礼，确是异乎寻常。无奈人情重利而轻高远，所以孟子教之以仁义之道，齐宣王不是不知道，实在是做不到。这也是孟子所说的"非不能也，是不为也"。

反过来说，孟子学孔子，毕竟成为千古歌颂的圣人，这也就是孟子知其不可为而为之的行径。所以后来淳于髡替孟夫子难过，想要影响他改变作风。但孟子始终特立独行，不愿曲学阿世。所以《孟子》全书所说的，都是古今不移的大经大法，都是正面文章，他绝不肯说侧面的谀词。

像淳于髡，他便不同了。有一次，孟尝君的封邑薛国有难，齐宣王并不想出兵相救。结果，淳于髡一片滑稽说辞，又打动了齐宣王救薛的心思了。

　　孟尝君在薛，荆人攻之，淳于髡为齐使于荆还，反过薛，而孟尝君令人礼貌而亲郊迎之。谓淳于髡曰："荆人攻薛，夫子弗忧，文无以复侍矣。"淳于髡曰："敬闻命。"

　　至于齐，毕报。王曰："何见于荆？"对曰："荆甚固，而薛亦不量其力。"王曰："何谓也？"对曰："薛不量其力，而为先王立清庙。荆固而攻之，清庙必危。故曰：薛不量力，而荆亦甚固。"

　　齐王和其颜色，曰："嘻，先君之庙在焉，疾兴兵救之。"颠蹶之请，望拜之谒，虽得则薄矣。善说者，陈其势，言其方，人之急也。若自在隘窘之中，岂用强力哉。

吏民千古两相妨

邹与鲁哄。穆公问曰："吾有司死者三十三人，而民莫之死也。诛之，则不可胜诛；不诛，则疾视其长上之死而不救，如之何则可也？"

孟子对曰："凶年饥岁，君之民，老弱转乎沟壑，壮者散而之四方者，几千人矣。而君之仓廪实，府库充，有司莫以告，是上慢而残下也。曾子曰：'戒之！戒之！出乎尔者，反乎尔者也。'夫民今而后得反之也，君无尤焉。君行仁政，斯民亲其上，死其长矣。"

历史政治上的因果

这是孟子家乡的事，孟子是邹人，邹大约只有现代的一个小县那么大，姑且称它为一个国。其实邹和郰，也都属于鲁国的境内，用现代的观念来讲，相当于鲁国的一个独立市。

邹和鲁国，发生了权利上的争执，这是一次很大很激烈的冲突。邹穆公问孟子说，在这一次和鲁国的激烈冲突当中，我的高级干部死了三十三个人，而这些干部的属下和辖区的老百姓，没有一个肯为他们的长官效死。要是杀掉这些人吧，人数实在太多了，杀不胜杀。可是不杀吧，他们将来还是这样眼看着长官战死而不去援救，这样怎么行呢？真是杀也不好，不杀也不好，你看应该怎么办呢？

孟子说，在平时遇到水旱灾害，农产歉收的凶年，你的老百姓们没有饭吃。年纪大，身体弱的，饿死在路旁；年纪轻，身体健壮，走得动的，就离乡背井，向外逃生。在邹这样一个小小的地方，逃亡的人，就高达几千人之多，占了你全部人口的很大比例。但是你政府的粮仓里面，多的是粮食，财库里的钱也很充裕，有足够的力量帮助这些老百姓。可是你的干部们，当时并没有把老百姓的痛苦情形告诉你，他们这样骄慢而不理政事，结果残害了多少老百姓的身家性命。孔子的学生曾子曾经说过，做事要特别小心谨慎，凡事是有因果报应的。怎么出去，就怎样回来；如何待人，人也将如何待你。所以在平时老百姓吃了他长官的亏，现在他们也就眼看着他们的长官受难，不出来救援了。这正是他们饥饿时，长官不救援他们的一种还报，你穆公还有什么好责怪埋怨的呢？如果从今以后，实行仁政，爱护老百姓，老百姓当然也就敬爱他们的长官，当长官有难的时候，他们当然就会拼死命去保护救助了。

这一段中，孟子所说的理论，是中国政治哲学的最高原则之一，也是政治领导人的最高领导原则。中国文化处处讲因果，这因果的观念并不是印度佛教传入中国以后，才开始确立，并普遍被社会应用在语言文字上。我们的《易经》老早就有这种思想，如"积善之家，必有余庆；积不善之家，必有余殃"。至于孟子，这里所引用的"出乎尔者，反乎尔者也"，同样是因果报应的观念。

在政治上，我们看历史的演变，就是因果报应。我们如果从因果中去看历史，可以发现许多很奇妙的事情。就拿我们眼前可以看得见的历史现象来说，埃及的总统萨达特，很了不起。那天我打开电视，看见他突然冒险访问以色列的消息，就知道他一定有影响力。同时也预料到以色列的贝京，也一定会去埃及报聘，可以说两个都是了不起的人物，将来对于中东地区的谋和，犹太与阿拉伯两个民族去嫌释怨，总会有帮助的。假定我们身处在一百年后，回过头来看这一段历史，这两人之间的一往一来情形，以及诚心谋和与否的因果报应，则是一件在因果律上，很有趣的、能证实的事情。

古今中外都逃不开这个因果律。我们中国的历史，每一朝代都是如此。怎么来的江山，也将怎么样的失去；怎么样取得的政权，也是怎么样的交出去。仔细研究外国的史实，又何尝逃过此一法则。

我们随手举一个例子，宋朝的皇帝赵匡胤，据说他自己并不想当皇帝，而是陈桥兵变，部下们硬把皇帝所穿的黄袍加在他的身上的。当时的皇帝，是后周的柴荣。他在位时死了，儿子还小，只有六七岁，而赵匡胤是柴荣当时的殿前点检使，等于是宪兵总司令或首都卫戍司令等要职。就在陈桥兵变中，黄袍加身当了皇帝，所以到了元初，在宋朝垮了的时候，有人非常感慨地作了两首诗说："记得陈桥兵变时，欺她寡妇与孤儿。谁知二百余年后，寡妇孤儿又被欺。""卧榻而今又属谁？江南回首见征旗。路人遥指降王道，好似周家七岁儿。"

我们再看清朝，进主中原，是孤儿寡妇入关，而最后一代皇帝，又是寡妇孤儿悄然出关。因果报应，丝毫不爽。读了元人那首诗，我也曾经依样画葫芦地写过一首："寡妇孤儿自入关，便宜占尽此江山。果然二百余年后，母子君臣出塞难。"溥仪登基接受群臣朝贺的时候，还是一个小孩子。抱他坐上金銮殿的大交椅上时，他大哭起来，他的父亲摄政王拍拍他，安慰说："不要哭，快完了！"果然很快就完了。这就是"出乎尔者，反乎尔者也"的道理。所以国家也好，个人的事业也好，都是怎么起来，也是怎样下去。经过时间的证明，长期观之，可以说是必然律的回互，并非偶然如此的。

至于《孟子》书中的"老弱转乎沟壑，壮者散而之四方"这两句文言，尤其别具韵味，而且也特别悲凉。岂但战国时代的老百姓们如此，几乎世世代代的老百姓，都曾有过这种艰苦的日子。"老弱转乎沟壑，壮者散而之四方"，大地尽是一片流民饥荒的景象。悲凉，惨痛！岂是言语文字所能尽其形容的。社会的贫病到了这种情形，便正如左宗棠的诗所说："世事悠悠袖手看，谁将儒术策治安。国无苛政贪犹赖，民有饥心抚亦难。"不过话说回来，我们且看所谓工商业发达的社会现象呢？虽然没有孟子这两句话那样悲惨，但是在物质文明发展之下的一般社会状况，农村乡镇的衰落偏废，都市文明的畸形发达，它的变相结果，也有"老弱困守故土，壮者散处四方"的景况。尤其对我们一般具有出国狂热的心理病态的社会而言，也同样会有此悲鸣，岂但只是衰乱时势如此而已！

君道与臣节

除此以外，由邹穆公与孟子这一段对话中，引出一个历史哲学和政治哲学上极重要的问题，需要特别加以讨论。

根据本文邹穆公的发问，认为他的国家有了重大的变故，而一般守土有责的高级干部们，死难的不少，但是他们的部下，以及基层的民众们，根本视若无睹，好像毫不相干似的。我们平常也都读过《孟子》，但是重点往往被《孟子》的文章才气掩盖过去。甚至可以说，我们被古文语调困住了，忽略了其中有两个极其重大的基本问题。孟子当时既非尽情发挥得明明白白，我们后世读来，也未仔细寻思，只是马马虎虎地读过去了。

在中国文化政治哲学的传统道德中，过去的历史上，"君道与国共存亡，臣节尽忠死国事"，这是不易的原则。自三代以后，春秋以下，无论君主政体与否，这个民族文化、民族教育的基本精神，是始终不变的。这种根基深厚的民族精神，当然，最具体而得力的，便是孔子著《春秋》以后的孔孟一脉的儒家学术思想。而在宋、元以后，再根深蒂固地往下层扎下根基的，则归功于几部有关历史故事的小说，如《三国演义》《精忠岳传》等等，把固有文化道德仁义的精神，如重然诺、守信义的义气风范，融会在国民生活的每一环节，打入每一个人心，打入每一代子孙心坎深处。加上宋明以来理学家们在臣道、臣节上的深厚修养与发挥，因此在宋、元、明、清之间，士大夫们死难于臣节、尽忠报国的典型，比之以往的历史，更加激烈而具体，更加庄严而可敬。

其实这种民族文化根深蒂固的精神，由来久远，绝不是一朝一夕形成的。例如孟子讲王道，动辄便提出周初开国的文武之业来作标榜。但事实上，以商纣的暴虐，虽经周武王鼎革以后，政治上的种种努力，但将近百年之间，用现代人的话来说，将近一个世纪，还有"殷之顽民"，始终与周朝并不合作。最明显的，便如初期的伯夷、叔齐，"义不食周粟"，饿死在首阳山上。其实，历史上所记载的"殷之顽民"，也就是前代商朝遗民的忠贞志士，因为作史者立场，所以称他们为"顽民"，也就是所谓的顽固分子。因此周武王的分封诸侯，封微子于宋，以祀殷商之后，固然是武王的仁心德政，同时也是培养民族精神的重要措施。

其余信手拈来，如众所周知的汉初田横五百壮士，义不投汉，集体自杀以全节义；项羽的八千子弟，统统战死乌江；这些都是荦荦大者，尽人皆知的历史故事。其他有关历代在成败、存亡续绝之际，忠臣义士可歌可泣的事迹，还有很多。这是中国文化特有精神之所长，关系一个民族国家，立国立基的根本精神所在，不能不加注意，应该大书而特书的。例如元朝与清朝的入关，在战役中遇到战死不屈的忠义之臣，或是后来被俘而不投降的忠贞志士，不但不加凌辱，反而恭敬礼遇，虽依法执刑，死后仍善为安葬，示以生荣死祭以表忠贞。而对那些轻易投降，卖主求荣的，便为他们另外立了"二臣传"，以表示有亏节操。这些就是中国文化的基本精神，岂可以尽把它列入"愚忠"两字而轻轻抹煞。而且这种节操的养成，与帝王民主的政体关系不大，并不是说在帝王养士的体制之下，才有忠臣义士的作风，在民主体制的时代，就不需要对国家民族有此忠义的节操，那便是大错特错，是自己对自己民族文化的愚昧无知了。

问题不能扯得离题太远，现在再回转来看邹穆公这一段的对话。

邹是战国当时的蕞尔小国，微不足道。但当他国家有难的时候，守土有责的高级臣僚，死难的如此之多。这不是一件偶然的事，这表示邹鲁之邦，确有其深厚的文化根柢。尽管主懦国弱，而文化教育的风范，始终未变。但是邹穆公再进一步要求他国内的全民尽忠，那么问题就太不简单了。所以孟子有下一段的答复，也便是反映出对当时邦君们的一种警告，一番抗议。这便是我方才说要特别注意的一段，同时也是中国文化历史哲学的重点之一。

历史上的基层政策

讨论到前面中国文化，有关历史哲学这一类问题，我们看到自从孔子著《春秋》而使乱臣贼子惧的精神以后，历代历朝的历史，也都是继承孔子的学术重点——《春秋》责备贤者，特别是要求君圣臣贤，或明君良相的一贯精神。对于林林总总遗下编氓的一般国民们，从来没有过于苛求，并非像邹穆公的希望一样，要求基层的国民们，也要层层尽忠，为他们的长上——长官去尽忠尽节。

有人说，我们的"二十六史"，只是一部军政统治的总账簿，比起西方后来的历史学观点，大为逊色。这个问题的是非好坏，暂且不谈。现在只讲我们过去的历史记载，特别注重，也特别强调君臣之间——执行仁义政纲上，君道的明智和昏庸，以及臣道的忠贞和奸佞。而对于基层地方的吏治问题，几乎都忽略了。过去虽然也注重吏治的清明与否，但过去历史所提吏治的"吏"，大体上是指官而言，并非如现代观念，包括了地方行政的基层工作人员。事实上，依我的研究看来，两千年来的一部中国政治史，无论是哪个朝代，哪个政治体制——礼治和法制，甚至可以说，不论君主或民主，任何一个时代的兴盛与变乱，基本上的问题，都出在吏治——地方行政的基层干部上面。历代的大小变乱，大部分最初的原因，都是由于官逼民变，吏虐民反的结果。过去如此，近代也是如此。

你看我们汗牛充栋的历史文献，许多高明的论政，如切中时弊的奏议，以及讨论政治思想、政治制度，以及政治哲学的文章，也不知有多少。但其中心思想，都是对中央政府执政者的朝廷而言。一旦时逢明君，宠加采纳，那些高明之士，仍然身居台阁，位入中枢，官阶愈高，隔离民间疾苦，距离民瘼也愈远。试问，又有几人肯请求降调，愿意深入乡村民间，做一个里正、保正芝麻绿豆大的地方基层干部呢？

我也常思索其中的道理，几乎是一个永远矛盾、无法调和的事实。譬如，美轮美奂的伟大建筑，在外观上，一定是铺置名贵高华的装潢，绝对不可能把基层的泥沙粗石摆出来。但事实上，这座宏传建筑的牢固存在，非要底层厚实的泥土沙石不可。如果颠倒来用，不但不美，而且根本无法落成。人们只瞻仰表层的高华，总是忘却了基层的功绩。所以由平民而变成为高明的知识分子以后，渐渐距离基层的平民愈来愈远，也是事所必致，理有固然的结果。

做官莫作怪

例如春秋战国的取士以治民，士大夫一入仕途，在理论上，固然仍须力求善政以利民，但在事实上，却只是巩固自己的权势，当然离开民瘼愈远。汉代注重地方治平，重视二千石的郡守——太守，但是它距离下层民众还是很远。唐代重刺史——即等于汉代重视二千石郡守的遗风，然而在盛唐以后的刺史，大多数是分发考取功名的进士们来担当其任，因此难免有"书画琴棋诗酒花，当年件件不离它"的气概，而于基层民间的疾苦，也就愈来愈远了。于是，外面则藩镇（军阀）专权，目无中央；内廷则宦官操政，女祸把持，天下事就不问可知了。

顺便提到一首明人的打油诗，夹点笑话给大家轻松轻松。这首诗是描叙一个人一生的转变情况，现在如用来比方过去历史上官与民之间隔，却也很有趣。它的前面两句，便是刚才提到的"书画琴棋诗酒花，当年件件不离它"，可以作为旧时代达官而兼名士的写照。接着是"而今事事都更变，柴米油盐酱醋茶"，后面两句可作为一般社会民生基层情景的描述，或者是退职后清苦生活的写照。这不是很幽默吗？

明清两代，承元朝的政治体制演变，自中央级的朝廷以下，形成三级政治，即所谓省、府（州或道）、县治。虽然注重亲民之官的县官大老爷，但是那些多半是从进士、举人出身的外放地方官，自然十之七八，都是读书做八股文的书生。所以地方政治，全靠幕僚的师爷——刑名与钱谷两个得力助手的机要秘书。因此有人说，清代的政治，是为绍兴师爷所把持的天下。上自内阁中书衙门，下至府县，的确也是如此。至于真正的民间疾苦，所谓下情而能上达，几乎比登天还难了。

我们只是粗枝大叶地把历史上这些事实作个了解，那么，便可知道过去一部中国政治制度史上，皇帝的中央政府——朝廷，是高高在上，悬空独立的。各级的官吏，在理论上，应该是沟通上下，为民办事。而事实上，一旦身为地方官，"天高皇帝远，猴子称霸王"，为所欲为的事实也太多了。我们试想，以此图功，何事能办？以此谋国，焉得不亡！然而，我们的民族性，素来以仁义为怀，老百姓始终顺天之则，非常良善，只要你能使他们做到如孟子所说的"乐岁终身饱，凶年免于死亡"，也就安居乐业，日子虽然苦一点，还是不埋怨的。除非是你使他们真的受不了，真的走投无路了，否则你做你的皇帝，当你的官，与他毫不相干。这便是中国历史上政治哲学的重点之一。自春秋战国以来，中国的官吏和老百姓的关系一直是如此，在邹穆公问孟子的时候更是如此。那么，他问孟子这个问题时，甚至内心气愤得想杀些人来发泄一下，镇压一下，这岂非超越于政治原则之外，无乃太过乎！

现在是民主时代，也是注重基层政治工作的时代。为民服务的基层工作，实在是一件神圣伟大的使命，很不简单，最上层到中枢各部院政令的推行，一节一节地统统汇集到了基层。其间事务的繁忙，头绪的芜杂，并不亚于上层执政者天天开会，随时开会的痛苦。而最难办的，往往是各部门的政令，缺乏横的整体的协调，致使政令达到基层时，有许多矛盾抵触之处，无法执行，只好一搁拉倒。还有许多政令，可以用在甲地，却不适用于乙地，更不合于丙地的事实，但是也例行公文，训令照办不误。实在难以做到，也只有一搁了事。还有最重要的，什么高官厚禄，实至名归，风光热闹的事，都集中在上层朝市。基层工作者，必须具备有愿入地狱的菩萨心肠，和成功不必在我的圣贤怀抱。照这样情况，我也常常想，假如叫我到穷乡僻壤，长期担任一个小学教员，是不是真能心甘情愿地尽心尽力去做得好？我对自己的答案是：恐怕未必。己所不欲，何望于人。推己及人，如何可以要求他人呢？

总之，所得的结论便是，从古至今，基层的工作，能干的不肯干，肯干的不能干。因此，真正参与工作的，就是一批不是不能干，就是不肯干的人。往往为政府帮倒忙，做了丧失民心的工作，你看怎么办？至于说贪污不贪污，那还是另一附带的问题，不必去讨论。

有时朋友们与我谈到的美国的社会政治，基层工作者是如何如何的好，因此才有今天的成就。我说，不错。美国还年轻，历史还浅，所以历史文化的包袱也轻。甚至还没有背上历史文化的包袱。我倒祝福他们永远如此年轻，不要背上历史文化的包袱才好。一旦老大，历史文化包袱的根基愈深，要想有所改革当然愈难，那就得慢慢地潜移默化，不可能再像现在这样立竿见影了。

至于经过民选，来自民间的现代官员，他们的功过、是非与善恶，且等历史作定评吧！不过，千万要记住，历史是公平的天秤，也真有明镜高悬，可以照见善恶而使原形毕露的作用，大须留心从事，多读民族文化的宝典，培养仁心仁术，以立己立人。

　　记得明人冯梦龙就有段论调怪诞的小品，写得很好，特别抄录一节，给自认为民主时代民意代表的青年朋友做一个借镜。

　　　　昔富平孙冢宰在位日，诸进士谒选，齐往受教。孙曰：做官无大难事，只莫作怪。真名臣之言也。

　　岂但做官，做人也是一样。民主时代的民选，更须切莫作怪。我们看了这一段似幽默，其实严肃的小品文，再回转来看孟子答邹穆公的问题，便可以说，只恐穆公守土有责的有司们，早已经因太作怪而失去民心。因此孟子的结论一句话："君无尤焉"，又怎能责怪下民呢！

　　除此以外，在邹穆公的观念中，认为他守土有责的重臣们既能尽忠，为什么更下层的干部们，就不能为他们尽节？这个道理，在理论上讲，说来话更长了。总之，要了解中国文化的重心，无论是儒家或诸子百家的学术修养，都是做人和做事合而为一的。仔细体认历史，便可知道有些人的一生，事业功名是成就了，但不能说他做人也成功了。有的人，一生做人成功，但并无事业功名上的成就。如果兼而有之，应该是不圣亦贤了。

　　例如明代的名臣张江陵——居正，是万历当时的权臣名相，可算是一个大政治家，但因个性急躁，修养不足，所谓"操切为政"，往往便不能优容气节之士。好多理学名儒，因为意见不合而被压制不伸。但在张江陵当政的时期，的确做到了兵强国富，其功实有不可掩盖者。可是当他身死以后，结果弄得抄家破产，大儿子被逼上吊，老太太也被逼得流离失所。固然是明代朱氏王朝的作风，惯于苛待功臣，大有失德之处。但张江陵的做事成功而做人失败，实在也不免有话分两截的必要。当时有人经过张江陵的住宅，看到荒草丛生，一片凄凉的景色，和当年的煊赫对照，便大生感慨。就拿笔题诗在张宅的破壁上说："恩怨尽时归论定，封疆危日见才难。"这两句诗，和张江陵的生平，正好用来作为邹穆公问孟子这个问题的答案。

　　　　滕文公问曰："滕，小国也，间于齐楚。事齐乎？事楚乎？"
　　　孟子对曰："是谋非吾所能及也。无已，则有一焉。凿斯池也，筑斯城也，与民守之，效死而民弗去，则是可为也。"

两大之间难为小

　　在春秋、战国两个时代，滕、薛仅是一些微不足道的小国。但在《论语》及《孟子》书中，都有所论及。所以国虽小，在孔孟的声光照耀之下，却也有名起来。《论语·宪问》篇中记载着："子曰：孟公绰为赵魏老则优，不可以为滕薛大夫。"就是这个滕国。不过孔孟两个时代不同，滕、薛的情形也不一样了。

　　这次是孟子从齐国再度回来，路过滕国。滕国是一个小国，而东北面毗邻了强大的齐国，南面又和强大的楚国接壤。我这个小国，夹在两个大国的中间，所谓"两大之间难为小"，我应该向齐国靠拢好呢？或者是投向楚国比较好呢？

　　滕文公把这个难题提出来，向这位高人孟子请教。孟子也的确是高明，他答复滕文公说："你提出这个问题，对不起，我也没办法。有办法也不能讲，碍难启齿。"滕文公听孟子这样的答复，当然非常失望，脸色就沮丧难看。孟子见他这副样子，又过意不去，于是对他说：在不得已之下，那么只有一条路比较好。你把你自己的内政先理好，增加老百姓的向心力，团结起来。然后，加强你的国防设施，把护城河挖得深深的，把城墙加高加厚起来，巩固你国防线上的防御工程。和全国老百姓，上下一致，同心合力，保卫自己的疆土，虽然战死，也不离开本位，甚至宁为玉碎，不为瓦全，自强自立，宁可亡国，也不向任何一个大国投降，先有这样的准备，才可以有所作为。

　　在这里，我们看到孟子答复"两大之间难为小"的基本原则，只有自强自立的一条路。其实个人做人也是一样，不自强，不自立，不从自己本身想办法，在两大之间，怨天怨地，希望得到别人的同情来为自己解决困难，天下不会有这样的事情。个人事、国家事、天下事的原则是一样的，只有自强自立，才是唯一的生存之道。尤其以一个小国家为然，介于国际上强国之间的自处，除了自立自强以外，绝无其他妥协的良策。况且愈妥协，将愈增加困难。因此孟子便指出，宁可亡国，也不可丧失国格或人格的原则，作为答复。

　　　滕文公问曰："齐人将筑薛，吾甚恐，如之何则可？"孟子对曰："昔者大王居邠，狄人侵之，去之岐山之下居焉。非择而取之，不得已也。苟为善，后世子孙必有王者矣。君子创业垂统，为可继也。若夫成功，则天也。君如彼何哉！强为善而已矣。"

　　有一次，滕文公再进一步向孟子请教说，薛和我一样是个小国，可是现在强邻的齐国，要在薛国建筑城池，也就是在薛国的领土上，建筑坚强的军事基地。薛国也是我的邻近小国，有同病相怜、唇亡齿寒的威胁。看这种国际趋势，下一步很可能要轮到我头上了。这种威胁实在让人忧虑。你看，该怎么办好呢？

　　这个薛国也早已归入了齐国的版图，被齐宣王封为孟尝君田文的地盘。那就是，历史上有名的孟尝君门下客，弹铗而歌的冯谖，强作主张，代表孟尝君到薛国收取租债，一把火烧了所有债务人契据，以收买民心的名城。

孟子又是拿出他最崇拜的，也是周代历史上最能谦让、最光荣的一代——太王的史实。他说，从前太王住在邠地，狄人侵犯他，难以自处，因此搬到岐山下面去住。并不是因为岐山比邠地更好，土地更肥沃，而是在邠被好勇斗狠的胡人欺凌，没有办法，不得已才避到岐山去了的。当时太王虽被迫迁移，但却忍辱负重地生聚教训，所以后代子孙——文王、武王起来，才建立了周朝几百年的政权。你可以效法他这种为善的精神，后代的子孙就一定能称王天下。大丈夫要创业就要树立一个美好的典范给后人，为了使子孙能够继承下去，在个人方面，无论读书、经商，或任何行业，都应如此。一定要有这个志向，能不能成功，那是天命。如今你地方小，四面又有强邻，只有用太王这种精神去做，勉强站起来，但不是站起来去跟人争强斗胜，而是自己勉励为善，巩固内部，自立自强，然后才能慢慢强大，受到别人尊重。

孟子这理论非常对，两大强国的斗争之下，处在中间的弱小国家，若想自立自强，的确是很难的。我们看宋初的局面，吴越王钱镠的孙子钱俶本来和赵匡胤、李后主一样，也是独立为王，他一看到天下大势，自陈桥兵变之后，赵匡胤号令天下的章法，他便表示投诚拥护，推赵匡胤当中国的老板。到宋太宗时，自己取消了国号。他认为这样做，则自己后代的子孙，不失为诸侯，永远是方面大员。否则的话，自己估计一切的能力，未必可胜得过宋朝。战败了，不只是自己难保，就是子孙也难保。其实他这样做，还是在等候时机，要想办法再起来，希望自己留有最后一点小本钱，必要时才能有所作为。

至于同时代的南唐李后主就不同了，虽然也看到了这一点，曾经向赵匡胤上表称臣，奈何他一天到晚感叹在诗词之中，诗词做得太好了，下不了决心，如果下得了决心，真正能够有所作为，早就起来有所作为了，即使打败了，也是光荣的。等到曹彬的大兵团攻到南京的时候，用一根绳子上吊也行，又怕死，要投降又觉得没面子，最后当了俘虏，被曹彬解送到京，只有在船上作诗感慨，那又有什么用？赵匡胤批评他说，李煜肯把作诗填词的精神来治国，就不会是今天的下场了。所以要嘛，就强为善；不能强为善，就保子孙，留元气，以待后来。

国家大势如此，个人事业也如此。站得起来就站起来，站不起来就得见机振作。但是社会上，有许多人，他在站不起来时不肯爬，爬不动时又不肯躺下，还老是觉得自己是站在那里，其实并没有站着，这样就很可怜了。总之，人生哲学和政治哲学的道理是一样的。

> 滕文公问曰："滕，小国也，竭力以事大国，则不得免焉。如之何则可？"
>
> 孟子对曰："昔者大王居邠，狄人侵之。事之以皮币，不得免焉；事之以犬马，不得免焉；事之以珠玉，不得免焉。乃属其耆老而告之曰：'狄人之所欲者，吾土地也。吾闻之也，君子不以其所以养人者害人。二三子何患乎无君？我将去之。'去邠，逾梁山，邑于岐山之下居焉。邠人曰：'仁人也，不可失也。'从之者如归市。或曰：'世守也，非身之所能为也，效死勿去。'君请择于斯二者。"

人贵自立

在《孟子》书中，这一段和上一段，怎样看，都是同一个问题的重复记述。只是一个详细，一个简化而已。可能是孟子门人编辑时的疏忽，但无法考证清楚。

滕文公又问，我就算尽心竭力地奉承这两个国家，最后还是免不了他们的侵略，该怎么办才好呢？

孟子还是告诉他说，从前周太王住在邠地，狄人侵犯他。太王拿皮货和币帛去贿赂，可是没有用。又送狄人喜爱的狗和马去讨好他，仍旧没有收到效果。最后拿珍珠和宝玉去，仍免不了狄人的侵犯。（这等于后来宋朝对辽金元的情形一样，非常痛苦，也非常可怜。）在这种情形之下，太王实在没有办法，只好迁都另作它图，离开邠这个地方。行前召集邠地的父老们，告诉他们说，我曾经听说过，一个君子仁人，是不会拿用来保养大家的事物，来作害人之用。现在外族人来侵略我们，我曾经为了大家的安居乐业，送给他们好多财物，可是他们的侵略，始终没有停止。因为他们的主要目的是要我们这块土地，得不到这块土地，将永不罢休。本来我是希望以我们现居的土地，使大家过安定生活的，而现在竟因为我有了这土地，使狄人不断来攻击我们，那等于我用土地来害大家遭受战争之苦，这是不应该的。像我这样的人，多的是，你们不必顾虑找不到更好的领导人。为了不牵累你们，我将离开这里，你们多加保重了。

我们从孟子这段叙述，可知在古代宗法社会里，一个好的领导君主，也是那么可怜的。孟子只讲周太王这个例子。其实，上古史中，如周太王的情形也不少。后世如元朝的创业之主成吉思汗，在少年时代，和他的寡母生活在沙漠地带，经常被人欺负，也是非常的可怜。但到后来，驰骋天下，威震欧亚。其实元太祖初期的处境也是和周太王当时的情形差不多，只是元朝民族没有文化根基，所以不如周代绵延久远。

接着孟子又说，太王对他的子民耆老们谈话后，就带了家人，翻过梁山，跋涉到岐山下面定居。但是居住在原地邠的老百姓们都说，太王是一个好领袖，我们不可以失去这样的领袖，于是大家也放弃了在邠的土地，跟着太王到岐山下面一起居住，重新开辟新的天地。这样跟来的人很多，一股新兴的力量，像市集一样涌进岐山之下，巩固了太王的基地。

孟子又说，还有人持另一个论点，认为凡是世代相传下来的土地，所谓的"世居之地"，应该好好地守着，不可以在你这一代手里，放弃祖宗的基业。那么你就宁可战死，宁愿亡国，也不要轻言放弃，只有死守了。

这是从守土有责的论点出发，也是千古不易的至理。所在北宋时代，辽、金互相消长的时期，辽国末代的宰相左企弓在朝中力争，不可放弃河北，而有"君王莫听捐燕议，一寸山河一寸金"的主张，也同样是这个道理。

孟子这样画龙点睛一说之后，跟着又告诉滕文公说，你在这两者之间，不可矛盾，也不可因循，只有选择其中一条路去走。

历史上凡是动乱时期，像滕国这种环境的遭遇也很多。我们由此可了解，一个小国处于大国之间的艰苦。近如现代正在纷争的中东问题，那些小国之间，就有许多困难存在。现在世界上，不论欧洲、非洲，全球各地的小国，所遭遇到的困难，许多和战国时代的滕国一样，所处的环境，都非常矛盾。不是身历其境的人，是不容易了解的。

其次，个人的人生也是一样，自己不能矛盾，当受到艰难或迫害的时候，就要改变自己的环境。当环境不能改变时，就要自己站起来，坚强起来，宁死而不向困难环境屈服。

　　鲁平公将出，嬖人臧仓者，请曰："他日君出，则必命有司所之；今乘舆已驾矣，有司未知所之。敢请？"

　　公曰："将见孟子。"

　　曰："何哉？君所为轻身以先于匹夫者，以为贤乎？礼义由贤者出，而孟子之后丧逾前丧，君无见焉？"

公曰："诺。"

乐正子入见，曰："君奚为不见孟轲也？"

曰："或告寡人曰：'孟子之后丧逾前丧。'是以不往见也。"

曰："何哉？君所谓逾者，前以士，后以大夫，前以三鼎，而后以五鼎与？"

曰："否，谓棺椁衣衾之美也。"

曰："非所谓逾也，贫富不同也。"

乐正子见孟子曰："克告于君，君为来见也。嬖人有臧仓者沮君，君是以不果来也。"

曰："行或使之，止或尼之，行止非人所能也。吾之不遇鲁侯，天也。臧氏之子，焉能使予不遇哉！"

孟子论立身出处的原则

这是孟子晚年，回到邹鲁，退居以明志的一段记录。鲁平公身边有一个得宠的近臣（弄臣），当然不是什么大臣，但随时跟在他的身边，在某些事情上，会成为重要的关键人物——后世得宠的宦官，就是这一型的人物——这个人叫臧仓。有一天，他看见鲁平公外出的车辆、卫队等等都准备好了，马上就要出宫了。这时，他问鲁平公说，你以前出去，事先都会通知随从的人们，目的地是到什么地方。可是现在，车辆人员都准备好了，下面的人还不知道你要去哪里，他们又不敢来问，所以我来请示一下，你要去什么地方？

鲁平公说，我要去看看孟子。臧仓一听，马上抓住机会攻击孟子。他对鲁平公说，你为什么要去看他？你尊为一国之君，为什么轻易地亲自去看一个平民呢？你以为他是一个贤人吗？为人处世，能够合乎礼义的才是贤人。换言之，一个贤人所做出来的事情，就一定合乎礼义的。像孟子，父亲早死。后来母亲去世，他办理母亲的丧礼，远比以前办父亲丧礼隆重得多。对于自己的父母，办丧礼时，前后都有厚薄的差别，这就是不合礼制的事。这种人，你还去看他吗？鲁平公说，那我就不去了。

这里我们看到小人的厉害处，往往是在小的地方，找到一点点小事，轻轻地一拨，情势就转变了，这就叫作"谗言"。每个人的心理，具有先天性的缺点，最喜欢听信谗言和小话。尤其做一个高居上位的人，大道理、大话听多了，厌烦了，谗言小语乘虚而入，往往非中不可，此所以历史上都赞叹明智之君的难得。其实，何止为君，凡做领导人的都要注意。乃至当一个平民的家长，处理任何一件小事，也都要注意。古人所谓"来说是非者，便是是非人"，这是不易的名言。

乐正子，复姓乐正，名克，是孟子的学生，那时他已是鲁国的大夫。鲁平公有一次与齐王会面修好，在商谈国际问题时，乐正子趁机极力推崇孟子。当时随行的其他大臣，也都说孟子如何如何好，所以孟子这次回到鲁国，鲁平公想要去看看孟子。现在乐正子得到消息，鲁平公取消了看孟子的主意，就去问鲁平公，你为什么不去看孟子。鲁平公因宠信臧仓，当然就多少对他有所回护，答复乐正子时，就只说，有人告诉我，孟子办他自己父母的丧事，都有厚薄之不同，像这样的人，道德修养不够，所以我不去看他了。

乐正子说，这话从哪里说起呢？大概听人说，他对母亲的丧礼超过以前他对父亲的丧礼吧！这是因为他前一次是以士礼丧祭，行的是鱼、豚、鸡的三鼎祭礼。而后来他母亲死了，当时他有了大夫的身份，行的是羊、豚、鸡、鱼、肤的五鼎祭礼。（在抗战以前，大陆上行祭礼，还有三牲祭和五牲祭的分别。三牲是家禽（鸡）、鲜鳞（鱼）、豚肥（猪肉）。五牲是上面的三牲加上家雁（鸭）和肤（兔）为五牲祭。）这并不是他对父母的祭礼有厚薄轻重的不同，而是他的环境、身份、地位不一样了，他还是在依礼行事啊！

鲁平公这时候才明白，但是已经转不过弯来，于是说，不是的，我并不是指这一方面，我是说他所买的棺木、寿衣的质料不一样。给他父亲的是便宜料子，而用在他母亲身上的，都是价钱高的好棺木、好衣料、好被服。乐正子说，至于这一点，也不能说是在礼制上有所违越呀！丧祭用品的价格高低，是因为孟子的经济环境不同。他以前作士的时候，收入少，买不起价钱高的。后来当了大夫，薪水高，就可以花高价钱，买更美的棺椁衣衾了。这是孟子前后贫富情况不同，关于礼制方面，则没有不对的地方。

这一段文章，看起来好像平淡无奇，可是几千年来，社会上人情世态，都是这个样子，就是现代欧美各国也一样。中国的古谚，所谓"爱听小语"，以及"远重衣冠近重人"，一般人们，都是用这些小事来评论、衡量一个人的高低、善恶、是非的，甚至成为了道德人格的砝码。

乐正子听到鲁平公这种推诿之词，也许心想，你身为一国的国君，又不是棺材店、殡仪馆的老板，注意别人买棺材、寿衣的事干嘛？分明没有人君之度，不似人君，所以无法说下去，也就不必再说下去了。反正知道他只是个爱听小话的人，就不再说了。

于是乐正子回过头来看他的老师孟子。当然，带有几分牢骚地说，我曾经向我们的老板鲁平公提出报告，关于老师的学问道德。鲁平公听了，原本要来看你，不料老板身边有一个亲信的小人——奸臣臧仓，在鲁平公面前说你的小话，放了一包烂药，阻止了我们老板不来看你了。

孟子对乐正子说，他来看我，自有促使他来的因素；他如果不来看我，也自有阻止他不来的因素。他的来不来看我，其实不是人力所能决定的，那是天命。臧仓虽然是一个小人，说了我的坏话，但是他怎么有这么大的力量，左右我和鲁平公见面或不见面呢？你不必发他的牢骚了。

照文字来看，我们这一段，可用上面解释。但是其中"行或使之，止或尼之"这句话，我们如果作一番仔细的推敲，则发现它还有另一层的含义。

这两句话的文字很美，可作两面解释。一种是鲁平公如果去看孟子，那是因为乐正子的促成，他为孟子澄清了误会。他之所以不去看孟子，是另一个因素阻止了他，那是受了臧仓这个嬖人的谗言。而一个做领袖的人，不应该受到别人左右。现在他会受人左右，那么这个领导人也就可想而知，没什么可谈的了。所以不必要怪臧仓，臧仓只不过投其所好而已。在基本原则上，他根本就没有诚心想来看我。

另一种深一层的解释，孟子这句"行或使之，止或尼之"是说，我的道如果能够行得通，能够实现，那么天下自然就会有人，有力量，使我受到重用，去推行我的理想。如果我的道行不通，那么不需要别人来阻止，我自己也会见势而止的。老实说，我的道行或不行，"达则兼济天下，穷则独善其身"，得机会，救天下，救国家、救社会；不得机会，个人把自己管好。这个"行"或"止"，不是人事可以安排的，在冥冥之中，自有一个不可知的气数。天下该得太平，我的道自然实行；天下该动乱，也是没有法子的事。所以我与鲁平公不能见面，实在不是人事所可以左右的。你不必去责怪臧仓的挑拨。

上面那句话，可作两层意思来了解，也可以说是孟子立身处世的大原则。历史上，现实的社会中，一个人的立身出处，随时随地都可能遭遇这种类似事件的攻击。只要多读些历史，多经历人生，反而觉得是很平常的事，一切都会处之泰然，看得无所谓了，就如孟子对乐正子最后的结论。

我曾经写过四句只像偈语不像诗的话，也正好在这里提供大家作一参考。"身入名场事可怜，是非争竞奈何天。看来都是因人我，无我何妨人尽贤。"其实，在大道理上，都是因为分别人和我而有此烦恼。缩小在现实范围来讲，都是利害的冲突。人就是这样渺小可怜，但是这只是对个人自处的修养来讲。倘使要作一番事业，做一个领导人，就不能马虎，任凭情绪的冲动而听信谗言了。不然，因此而错失得力的人才，甚至牵一发而动全局，那就太不明智了。

到这里，《梁惠王》的上下两章，大概都研究完了，这也是研究《孟子》最重要的一部分。因为《梁惠王》上下两章的内容，是孟子一生中，一心一意想拯救当时极其动乱的战国时代的理想和抱负。他有救世的思想，所以他游历魏齐之间，希望能受重于一个政权，透过这个政权，推行他的思想，对天下，对人类社会有所贡献。而他的思想当中，最高的政治原则，哲学基础，就包含在这两章书中。同时也可以说是他学问成就以后，从中年到晚年，出来游历国际间的传记缩影。

下面各章，可以说是就梁惠王上下两章书中，有关孟子的学问、思想、行事等等的大原则，分别加以阐述说明，也等于是孟子自传自述的个别资料部分。

万 章 篇

出版说明

　　在《孟子》一书的七篇中，《万章》这一篇最短，但却最引人入胜；原因是孟子与万章师生二人，问答犀利，又充满禅机，内容所涉及的，有些更是数千年来炎黄子孙心中的疑问。

　　譬如说，尧舜真像历史记载的那么伟大吗？而且，舜的家庭父子之间，是不是真的那样不近人情呢？……

　　再说秦穆公赠食子思一事，这位《中庸》的作者，孔子的孙子，为什么认为君主是以犬马相待呢？

　　《万章》下篇中，更有一个铁证，说明宋儒对"不孝有三"的解释是错误的。这个影响我们千多年的谬解，在《离娄》篇已有说明，在本篇下章，孟子说"仕非为贫也"这句话，彻底粉碎了朱熹所谓"家贫不仕"为不孝的说法。

　　对《孟子》一书，后人注释多，误解更多，几千年来的各种不求甚解的说法，对我们先圣先贤造成的误解，太多太多了。

　　南师怀瑾先生，再次带领大家深入研读并解析孔孟思想的原义，令人豁然于胸；再加孟子和万章师生针锋相对的妙问妙答，故而说引人入胜。

刘雨虹　记

二〇一二年八月于庙港

万章章句上

《万章》上下两篇的内容，似乎说理的多，而且许多都是前几篇曾经说过的，颇有重复之嫌；但其立意精神，则有其不同之处。

同时这里也存在一个很大的问题，为什么在《万章》篇中，再三提出有关尧舜的历史故事？而且，自孟子以后，直到现在，后世所知道有关尧舜的历史故事，大多是从《孟子·万章》上下篇中来的，在《孟子》以前的史料中，很少见到。所以《孟子》中所述有关尧舜的资料是否确实，是一个非常严重的问题。

其次，假如《孟子》中有关尧舜的史料是正确的，为什么他们师生之间，对这些史料再三辩论？其中心的思想，又在什么地方？

《万章》上下两篇，主要在阐述君道、臣道、师道、友道的关系。中国几千年来，帝王政治制度的建立，与孟子的君道思想，有密切的关系。但是，我们要特别注意，孟子所谓的帝王政治精神，与战国以后，秦汉以来的帝王政治精神，是否有很大的差别？这又是一个大问题了。

同时也可以看出来，几千年以来，儒家所标榜的君臣之道，人伦、社会之间的中国文化，是否与孔孟思想有所出入？这些都是我们身为后代的人，应该注意的地方。

万章、公孙丑，都是孟子的学生，《万章》这一篇，等于我们现代文章的题目——"与万章同学对话录"一样。在这一篇中，大部分是答复万章问题的记录，所以题为《万章》。本章也分作上下两篇，其内容、立意，与《离娄》章大致相同。但是可以发现，对于孟子的话，弟子们各自的记录都不同；也许对于某一个问题，如果再多问一次，了解的就可能更深入一点。孟子所说的话，也许每人对于重点的掌握不同，因此记录就不同。所以《万章》与《离娄》两篇内容，大原则上可见重复之处，但又并非完全相同；其中重点、讨论目标、意义上又有所不同。而大体上说来不外乎阐释君道、臣道、师道、友道，以及士大夫、知识分子立身处世，做人做事的大原则；也就是所谓伦理之道，人伦之道。

《万章》一开始，就讨论尧舜的问题。看《孟子》全书，几乎每一章都提到尧舜，为什么孟子一再谈尧舜？孔子也谈尧舜，但远不及孟子谈得那么多。《万章》这一章，一开始又谈尧舜的问题，因为这是一个历史问题，所以读《孟子》也是应该特别注意的。

这是古人对上古史的疑案，事实上，对前代的历史，后代都会有存疑的地方。一部"二十五史"，每一人，每一事，几乎资料都不翔实，有很多很多问题。尤其中国儒家，讲到君道与臣道的标准，每以尧舜为标榜，所以尧舜也就成了后世讨论的大话头。宋朝以后，尤其在明朝，对于远古时代的尧舜，怀疑更甚。老实说，在民国初年五四时代，"打倒孔家店"的种子，在几百年前就已经种下了。只不过那是专制时代，考试制度是以孔孟思想为依归的，所以许多人不敢明目张胆地讲出来。否则的话，一个读书人，如果提到这类意见，一生的前途就完了，至少会被踢出"读书人"的圈子，后果就有如此之严重。所以从前有关这类疑古的著作并不多，现代则已经慢慢可以看到了。

现在先看原文的故事，再作讨论。

舜是孝子吗

万章问曰："舜往于田，号泣于旻天。何为其号泣也？"

　　　孟子曰："怨慕也。"

　　　万章曰："父母爱之，喜而不忘；父母恶之，劳而不怨。然则舜怨乎？"

　　　曰："长息问于公明高曰：'舜往于田，则吾既得闻命矣；号泣于旻天、于父母，则吾不知也。'公明高曰：'是非尔所知也。'夫公明高以孝子之心，为不若是恝。我竭力耕田，共为子职而已矣，父母之不我爱，于我何哉？

　　万章问孟子：老师你说舜是大孝子，舜的父亲、母亲、弟弟都对他不好，逼他到偏僻荒野的地方去开垦。他当然很痛苦，在那里"号泣于旻天"，一边流着眼泪，一边悲痛地喊：我的天呀！一个人哭有三种状况，有声无泪为"号"，有泪无声为"泣"，有声有泪为"哭"。那么你说他大孝，奉父母之命去开垦，"何为其号泣也"，为什么他又要流泪大叫呢？孟子说："怨慕也。"这是他的一种怨慕。当然有怨，他因离开兄弟父母而痛苦，所以怨慕。

　　这种怨慕的哭，等于从前的新娘子出嫁，本来是喜事，不该哭的，临到上花轿却哭了。因为顿然离开父母和生活了十多二十年的温暖家庭，嫁到别人家去，生活习惯都陌生，因此哭了。舜的怨慕与这个情形相似。

　　万章又问了：一个真的孝子，如果父母喜欢自己，就高兴，父母对自己的慈爱，是永远忘不了的；假如父母讨厌自己，要你去劳苦，也不应该有怨恨的心理。老天既然安排他们是自己的父母，就没有什么话说，只有顺着父母的心意去做，才是做子女应有的立场和态度。现在舜被赶出门来去垦荒，他却在那里流泪喊天，他是在埋怨。老师曾说他是那么好的圣人，他这样埋怨，总不应该吧！

　　孟子于是就提出曾子的弟子公明高，和他的弟子长息之间的一件事，作为对万章的答复。

孟子说：以前长息对老师公明高，和你万章现在一样，提过这个问题。那时长息向公明高说：舜被父母赶出去垦田，这件事历史相传都是如此。可是舜垦田的时候，在那里怨天尤人，埋怨父母，而大家又说他是孝子，我就不懂这是什么道理了。当时公明高告诉长息说，你还年轻，对于这种道理，不是你可了解的。

孟子说了这段话，继续解说：一个真正的孝子，在心理上，只有接受、听命。父子之间，没有什么道理可以讨论的，因为讨论起道理来，那就很麻烦了。所以公明高只能说到这里为止。实际上，舜当时的心情是想父母命他去开垦种田，他就尽力去开垦种田；身体是父母生的，生命是由父母那里来的，父母即使要将自己的生命拿去，也只有顺他们的心意做，这是没有办法的。至于父母爱不爱我，对我这个孩子所要求的是对或错，这是父母的事情，和我这个为人子女的毫不相干。做儿女的，只有尽对父母的责任，守儿女的本分而已。

孟子口中的舜

"帝使其子九男二女，百官牛羊仓廪备，以事舜于畎亩之中。天下之士多就之者，帝将胥天下而迁之焉。为不顺于父母，如穷人无所归。

"天下之士悦之，人之所欲也，而不足以解忧。好色，人之所欲；妻帝之二女，而不足以解忧。富，人之所欲；富有天下，而不足以解忧。贵，人之所欲；贵为天子，而不足以解忧。人悦之、好色、富贵，无足以解忧者，惟顺于父母，可以解忧。

"人少则慕父母，知好色则慕少艾，有妻子则慕妻子，仕则慕君，不得于君则热中。大孝终身慕父母，五十而慕者，予于大舜见之矣。"

孟子又说：尧年纪大了，向各地诸侯征求意见，要选一个年纪比他轻，能够继承帝位的国家元首人才，问谁最适合。大家都推荐舜。这是古代的选举，认为他孝道第一，因此尧就要他来，然后将两个女儿，历史上著名的娥皇、女英两姊妹嫁给他。尧还有九个儿子，也都交给舜，听舜的指挥，做他的部下。并且又教舜去管理各种事务，全力培养他，练习到能做皇帝。

尧并把国家的财富、牛羊、稻麦仓储、官吏，都给舜备好，给他指挥或使用。

皇帝这一名词，我在之前讨论《论语》及前面讨论《孟子》时，常常提到，大部分都是为解说方便而借用的；真正的含义，是指国家的元首，一国的领袖。春秋战国时，各国的诸侯，如梁惠王、齐宣王等，我每每称之为"皇帝"，这都是借用了这个名词，与后世秦汉以下的政治制度上的皇帝，在含义上是不尽相同的。为免观念混淆，特别在这里做一个说明。

当舜被父母赶出来，到远处去垦田的时候，"天下之士多就之者"，许多知识青年，都因仰慕他而跟他走，到他所在的地方开垦，所以荒地很快就被他们建设起来。因此帝尧准备把首都迁到舜新开垦的地方去。

虽然舜有这样的威风，可是他心里还是很难过。因为功名富贵、地位声望，样样都有，但是和父母相处不顺，似乎自己的孝道还没有做好。"惟顺于父母，可以解忧"，一个人漂泊在外，不能与父母相处，所以对自己不满意。

孟子又说：各处的知识分子、青年人都信服于舜。这种情况，谁都希望做到，舜做到了，却觉得并没有多大意思，心里还是有忧。他有两个漂亮的好太太，而且是帝尧的女儿，这也是谁都会高兴的事情；钱，也是人人希望有的，而舜富有天下，天下的财富都由他管理，等于是他的；讲到地位，舜贵为天子，天下第一人。总而言之，一切凡人所希望而得不到的，他都得到了，富贵功名、妻室儿女，样样俱足，但他仍然心忧，因为父母不喜欢他，总认为他不对，所以他始终在烦恼中。

这是孟子对学生讲话，描写舜的大孝到如此的程度，说得很清楚，好像他在旁边看见似的。实际上他和舜相距的时代，至少有一千多年。

孟子又说"人少则慕父母"，一个人在孩童的时代，唯一爱的，只有父母；长大以后，就爱异性朋友，如果和爱人约会，被父母阻止，心里就会非常反感，因为这时是爱情第一了；等到结婚以后，老婆第一，父母在其次，朋友也在其次。到了做官之时，当然对于长官最为推崇、服从、爱护。假使长官，乃至国家元首对他不满，那他就"热中"了，吹牛、拍马、钻营，各种手段、花样都搬出来了。过去说"热中功名"，我说热中就是"发炎"，发高烧了，烧得晕头转向，饭也吃不下，觉也睡不着。

孟子说，一个真正的大孝子，从年轻时孝顺父母，到老都不会变；乃至于自己都有了子孙时，想到父母，仍像幼年的心情一样。这在现代来说，是唯情主义，是一种至性至真的感情。孝顺也就是人性感情至性的流露，如果连父母都不爱慕，这个人的问题可就大了。但当一个人过了五十岁，而爱慕父母之情，还像小孩子一样，在历史上，只看到大舜如此。

关于舜的孝道，在孟子以前的历史上，有过记载；至于将舜的孝说得如此完整无缺，如此之好，则是孟子。

有些年轻人读到这一段，会觉得很烦，实际上，把这些当作经书，当作小说，或当作历史、人生问题来研究，也是可以的。

未得父母同意而结婚

万章问曰："《诗》云：'娶妻如之何？必告父母。'信斯言也，宜莫如舜。舜之不告而娶，何也？"

孟子曰："告则不得娶。男女居室，人之大伦也。如告则废人之大伦，以怼父母，是以不告也。"

万章曰："舜之不告而娶，则吾既得闻命矣。帝之妻舜而不告，何也？"

曰："帝亦知告焉则不得妻也。"

万章有一天问孟子，古诗上说的："娶妻如之何？必告父母。"娶妻子，无论如何，事先一定要禀告父母，得到父母的同意才可以。对于这句话，舜既是一个大圣人，他应该知道，并且是相信而遵守的。在我国的古代文化习俗上，如果不先禀告父母而结婚，在道德上是一个很严重的问题。即使在现代，除了城市绝大多数家长较开明以外，在其他县市，尤其是乡间，男女相爱，如果不征得父母的同意，仍然不能结婚。即使真的爱得"死"掉了，也是毫无用处，这是几千年来的传统。所以万章认为，舜虽然是奉帝尧的命而结婚，但还是没有得到父母的同意，这也不对。

可见万章这个人，也是喜欢鸡蛋里挑骨头的。不过这个鸡蛋里，好像真的有点骨头似的，被他挑到了；而孟子则非把骨头磨成粉不可。孟子说：假如舜禀告了父母，哪里会获得同意啊！一定就娶不成了。可是"男女居室，人之大伦也"，现代青年男女谈恋爱，似乎可以引用孟子这句话为借口了。男女结婚，是人伦的大道，舜如果告诉了父母，父母一定不答应，如果结不成婚的话，就是废掉了人伦的大礼法。

现代也有人这样做。曾有一对青年，大学毕业，禀告双方父母，要求允许他们结婚。女方的家长硬是不同意，这对青年无可奈何，请求老师说服女方家长来撮合。这位女方家长说，将来的女婿，需要有三才——人才、钱财、文才。对于这种"三才的人生哲学"，这位老师也难以置辞，只有像孟子这里所说的理由，告诉学生，拿了身份证，去结婚生子以后，自然就好了。后来的发展，果真如此，这就是孟子这里所说的，为了真正安慰父母，所以不告而娶。

这是孟子替舜所作的辩护。至于孟子所说的理由，是不是正确，姑且不作评论，大家自己去研究吧。

但是，舜等于被告，万章像是原告，现在，孟子是大舜的律师，替舜作了一番辩论。原告万章再提出理由来说：你说大舜是为了真正安慰父母，才不告而娶，"得闻命矣"，我姑且听你的了。这"得闻命矣"四个字，用得很巧妙，等于说，不管你说得对或不对，都听你的吧，但并不见得就心服。可奇怪的是，帝尧当时是一国的元首，瞽瞍尽管对舜不好，到底是舜的父亲，帝尧为什么不下一道命令给瞽瞍夫妇，说要将两个女儿下嫁给舜呢？

万章的疑惑，的确有道理。讲礼讲法、讲道德、讲风俗，帝尧都不该这样做的。但孟子说："帝亦知告焉则不得妻也"，帝尧也知道，舜的父母是很难缠的人，即使他下命令告诉他们，说要将两个女儿嫁给舜，万一舜的父母不同意，作为天子，又要怎么处置才更妥当呢？

试想想看，孟子这一辩护是不是有理？如果孟子所说的这种假设是对的，那么尧也只能两害相衡取其轻了。《孟子》一书，从这里一路下来，都是历史上招致争辩的大问题。我们想想看，孟子答复到这里，他的学生万章，心中信服不信服呢？文字上没有记载，但也会像我们现在一样，心想：孟老夫子呀！你的话讲得真有点不通。所以万章继续问下去：

"父母使舜完廪，捐阶，瞽瞍焚廪。使浚井，出，从而揜之。象曰：'谟盖都君咸我绩。牛羊父母，仓廪父母，干戈朕，琴朕，弤朕，二嫂使治朕栖。'象往入舜宫，舜在床琴。象曰：'郁陶思君尔。'忸怩。舜曰：'唯兹臣庶，汝其于予治。'不识舜不知象之将杀己与？"

曰："奚而不知也？象忧亦忧，象喜亦喜。"

曰："然则舜伪喜者与？"

曰："否。昔者有馈生鱼于郑子产。子产使校人畜之池，校人烹之，反命曰：'始舍之圉圉焉，少则洋洋焉，攸然而逝。'子产曰：'得其所哉！得其所哉！'校人出，曰：'孰谓子产智？予既烹而食之，曰："得其所哉！得其所哉！"'故君子可欺以其方，难罔以非其道。彼以爱兄之道来，故诚信而喜之。奚伪焉！"

关于舜的弟弟象，跑到舜的家中，对舜撒谎的这一段，在《孟子》以前的上古史资料中，记载少见，只有在《孟子》以后，才有这类的详细记载。万章依据什么历史资料，提出这项问题呢？这是考据家的工作，暂且不去推敲，姑且把它当评书来听。

舜的父母和弟弟

前面已经提过，大家都知道，舜的父母是父顽、母嚚，但是要知道，这一对夫妇并不是平民，而也是一方之长。所谓唐尧、虞舜，虞也是上古的诸侯封地，瞽瞍也是虞这个封地的一方之长，也很强。以现代的国际局势来做比拟，就像以色列，虽是一个小国家，但也是一个很强的国家。所以舜也不是一个平民。至于舜的父母，为什么会对他不好呢？历史上说，他有一个弟弟，名叫象，是一个大"太保"，无所不为，性情又傲，尤其对哥哥不服，而舜的父母溺爱象。

他们的母子状况，就像后世春秋五霸的霸主郑庄公的家庭状况一样。

孔子写《春秋》，《郑伯克段于鄢》，把第一个霸主郑庄公的故事放在第一篇，就是指出一个国家社会的风气败坏，是先从家庭开始的。家庭教育做不好，整个教育都坏了，所以家庭教育比学校教育更重要。而家庭教育中，最重要的是母教，孩子在幼儿的时候，母亲对孩子的影响，比父亲的影响更重要。郑庄公的母亲武姜，因为生庄公的时候难产，于是就恨庄公，而爱次子共叔段，成为一种心理变态。

舜的父母也许有同武姜一样的情绪。他们叫舜去"完廪"。什么叫完廪？在以前的农村社会中，当秋收时，将收割的稻谷晒干以后，堆在晒谷场上，以篾编竹围层层围上去，可高达七八层乃至十层，宛如一座圆形的谷塔。最后在顶上加盖一层篾蓬，以防雨水浸湿。这种古代堆积稻谷的圆形"谷塔"就叫作廪。廪是一个象形字，从这个字的结构上，就可以看出它的形状来，可惜现代已经看不到这种廪了，四五十年前我们在乡下农村社会还看得到。完廪就是去上面加盖那一层篾蓬，完成廪的最后一步工作。

瞽瞍夫妇欲杀掉舜，但到底是亲生的儿子，下不了手，于是叫他去完廪，到好几丈高的顶上盖篾蓬。当他爬到顶上以后，他们把扶梯拿掉，在下面放起火来。好在舜有两个好的参谋，就是他的两个太太，知道瞽瞍叫舜去做这件事，大有问题，于是事先为他准备了两个大斗笠，叠着戴了上去。当下面起火的时候，就用两手举起了两个大斗笠（等于现在的降落伞），从空中安全地落下来了。

一次谋害不成，第二次又叫他去挖井，大有活埋他的企图。舜的两个太太教他挖到相当深度的时候，就向横挖，先挖好另一条出路。果然，后来他继续下井去挖时，他的弟弟就把土推下去埋他，而他则从横挖的通道中逃出来了。

可是，这时他弟弟向父母说："谟盖都君咸我绩。"活埋了都君，都是我的功劳，"都君"就是舜，因为他被父母赶去开垦，许多人仰慕他，跟他一起去，大家共同努力下，很快地就把荒地建设起来，成了都市。而他也被大家推举为都君，等于现代的民选市长。象又说，现在哥哥所有的财产、牛羊、仓廪，都给你们两个老的；至于别的东西，干戈武器归我，他那张好琴，也归我，那把弓不错，也归我，还有两个嫂嫂，由我接收好了，也归我吧！

于是，他跑到舜的家里去，准备接收一切了。却不料进门以后，看到舜已经先回家了，坐在那里，正悠闲自在地弹琴。那一种怡然自得的样子，与平常一样，好像从来没有发生过什么危险之事似的。这时，象已经走进门，和哥哥面对面了，他可真是坏得很，对舜说：哥哥，我心里烦闷得很，因为很久没有看见你了，非常想念你。但是他的态度非常不自然，脸也红了，头也抬不起来了，以为哥哥知道了他的阴谋。反过来，也衬托出舜是如此的孝父母、爱弟弟，一点都没有怨恨的样子，对弟弟说：你想我，我也正想念你呀！你看，我这里那么多部下，那么多百姓，都需人管理，而我没有得力的帮手，连一个管总务的也不易找到，你来得正好，我把他们交给你，你来管。

圣人如何对待家人

万章这样引述了这段故事后问孟子：老师！难道舜有如此之笨，他弟弟要活埋他的事，也不知道吗？

孟子说，"奚而不知也"，哪里会不知道啊！但圣人就是圣人，不像我们一般普通人，别人骂我一句，我要回骂两句，或者打人一老拳。大仁大义的圣人，明知道这种事，可就是要孝父母、爱兄弟，心里不存芥蒂，没有埋怨，一点不高兴都没有。

这种情形，在现代也的确有。过去我在成都，曾经亲见一位出家师父，大家称他为活罗汉，有许多人皈依他为弟子。可是他的一个师弟非常坏，暗中用中药里的毒药，下在食物中将他毒死，再剥光衣服，草席一包，把他埋在成都西门外的乱葬岗。可是这位活罗汉，大概是睡了一大觉，醒来只觉得气闷，于是从泥土中爬出来，可是眼睛看不见了，就在地上爬，被一早进城卖菜的人发现。

因为这位出家师父平日每天凌晨四点钟就起来，游走全城大声念"南无阿弥陀佛"，响如洪钟，已成了成都人的定时闹钟。这一天没有听到他唱佛号，感到奇怪，好奇而性急的人，尤其是关心崇敬他的弟子们，都赶到寺中去探听，也找不到他人。后来经卖菜的救回，他的弟子们，包括有些大官，及军界的将领，知道了这回事，非常气愤，硬要把他这个师弟抓去枪毙。可是他不许可，并且斥责弟子们说，我是你们的师父，你们要听我的话，他是我的师弟，我们师兄弟之间的事，你们不必管。你们自以为官大吗？如果你们要管，我就不要你们这样的徒弟，把你们都赶出去。大家听了也没有办法，他所容忍的那还只是师兄弟而已，不像舜，是对父母兄弟的容忍。

看见这位出家师父的这件事情以后，我想到幼年读《孟子》时，读到这一段舜对弟弟的爱心，我当时也非常怀疑，不相信有这样的事情。而眼前这位活罗汉与他的师弟，并非同胞兄弟，也不是关系很密切的人；而且那个师弟也的确坏到了极点，但是这位出家师父竟然还是照样对他包容。这位出家师父的眼睛，过几天也自疗好了，由此可知，世上的确有像舜这样的人，更何况舜是对自己的胞弟，当然不会假。不过像这样的人，在人类中很难找到，但人性确有这样仁厚，这样善良的一面。

反对孟子的诗文

这段历史，后世怀疑的人很多，各种怀疑都有。如几十年前名扬一时的厚黑教主李宗吾，前面也已说过，他曾写过一篇文章，就是《我对圣人的怀疑》，论调很怪。他的名字李宗吾，是由明朝名学者李卓吾而来，而这位李卓吾，对于古人的这些问题，对历史的怀疑，早就提了很多，而且都有独到的见解。

最有趣的，是在理学家们非常重视孔孟之道的宋朝，有一位被当时理学家们所尊敬的大儒李觏，字泰伯，南城人，善辩能言，文才并茂。因为父母年纪大了，就以教学维生，并照顾父母，当时他的学生常有百人之多。那时候的读书风气，人口数字以及经济情况，与现代比起来，上百的学生，可就等于现在上千乃至更多了。在皇祐初年，范仲淹推荐他为太学助教，后又升任了太学说书。死后被学者们尊称盱江先生，学问好，修养好，并有许多著作。但是他反对两位古圣，一个是孟子，一个是佛陀。

有一次有人送了一坛好酒给李觏，另有一个好饮的读书人，为了喝这个好酒，就设法去拜访李觏，表示自己也是反对孟子与佛陀的，因此得以见面。这人并写了一首骂孟子的诗：

> 完廪捐阶未可知　　孟轲深信亦还痴
> 岳翁方且为天子　　女婿如何弟杀之

李觏读了大为激赏，于是拿出酒来，两人痛饮一场，将一坛酒喝了一半。这个读书人第二次又作了一首诗去骗他的酒喝：

> 乞丐如何有二妻　　邻家焉得许多鸡
> 当时尚有周天子　　何事纷纷说魏齐

于是两人把剩下的半坛酒也喝光了。等到这位读书人第三次再作了一首诗去骗酒喝时，李觏也知道了这个儒生的目的，不过是骗酒喝，于是对他说，你的诗我也不必看了，我的酒已经喝光了。

这两首诗中"当时尚有周天子，何事纷纷说魏齐"，这两句最为重要。他的意思是，孟子一直尊崇孔子，以直承孔子的道统自居，而孔子是主张尊王，尊重中央政府，反对诸侯称霸的。孟子的时代，仍有周天子，但孟子却一会儿见齐宣王，一会儿见梁惠王，要他们行仁政，王天下，等于劝他们造反，把周天子又放到哪里去？

他这样指责孟子，不能说不对，这也正是我们要了解《孟子》的地方，孔子推崇文王、武王，捧周朝；孟子也谈文王、武王，但少谈周朝，却力推尧、舜，其心意是主张让贤，恢复禅让，只是口中不便直接说出来罢了。所以这位书生的目的，虽然是骗酒喝的，但还是有读书人的见解。明朝有一个人写了一本书，书名《千百年眼》，就是说读历史要有千百年的眼光。这些书，对于历史所提出的问题，都很高明；我们以《千百年眼》来读《孟子》，就可以读通了。孟子这些言行，如果是在秦汉以后，是会被皇帝砍头的，只要把孟子抓来，问一句：你意欲何为？脑袋就掉下来了。

至于孟子的学说，所走文化之路，与孔子尊王的思想是少有不同的，这与时代变化和当时客观的环境，有很大的关系。

君子也会受骗

在《孟子》本文中，万章的辩论还没有完。本来，舜被设计陷害的故事，记述父母弟弟竟然坏到那种程度，原只是传说，并无史迹可考，就如那位书生诗中所说"完廪捐阶未可知"，而孟子却对此深信不疑，似乎太泥古而不化了。现在万章又说：老师！你说的象喜舜亦喜，而他明知弟弟刚下手谋害他，所以舜的喜应是假的，他是不是一个伪君子？

　　孟子说：不！舜不是伪君子。像以前的郑国名相子产，有人送一条活鱼给他，他吩咐下面管理池沼的官吏，放到池里去养。这个部下拿回这条活鱼，交给厨房杀来煮好吃了，然后回来报告子产说：这条鱼，我把它放到池里去的时候，它还不大习惯，在水里兜圈子；稍后它习惯了，就游走了。子产说：游走也好，到它喜欢的地方，活得更舒服一些。可是这个池沼小吏出来对人说：大家都说我们的宰相智慧第一，我只这样随便骗他，他就相信了，还欢喜地说："得其所哉"，鱼如愿了，如愿了。

　　孟子说，从子产的这件事情看来，就可以知道，大有道的人，不是不懂，但以道理来欺骗他，他有时是上了道理的当，"君子可欺以其方"这句话，就是这样的意思，后来也成了中国俗语名言。这句话，大家要特别注意，读后会有很多感慨。一个人，匆匆忙忙做了几十年人，也观察了几十年世事，人生与历史，的确是"君子可欺以其方"，但可欺骗的，也不过是"君子"而已，大圣人是不可以"欺以其方"的。所以上面的领导讲道德，讲学问，下面的人可以用道德、学问去欺骗他；上头喜欢什么，下面就可以用什么去欺骗，这就发生了大问题。一个人宁可做一个被欺骗的君子，也不愿做使用欺骗手段的小人。可是，在处理国家、社会、天下的事，处理别人事的时候，是不能受人欺骗的，否则误人误己。引用佛门的俗语来说，就是"慈悲生祸害，方便出下流"。

　　孟子又说，对于君子，如果不以正当的道理，就骗不到他。当时象到舜的家中，是说因为想念哥哥而去的，所以舜高兴而相信他。他这种高兴，是真诚的，不是虚伪的。

　　孟子替舜做的这一种辩护，如果作为律师来说，已经相当高明了，但是，如果原告仍然不服，再向最高法院申辩，那么孟子的这段辩词，还是有瑕疵的，是不够圆满的。

公理和私情

万章问曰："象日以杀舜为事，立为天子，则放之，何也？"

孟子曰："封之也。或曰放焉。"

万章曰："舜流共工于幽州，放驩兜于崇山，杀三苗于三危，殛鲧于羽山，四罪而天下咸服，诛不仁也。象至不仁，封之有庳。有庳之人奚罪焉？仁人固如是乎？在他人则诛之，在弟则封之。"

曰："仁人之于弟也，不藏怒焉，不宿怨焉，亲爱之而已矣。亲之，欲其贵也；爱之，欲其富也。封之有庳，富贵之也。身为天子，弟为匹夫，可谓亲爱之乎？"

"敢问'或曰放'者，何谓也？"

曰："象不得有为于其国，天子使吏治其国，而纳其贡税焉，故谓之放。岂得暴彼民哉？虽然，欲常常而见之，故源源而来。'不及贡，以政接于有庳'，此之谓也。"

万章有一天问：那个象天天以杀掉哥哥舜为他的"专职"，后来舜当了皇帝，却把象放逐了，这又是什么道理？

我们的看法也是如此。如果说因为他是自己的弟弟，这就是私情；前面孟子说了那么多公谊和私情的道理，那么，一个圣人就不应该以私情而害公谊了。万章这里发问的动机，也就是基于这个观点。

孟子说：这个情形不是纯粹的放逐，是封弟弟。只是一般人，把舜的意思弄错了，而说成了舜放逐弟弟，认为他对弟弟还有怨恨。

这个孟子的学生万章，大概是李觏一流的人物，对于历史实在怀疑，于是提出来论辩。他又提出共工、驩兜、三苗、鲧四个人来，他们都是尧、舜时期的大坏蛋，是四个团体的领袖。尧在位八十年，没有惩治他们，等到舜接位的时候，下命令说是奉尧之命，把他们充军的充军，放逐的放逐，杀的杀，处理了这四个坏人，全天下的人，没有不表示佩服的。

可是舜的弟弟象，也是一个大坏蛋，反而封给他"有庳"——在现在山东东南海边一带，把这一个地方，划为特区，让他去那里生活。难道有庳这个地方的人有什么罪吗？为什么让这样一个坏蛋去那里残害他们呢？你说舜是仁慈的人，一个仁慈的人应该这样做吗？

这就等于现代报纸上报道的新闻，议员每在会中质询政府，把犯了错误、品行不良的警察，调到乡下去，难道乡下的老百姓有错吗？为什么要让不良的警察去管理他们呢？这是同样的情形。再说，"共工"等四个坏蛋，因为是外人，舜就杀的杀，放逐的放逐；他自己的弟弟那么坏，他反而封他一块地方，这样做对吗？

孟子对于这一事实似乎先不作正面的答复，而来一套理论说：一个仁慈的人，对于自己的弟弟，是"亲爱之"，用现在的话直截了当地说，人不能绝对没有私心，且相当的保留有私心。对自己的弟弟气极了，发过一顿脾气，事后也就算了，不会永远放在心里有怨恨的。

我们这里可以看出，所谓大公无私，是有个限度的。中国文化中的杨朱，是主张个人主义，主张自私的，所谓"拔一毛而利天下，不为也"，拔我一根毫毛去贡献社会，绝对不干。但是，你的毫毛我也不会动一根。假如人人都是这种思想，各为自己的自由，各取自己的权利，也就天下太平了。相反的，墨子主张"摩顶放踵而利天下"，从头发到脚底，只要对天下、国家、社会、他人有利益的，都全部贡献出去。如果人人都能做到这样，也就天下太平了。

这两种是绝对不同的思想，杨朱等于小乘罗汉，墨子等于大乘菩萨，孔孟的儒家思想，处在大乘与小乘之间，可大亦可小。儒家始终认为，杨、墨两方面都走不通的，因为没有绝对的大公或大私。例如现在我们这大楼讲堂，天气热开放冷气，大家都舒服；可是楼梯口的人，就享受不到了，于是就把堂门打开，让他们也分享。可是隔壁的人也热啊，就把这个圈圈放大，即便放大到太空，还有外太空，也做不到绝对大公。

反过来再说自私，私也是有限度的，杨朱说，拔一毛而利天下，不为也，可是假如医生说，如果你这只手不锯掉，就会死亡，那么你还是会赶快让医生把这只手锯掉的；可见另外还有一个我，比身体还更重要。假如医生对一个人说，你的思想需要立刻停止，不停止要死掉，那么这人一定会自己想办法，停止思想，因为怕死。不过死了以后还有一个问题，因为现在我们人活着没有死，怎么晓得死后还有没有我？那一个真正的我，仍然没有找到。

因此，儒家的思想是，人要保持适当程度的自私，然后实行大公，绝对无私是做不到的。

孟子这里对万章所说的话，虽然不是明白说出来，他的含义是，圣人尽管是圣人，难道圣人连点亲情都没有吗？没有亲情的人，也就不能叫作圣人了。他说，舜自己做了皇帝，而让亲弟弟在那里当一个普通老百姓，甚至吃饭都成问题，这就不叫作亲情吧！人总难免会带一点亲情啰。

孟子这番话，也是合情理的，万章听听，也马马虎虎放过去了。倘使孟子是学生，万章是老师的话，他一定会在孟子这份卷子上批"差强人意"四个字，给他六十二分吧！

可是万章又问："'或曰放'者，何谓也"，有的记载说，舜是放逐了他的弟弟象，这又是怎么一个说法呢？古代对于这个"放"字，是很严重看待的。

孟子的解释，只能说是孟子的解释，因为除此之外，在别处尚未见到过这样的记载。孟子说：所以会有"放"字的记载，是因为知道他这位弟弟，不够资格做一个小国的领袖，不能作为地方首长，所以另外派了一个人，等于现代的副市长，或秘书长之类的人，去掌握实权，推行地方行政，管理财政税收。所以历史上记载了这个"放"字，因为舜是圣人，虽然是维护弟弟，可也是教育弟弟，绝不能糊弄老百姓。他爱弟弟，也爱老百姓，所以把弟弟放得不太远，便于亲近，要他弟弟每个月亲送贡税来，使兄弟常见面。

《万章》这一篇，一开头就讨论尧舜的许多问题，一直到此为止，处处对上古圣贤怀疑，对孟子所推倡的尧舜之道，提出问题，对尧舜本身的问题，也有所怀疑，非常有趣，但还没有结论。

礼节的问题

咸丘蒙问曰："语云：'盛德之士，君不得而臣，父不得而子。'舜南面而立，尧帅诸侯北面而朝之，瞽瞍亦北面而朝之。舜见瞽瞍，其容有蹙。孔子曰：'于斯时也，天下殆哉，岌岌乎！'不识此语诚然乎哉？"

孟子曰："否，此非君子之言，齐东野人之语也。尧老而舜摄也，《尧典》曰：'二十有八载，放勋乃徂落，百姓如丧考妣。三年，四海遏密八音。'孔子曰：'天无二日，民无二王。'舜既为天子矣，又帅天下诸侯以为尧三年丧，是二天子矣。"

这里另提了一段。咸丘蒙也是孟子的学生，他提出来另一个问题，也是关于尧舜的。他说：一般人说，一个真正有学问道德修养的人，连皇帝也无法叫他来做臣子，父母亲也对他客气三分，不把他当一个普通子女看待。

这是中国文化，自上古以来，一直保留着的隐士思想，为其他国家所没有的独特精神。实行下来，到了后世，如佛道的出家人，从三国开始，经过南北朝直到隋唐，四百年间，对于"不臣"的规矩，争论得很厉害。就是说，一个人出家以后，要不要仍遵守世俗的政治礼制？见到皇帝要不要跪拜？后来，根据印度的制度，一个人出家以后，就是隐士，就"君不得而臣"，佛教的戒律也是如此。当释迦牟尼出家以后，他父亲净饭王去看他，释迦牟尼只行宗教的礼节，当然父亲也不必拜他。这就和中国文化中的"君不得而臣"的隐士精神一样，只以友道相处。中国在隋唐以前，已确定了对出家人以隐士待之的态度，见帝王以友道相处，不跪拜，这成为约定俗成的体制和礼数。除此之外，上自宰相下至老百姓，任何人见到帝王，都是非跪拜不可。

可是，宋太祖赵匡胤，当了皇帝以后，到某寺庙中看到佛像时，该不该跪拜，很觉为难；如果是在山东曲阜的孔庙，从唐明皇以后，历代的皇帝都跪拜，尤其到清朝入关以后，做得更恭敬，礼见孔子像，一定跪拜。赵匡胤在佛殿中，手上拈着香，觉得拜也不好，不拜也不好，问旁边一个禅师，该如何行礼。这位禅师答得好：现在佛不拜过去佛！赵匡胤微微一笑，行个礼走了。这位禅师也算是卖足了宋太祖的面子，像这些也都是中国礼仪上的问题。

在《佛祖历代通载》上，关于我国政治制度与宗教制度的关系，都有记载，历代都有专司宗教事务的行政机构。将来如果政府机构中，恢复宗教司的设立，对于这类事都应了解。现代的青年，应该注意去研究，像《孟子》这里的"君不得而臣，父不得而子"，就牵涉到了这些礼节。

这里还有一个中国传统文化哲学的问题。咸丘蒙说舜登基做皇帝"南面而立"，历代以来，皇帝的座位，一定是坐北向南，皇宫的建筑也一定是坐北向南。在清朝被推翻以前，全国的官府衙门都是坐北向南，但是老百姓的房屋，没有坐正北或朝正南的，一定要稍稍偏一点，或朝南南东，或南南西，绝对不可以面向正南方，否则会被视为犯大不敬的重罪。

皇帝之座位所以坐北向南，是根据天文地理的原则而来的。实际上根据地球的磁场来说，是有大道理的，和埃及的金字塔一样，为什么一定要背靠北极星来建筑？这都是上古人类的一种奇特的智慧，其中不止是哲学方面，还包括了科学上的道理。

"南面而立"四个字中，还有一个重大问题，研究中国政治思想与制度要注意，上古的皇帝在接受礼拜时，是站着的，然后再坐下。后世皇帝则是坐下来接受礼拜，这很可能是汉初叔孙通创立的，是他替汉高祖建立礼制中的仪礼。上古的皇帝则不同，在这些地方非常民主。

咸丘蒙问这个问题时，先在前面引述了"盛德之士，君不得而臣，父不得而子"的当时隐士观念，然后说，在舜当了皇帝的时候，尧还是带领了诸侯，向舜这位新皇帝行礼。舜的父亲，也是小国家的元首，这时也和其他的诸侯，在一起站班行礼。但是当舜看到自己的父亲在下面站班时，脸上的表情很难受，有过意不去的样子。据说孔子看了这一段历史记载，曾经感叹说：这个天下危险了，这样不好，危险危险！意思是说，一种良好的文化和风气，这样一来，完全被破坏了。从此以后，人只重地位，只重金钱，所以危险。

咸丘蒙问孟子，历史上的这段话，不知道是不是实在的，到底是真的还是假的？

孟子说：没有这件事。这种话，不是正式的史料，不是有学问修养的人说出来的，是"齐东野人"的话。"齐东野人"是孟子说出来，又经常提到的。由于他自己是邹鲁之人，一方面在齐国居留得较久，对于齐国的民间习俗，了解得很多。所谓"齐东野人"，就是指齐国东边靠海的地带，教育相对落后地方的人。

古今对接班人的不同观念

孟子说，尧老了，一百多岁才把全国的政权移交给舜，而且还没有完全脱手，自己仍然摄政，从旁协助。直到舜有了二十八年的行政经验，"放勋"就是尧，才去世，那时已经一百多岁了。全国的老百姓，因为非常爱戴他，就像死了父母一样的悲痛，三年当中，全国没有举行过音乐演奏。孔子曾经对尧、舜那时的制度，有所感叹说：这体制不大好，上天没有两个太阳，国家的元首只能一个。当时舜既然接了天子位，又带领天下各国诸侯，为尧服三年之丧，尧等于一个太上皇，这看起来，国家相当于有两个元首了。

但这是孔子当时没有想到的，因后世的政体，国家元首有正、副二人，这也没有什么不好。帝制时的副元首就是太子，所谓的王储。到了民主时代，元首更明定有两个，一正一副。这一点，孔子三千多年前没有想到。不过没关系，孔子还是孔子，圣人就是圣人，这些小地方，不足为孔子之病。

我们注意的是，过去的学者，每认为三代以上，禅让天下是民主；可是我们要知道，民主并不如想象中那么简单。假如随便选一个人当国家元首，上台不到三天，可能就亡国了，毫无经验是不行的；搞政治不但要有道德，还要有经验。试看尧对舜，不是尧不肯下来，是因为辛勤培养，小心带领舜二十几年才放心。因为与国家、天下、老百姓的祸福有关，责任太大了。所以不但尧不放心，舜也不放心；后来舜把帝位禅让给大禹，也是一样，先给大禹多年行政上的磨炼。司马迁在《史记·伯夷列传》中，一句话点穿了："传天下若斯之难也。"上古的道德政治，禅让天下，并不容易，并不是像后世想象的禅让，搭一个高台，两个人爬上去，我把天下交给你，我就走了，事情并不那么简单。

孔子说的"天无二日，民无二王"，在后世小说中，常常引用。

这也可以说是我们中国文化中，良好的政治体制精神，所主张的就是统一。

在《论语别裁》中，我曾引述一段亲身所经历的事。一位美国哈佛大学的哲学教授来访问我时，曾说对中国文化非常敬仰，他能用中国话背《大学》《中庸》两书。但是他发现一个很大的缺点，就是《大学》这部书，只有尊卑上下纵向的伦理观念，没有横向的社会人际关系观念。他举出从诚意、正心、修身、齐家、治国、平天下的纵线，没有社会的横向关系。

我毫不客气地告诉他，那是他对中国文化没有深入了解；至少也是教他中文的老师，没有教好。我告诉他，《大学》中的"齐家"就是社会关系，他听了我这句话愣住了，问道："齐家"与"社会"有什么关系？我说：这就是你研究中国文化，需要了解的。因为中国过去的家庭，都是以族姓（宗族）为一家人的大家庭，唐朝所标榜的所谓五世同堂或四世同堂等的家庭，对于族姓家庭来说，已经算是小家庭了，以"三代同堂"最为普遍。这种三代同堂的家庭，每代有五六个儿子，兄弟姒娌，加上许多孙子，随随便便一个家庭就是几十个人乃至几百人。拿现在部队的编制来比拟，比一排人还多，再大一点的家庭就是一连人。

在古代还不止是五代同堂，更是聚族而居，宗族连起来，就是后世的祠堂。王家村，李家村，城东何家，水西刘家，其间发生了许许多多的事情。宗族在文事方面设有义学，经济方面设有义仓，武事方面设有陈寨、黄堡、邓家楼子，等等。在朱、毛江西革命的时候，有一些这样的村落碉堡，他们硬是无法攻进去。后来"左派"文人巴金、万家宝（曹禺）等，所写的小说如《家》《春》，剧本如《雷雨》《北京人》，等等，也都是描写大家庭中错综复杂的故事，这些大家庭就是一个社会。中国齐家的家，并不是结婚以后，离开兄弟姊妹，连两老都丢开的那种西方小家庭的家，而是要齐一个家族的家。家族、宗族就是一个社会，怎么说《大学》之道没有注意到"社会"呢？

他听了以后非常高兴，又问我一个问题：他研究中国历史，也觉得奇怪，例如战国时期、南北朝、五代、元朝，乃至于清朝，都被少数民族统治过。而西方的国家，如果一经外族统治，则万劫不复，从此完了。只有中国没有关系，而且每经过一次政权更迭，反而更加庞大。他问这个道理在什么地方。

我对他说，你这个问题提得非常好，但是我告诉你一个道理，这是文化的原因。自从秦汉以后，中国的文化、文字统一了，之后是政治的统一，君王帝制的统一体制。君王政治的好与坏，那是另一个可以研究的问题，但是因为配合了文化、文字的统一，使我们这个国家绵延了几千年，将来也永远不会断绝的。而西方的国家，直到现在，仍然文字不能统一，思想不能统一；所以几千年来，永远有小国存在。但是，也由于许多国家存在，互相竞争，才有今日科学文明的进步。

我们在春秋战国以前，也和现代欧洲、美洲等各洲一样，东一块，西一块，许多小国分据各地。后来因为文字、语言、政治的统一，文化一统，成为一个统一庞大而永不会被征服的国家。虽然现在还保存了许多地方的方言，但是仍然能够相通，因为文字相同，文化一致又统一，所谓"山河一统"，这一观念的作用非常之大。

在这里，孟子提到孔子所讲的"天无二日，民无二王"的思想，就是统一。中国文化的"一"非常重要，《易经》的数字，也始于"一"。老子也说："天得一以清，地得一以宁，神得一以灵，谷得一以盈，万物得一以生，侯王得一以为天下贞。"这都表明了对"一"观念之重要性。修行的人，也要一念专一，才能定慧成就。

上古的君王与亲属

咸丘蒙曰："舜之不臣尧，则吾既得闻命矣。《诗》云：'普天之下，莫非王土；率土之滨，莫非王臣。'而舜既为天子矣，敢问瞽瞍之非臣如何？"

曰："是诗也，非是之谓也，劳于王事，而不得养父母也。曰：'此莫非王事，我独贤劳也。'故说诗者，不以文害辞，不以辞害志；以意逆志，是为得之。如以辞而已矣，《云汉》之诗曰：'周馀黎民，靡有孑遗。'信斯言也，是周无遗民也。

"孝子之至，莫大乎尊亲；尊亲之至，莫大乎以天下养。为天子父，尊之至也；以天下养，养之至也。《诗》曰：'永言孝思，孝思维则'，此之谓也。

"《书》曰：'祗载见瞽瞍，夔夔斋栗，瞽瞍亦允若'，是为父不得而子也。"

前面说到统一的问题，但有关整个的问题，还没有讲完，所以咸丘蒙紧接着又提出来问：舜当君王以后，尧是退位的君王，在民主政治来说，他可以享受优厚的待遇，但他的身份也等于是平民了，"舜不臣尧"，尧不向舜称臣的道理，我懂了。但是根据中国文化，像《诗经》中所说的：整个天下，没有一寸不是"王土"。

"王土"相近于现在民主时代的公有土地；但在君主时代的公，是王室的公，这个公有的土地，一直到海边为止。但上古没有制海权，当然更没有制空权，所以现代的领陆、领海、领空，在古代往往包含在"领土"一词之内。如现代政治术语中，每说"领土、人民、政权为构成国家的要素"，其中"领土"一词，就包括了领陆、领海与领空。

上古时代，人类的生活行为，没有到达海上，所以说，普天下的土地都是王土，所有在土地上生活的人，也没有一个不是君王的子民。舜既然当了君王，尧可以不必来朝见称臣了，那么他的父亲瞽瞍怎么办？前面曾经说过，瞽瞍也是一个小国——有虞的元首，不是一个普通的老百姓，以现在来比喻，也可视为一个乡镇长或县长。如果举行全国会议时，儿子为一国之首，处在高位，父亲该不该行君臣之礼？

孟子说，《诗经》的话是有道理的，不过不能用来讨论这个问题。一个人，因为担任了国家的公职，就只有公，没有私，因忙碌于公事而不得养父母，对于孝养父母方面，就不免多少有所缺失。

咸丘蒙又说：如果这样讲起来，国家的大事，只让一个人去劳苦，其他的人，不共同负担责任吗？

孟子说：《诗经》的话，虽然是那么说法，但是不能以这个逻辑来做论点的，虽然担任公务，不免于私情稍有点妨碍。所以真懂得文学诗词的，不能只看文字，而忽略了文字所代表的意义；更不能因为文辞的表面，而忽略了他写这首诗的动机与目的。例如平时讲话，有时话的内容并不好，而本意——动机与目的是非常好的。例如父母往往骂孩子："你不吃饭，我打死你"，这句话的内容非常凶狠，可是他的动机是教育孩子，目的在使孩子获得充分的营养，本意是非常慈爱的。如果将父母这句话，解释为狠毒的父母，那就是以辞害意了。

所以对于诗也是这样，要以我们高度的思想，去推论他的本意，知道他写的动机与目的，才可以了解古代文字的原意了。如《诗经》中《大雅·云汉篇》说："周馀黎民，靡有孑遗。"原意是指周朝统一天下，没有遗漏一个老百姓。换言之，在周朝这一政治体制之下，都是同一国家的人民，没有一个人不是周的人民。如果我们照它表面字义解释，那就变成说周朝没有遗民，都死光了！

实际上周朝是有遗民的。"遗民"这一名词，是孟子首先在这里说出来的，后世也称作"逸民"，逃逸、放逸的意思，也就是隐士之流。例如伯夷、叔齐两个人，就是周之遗民，他们是前朝商纣时代的子民，因为义不食周粟，逃到首阳山里吃野菜，隐居。所以，根据史料来说，周朝绝不像《诗经》上所说的，没有遗民；不但有遗民，而且还不止是伯夷、叔齐两个人。周朝到成王之后，政权建立将近一百年了，还有"殷之顽民"，就是殷商时期留下来顽强不肯投降的人；又如周朝封的宋国，也是殷商之后。

再说，周朝封纣王的叔父箕子于朝鲜，就是现在的韩国，所以韩国的国旗，是取自《易经》，中心一个"太极"，乾（☰）、坤（☷）、坎（☵）、离（☲），四卦布于四角。箕子推行的五行八卦文化。影响了韩国的文化发展，他们也就是箕子的后裔。周朝封箕子于朝鲜，也可以说是封殷商的遗民，只是不好意思说放逐，目的是把这些人送得远远的，给他们一个范围，要他们去自谋生活。

所以研究历史就可以发现，孟子到了这里，也没有办法说得很透彻、露骨，他当然懂，可是不好意思多说，就到此为止了，只可以意会，不可以言传。他的意思就是，假如相信这两句诗，就会认为周朝没有遗民了；也等于说，这两句诗虽是这样说的，难道周朝就真的没有遗民了吗？诗尽管如此，但文字的记载，不免有点出入，如果望文生义，就更偏差了。

到这里，对于舜是不是一个真孝子的问题，孟子作了一个初步的归结。他说："孝子之至，莫大乎尊亲"，人最大的大孝，是尊敬亲属，而亲属中最亲的是父母，因为人的身体是父母所生。一个孝子，如果连亲情都没有，就根本不可能孝于天下、国家、社会。而尊亲最到家的，"莫大乎以天下养"，一个人当了君王，以天下之大的最高尊荣，来孝养父母，当然可以称为大孝子。因此以天下来养父母，也就是最大的、至高无上的孝养了。正如《诗经》上说的："永言孝思，孝思维则"，这种孝思，可以作为千秋万世的法则，也就是孝的真实含义。

我们读《孟子》到这里，会有一种感想，假如孟子在我们面前，我们一定会说：孟老夫子，你讲的理由都对，可惜你所讲舜当时所建立的制度，是不是事实，历史上仍找不到记载的文献。

刘邦封的太上皇

我们再看后世，孔孟时代的春秋战国不谈，就在战国以后的秦始皇，并吞了六国，上台以后，先把他自己的假父吕不韦整掉了。汉高祖当了皇帝，并没有先封父亲什么官，对母亲倒蛮尊敬的。他大封天下以后，还是他粗野的那一套平民文化，开口说的就是"三字经"。那时中国的文化，经过秦始皇的一把火，再经过项羽更大的一把火，已把中国的书，几乎烧完了；而原来六国的知识分子，也已几乎死光了。所以从战国末期到汉朝初期，一两百年间，中国文化是荒芜了。

汉高祖平定天下以后，政治、朝仪制度都没有，还是靠叔孙通这个读书人建立起来的；一直到汉武帝的时候，才逐渐将中国文化恢复建立起来。所以，在那段时期，文化的命脉非常危险，几乎要断根了。当然，在此情形之下，仪礼方面所呈现出来的，也很差，所以汉高祖的父亲，住在皇宫之中，不知道自己算是老几，不知如何自处，别人也不知道该如何对待这位皇帝的平民父亲。

于是，有人告诉汉高祖的父亲，明天早上皇帝下朝回来的时候，你拿一把扫帚，在皇帝的门口扫地，做清洁夫，就有办法了。汉高祖的父亲，就采纳了这个意见，第二天照做，汉高祖一看见就急了，问道：你老人家怎么在这里扫地？他父亲说：你是皇帝，我是老百姓，在你宫里不扫地干什么？汉高祖可真急了，可是皇帝的爸爸该是什么官位，历史上又找不到先例；想了半天，于是封他父亲为太上皇，也是中国的第一位太上皇。以后历代帝王，都沿用了这个制度。

中国文化中关于家庭、家族、政府、朝廷之间相互关系的制度，几乎只有清朝这个朝代，吸取其精华，建立了更完整的制度。尤其是最初康熙、雍正、乾隆三朝，把孔孟在这方面的思想与精神，发挥到了极致。例如乾隆也当过太上皇，而把历史上几千年来宫廷的毛病，都革除掉了。但是也产生了一个最大的毛病，那就是"以天下养"，造成家庭的尊亲之义，超过一切。上朝的时候，皇帝至上，皇太后乃至太上皇，不能干涉政治；可是下朝以后，要到后宫去向父母跪拜请安。一进内廷门，皇帝的权威完全没有了，如果太上皇或皇太后一声叱喝："跪下"，皇帝就得口称"儿臣"跪下去，太上皇或皇太后也可以用拐杖打他；可是出了内廷，则谁也不能动他一根毫毛。

仔细研究清朝的这些制度，可以说集古今良法的大成，坏处并不多；但是因为强调了尊亲之义，家庭权威之高，演变成为末期的皇太后干政。这种尊亲的孝养，也就是根据孟老夫子这几段文字发展出来的。

究竟上古时，大舜的父亲是不是《孟子》中所说的那样，我们无从知道。在历史记载上，并没有这种资料，不知道孟老夫子读了什么"秘笈"，然后他又没有传下来，所以只有他知道。

最后他引用《书经·大禹谟》篇上的话做结论说，舜上朝的时候，诸侯都站在那里，诚恳又恭敬，并有一点畏惧感地行礼。瞽瞍也在那里，和大家一起行礼，但是态度很自然。依据《书经》的这项记载，所以说"父不得而子"，虽然舜是瞽瞍的儿子，但既已当了国家的君王，他就代表国家，在处理公务，代表国家精神的时候，即使是父亲，也不可加上私情，不能因为他是我的儿子，我就可以马虎一点。

在这个地方，就看到中国帝制的一种优良精神，公与私分得清清楚楚。想到我的一个同乡，在中华民国的几十年历史中，他也是相当有名的；可是家乡的人说他不孝，因为他常常连父亲的信都不回。后来经过求证，发现他并不是不孝，而是乡人们误解了他。因为他父亲常常写信为别人讲情，或推荐人做官，他虽写信给父亲，说用人是为国家用人，不是为家乡用人，请父亲不要再推荐人了。可是父亲常因情面难却，或者不懂其中道理，仍常写信介绍，于是他只好把信搁置不回。家乡的人便说，连父亲的信都不回，真不孝，就这样骂起他来了。

由这一件现代的小事，也就知道古书上所记载的，古代公私分明的严肃精神。

关于尧舜的问题还没有完，下面万章又提问题：

上天创立了公天下

万章曰："尧以天下与舜，有诸？"孟子曰："否，天子不能以天下与人。"

"然则舜有天下也，孰与之？"曰："天与之。"

"天与之者，谆谆然命之乎？"曰："否。天不言，以行与事示之而已矣。"

曰："以行与事示之者，如之何？"曰："天子能荐人于天，不能使天与之天下；诸侯能荐人于天子，不能使天子与之诸侯；大夫能荐人于诸侯，不能使诸侯与之大夫。昔者尧荐舜于天，而天受之，暴之于民而民受之。故曰：'天不言，以行与事示之而已矣。'"

上古的时候，尧、舜、禹这三代，是帝位禅让的公天下，禹之后，由儿子启接位，变成了家天下。中国政治制度的家天下，是夏禹的儿子启开始的，现在这一段是讨论公天下与家天下的问题。

万章说：听说，尧把天下政权交给了舜，有这回事吗？孟子说：不是这个道理。

万章进一步问：舜本来是一个平民，后来却当了天子，这又是谁给他的？孟子说：那是天意也。

万章又说：既然是天意，难道老天爷下了命令，或者当面告诉他的吗？这两师生之间辩论，针锋相对，也很尖锐的。孟子说：不是这个道理，老天爷并不会说话，只是在人事上表示出来而已。

万章又追根究底地问：你说上天是以人事来表示，那上天又是怎样表示的呢？这个万章也很会问，徒弟打师父，一拳又一拳打出来，硬把师父逼向角落去了。

孟子说：天子可以推荐下一任的人给上天知道，但是不能要求上天一定把天下给自己所推荐的人。注意！这是圣人的话，一般人祭拜时，往往祷告说：菩萨！你一定要给我父亲和我儿子福报。菩萨啊上帝啊都是上天的一个抽象的代号，像这样的祷告，就是求私情了；上天是公平的，是不讲私情的。所以可以为人祷告，不可以要求，你的要求上天是不听的。在佛教道教及各宗教里，也只能替父母忏罪，只有祈愿，把自己的愿望，祷告给上天知道，不做要求。如果上天听我的要求，那这上天也太重私情了，也就不该叫作天了。

孟子又继续引申到人事上来说，例如诸侯可以向天子推荐人，大夫可以向诸侯推荐人，但同样的道理，不可硬要求天子、诸侯给某人当诸侯或大夫。孟子以上下三个阶层，来阐述一个道理，这就是言语文字逻辑的技巧，从三个不同的层次，来说明公天下的意义，而堆积排列起来，就显得整齐、严肃，而且强调了语气。

他申述了一番理论，又回到尧舜的本题说：以前尧自己考察了舜，的确够资格做继承人，才向上天推荐，上天也接受了。他又交给舜许多事情去做，看他做事对不对，成绩好不好，各级诸侯及社会上老百姓都认为舜做得对，而接受了他。换句话说，"天听自我民听，天心即民心"，人民接受了他，也就是天意给他。

年轻人读《孟子》读到这里，觉得"天呀天"的，啰啰唆唆，干脆说全国的人都同意他，是民主的政治，这不就好了吗？为什么要"天呀天"的而不说人？实际上都是人；为什么不像现代的说法，讲是民主的？其实，孟子这里所讲的，等于现代政治哲学所标榜的最高的民主精神，但不是美国式的民主，也不是现代世界各国所实行的各式各样的民主政体；这只近似西方民主理想、政治哲学最高的精神，但大不相同。

孟子这里所说，人心就是天心，这是天人合一的境界，这种民主，绝对不能有私心，绝对不能凭个人的好恶做抉择，其中包含有宗教性的信仰，哲学性的理念，由形而下而通至形而上的内义。现代世界各国的民主，只是属于形而下的，是由人类社会的观点而设想的；但孟子这里所讲的这种精神，可以说是形而上与形而下贯通的。

在《孟子·梁惠王下》，可以看到，"国人皆曰可杀，然后察之，见可杀焉，然后杀之。故曰国人杀之也。如此，然后可以为民父母"，这类话的意思是说，群众的看法，有时候是盲目的或情感化的，不是理性的。在《论语》中，孔子也有类似的话，而现代欧美式的民主，则是情感化的。一个国家的成败，付托在这种情感化的民主政治上，是非常危险的。所以孟子始终不提"民主"这类名词，而是在那里"天呀！天呀！"的，叫了半天的"天"。

人神合一

曰："敢问：'荐之于天而天受之，暴之于民而民受之'，如何？"

曰："使之主祭而百神享之，是天受之；使之主事而事治，百姓安之，是民受之也。天与之，人与之，故曰：'天子不能以天下与人'。舜相尧，二十有八载，非人之所能为也，天也。尧崩，三年之丧毕，舜避尧之子于南河之南。天下诸侯朝觐者，不之尧之子而之舜；讼狱者，不之尧之子而之舜；讴歌者，不讴歌尧之子而讴歌舜。故曰天也。夫然后之中国，践天子位焉。而居尧之宫，逼尧之子，是篡也，非天与也。《泰誓》曰：'天视自我民视，天听自我民听'，此之谓也。"

现在我们看孟子怎么讲"天"。

万章也和我们一样，打蛇随棍上，一直追问下去。他说："敢问荐之于天而天受之"，老师你说尧把舜推荐给上天，然后又推荐给老百姓，究竟是怎么个推荐法？你说了半天，都还是理论嘛！有什么具体的事实？孟子说：尧教舜去祭天，一切鬼神都来享受。

这件事，史料上找不到，是孟子在这里这么说的。从前中国人清明祭祖，现在台湾的拜拜，也保持这种风俗，是以一桌酒席，摆在祭祖的香案前。有的说，小孩子可以看见，有祖先或什么鬼神来了，穿什么衣服，什么鞋子。在大陆，长辈过世，举行家祭时，上完了酒、菜、牲、汤、饭、茶这些供品，要"止乐"，停止音乐；"灭明"，把孝堂的灯烛熄灭；"合帏"，把孝堂的帷幕放下来，整个孝堂也许有百把人，都鸦雀无声，静肃到绣花针落地可闻。大约持续五六分钟，于是奏《蓼莪》三章之乐，这是《诗经·小雅篇·小旻之什章》中，孝子痛不终养的诗。要用笙、笛、箫等管乐器演奏二三十分钟，然后才复明、启帏、奏哀乐、举哀、视馔。接着全体孝子、孝媳、孝孙们，穿了孝服，手拈浸了油的红纸煤，点了火，哭哭啼啼，去看那些食物，死者来吃过没有，吃了多少。据说，有时也会少了一片鸡，半块肉，或者移动过的样子。至于是不是老鼠、蟑螂乘寂静时来偷吃，就不得而知了。但在孝子们的心目中，这就是"享"。

由此而知，中国古代的祭祀，是有非常浓厚的宗教色彩，但与西方的宗教祭祀不同。西方的宗教政治是绝对的，只有神，没有人；中国的古代政治，只是带有浓厚的宗教色彩，但不是绝对的，而是相对的，神与人合一了。研究东西方文化，对于这一点，千万要了解清楚。几十年来有些人写中国哲学史、政治史，往往在这些关键地方，说不清楚，认为中国古代的祭祀或神教政治，都是迷信观念，其实这都是没有透彻研究而下的断语。

祀，也是宗教，任何一个民族的发展，都是由先民的宗教思想而来，但是各有不同之处。远的且不去说，只看在台湾高山上的少数民族同胞，泰雅族也好，阿美族也好，排湾族也好，曹族也好，对于他们的始祖，都各有一个宗教式的神话。汉族则有盘古氏开天辟地之说，西方民族，也有类似的说法。

所以研究中国上古史，另有一套，孟子这里所说的"百神享之"，就是在祭祀上得到了感应，这也就是"天受之"的用意。

得民心则得天下

孟子说：尧教舜办事，他办得非常好，百姓都能够"安之"。这个"安"字，是非常难办到的。看中国书，研究中国的思想，与西方政治哲学的主张与思想，两相比较的结果，发现中国人说的"风调雨顺，国泰民安"和"安居乐业"两句话十二个字，就把西方人所有的政治主张、政治思想说尽了。无论什么政治主张、政治制度，做到了这两句话所说的境界，就做对了。相反，若人人都能过安定的生活，做到安居乐业，哪一个主义都没有存在的必要了。所以人人安居而不受任何的扰乱，这就太难；但任何一种主义都很难达到使人安居乐业的目的。人人能够乐业也很难，所谓做一行，怨一行，为什么会怨？除了主观的心理因素外，更多的是宏观的社会原因所造成。

中国的民族性，只求自己能够安居、乐业，谁来管我都好。但是，几千年来，中国老百姓能安居乐业的时代，实在太短暂，太少了。

我们常常在神庙中看到"风调雨顺，国泰民安"这八个字，看来好像很迷信，事实上，这两句话包括了四件事，每一件都很难做到。没有风灾，没有水灾，年年气候都很好，没有天灾人祸，国家太平，老百姓个个安居乐业，若要达到这个境界，是多么的难。为了希望努力达到这八个字的目标，因此又产生了四个字"替天行道"。这是中国文化中的政治哲学，任何一个朝代，都需要做到"替天行道"。行什么道？爱全民，真正的仁孝，这就是天之道，替天所行的是这个道。

所以孟子说：舜因为做到了"百姓安之"，就证明全民接受了他，这可以说是上天给了他天下，也可以说是全民给了他天下，并不是尧私相授受，因为看中了自己的女婿，便私底下把江山送给女婿。舜在没有接位以前，辅助尧管理全国的政事，已有二十八年的行政经验了，这是一般人办不到的。

有人或者会认为，一个人当二十八年宰相，非常简单，没有什么了不起，哪有当不下来的？其实，这种一人之下，万人之上的事，还真难做。难在上面有错误，全要自己承担；自己做得好，功劳又要归于上面，而好处是全国老百姓的。任劳已经很难了，上面有过错，下面也有过错，都要自己去承当；任怨更难，上下的埋怨，也集中到自己的身上来，而且自己不能有怨。这是非常难的，不是一般人可以做得到的。所以我们不妨把三千年来，历朝的宰相统计一下，其中最好的宰相，做了多少年，当时国家的政治又如何。如此一来，就会知道孟子赞叹"舜相尧，二十有八载，非人之所能为也，天也"的道理。

平日读书，像读到这样一句，然后再去联想、观察历史上的事迹，才能把这句经书读通，才能"不以文害辞，不以辞害志"，可以"意逆志"而有所得了。不然的话，看了这种书，就觉得没有多大道理，甚至还会认为，如果自己能当二十八年宰相，那可是高兴死了。

《易经》也讲到这个道理，以乾卦代表国家元首，以坤卦代表相；坤主顺，而顺是最难的。所谓顺，并不是只接受上面的意见，而是要上下平顺，下情要上达，上面的主意，要向下贯彻，才是完整的顺。所以孟子极力赞叹舜，认为他是非常难得的。

他又说"尧崩"，舜率领全国，服了三年的丧。中国文化，身份不同的人过世，各有不同的名词来表明。皇帝死了为"崩"，皇后或诸侯死为"薨"，其余"殂""死""夭""逝""捐馆"，等等，都有差别的，这是中国礼仪。不像西方人，伯母、姨妈、舅妈都是一个称呼，统统一样。中国则要分得清清楚楚，有一定的称谓，也各有一定的礼仪，丝毫不得混淆。

舜服丧三年后，并没有宣布哪一天就皇帝位，并且迁到远远的河川南岸去，希望尧的儿子丹朱，能够继承天下。舜自己避嫌走开了，认为自己不能以女婿的身份，篡丈人的天下，把内弟压下去，可是尧的儿子丹朱不肖，不肖并不是坏，肖是像的意思，不肖是不像他父亲那么好，并不是不孝。所以尧发明了围棋，用来教育儿子，可见丹朱这个人，心念不定，喜欢到处乱跑，只好教他下围棋，希望他可以安静下来修心养性。像现在这个社会，有些人说"不做无益之事，何以遣此有涯之身"，丹朱也就是这个情形。

舜虽然避开了尧的儿子，迁到南河之南去了，但是全天下还是归心于舜。一般诸侯，仍然向舜报告事情，不到尧的儿子那里去报告；有诤讼的也到舜这里来，不到尧的儿子那里去诉讼。天下都歌颂赞叹舜好，没有人去歌颂丹朱。舜只好接位了。所以孟子说，这是上天给的，不是尧与舜个人之间私相授受的。后世皇帝登基上台，每用"天与人为"四个字，就是从这里来的。

假如，尧死了以后，舜就践天子位，立即住到尧的宫中去，把尧的儿子逼走，那算是篡位，不是上天给他的了。

孟子借《泰誓》的话"天视自我民视，天听自我民听"来对万章说，上天怎样去看、去听呢？是从全国人民身上去看去听，既然"天与之，人与之"，全国人都拥护，这也就是天命所归了。

夏禹为何不禅让

万章问曰："人有言'至于禹而德衰，不传于贤，而传于子'，有诸？"

孟子曰："否，不然也。天与贤，则与贤；天与子，则与子。昔者，舜荐禹于天，十有七年，舜崩，三年之丧毕，禹避舜之子于阳城，天下之民从之，若尧崩之后，不从尧之子而从舜也。禹荐益于天，七年，禹崩，三年之丧毕，益避禹子于箕山之阴，朝觐讼狱者，不之益而之启，曰：'吾君之子也。'讴歌者，不讴歌益而讴歌启，曰：'吾君之子也。'

孟子这个学生万章很厉害，他和老师辩论尧舜禅让的问题，大概不大好意思再辩论下去了，看来他心里似乎还没有折服，所以又扯到另一个问题上去，提出来问孟子。

他说：老师你说的，上古时代，尧禅让给舜，舜又禅让给禹；尧、舜、禹三代是公天下，是三位贤君。可是我听说到了禹的时代，道德就已经衰落了，公天下变成了私天下，所以禹不把天下传给贤人，而传给自己的儿子。有这个事吗？

孟子说：不！不是这样的。上天要给贤人，就给贤人；要给他的儿子，就给他的儿子。私心并不一定就是不对的，难道只许别人的儿子贤，不许自己的儿子贤吗？遇到自己的儿子也是贤人，那也只有给自己的儿子了，也就是给贤者。这里可以看到，为什么后世的人会说孟子好辩，如果在现代，他当辩护律师的确很好。

孟子继续说："昔者，舜荐禹于天"，禹跟着舜做了首相，有十七年的行政经验，而且又把中国尧舜时代患了几十年的大水灾，治理好变成大水利。舜死了以后，禹也守三年之丧，一切都依照舜以前的规矩，并且为了避舜的儿子，而迁移到阳城——山西一带去。可是民间的情形，还是和尧死后一样，都不跟从舜的儿子，而跟禹，这也是历史的事实。"禹荐益于天"，伯益这个人，也是做了七年的辅相，禹死了，也是三年之丧，这一套都是跟以前一样，照古代的礼节，伯益也避开了禹的儿子，迁到箕山的北面去。但是老百姓并不跟他走，而是跟从禹的儿子启。这就没有办法了，因此形成后世帝位传给儿子的风气。

"丹朱之不肖，舜之子亦不肖；舜之相尧、禹之相舜也，历年多，施泽于民久。启贤，能敬，承继禹之道；益之相禹也，历年少，施泽于民未久。舜、禹、益相去久远，其子之贤不肖，皆天也，非人之所能为也。莫之为而为者，天也；莫之致而至者，命也。

"匹夫而有天下者，德必若舜、禹，而又有天子荐之者；故仲尼不有天下。继世而有天下，天之所废，必若桀、纣者也；故益、伊尹、周公不有天下。伊尹相汤以王于天下，汤崩，太丁未立，外丙二年，仲壬四年。太甲颠覆汤之典刑，伊尹放之于桐；三年，太甲悔过，自怨自艾，于桐处仁迁义，三年，以听伊尹之训己也，复归于亳。周公之不有天下，犹益之于夏、伊尹之于殷也。孔子曰：‘唐、虞禅，夏后、殷、周继，其义一也。’”

尧的儿子丹朱是不肖之子，大舜的儿子也是不肖，不像他父亲那么好。舜帮助尧治天下，禹帮助舜治天下，都有二十几年，将近三十年，相当于一世的长久时间，也是半生岁月的行政经验。对下面而言，老百姓因他施政而得的恩惠太多了；对上面而言，跟天子所学的经验，也太多了。这种经历，得来实在不易，对于上下之间，不同意见相互交错的调和，历经三十年的磨炼，顽铁也成了精钢。

“启贤，能敬，承继禹之道”，禹的儿子启，本身很贤，能够敬一切的人，敬一切的事，承继禹的道统，秉承他父亲治国治事的精神。关于启的记载，古代另有一种标点法，就是“启贤能，敬承，继禹之道”。

伯益是大禹选择继承天下者中的一人，伯益虽帮忙禹治天下，但历练少，行政经验只有七年，尤其古代交通不便，老百姓真正接近他、受过他恩泽的，时间上还不够。所以用舜、禹、伯益三个人历史上的纪录来研究，就知道与时间、行政经验有关系，时间加上行政经验，差别就很大了。

这也说明了，做人做事非常重视经验，经验就是修养，也是学问。经验多了，成功已有一半；如年轻人有冲劲，但没有老年人的经验，成功的成分只有三分之一。如果因一股冲劲而成功的，那是天命，非人事也。年轻人的冲劲和老年人的经验，能配合上了，那就非成大功、立大业不可。至于他们的儿子，贤或不肖，孟子说“皆天也”，这是天命，所以三分人事，七分天命，不是人力所能全部做到的。

孟子又说：“莫之为而为者，天也；莫之致而至者，命也。”什么是天？不可思议，讲不出来的，可是确实有这样一种作用，等于佛家说的"业""因缘"。缘又是什么？讲不出道理，不可思议！这就是天；什么是命？莫名其妙就撞上了。有的人，笨蛋一个，可是他发了财，他并没有什么本事，什么理由呢？只好归诸命。例如许多年轻人，生来祖宗父母就有许多家财遗留给他，而他的学问经历人品都不及他人，这就是命，孟子解释到这里，只好向天与命投降了。

孟子精彩的道理来了，他接着说："匹夫而有天下者，德必若舜、禹"，一个平民老百姓，没有背景，没有关系，只凭个人的努力奋斗能得到财富、权力，而拥有天下的，他本身的行为道德与功业，必须达到和舜、禹那样的高，并且具备了学问、能力等等。仅仅如此，仍是不行，另外还要有个助力，因为牡丹虽好，尚须绿叶扶持。这也如我在《论语别裁》中提出的，李斯的老鼠哲学，像谷仓中的老鼠，因有所依恃，才能壮大自己。

所以孟子在这里说，一个人纵然有才具、学问、能力、道德，而没有依靠，还是不成的。像孔子，才具好，学问好，能力好，道德好，可是他只能教书，不能有天下，因为没有得到建功立业的机会。

继承家业的一代

孟子说，关于"继世而有天下"的人，等于上代做好的一锅饭，下代一下子就把整锅饭端了去，由他独自享用了。那些太子们，就是吃这种饭的人，汉高祖的儿子、孙子，都是如此，把汉高祖煮好的饭，端来吃就是了，这是为"天之所废"的。因为吃现成饭长大的人，往往成为失败的祖宗，就像桀、纣一样。

所以为人父母者，不能给孩子们太多享受，孩子们太享受了，就等于"继世而有天下，天之所废"。实际上不是"天之所废"，而是父母害了自己的子女，所以父母必须要培养孩子自立，扶助他站起来。

　　所以孟子说，像桀、纣这两个坏的，都是因"继世而有天下"，为"天之所废"。也因此，大禹推荐的伯益，不能有天下；伊尹、周公都不能有天下，只有辅助汤和武王来治天下，自己不登上最高的位置。这也就是说，一个人要认清自己的立场。

　　几年前，有些大学生来向我抱怨，如何不满现实，我告诉他们说，连米长在哪一棵树上，你们都不知道，还在这里不满这样，不满那样，假如把国家交给你们治理，结果不出三个月，只有两个字——亡国。自己一点人生经验也没有，在那里乱想乱批评，毫无用处，也毫无道理。治国不是简单的事，自己在社会上规规矩矩做人，能站起来都不容易，何况为社会、国家、天下办事，更不是简单的了。

　　年轻朋友们自己要反省一下，你为朋友办事办好没有？办得完全美好的有几件？三五同学在一起时，做到真正和睦、精诚团结没有？三五个人的团结都做不到，两人在一起甚至吵上三天，还想治理社会、国家、天下，真是谈何容易！所以高明的人，先要自知，然后才能知人。老子更说"知人者智，自知者明"，了解别人，还比较容易做到；世界上明白自己的人绝对不容易找到。了解自己的人，才算是明白人，那就开悟了，开悟也就是了解自己，认识自己本来面目。伯益、伊尹、周公包括孔子，"不有天下"，就是有自知之明，知道还缺少老天一半的助力，所以这个天下不能拿。

　　孟子继续说伊尹、周公，"不有天下"的历史故事。

　　伊尹被后世的史学家推举为中国第一个贤相，实际上，第一个贤相应该是舜，第二个是禹，第三个是伯益。如果说没有做皇帝机缘的贤相，那伊尹算是第一个了。伊尹不但是贤相、名相，也可以说是圣相。

　　"伊尹相汤"，所谓"汤武革命"，伊尹相汤革命，汤拥有了天下，汤死以后，他的第一个儿子太丁，未立就死了；由太丁的弟弟外丙接位，但是在位只有两年，又死了。再由太丁的另一个弟弟仲壬接位，只有四年，也死了。最后由太丁的儿子太甲上台，都由伊尹为辅相，他这时已经是五朝老臣，这些继帝位的君王们都是他教育大的。他可以像对孩子一样责骂他们的，所有大权都在他手里。可是到了汤的孙子太甲上台以后，这位"继世而有天下"的皇帝，把祖宗好的政治成规风气，一概破坏了。伊尹就召集诸侯，政府高级干部，废了这个年轻不懂事的太甲，以现代民主政治的名词而言，就是实行了罢免权，把太甲罢免了。

在罢免太甲以后，伊尹年高德劭，是五朝元老重臣，行政经验丰富，而且大权在握，如果他自己坐上君王的位置去，那并不困难的。可是他没有这样做，他只是把太甲，送到埋葬他祖父汤的桐山去，软禁起来，让他面对着祖父的庐墓去反省。这样反省了三年，太甲在那里"自怨自艾"，这种滋味是很不好受的，正如李后主的词中所描写的："一行珠帘闲不卷，终日谁来"，一个人关在那里，连一个鬼都不来看他。尤其当过君王的人，一旦落到这个地步，其寂寞凄凉，更比平常人多了不止十倍，充其量物质生活比常人好一点而已。他在这三年之中悔过，在学问、修养上做工夫，完全接受伊尹对他的教育。

伊尹的伟大就在此，有现成的君王不当，却是尽力地保护、教育太甲，等太甲改过以后，学问、修养都有了成就，还是把太甲迎回到首都来就位，天下还是你家的，这就是伊尹！所以成为千古的贤相。做这种贤相，比做贤君还更难，因为把太甲放到桐山去的时候，自己能对天子的尊荣权力不动心，这是很难很难的。

周公与姜太公辅助武王，统一了天下，武王死了，武王的弟弟周公，又辅助侄子成王上台即位。成王当时年轻，不听话，周公于是发明了象棋，教导成王。但是整天下棋也没有用，后来还是把他暂时废了，自己摄政。这一下不得了，全国都传出谣言，说周公要篡位。实际上，周公也是文王的儿子，在后世兄终弟及的习惯下，哥哥死了，弟弟即位是可以的。可是在那个时代，则是严重的问题，因为宗法社会的制度，是立长子，传给长房的。在周公摄政三年期间，谤书满箧，全国反对他的文书很多。他的另一个兄弟，封到蔡地的，甚至起兵要反对他，这一切他都容忍了。几年以后，成王教育好了，他又把成王接回来就位，自己不再摄政。所以白居易有四句诗说：

> 周公恐惧流言日　王莽谦恭下士时
> 向使当时身便死　一生真伪复谁知

许多人死得太早，死的不是时候，往往把一生的冤枉带进棺材里了，可见做人处世之难。所以孟子说，"周公之不有天下"，和伯益辅助大禹的儿子、伊尹之辅助殷朝商汤的孙子太甲，是一样的。

孔子说，尧舜禅让是公天下，夏后、商汤、周文王继世以有天下。代代相承的天下，有公天下有私天下，但精神是一样的。中国文化的政治哲学，不管是公天下也好，民主政制也好，帝制的私天下也好，只要是造福天下的，造福国民的，就是对的政治，否则就是不对，这就是中国文化政治哲学的最高精神。

孟子所说的君道，始终围绕在尧舜身上打转，到禹为止，禹以后的君道，他不提了。这是为什么？道理在哪里？在当时许多人不了解，后世许多人也没有太注意，自认直承孔孟道统的宋儒也未必真的了解。宋人有不同意孟子的，像前面所说的两句诗："当时尚有周天子，何事纷纷说魏齐"。

在孟子当时，周朝已到危亡的时候，周天子做得很失体统，天下只有六国争雄，周天子的地位，已不被诸侯所尊重，甚至他本身还不如现代的里长。我们有句成语"债台高筑"，就是孟子当时的周赧王做出来的事，负债太多了，无钱可还，有人来讨债，便搭一座很高的台，自己爬上去，使债权人无法也不敢爬上去讨债。一个中央政府的天子，到了这个地步，比清朝末年的宣统皇帝更不如了，如何能够统一天下呢？

在这种情形下，还要孟子去尊王，去秉春秋大义，教各国诸侯去保持周朝文化，那比诸葛亮辅佐阿斗还难。历史已经到了该演变的时候了，孟子不好意思提倡革命，只有特别强调尧舜的公天下。他已经知道姬周王朝气数已尽，无可挽回了，这个是关键。孟子只以天下、国家、民族文化为中心，不以周朝是否能继续政权为中心，所以他提倡公天下。反正都是中国人，哪一位高明哪一位上去，不要再打了，已经打了三四百年，天下的老百姓，已经受不了啦！

孟子力赞尧舜的道理即在此，不会有错。几千年以来，大家对孟子的这些言论，骂的骂，讪笑的讪笑，可是对于这种言论的关键，及孟子内心的思想所在，都没有了解，也指不出来；现在，我们可以说得明白了。孟子所作的这些论辩，可以说把吃奶的力气，都用出来了，就是不好意思把内心的话直截了当地讲出来。君道者，如此而已矣！他认为，无论诸侯也好，平民也好，只要能够起来，使国家天下太平，他都赞成。孟子是忧国忧民的，如果他晚生一百多年，生在汉高祖的时代，他一定又会感叹，生的时代不好，遇到刘邦这样一个老粗了。

前面所说的，都在中国文化中君道为主的范围，从这里开始，则说到臣道与友道的道理。这里首先讨论的，是中国第一位贤相——伊尹的问题。

臣道的标准人物

万章问曰："人有言'伊尹以割烹要汤'，有诸？"

孟子曰："否，不然。伊尹耕于有莘之野，而乐尧舜之道焉。非其义也，非其道也，禄之以天下，弗顾也；系马千驷，弗视也。非其义也，非其道也，一介不以与人，一介不以取诸人。汤使人以币聘之，嚣嚣然曰：'我何以汤之聘币为哉！我岂若处畎亩之中，由是以乐尧舜之道哉！'汤三使往聘之，既而幡然改曰：'与我处畎亩之中，由是以乐尧舜之道，吾岂若使是君为尧舜之君哉？吾岂若使是民为尧舜之民哉？吾岂若于吾身亲见之哉？

万章又问老师说：根据历史以及一般人的传说，商汤时代著名的首相伊尹，最初只是一个平民，没有办法接近高高在上的君王，便以做得一手好菜的厨师名声，乘机接近商汤的。由此看来，汤似乎是现代人所谓的"美食家"；汤与他先谈烹调术，再谈到其他，发现他有大才，因此请他为辅相，是不是有这回事？

这是一个历史的传言，根据《史记》以及其他历史的记载，多半是这样说的。不过司马迁的《史记》中所述，又略有不同。据《史记》的记载，伊尹在未得志时，想有所作为，可是没人赏识，他便投奔到有莘国一位诸侯那里做事。这位诸侯的女儿，嫁给汤为妃子，古代一个诸侯的女儿嫁给天子时，还要带一些男女用人，视为妆奁的一部分。当时伊尹就想办法，列身为男用人，随着陪嫁过去。像这种以人口为财产的风俗，在几十年前人口稀少的边疆，仍然保持着，富贵人家的仆人、家僮、丫鬟等，是可以买卖的。因此伊尹以菜做得好，得汤的赏识而接近了汤。

历史上有两位名相的出身，成为疑案。其中一个是伊尹，另一个是傅说（音悦），也是商朝人，是商代中兴之君武丁的贤相，据说是以做泥瓦工出身而获得武丁的欣赏。本来英雄不论出身低，如果认真讨论起英雄的身世来，许多名帝王贤相的身世，也都是不可以深究的。可是，人的心理是很奇怪的，当一个人一旦有了声望、地位或财富，就会成为大家挖根挖底谈论的目标、攻讦的目标，甚至把此人祖宗八代、九代、十九代的事情，都挖出来谈。相反的，一个无钱、无地位、无名气的人，即使倒毙在路上，也无人去查他的身份。这在现代新闻学上，谓之"新闻性"，前者放一个屁也有新闻性，后者路倒而死，也无新闻性，这真是人性的一大讽刺。

而且人与人之间的攻讦，归根结底，不外两件事，一件是有关钱财，一件是有关男女；因为这两种事，往往是事出有因，查无实据，不必拿出证据来，只要造成半信半疑、将信将疑的群众心理，就足以致人严重的损害了。所以金钱与男女二事，就形成了最好用的攻讦武器，这也是人性丑陋的一面。

我们了解了这些人生哲学的道理，再来看历史，两千年前的人，也和现代一样，万章也是如此咋咋呼呼地问起来了。他对孟子提出这个问题，好像是在说：伊尹当宰相的来路，也不是最清高的啊！他是用好厨艺的关系，才得向商汤靠拢的，是钻营而得宰相的，请问夫子，到底有没有这回事呢？

孟子说：不！不是这样的。伊尹当时是在有莘国的乡下种田，"而乐尧舜之道"，他乐于实行中国传统文化的精神，纵然有人给他很高的地位，很高的薪俸，再给他一千辆四匹马拉的豪华大马车，甚至把天下所有的都给他，但如果属于非法的、不合理的，他连看也不看一眼，是毫不加考虑的。不但如此，凡是不合理、不合法的事，他不会送人一个铜板，也不会收人一枚钱。

所以汤当时发现伊尹是一个大圣人，要请他出来，带了货币请他，这代表了当时的一种礼貌。现在的货币是钞票、银元、铜板、镍币及金币等；古代的货币，有贝、帛。所以有人说朋友的"朋"字，就是由"贝"字而来。

说到货币，古代以贝壳为货币，在外面交朋友需要钱，将两串贝挂在身上，就代表了朋友的"朋"字。后世用帛又发展用黄金，如汉朝皇帝的赏赐，动辄黄金五十镒，现代看来很多，不过，现代有人考据说，汉代用的黄金，大部分为自然铜。例如唐朝法律有"赎铜"的规定，在某种条件下，死刑可以拿一百二十斤铜来赎罪，显见汉唐之时所谓"金"乃指铜而言。南北朝以后，货币也有用绢（布匹）的，皇帝赏赐大臣，常是"赐绢若干匹"的。至于钞票则是自宋代开始，到元朝已流行了。宋元之间还流行使用一种类似支票性质的东西，叫作"飞钱"。这些问题，如果要详细研究，可找"中国货币史"之类书籍来参考，《古今图书集成》都有收集的资料，这里只不过顺便一提。

伊尹是个厨师吗

孟子接着说"汤使人以币聘之"，伊尹看见汤派人带了很多钱去请他，便大声地呵斥起来：钱又怎么样？皇帝又怎么样？你们想用大量的货币来诱惑我吗？我不干！我难道是为了金钱吗？我在这里种田，也是实行传统文化尧舜的精神啊。所以伊尹名利都不要，硬软都不吃。

汤接连三次派人去请他，伊尹都不去，后来他自己头脑转过来了，这样不出来是不对的，是自己错了。等于学佛的人，修小乘道的人，要到高山上人迹罕到之处，搭一个茅棚，万事不管独自清净潜修；而大乘道的人则要入世做事。伊尹本来想，就这样种种田，当一个隐士，行古道，保留中国文化。但细想之下，还不如入世做事，帮助汤成为一个圣君，为天下做一番事业，对老百姓也都有利。与其只想实行中国文化的古道，只想天下太平，不如自己将这理想付诸实施，于是他观念转变了，答应出来做事。

这些都是孟子所说的，有关伊尹出来当宰相的情形，与一般历史的记载，都有出入的地方。但是孟子是根据什么资料来说的，就不得而知了。

历史上是说伊尹"负鼎以要（邀）汤"，就是带锅子去见汤；另一人叫傅说，"傅说版筑"，就是泥水匠。这种版筑的古老建屋方法，几十年前还在使用。前几年，在台湾的山区乡村中，也偶然可以看到。这种土墙房子，和现代的预铸混凝土建筑方法差不多，在地下的墙基开始，用两块木板固定如一木箱，高约一尺到一尺半，厚约一寸，长约五尺，将黏土、稻草或苎麻或猪毛和匀，倒入木箱中，洒以少许的水，用木杵像在臼中舂米一般，用力舂打至泥土完全结实。然后将两块木板卸下，一截墙就筑好了。再以这截墙为基底，又将那箱形的筑版架上去，再筑更高的一截。如此一截一截筑上去，到需要的高度，再架梁盖瓦，便成一栋土墙房屋。这种土墙房屋，如果不被洪水浸泡，外面涂上石灰，可保持百余年左右，经济而实惠。有的墙中加以浸过桐油的粗大青竹，功效有如钢筋，连台风、地震也奈何它不得，这就是版筑。

我们看到，孟子的学生在这里提出问题，对于伊尹负鼎要（邀）汤，为了出来做事而不择手段的行为，在中国文化的立场上，是被知识分子轻视的，认为他们的出处有问题。

这种出处的问题，现代的青年不大注意了，以前的读书人则非常重视、注意而研究的。我们认为孟子的观点是对的，虽然历史上说"伊尹负鼎要汤"，说他背了一个煮菜的锅而成为宰辅，但孟子说他"耕于有莘之野"，说他实际上原本不想出来，志在当一个隐士。

为什么说他负鼎？鼎不就是古代的锅吗？这一点，连司马迁都无法考据，只好人云亦云，说他是做菜的；所以这里万章也说"以割烹要汤"，说他是拿菜刀锅铲的。其实负鼎是指他自己只有一口破锅，种种田，当隐士，在一个茅草棚中，守着这口破锅不肯出来。我们研究唐宋以后当隐士的情形就知道了。在禅宗的记载中，有些大禅师的折足铛，就是悟了道的人，住到深山里所用的三脚锅。那个锅断了一只脚，要垫上一块砖头，下面才能生火煮饭。传说的版筑也是一样，自己筑一间土墙房子，上面盖上茅草，在那里当隐士。

再说负鼎，意思并不是做菜的，而且在古代，一个做菜的厨师，是不可能跟君王见面的，尤其是后代的皇帝，更不可能。御厨把菜做好，经过十几道转手，最后到了服侍皇帝吃饭的妃子或太监手上，还要马上用银筷子试一下有没有毒。所以厨师是不可能见到皇帝的。所谓"负鼎"一词，这个"负"，是负气，自负才能之负，不是真的背在背上的意思，负鼎就是描写伊尹守着一口破锅，始终不肯出山做事。后来，因为汤再三恳切地请他，他自己也想到应该出来，才答应出来，所以形容他是负鼎而出山。这是我的看法。

所以孟子这里，说伊尹改变主意的理由，是一个重点。我们要注意，万章为什么会突然提起伊尹"割烹要汤"的问题？很可能万章在外面听到马路新闻，大家正在批评，这个时代如此纷乱，孟子有这样好的学问，为什么不出来做一点事？甚至要求万章，以学生的身份，去说动他的老师出来。所以他冒冒失失地到老师这里，企图说动孟子。可是万章又很会说话，没有直截了当地说：老师你就出来做官吧！因为孟子喜欢讲中国文化，他就转弯抹角的，把中国文化中，第一位贤相伊尹有关的这一段传说，一下子给提了出来，做一个试探，以免挨骂。如果孟子责备起来，他可以推说研究历史，如果孟子透露了愿出山的意思，他也可以乘机进言。

其实孟子早已知道万章提这个问题的本意，所以他说到这里，仍借伊尹之口说：

> "'天之生此民也，使先知觉后知，使先觉觉后觉也。予，天民之先觉者也。予将以斯道觉斯民也，非予觉之而谁也？'思天下之民，匹夫匹妇，有不被尧舜之泽者，若己推而内之沟中。

其自任以天下之重如此，故就汤而说之以伐夏救民。吾未闻枉
己而正人者也，况辱己以正天下者乎？圣人之行不同也，或远
或近，或去或不去，归洁其身而已矣。吾闻其以尧舜之道要汤，
未闻以割烹也。《伊训》曰：'天诛，造攻自牧宫，朕载自亳。'"

孟子说上天生这些人，是要已经悟了的人，去教化未悟的人；
我总算在人类中有点头脑，算是悟了的，我也承认我是一个先觉，
也想教化别人，这个责任在我，我也不逃避这个责任。但是负这个
责任，不一定要出来从政啊！传播文化种子，一样可以挑起这个责
任呀！

这些话，都和禅宗的歇后语一样，前面说一个话头，后面的话
是给听话的人自己去参悟，"非予觉之而谁也"，如果不由我去教化
由谁去教化？这是话头，下面的话，就要万章去参了。

孟子又说：伊尹后来答应汤的要求出来，是他觉得对民族、国
家、社会、人类有责任。看到天下的人，没有得到尧舜那样清明的
政治，安居乐业的惠泽，就好像是自己把这些人，推到污水里一样，
是自己的责任，所以，古代真有圣贤之心的知识分子，自然就挑起
这个担子来，以自己的知识、学问，能做多少就做多少。因此他答
应出来，并要汤出兵，推翻了夏桀，而救民于水火之中。

孟子结论说：不管过去的历史，现在的情形，乃至于未来的发
展，我从来没有听说过一个人自己出身行为不正，却能够去纠正别
人的。

从孟子这句话，我们会有很多感想。历史上许多英雄人物，在
他们刚起来的时候，都有点乱七八糟，不正，而后来都成了英雄人
物。但是，历史也是最明显的因果纪录，怎样得天下的，就怎样失
天下；怎样站起来的，后代也一定怎样倒下去，这是千古不易的法
则。历史上以不择手段而得天下，成功事业的，把时间一拉长来看，

最后的因果，也是毫厘不差。我经常举的例子，清朝以趁机顺手入关，孤儿寡妇，到中国来统治了三百年，最后撤走时，还是孤儿寡妇退回关外，岂不是毫厘不差！明朝、元朝、宋朝、唐朝，一路上去，都是如此。所以一个正人君子，不管是个人的事业，或者国家、社会、天下大事，出处一定要正，头正身才正。

所以孟子说：自己弯弯曲曲，要歪手段出来，而想使别人正直，这是做不到的。更何况，如果是以卑贱可耻的行为而成功的，那伊尹怎么可能成就圣君贤相之功？这根本是不可能的事情。

基于历史因果的定律，孟子有关伊尹的话，应该是正确的；他这两句话，说明了万章所说"伊尹以割烹要汤"是不可能的。孟子并不需要根据历史资料说话，他只需要根据历史的哲学来答复关于伊尹的历史问题。同时他也推翻了万章心里想讲的话，把他的嘴给封住了，等于无形中对万章说：你心里的话不必说出来，你是我的好学生，也不必轻易劝我出山，我是不会答应的。这些话，孟子并不需要明讲，所谓"尽在不言中"，师生两个人都很聪明，相互之间都在打机锋。

孟子最后作结论说：从古以来，圣人的行为与一般人是不同的，"或远或近"，这四个字意义深长，远、近，可解释为时代的远或近，区域的远或近，个人事业前途的久远或目前，或者去，或者不去，干或不干，"归洁其身而已矣"，都有一个标准，就是洁身自好，始终是清清白白的。不论出来当皇帝或当宰相，尽管功留万世千秋，而我还是我，出来时赤裸裸的，清清白白；回去时也是赤裸裸的，清清白白。不因地位、功名、富贵而染污了自己，这是圣人之道，是中国文化的精神。孟子认为，伊尹只是以尧舜之道和商汤见面，两人共同负起改造历史的使命，从来没听说过伊尹是做得一手好菜，因为要拍汤的马屁，与汤接近而坐上宰相的位置，这不是伊尹的行为。孟子又引用《书经》上《伊训》中说的："天诛，造攻自牧宫，朕载自亳。"

《伊训》是《书经》中《商书》的一篇，当太甲嗣位，伊尹以五朝三代的老臣身份，写这篇文诰来教训这位年轻继位的帝王。在《书经》中的文字，和这里的略有不同，但意思是一样的。《书经》上的原文是："皇天降灾，假手于我有命，造攻自鸣条，朕哉自亳。"

孟子引用《伊训》的话——"天诛，造攻自牧宫，朕载自亳"，这是《书经》上的逸文，就是正史上所没有的记载。这是汤成功以后所说的话，等于汉高祖成功了以后，大封功臣时所说，功最大的是萧何、张良、陈平三杰，指那些冒矢石的武将，不过是他们三人计划中的"功狗"而已。汉高祖讲了真实话，但古人以道德为出发点，不能这样讲，所以汤在《伊训》中的这几句话，等于说，我很有幸，用高车把伊尹请来了。

《孟子》这部书，在文字上似乎容易懂，但也很难读，像禅宗的话头一样，需要参。万章一路下来，都说尧舜公天下，大禹传天下于子，历史上称为家天下，但他不谈这个问题。接下来，就是讨论汤武革命，这也就是前面说过的，如宋代那位读书人的两句诗："当时尚有周天子，何事纷纷说魏齐"，这是一个问题。孟子在这个时候，究竟想干什么？他没有明白表示想要号召诸侯，把这位债台高筑的周天子推翻；但是，他也没有像孔子一样，主张天下尊周。所以读《孟子》的重点就在这里，孟子盛赞尧舜的禅让，紧接着就是讨论汤武的革命。

孔子的进退行止

万章问曰："或谓孔子于卫主痈疽，于齐主侍人瘠环，有诸乎？"

孟子曰："否，不然也，好事者为之也。于卫主颜雠由。弥子之妻与子路之妻，兄弟也。弥子谓子路曰：'孔子主我，卫卿可得也。'子路以告，孔子曰：'有命。'孔子进以礼，退以义，得之不得，曰有命。而主痈疽与侍人瘠环，是无义无命也。孔子不悦于鲁、卫，遭宋桓司马，将要而杀之，微服而过宋。是时孔子当阨，主司城贞子，为陈侯周臣。吾闻：观近臣，以其所为主；观远臣，以其所主。若孔子主痈疽与侍人瘠环，何以为孔子！"

有一天，万章又向孟子提出一个问题说：老师！有人说，孔子也是有问题的。他到卫国的时候，是住在一个外科医生家里；在齐国的时候，则是住在佞臣瘠环的家里，这是事实吗？

孔子周游列国时，在卫国住得最久，所谓"子见南子"这件事，就是在卫国。当时的国君卫灵公，后世史家说他不太聪明，实际上卫灵公是一个非常聪明的人，他在死后的谥号得一个"灵"字，也是不容易。古代帝王，凡是谥号称"灵"的，都有点神经兮兮，但并不是精神分裂症之类的精神病，只是特别敏感，或者喜怒不易揣摩，有一点点神经质的样子，如汉灵帝等都是这样。对于粗暴不仁的，谥号则多用"武"字，如汉武帝、唐武帝等。所以卫灵公是相当聪明的，当时卫国的政治也相当修明，贤人也相当多。在古代，医生（古称巫医）是被人轻视的，每每和巫术放在一起，尤其以外科医生为甚。像痈疽这种外科是动刀的，为人们割疮，平常则是挑一个招牌，穿街走巷串村落的江湖郎中之类。

万章提出这个问题，是有所感慨的，好像说：老师，你既然不想出来做事，不想功名，那么就以前辈圣人来跟你比一比吧！于是提出了这个问题。

自古迄今，观察一个人，往往就看他所交的朋友，所以年轻人出去，交游要特别慎重。像孔子这样的人格、修养、学问、道德，竟然寄住到一个外科郎中和一个佞臣家中，接受他们的招待。万章言外之意，是对孟子说，即使是孔子这样的前辈圣人，到了困难的时候，这样"明知不是伴，情急且相随"的事情，也干得出来。

孟子说：不！不是这样的，这是后世那些欢喜造谣生事之徒说的，不是真实的事。这就像现在有些文人，为了稿费而乱写的历史小说一样。事实上，孔子在卫国的时候，招待他的是颜雠由，虽然地位不高，却是一位正人君子。其实当时在卫灵公面前，有一个最得宠的大臣弥子瑕，他的太太和子路的太太是姊妹，弥子瑕和子路是连襟。弥子瑕既是卫国的权要，随时可与卫灵公见面，弥子瑕曾对子路说，请你的老师和同学们住到我那里去，卫灵公常到我那里，随时可以见面谈话，欲当卫国的宰相，保证可以办到。子路也曾经将弥子瑕的这番话，报告给老师，孔子听了以后，在我们想象中，他也许笑一笑，然后对子路说：人生的出处，自有天命的安排，我不想这样做，因为孔子是讲究正命的道理。孟子举出这些事例，然后说："孔子进以礼，退以义"，孔子在进退之间，都有他的道理。

青年人要注意，在接受学校教育毕业后，到社会中去工作，第一步的"出处"很重要，走错了很难转回来，所以人一进一退，都要恰到好处。孔子在《易经》中说："知进退存亡而不失其正者，其唯圣人乎。"该进的时候晓得进，该退的时候立即退，该站的时候站，该躺下去的时候躺下，要做得恰到好处是很难的，只有圣人才做得到。

所以孟子说孔子，一般人说他在卫国和外科医生做朋友，在齐国和佞臣做朋友，这是别人诬蔑他、毁谤他的话，普通人都不会这样做，何况是孔子这位圣人。如果他真的这样做的话，那就是无义无命了，孔子绝对不会这样做的。

孟子继续又举出一件史实来证明，他说，孔子在鲁卫之间最落魄不得意的时候，受到宋国的司马桓魋迫害，他讨厌孔子，准备把孔子杀掉，孔子得知消息，换了衣服，化装逃出来。

孔子当年已极有声望，周游列国时，虽然只带部分门人，但因有三千弟子散居各国，所以各国诸侯都存有戒心，谁还敢用他？更怀疑他是否是来造反或当难民的。

历史上描写他过宋之时，逃出来在一棵大树的旁边休息，宋国的司马，略似现代三军总司令，那个名叫桓魋的，派兵把这棵大树拔掉。这是文字表面上的意思。中国古代的文字，因为太简化了，的确难懂。桓魋要杀孔子，拔他旁边的一棵大树干什么？这种以文释义的解释，是不通情理的，读古文遇到这种讲不通的地方，就要加以研究了。

桓魋当时有兵权在手，是派兵要追杀孔子。我们知道，孔子深通六艺，六艺包括礼、乐、射、御、书、数，其中射与御，分明就是武事，而"数"，并不只是现代的数学，而是包括了天文、地理、韬略，等等，可知孔子并不是不懂军事的。虽然也曾有人向他请教兵法，他说不知道，那只是一种推托之辞，因为他不主张以武力解决问题，而主张行仁义以治天下。这次他从宋化装跑出来，也是保持这个原则，逃出来以后，为了自卫，选择地形把学生部署，以丛林为掩护。桓魋没有办法，就派兵去砍伐丛林，准备作战。孔子尽可能地不打，在桓魋的兵忙于砍树的时候，就乘机逃出来了。

孟子说，孔子在最落魄失意又困难的时候，是住在宋国的一位贤大夫司城贞子的家里。司城贞子的身份是陈侯，陈国这时已经破灭了，但国家未完全灭亡，所以仍算是周天子的臣子。孔子在如此困难、危险的时候，宁可冒生命的危险，也不会随便去住到其他人家里。

最后孟子做结论说："吾闻：观近臣，以其所为主"，据我所知道的，观察一个君王身边当权派的大臣，就看他所接待的，是什么样的宾客；再看他所交游的朋友，是正人君子，还是酒肉朋友，就知道他贤或不贤。观察一个远臣，就是远游的人，就看他住在什么人家中。如果说孔子在远游的时候，会随便住到像痈疽与佞臣这种乱七八糟的人家去，那孔子也就不叫作孔子了。

万章在这里为什么提出孔子住在何处的问题来？这又有什么相干呢？这中间就有可研究之处了。

这时，孟子也正是相当倒霉的时候，万章心里的话是在说：老师，你老人家迁就一点吧！对一些有地位、有办法的人，点一个头，多打一个招呼，你就有办法了，我们也就有办法了。可是，老师你就是不肯低头。万章不好意思把这个话说出口，只有举出孟子最佩服的孔子来举例；意思是说孔子临到困难的时候，都会变通，你既然这样捧他，就仿效仿效他也无妨啊。而孟子答复他的话，也非常的妙。

古人把这些话，记录下来成书，如果从文字表面上看，只是两师生讨论百年前孔子曾经住在哪一家的问题，这不是浪费吗？我们将他的上下文连贯来看，就自然就会发觉它深远的道理了。

万章接着又提出一个问题：

百里奚助秦的多种说法

万章问曰："或曰：'百里奚自鬻于秦养牲者五羊之皮，食牛以要秦穆公。'信乎？"

孟子曰："否，不然，好事者为之也。百里奚，虞人也。晋人以垂棘之璧与屈产之乘，假道于虞以伐虢。宫之奇谏，百里奚不谏。知虞公之不可谏，而去之秦，年已七十矣，曾不知以食牛干秦穆公之为污也，可谓智乎？不可谏而不谏，可谓不智乎？知虞公之将亡，而先去之，不可谓不智也。时举于秦，知穆公之可与有行也，而相之，可谓不智乎？相秦而显其君于天下，可传于后世，不贤而能之乎？自鬻以成其君，乡党自好者不为，而谓贤者为之乎？"

在这里，万章似乎在对孟子使用武功上的"谭腿"招数，一招接一招地打出去，好像孟子住在万章这位学生家里，经济力量撑不下去的样子，心里在发急，想说"老师，你老人家可别坐吃山空，到外面做个官吧！"的味道。这当然是一句笑话。反正，他总是希望孟子出山，用伊尹说不动，用孔子也说不动，现在他又提出春秋时候的百里奚来。

万章说，历史上说百里奚自己卖身，不过"自鬻"两个字，只是在《孟子》这本书上万章这样说他的。这两个字相当重要，"自鬻"就是自己卖身，等于说他当时穷困潦倒，虽然拿了一张毕业文凭，但到处找不到工作，没有办法，只好自己卖身了。

古人卖身的情形，现代三四十岁以下的人，没有看见过，不会知道。如果是年纪大的人，还是见过的。民初军阀盘踞北方的时候，黄河两岸，遇上水灾、蝗灾的荒年，当地的居民无以为生，"逃荒"到长江以南的鱼米之乡来，就有人自己卖身。乃至在抗战期间，西北、西南的边疆地区，还有穷苦的人出来卖身，他们用稻草像打结一样，但不将两端拉紧成结，编成一个圈圈，插在头上，表示卖身，给人家当奴仆。古代的奴仆，有时价钱很便宜，像抗战时边疆地方，无论男仆女奴，一包女人用的绣花针，就可买到一个奴隶。如果买年纪较轻，身体健硕的女奴，再加两根头绳就可以了。女人束发的彩色带子就叫头绳。在民族地区中，有的俘虏被卖来卖去，一生被辗转贩卖，到最后欲想赎回，都难以做到。

万章说百里奚自己卖身，只得了五张羊皮的代价，就成了人家的奴仆，做割草喂牛的苦工。由于他把牛喂得肥肥的，被秦穆公看见了，问他用什么方法把牛养得这么好，于是两个人讨论畜牧学，后来秦穆公请他当宰相。

但现在历史上我们可查到的资料，并不是万章所说的那样，历史上的记载是："在周惠王丙寅二十二年秋九月，虞大夫百里奚奔秦，秦始得志于诸侯"，他是第一位以客卿的身份相秦，而使秦国开始富强起来，他在诸侯之中，是有地位的宰相。

司马迁的《史记》则说，当晋国打败虞、虢两个国家的时候，虞国连国君都被俘虏了，而百里奚是虞国人，被虏后送到秦国，成为秦穆公夫人的奴隶。百里奚就逃出秦国，到南方"宛"这个地方——即现在的南阳市，可是又被楚国人抓去了。这时，秦穆公知道他在虞当大夫时的贤能，就以五羖羊皮把他从楚国人的手里赎回来，当时百里奚已经七十多岁了。秦穆公把他赎回来以后，和他讨论国家大事，他非常谦虚地自称亡国之臣，没有资格谈什么国家大事，结果两人谈了整整三天，秦穆公就把国家大政交给他。

在推举他的人之中，有一个是有远见的朋友蹇叔，百里奚在谦让的时候说，他得以脱离在齐国的穷困而到周去，也是蹇叔帮忙。周王子颓好牛，百里奚曾经为周王子颓养牛，等到颓要用他的时候，蹇叔阻止了他。周惠王二年，周王子颓作乱，到周惠王四年，颓被杀了，幸亏当年蹇叔阻止百里奚为颓所用，才没有被牵连进去。后来百里奚做了秦国的辅相，因为他是由秦穆公以五羖羊皮赎回来的，所以后世又称他"五羖大夫"。

百里奚当了秦国的宰相，可以说是富贵到了极点，可是他离开家，和太太分别的时候，因为家里贫穷，他太太杀了一只孵蛋的老母鸡为他饯行祝福，可是连烹鸡的柴火都没有，只好砍下一个门斗——现在到乡下的旧式房子还看得到这种装木门的门斗——当柴烧，将鸡烹了给他吃。后来，他当了秦国的宰相，还未及去接他的太太，太太得知他当了宰相，就到秦国找他。在当时可不比现在，可以在街头拿起公用电话，打一个电话就联络上了，那时一个外国的贫妇，想见当朝宰相，谈何容易，连在门口多站一下，也可能被抓起来治罪的，所以等十年也见不了面。她实在没有办法，自己卖身到宰相府中当浣妇——清洁工，才看到丈夫坐在大厅上。她就弹了琴唱起歌来说："百里奚，五羖皮，忆别时，烹伏雌，炊扊扅。今日富贵忘我为。"百里奚听到才想起了往事，查问之下，才和他的太太重聚。这首歌名为《琴歌》，也是一首有名的古诗，不过这是后汉时的应劭所写《风俗通》中的叙述，已经和百里奚相隔千把年了，而且是收集自社会上流传的民歌，它的正确性，也是可怀疑的。

孟子对万章这个说法不承认，他说：没有这回事，也是多事者说的。换言之，孟子在这里等于对万章表示，你想卖我，我就是不卖。

孟子说：百里奚是虞国人，并不是那么穷苦的，他也是虞国的大夫。在周惠王癸亥十九年的时候，晋国用"垂棘"，产玉名地所出最好的玉，以及晋国产马著名的"屈"地的良马送给虞国，向虞国借道路去打虢国。虞国的另一位大臣宫之奇表示反对，建议虞国的国君不要答应；百里奚则一句话也不说，因为他知道虞的国君，不会接受这种意见，如果说了话，说不定自己要被杀的，所以他干脆不说话，跑到秦国去了。这时百里奚已经快七十岁了。

孟子一口气又接下来说：他到秦国已经是七十多岁的老头子了，还有这个体能、精力，来以放牛、喂牛的方法，去和秦穆公见面吗？这是不可能的。而且这种方法不好，将来对他的声名会是一种污辱，他如果这样做，能算是智慧吗？他对他自己国家的国君，在国家危险时，都不说一句话而离开，这是他的智慧，但是他"知穆公之可与有行也"，所以才去秦国发展他的抱负。他是这样极有智慧的人，还需要去卖身吗？他当时认清楚了天下大势，只有秦穆公还有作为，一眼看准了，所以就到秦国去，实现他的抱负，使秦穆公扬名天下，传于后世，这要大贤大智的人才能做到。至于自己卖身，连一个乡下人，稍稍爱好自己品德的人也不肯干，何况一个有修养、有学问的人呢？当他第一步站出来的时候，会不择手段吗？这样一想，就知道你们说的是民间传说，是靠不住的。

历史的记载，不一定与事实相符，有时候是写历史的人，对某一个人有主观成见。人想做到大公无私是很难的，例如唐朝的历史，当时有一位大学者王通，唐太宗以下的开国将相，大部分是他的学生，可是唐朝的历史之中，连一篇王通传记都没有。因为王通和唐太宗的舅子长孙无忌不和，写史的人惧怕长孙无忌的威势权力，而不敢写王通，所以有时连正史都靠不住，更何况万章这里发问时，一开头就是"或曰"，用了不肯定之辞，以现代语来说，是"闪烁其词"。也可能是万章由于存心想逼孟子出来，故意说百里奚是"自鬻"的。所以孟子答复的话，也等于是辩护时拿出来的理由，可以说是有相当道理的。同时，他这样答复，是在替百里奚辩护，也是自辩，等于暗示万章说，不必再来游说我了，你希望我卖身给人，马虎一点站出来做事，我孟轲是不会这样做的。

万章章句下

四种典型的人

　　孟子曰："伯夷，目不视恶色，耳不听恶声。非其君不事，非其民不使。治则进，乱则退。横政之所出，横民之所止，不忍居也。思与乡人处，如以朝衣朝冠坐于涂炭也。当纣之时，居北海之滨，以待天下之清也。故闻伯夷之风者，顽夫廉，懦夫有立志。

　　孟子好像在这里自言自语，又提到伯夷、伊尹、柳下惠、孔子，这几个不同类型的人，好像并不是万章提出来的问题，可是却放在《万章》篇中。

　　为什么孟子这几段话会放在这里？读古书要另外带一只眼睛，才能看清楚他背后的意义。

　　以现代的编辑技巧而言，这种手法也非常高明，前面说的是尧舜，讨论君道；接着是谈伊尹几个人，讨论臣道；后面接着，万章问友道。在万章提出友道之前，孟子这里又列出四个典型人物，谈他们的立身出处，这是孟子自己说的，并没有人问。宗教家的教化方法也是如此，如佛经里，有些是佛自说的；有些是受教的人有疑惑提出问题，而佛加以解说的；有些必须受教者问到时，佛才可以说，也才应该说。所以这些说教的方法，都有其很深的意义存在。

　　其实，关于伯夷的问题，在《公孙丑》上下章中，已经讨论过了，现在为了四个不同典型人物的并列，又在这里做一次重复的讨论，这就是编辑的手法，读者要另具慧眼，才能看到《万章》篇中的重心所在。当然，如果不好好用心去读，还是找不出重心，必须在读完以后，再加以寻思，把全书融会贯通，就会找到他的要点了。就如一串珠子，放在盘中，看来似乎散乱，但能看到那串珠的线头，轻轻一提，就是一串彩色排列有序的念珠。也等于医生治病，下针即可得穴道。所以，这时的《孟子》，看来不再像一段一段教条似的，前后随便倒置，而是气势一贯，脉络相连，组织严密的好文章；也是一则处处有交代，前后相呼应，循序发展的好故事。甚至可以将它改写成现代小说或剧本。

现在孟子说："伯夷，目不视恶色"，伯夷这个人，不看任何不好的东西；一切不好的声音，他也不听。当然，五官、四肢、心意所能接触的一切不好的色、声、香、味、触，他都不去接触，心中也不起坏念头。在立身出处上，凡是他认为不够格的领导人，就不跟这种人合作，不为他做事。他本来是纣王的宗族，因厌恶纣王的无道而离开了；对于下面，认为不够资格由他来领导的，他也不愿做这个地方的长官。只有在天下治平，社会上轨道，可有作为的社会，他才出来做事；生逢不可救药的社会，他就退隐。因为他不愿在横行霸道的政权与社会势力之下住下去，也不愿意与愚痴的乡巴佬相处，他认为如果处身在这种环境之中，就如同穿了大礼服，却坐在污泥地上一样的难过。

孟子把伯夷这个人的思想、个性、人格，描写得一清到底，绝对的清高。世界上的确有这样的人，可以说是真正的"清流派"，伯夷就是代表人物，看起来古怪，几乎不近人情，可是他只顾自己一味地清高。

孟子说：当纣王为殷商的天子时，伯夷逃开了，住到北海的海边去，可能在现今山东烟台一带，乃至于靠近韩国的海边住下来。他在这种边区，少与人往来，也看不见政治、社会的阴暗面；眼不见为净，以等待政治的安定，社会的澄清，就是这样的退隐了。

孟子说：伯夷这一种清高的风范，对社会发生的影响，是使冥顽不灵的人，个个都廉洁起来。有些生活行事严肃、懦弱的人，憨头憨脑的人，有自卑感的人，表面上傲慢的懦夫等等的人，也能够立志。

这是孟子所说的一种典型，不妨名之为伯夷型，或伯夷格，这是第一种人。

第二是伊尹型，大部分都是重复《万章》上篇中的话。

"伊尹曰：'何事非君，何使非民？'治亦进，乱亦进。曰：'天之生斯民也，使先知觉后知，使先觉觉后觉。予，天民之先觉者也，予将以此道觉此民也。'思天下之民，匹夫匹妇，有不与被尧舜之泽者，若己推而内之沟中，其自任以天下之重也。

孟子说：伊尹讲过"何事非君，何使非民"，伊尹这个人，平和通达，谁当老板都一样，我都使他变成圣人。任何一个老百姓，都是好老百姓；任何一个部下，都是好部下。因为，这一切都在于我如何去辅导、运用，使他们能发挥才能。太平盛世要去做，乱世社会，更要努力去做，这就是佛家大乘的精神。伊尹是这样的一个理性知识分子、士大夫，自认天生有他的责任，所以，在任何环境下都不放弃努力。

下面孟子再把柳下惠作为第三类型的人，加以说明：

"柳下惠，不羞污君，不辞小官；进不隐贤，必以其道。遗佚而不怨，阨穷而不悯：与乡人处，由由然不忍去也。'尔为尔，我为我，虽袒裼裸裎于我侧，尔焉能浼我哉？'故闻柳下惠之风者，鄙夫宽，薄夫敦。

　　大家都知道柳下惠这个人"坐怀不乱"，这里孟子说柳下惠的人格是不会受污染的，老板乱七八糟，也没有关系，待遇虽少，仍然替他做事，老板是老板，我是我；小官可以干，大官也可以做。有好的人才，就把他推荐出来；做好事，有功劳的人，也毫不隐瞒替他宣扬，但是不乱拍马屁。假使有人忘记了他，被放在冷冻库里，他也没有牢骚，心里也不怨恨。穷困的时候也不自卑，和愚痴的乡巴佬在一起，也可以相处得很好，因为这些人天真、说老实话，虽然说粗话，但对他们有些友爱，不忍心离他们而去。柳下惠认为：你是你，我是我，朋友混蛋，我不混蛋，你脱光了在我旁边也没有关系；你虽然脱光了，可是我还是衣冠整齐哩！你的污点，到不了我身上来。

　　所以柳下惠又是另一种人格，能学到他的这种人格和作风，就算原来很小器、锱铢必较、心量不宽的人，都会把器量放宽，尖刻的人也会变得敦厚起来。

　　下面第四种，是孔子型：

　　　　"孔子之去齐，接淅而行；去鲁，曰：'迟迟吾行也！'去父母国之道也。可以速而速，可以久而久，可以处而处，可以仕而仕，孔子也。"

　　孟子说，孔子离开齐国的时候，说走就走，刚刚看到情形不对，米都洗好了，连饭也不煮，立刻就走了。

　　孔子在齐国的时候，齐景公想用孔子，便和他的宰相晏婴商量，晏婴说了一些理由反对掉了。这消息一传到孔子的耳中，孔子立刻就走。后世误会晏子排挤孔子，其实孔子和晏子是很好的朋友，晏婴知道，如果孔子被齐国留用，将来一定会身败名裂的，所以为了爱护孔子而反对。孔子后来赞他："晏平仲善与人交，久而敬之"，这时晏子已经死了。

因此，孔子之离开齐国，是齐国想用他，他不能也不愿被用，所以他一听到这个消息，知道情形不对，马上就走。

至于他离开鲁国的时候，口里说走，留了几个月都还没有动身，天天说：我要走了，还是没有走，因为那是他父母之国，不忍心离开，所以"可以速而速，可以久而久，可以处而处，可以仕而仕"，这是孔子。

所有的这些人格典型比较下来，孔子是"圣之时者也"，他做任何事，都有他的分寸，该多一分的他加一分，该少一分的，他减一分，绝对不会马虎。

几种人格的典型，都放在面前，看我们要做一个哪样的人。另外，还有一种人格的类型，要我们来评估了，那就是孟子本身的人格。孟子究竟是怎样一种形态？大家研究《孟子》以后，不妨给他一个评价。

下面是孟子为他们四人下的评语：

> 孟子曰："伯夷，圣之清者也；伊尹，圣之任者也；柳下惠，圣之和者也；孔子，圣之时者也。孔子之谓集大成。集大成也者，金声而玉振之也。金声也者，始条理也；玉振之也者，终条理也。始条理者，智之事也；终条理者，圣之事也。智，譬则巧也；圣，譬则力也。由射于百步之外也，其至，尔力也；其中，非尔力也。"

孟子说：伯夷是"圣之清者"，清高到极点。伊尹是"圣之任者"，对天下有责任心，治世要救、乱世也要救，好人要救、坏人更要救。这是大乘菩萨道，只有自己来承担责任。柳下惠是"圣之和者"，到处都能与人和平相处，和而不同，同流而不合污。孔子则不同了，是"圣之时者"，他看时事对与不对，时间、空间，环境需要不需要，该或不该，能或不能，综合起来，再决定出处做法，这是"圣之时者"，所以孔子是这几种人格典型的"集大成"。

后世元朝封孔子为"大成至圣先师"的"大成"一词的理念，应该是根据这里来的。所谓"集大成"，就是"金声而玉振之"，成语"金声玉振"就是出自此处。用现代的话讲，"金声"就是现代人说的："某人的人格响当当的"；"玉振"则是清楚的，不是糊涂的、混浊的，是玉敲出来叮叮响的声音，清脆而播送得很远。有道德修养只是圣人的一半，更要有道德的行为，又有高远的智慧。智慧譬如巧妙，圣譬如力量。智慧是般若，要灵活运用；圣是功夫，要一点一滴做出来。

圣人的这两项很重要，如佛家的定慧等持，智慧再高，没有定慧的行愿是不行的。而智慧是巧，亦不容易，有人会用力不会用巧，有的很巧而没有功力。如同射箭一样，在一百步外能够弯弓而射，那是功夫，是力量，是圣；可是能否射中红心，则是巧，是智慧。两种同等重要，智慧与行愿修持，如车之两轮，缺一不可。

北宫锜问曰："周室班爵禄也，如之何？"

孟子曰："其详不可得闻也。诸侯恶其害己也，而皆去其籍。然而轲也，尝闻其略也。天子一位，公一位，侯一位，伯一位，子、男同一位，凡五等也。君一位，卿一位，大夫一位，上士一位，中士一位，下士一位，凡六等。天子之制，地方千里；公、侯皆方百里，伯七十里，子、男五十里，凡四等。不能五十里，不达于天子，附于诸侯，曰附庸。天子之卿受地视侯，大夫受地视伯，元士受地视子、男。大国地方百里；君十卿禄，卿禄四大夫，大夫倍上士，上士倍中士，中士倍下士；

下士与庶人在官者同禄，禄足以代其耕也。次国地方七十里，君十卿禄，卿禄三大夫，大夫倍上士，上士倍中士，中士倍下士；下士与庶人在官者同禄，禄足以代其耕也。小国地方五十里。君十卿禄，卿禄二大夫，大夫倍上士，上士倍中士，中士倍下士；下士与庶人在官者同禄，禄足以代其耕也。耕者之所获，一夫百亩；百亩之粪，上农夫食九人，上次食八人，中食七人，中次食六人，下食五人；庶人在官者，其禄以是为差。"

这一段是讨论周朝分封建国的政治制度问题，这里只有这样一点资料而已。关于各朝代政治制度问题，我国有专书讨论，如《十通》等一类的书，可以研究参考，所以在此不多讨论。

下面这一段，是万章提出来的友道问题，就是君道、臣道，一路讨论下来之后，开始讨论友道。友道就是朋友的关系，朋友之道是讨论一个人处世之道，尤其是一个知识分子，在社会上，该怎样自处。

这一段可以与《礼记》中的《大学》《中庸》《内则》《儒行》等几篇连起来研究。《儒行》《内则》两篇，就是阐述一个知识分子，应该怎样做人，怎样做事，怎样交友，人与人之间该怎样相处的道理以及重点。

交友三原则

万章问曰："敢问友。"

孟子曰："不挟长，不挟贵，不挟兄弟而友；友也者，友其德也，不可以有挟也。孟献子，百乘之家也，有友五人焉：乐正裘、牧仲，其三人则予忘之矣。献子之与此五人者友也，无献子之家者也；此五人者，亦有献子之家，则不与之友矣。非惟百乘之家为然也，虽小国之君亦有之。费惠公曰："吾于子思，则师之矣；吾于颜般，则友之矣。王顺、长息，则事我者也。'非惟小国之君为然也，虽大国之君亦有之。晋平公之于亥唐也，入云则入，坐云则坐，食云则食；虽蔬食菜羹，未尝不饱，盖不敢不饱也。然终于此而已矣。弗与共天位也，弗与治天职也，弗与食天禄也。士之尊贤者也，非王公之尊贤也。舜尚见帝，帝馆甥于贰室，亦飨舜；迭为宾主。是天子而友匹夫也。用下敬上，谓之贵贵；用上敬下，谓之尊贤；贵贵尊贤，其义一也。"

万章这里提出的问题很简单，"敢问友"，就是向孟子请教，朋友之道应该如何。

孟子告诉他说：交朋友之道，人与人之间相交，第一要"不挟长"，不以自己的长处，去看别人的短处。例如学艺术的人，见人穿件衣服不好看，就烦了；读书的人，觉得不读书的人没有意思；练武功的人，认为文弱书生没有道理，这都是"挟长"，也就是以自己的长处为尺度，去衡量别人，这样就不好。第二"不挟贵"，自己有地位，或有钱，或有名气，因此看见别人时，总是把人看得低一点，这也不是交友之道。第三"不挟兄弟而友"，就是说朋友就是朋友，友道有一个限度，对朋友的要求，不可如兄弟一样，换言之，不过分要求。一般人交友，往往忽略这一点，认为朋友应该一如己意，朋友事事帮忙自己，偶有一事不帮忙，便生怨恨。在另一面，对一个朋友不帮忙还好，越帮忙，他越生依赖心，结果帮忙他反而害了他，所以"不挟兄弟而友"。

这三个要点，非常重要，每人如略作反省，就会发现，自己常会犯这三种毛病。

在相反的一面，"不挟长"就是并不因为对方有长处，想去沾一点光。"不挟贵"，也不是因为对方有地位、有钱、有权势才去交这个朋友，企图得什么便宜。例如民国初期五四运动后，因为胡适之是倡导五四运动的人物之一，因而出名，便有一个文人在文章中写道："我的朋友胡适之"。其实胡适之并不认识他，直到现在，"我的朋友胡适之"这句话，常被人引用，去讥评趋炎附势、脸上贴金的人。"不挟兄弟"也就是说，只有一面之缘的人，却口口声声说："他是我的老朋友，我们熟得很。"这叫作交浅言深，也是不好的作风。

"友也者，友其德也"，交朋友是为道义而交，不是为了地位而交，不是为了利用人而交，也不是为了拜把兄弟多，可以打天下，或如江湖上人"开码头"，"扬名立万"而交。交朋友纯粹是道义之交，不可有挟带的条件。常有年轻人说"我们同学很多，将来可成为一帮"，这就是挟带了条件，已经不是真正的友道，只是利害的结合。孔子说，朋友的道义，是彼此规过劝善，不是专说好话。其次，朋友有"通财之义"，"患难相扶持"，不是富贵相扶持。其中以"通财之义"最难做到。自古以来有句俗谚"仁义不交财，交财不仁义"，可见通财之义更难。

孟子再举出古人的几个交友的例子来，阐明他所说的"不挟长，不挟贵，不挟兄弟而友"的友道三原则。

他首先举孟献子为例：孟献子是鲁国当年的第一位大权臣，他是百乘之家，古代的百乘之家，富比诸侯，权位等于鲁国的副国君。但是他在友道上了不起，他有五位真正的朋友。孟献子是周朝以来，几百年的世家出身，古代贵族永远是贵族，享有读书的特权。那时的社会，读不到书的人，永远读不到书，因为那时的书不像现在，可以随便买得到。那时尚无纸笔，古书的文字是用刀刻在竹简上，一片一片的，像现在我们手上的这部《四书》，就可能要堆积满满二十坪的面积。普通人谁读得起书？所以知识分子的家庭，子弟代代相传，永远是知识分子；平民欲想读书，比奴隶想发财更难。孟献子出身一个贵族家庭，所谓百乘之家，至少饲养四百匹马，当然有很多驾车的人。像这样的家庭，财富、权位都到了极点，可是他只有五个朋友。

照说，这样的家庭，朋友该很多，如战国时，孟尝君门下三千客，这都是朋友啊！都靠他、吃他的。而孟子和孟尝君是先后同时代的人，为什么孟子没有说孟尝君在友道上了不起，而只提孟献子有五个朋友？

孟子说：孟献子五个朋友之中有乐正裘和牧仲两位，另外三人忘记了名字，但这五个人是有道德、有学问、不求功名富贵的。君王想和他们交往做朋友，他们也不来，却和孟献子做了朋友，这就可见孟献子之不平凡。孟献子和他们交朋友，只是因为他们有道德、有学问；他们五人本身既无财富，也无权位，也没有把孟献子家的富贵放在眼里。

这是中国古代读书人、士大夫的精神，所谓"天子不能臣，诸侯不能友"。像尧舜时代的许由，尧去找他，请他当君王，许由赶快逃到溪水里洗耳朵。另一位隐士巢父，正牵着牛在溪边准备喝水，看见许由洗耳朵，就问为什么洗耳朵；许由说刚听了人家说了一番脏话，所以来洗耳朵，并把尧找他当君王的事告诉巢父。巢父说你洗过耳朵的水，牛喝了嘴都会脏，于是把牛牵到上游去喝水。像这一类人的思想行为，成为中国知识分子所标榜的高尚人格。孟献子的五个朋友，就是这一类型的人物。

孟子说，孟献子和这五个人做朋友，是忘记了自己的身份，忘记了自己的家世富贵权位，纯粹就是好朋友。这五个人看孟献子，也不管他的家世，只认为孟献子这个人够格、够条件做朋友，有味道，所以成为朋友。如果他们心目中有了孟献子家世的观念，也早就不和孟献子做朋友了。

这就是孟子说明交朋友的"友其德"的原则。

孟子说：不但孟献子这样的世家交朋友有如此好的榜样，就是一些小国的诸侯，也有这种情形的。费国的国君惠公，是周朝分封诸侯时所封的公，当时有公、侯、伯、子、男几种不同的等级。到春秋战国时代，一些诸侯们违反了这个制度，自己开始称王、称霸了。孔子著《春秋》，微言大义，就是批评这些不合理的事情。而费国之君，此时仍自称惠公，是遵守当时的制度的。他自己说做人原则：对于孔子的孙子子思，不敢说是朋友，仍尊为老师；对于颜般这个人，却是朋友，不是老师；还有学问很好的王顺、长息他们，那只是我的部下，替我做事的，我可以命令他们。所以他在"师道""友道""臣道"方面，十分分明。

朋友与政治

曾子曾经说过："用师则王，用友则霸，用徒则亡。"孟子的这种观念，也是继承孔子、曾子的思想，而成为中国历史的一个定论。如汤之于伊尹，周文王之于姜太公，都是以师道相处；汉高祖之于张良，则在师友之间；刘备之于诸葛亮，则是以友道相待。所以用师道相处则是成王，成功最大；以友道待贤能的人，则可称霸；至于用徒，那就谈不上了，那只是爱用听话的人，只有让被用的人听自己的。用友则不同，可以相互讨论研究的；用师则更不同了，那就不只是讨论，老师说了就算数的。一个当皇帝的人，要听一个老头子的话，要听他说"你非这样办不可"，那还受得了！这种修养就很难。在感情上最痛快的就是用徒，只晓得当面"山呼万岁"，指东便东，说西就西，错了他也跟着错，绝不提出正确的意见。用这样的人虽痛快，可是有什么用？所以用徒者亡。

孟子又说：中国的历史经验中，不但像费国这样的小国之君有如此的典范，在大国之中，也有如此懂得友道的。就像晋平公对于亥唐这个贤人，也是一样，他去看亥唐，亥唐说请进，他就进去；说请坐，他才坐下；请他吃饭，他也就和亥唐一起吃饭。虽然吃的只是普通的素餐，他也照样吃得很饱，因为怕亥唐说他吃惯了宫廷中的山珍海味，嫌弃亥唐的素餐。但是，他们的交情就到此为止，晋平公并没有请亥唐"出山任职"，权、位、财富，一样也没给他。

这是为什么呢？只因为亥唐是一个贤者，是不愿出来做事的隐士，所以晋平公只是以一个读书人的身份和他交往，并没有以一个国君的身份和他做朋友。这只是私交、道义之交，不涉及公谊。否则的话，如请他做官，给他权位、财富，他可能和许由、巢父一样，要跑到溪水里洗耳朵，反而失去了一个贤人朋友。所以晋平公和亥唐这样的交往，是以一个读书人尊贤，不是以一个国君的立场。

孟子再举尧舜之间的友道。舜是尧的女婿，但在有岳婿关系之前，两人之间也是朋友，后来变成了君臣与翁婿的关系，最后才让位给他。

孟子说：当初舜见尧的时候，尧已经赏识这个人，想要他做女婿了，所以"馆甥于贰室"——古礼对女婿也称"甥"的，称"婿"是后世才有的。"贰室"就是副室，是帝王尧的副室，在尧隔壁的房间——古代君王的女婿，也称驸马，不是可以随时见到岳父的。在国家的体制上，驸马只是一个臣子，如果没有授给官位，还只是一个普通老百姓，而且驸马是不许干预国家政治的，所以认真说来，驸马是很可怜的。

从前听说公主要选驸马下嫁，一些可能被招为驸马的人家，每向祖宗磕头，请求保佑，千万不要让公主下嫁到家里来。如果公主下嫁到家里，视为倒霉，每天吃饭的时候，公主坐在首席，公公婆婆反而要在一边陪侍，这种滋味，很不好受的。而尧居然将自己的副室让给舜居住，已经不把他看成女婿，两人谈得来，尧欣赏他，把他当一个朋友接待。开饭时，两人也一起吃，可见舜的学问、道德、见解，使尧十分欣赏。许多事情，舜都提出好的意见，尧都接受，两人是以友道相处。尧与舜在初期的交情，是天子和普通老百姓的友道关系。

这些资料，在别处找不到，只有《孟子》这里提出来。当然，他是应该有所根据的，不会乱编故事。

最后，孟子列举了这几则友道的榜样，做了结论说：“用下敬上，谓之贵贵；用上敬下，谓之尊贤；贵贵尊贤，其义一也。”这是孟子为友道下的又一个定义，意思是说，在上位的尊敬下面，就像尧当时对舜尊敬一样。尧的身份是君王、丈人、老前辈，但对舜以礼相待，没有以上级老前辈的身份对待下属，这就是“用下敬上”；以在下的态度，把他提高到平等看，这就是“贵贵”。前一个“贵”字为动词，后一个为名词——舜虽为下属，而尧看他是贵重的，因而就以贵重待他。“用上敬下，谓之尊贤”，这就较次一等了，因为自己仍居上位，为了尊贤而谦虚下士，尊敬别人，在下意识中，不忘自己身份之贵。但“贵贵”“尊贤”，道理是一个，不过做法有差别。

《万章》中前面提到伯夷、伊尹、柳下惠、孔子等几种典型，这一段又谈友道的问题，孟子在讲友道时，进一步说明了一个知识分子立身处世的标准。其用意反正还是告诉万章，我自己绝对不会出来的，因为万章总是想说服他出山。

与人交往　礼尚往来

> 万章问曰：“敢问交际，何心也？”孟子曰：“恭也。”
>
> 曰：“却之却之为不恭，何哉？”曰：“尊者赐之，曰：‘其所取之者，义乎？不义乎？’而后受之；以是为不恭，故弗却也。”
>
> 曰：“请无以辞却之，以心却之，曰：‘其取诸民之不义

也。'而以他辞无受，不可乎？"曰："其交也以道，其接也以礼，斯孔子受之矣。"

万章又问到交际问题。交际就是人与人之间的交往。友道、臣道的交往范围较严谨，而交际的范围则广泛，是指人与人之间交往，属于一般普通性的，不一定是君臣、朋友之间的交往。

万章问：一个人与他人交际，应该采取什么样的心理状态？换言之，该以什么心理去与人交往？

孟子说：人与人之间的交往，要有恭敬的心理，不要儿戏，不要马虎，不只是表面打躬作揖的礼貌，要出自内心的恭敬诚恳。

万章再问道："却之却之为不恭"，这句话是什么道理？

现在我们流行两句成语，所谓"却之不恭，受之有愧"，如果只讲这两句成语，是很有趣的。例如，你送食物来给我吃，我说"受之有愧，却之不恭"，吃你的，我难为情；不吃呢，对你不恭敬。还是吃掉吧！

却之不恭的道理，就是这样，有时过分的推辞，与轻易地接受一样，都是不恭。我们生活在人类社会中，经常会遇到中国文化中"受之有愧，却之不恭"的情形。每当收到人家东西的时候，接受嘛，心里难过，为什么又花钱买礼物送来？退回去吧，他又会多心。这种时候，就是"却之不恭，受之有愧"。

孟子与万章在这里讨论，不谈"受之有愧"，只讨论"却之不恭"的问题。要看送来的东西，是否合理，是否合礼；如果不合礼仪或不合道理，就要"却之"，不能接受。譬如一位小姐，认识一位男士，见面一两次，这位男士就送一枚戒指，硬拉小姐的手指给她带上。这时这位小姐是"却之不恭"呢？还是"受之有愧"呢？这就要慎重考虑了。如果既不合理，又不合礼，当然婉谢退回，甚至还拂袖而去，骂他鲁莽。这种事，却之才是恭的，受之倒是不恭的。所以恭，不只是外表的恭敬态度，更是内心的庄严，对自己重视，对朋友尊重。

孟子说交际的原则要"恭"，但是万章马上针对这个观念提出一句"却之不恭"来问老师，究竟是何道理。

孟子答复他说，"却之不恭"这句话是用在"尊者赐之"的场合，也就是当长辈、长上有赐赠时，不可拒收，所谓"尊者赐不敢辞"也，否则便是"不恭"。当然，应用这个原则，还要考虑两点，一是对方是否为"尊者"长辈；二是在收受之前应在内心考虑一下："其所取之者，义乎？不义乎？"——即如果我收受了，是合"义""理"呢，还是不合呢？经过考虑，如果认为不收受就是不恭敬，那么就不可再推却了。

其实，这第二个原则也是一般的收受原则，如果是合礼的尊者之赐，所谓"尊者赐，不敢辞"，就要收下。年轻人遇到伯、叔等父执长辈，送给东西，不能退回给他说：我不要，这样东西我已经有了。如这样说，多扫长辈的兴，所以自己实在已经有了三件，还是不可以说出来，因为长辈是以为这是好东西才赐给你的，那就收下来，让长辈高兴一下也是好的。甚至可以学现代西方人的规矩，收到别人的礼物，当众拆开来，让大家都能欣赏，虽然自己已经有了，或者并不适用，也要表示自己正急需这样东西，而且称赞它的美好。

他们师生二人，就一直针锋相对讲下去，像在打机锋。

万章继续说：拒绝收受别人的馈赠，似乎不太好做，自己心里判断着"其取诸民之不义也"，如果接受不合礼不合义，或是东西来路不明的话，那么是否可以心中虽拒绝，口头不说出拒绝的真正理由，以"他辞"，委婉地加以拒绝，是否可以这样呢？

孟子对这疑问似乎没做正面回答，只是提出孔子的做法"其交也以道，其接也以礼"来说明。事实上等于告诉他的学生，对于动机不纯的交往，来路不明的东西，对于一切不义之财，都是不合"道"、不合"礼"的，那就断然拒绝吧，何必扭扭捏捏以"他辞"去拒绝呢？

孟子的真意　朱熹的怀疑

> 万章曰："今有御人于国门之外者，其交也以道，其馈也以礼，斯可受御与？"
>
> 曰："不可。《唐诰》曰：'杀越人于货，闵不畏死，凡民罔不譈。'是不待教而诛者也。殷受夏，周受殷，所不辞也，于今为烈，如之何其受之！"

万章再就具体事例追问下去，说到"御人"之赠。

"御人"在现代语中，像是四川人所说的暴客、暴老二、土匪、强盗，所谓杀人越货的匪徒，强梁霸道，这就是"御人"。但这两个字也可分开，"御"是强夺，是动词，与人字合起来是抢劫别人的意思。

这是万章的假定，他说：假定有一个人，在国境之外抢了别人东西，回到国内，却与你做道义的交往，也很有礼貌地把东西送给你，这时候是否接受？

比方现在有一个人，在境外抢了别人的东西，回到国内来，和你成为道义之交，又很有礼貌地把抢来的东西送给你，只说刚从境外回来，顺便带了点土产，给你做纪念，这样可不可以接受？

万章的这一个问题，问得非常之妙。因为这个"御人"，是在境外抢别人的东西，换言之，并不是抢你我自己人的东西，不管他是盗、窃、骗、占而来，反正与全国人无关。这样的东西，可不可以收？

孟子说：不可，绝对不能接受。根据中国文化传统精神，《书经》上《康诰》中说的，蛮横霸道地杀了人，又强占了人家的东西，一点也不知怕死，对这种人，社会上没有不愤恨的。有这种行为之人，根本不必再教导他，就可以正法了。

他们师生两人讨论至此，竟然说到与强暴之人交往的事情上去了，他们到底是指什么来说的？这些话的真正意义又是什么呢？好像说来牛头不对马嘴。其实这就像作文章一样，非常对题，绝对不是随便说的。

孟子紧接着还说："殷受夏，周受殷"，商汤伐桀，推翻了夏朝，成立了殷商的帝王政权；武王起来革命伐纣，推翻了殷商的政权，成立了周朝的政权天下。而现在这种以攻伐为手段的事更厉害了，所以这种来源的礼物，应该不可以轻易地接受。

对于这段书，宋儒朱熹有注解。对于朱熹，我还是很尊重他的，因为他是夫子，夫子总该尊重的；不过不对的地方，也就是不对。对于孟子的这段答话，朱熹的注解认为，文句中一定掉了字，或者有多余的字。朱熹虽然早于我们一千多年，如果站在今日大学的讲台上讲课，而我是他的学生的话，我也一定举手要求发问，对他说：朱老师！你讲得不对，这段书没有多余的字，也没有掉什么字。因为《万章》篇他们师生之间的对话，一路都是针锋相对的用机锋语，讨论到这里，已经到了巅峰状态。第一，万章再三希望老师出来从政，孟子答复了许多理由，可是双方都在打太极拳，推来推去，不做正面的打法。到了这里，万章突然使出了"大洪拳"，虎虎生风，迎面打出，正式地发问了。他说：许多人固然是抢了人家的东西，可是"御人于国门之外"，并没有超过范围，这就是指当时战国七雄，都是自己称王，所谓齐宣王、梁惠王、秦昭王，等等，都是兼并弱小的诸侯，扩充自己的霸权抢来的天下，可以说这都是不义的。

这就是庄子说的"窃钩者诛，窃国者侯"，偷人一个带钩，被抓住了是处死；偷了别人的国家自己就称王。"诸侯之门，仁义存焉"，自己当了王以后，又讲起仁义道德了，叫人们不可以拿别人的东西，否则就要坐牢。所以说，五霸七雄的天下、王位，是谁给的啊？都是抢来的，都是"御人"。

万章知道孟老师这种心思观念，想说服他是非常困难的，所以这一段问话，等于劝老师说，这是人家自己去抢的，又不是你去抢来的；而且人家现在干得很好了，来送礼给你，请你干，你为什么不干？

可是孟子还是说不考虑。孔孟之道，是以国家民族的千古文化传统精神之发扬光大与持续为前提，以伸张正义为责任，对于不合理、不合礼的事，写历史的都以孔子的《春秋》笔法，加以"贬词"，绝不将就。所以孟子引用《康诰》的话，认为不合理的就是不合理，绝对不接受。

因此他也说，即使是汤、武的革命，严格讨论起来，在历史哲学上，还是站不住脚的。

不过话说回来，朱熹对于这段话，真的不懂吗？我看他是懂得的，只是不好意思讲出来。因为宋朝开始是赵匡胤陈桥兵变，黄袍加身；严格地说来，是抢了柴家的天下而得来的帝王。朱熹是宋朝人，在当时是不便讲的，只好说可能在这里掉了字。如果朱熹真的不懂的话，那问题就严重了，他这位"夫子"的招牌，可要动摇了。

孟子对这一问题的答复，是义正词严的，他说，纵然是殷、周的革命，也是"诸侯之门，仁义存焉"。"所不辞也"这四个字，在这里用得好极了，是绝妙的机锋。这四个字，可以解释为商汤、周武他们居然就这样干下去，而不知道"却之不恭，受之有愧"；也可以解释为像殷、周这样的革命成就，不必再挑剔了，因为他们后来有功德，对国家民族的确有贡献。所以古文有时候很妙，虚字眼的运用，正如禅宗所说，"如珠之走盘"，很难下断语。

不过孟子下面的两句话"于今为烈，如之何其受之"，分量更重了，意思是说，现在的社会，越来越糟糕了，传统正义文化精神没有了，"如之何其受之"，等于说：这种情形，怎么可以随便接受人家的赠予呢？这是不应该接受的。

因此，顺便想到清朝雍正时期的一件事：雍正三年，在整治年羹尧时，蔡珽是第一个公开揭发、弹劾年羹尧的人，并不遗余力地清查年羹尧的财产。年羹尧被赐死后，雍正将没收来的年羹尧的房屋、奴婢，还有金银绸缎，等等，赐给御史蔡珽。蔡珽说，年羹尧的房屋是国家赐给他的，奴婢是隶属于内府的人，而金银财产皆不可问之物。佛经上说"审己功德，量彼来处"，我不能接受这个赏赐啊！于是坚决辞而不受。雍正听了大为赞赏，这也是"如之何其受之"的道理。

再看下文，更为明白，因为孟子自己作了更明白的解释，而朱熹说是掉了字或有衍文，如果引用孟子一句话的说法，就是"不亦异乎"？好奇怪哦。

王贼并称

日："今之诸侯，取之于民也，犹御也；苟善其礼际矣，斯君子受之？敢问何说也？"

日："子以为有王者作，将比今之诸侯而诛之乎？其教之不改，而后诛之乎？夫谓非其有而取之者，盗也，充类至义之尽也。孔子之仕于鲁也，鲁人猎较，孔子亦猎较；猎较犹可，而况受其赐乎？"

万章这位难缠的学生，到这里又要套住老师的话去诘难了，他话题一转就转到实际政治社会上去了。他说，"今之诸侯，取之于民也，犹御也"，现在诸侯们所有的金银财宝，无非是从人民口袋里拿来的，与盗贼无异。但这样得来的不义之财，拿去赐赏他的宾客、朋友、部下，只要礼貌周到，做出"礼贤下士"的样子，即使再有德行的君子，仍会接受这种馈赠的。这也是不义之财嘛！请问老师如何解释？

万章这一诘问，等于将老师的军，真够厉害的；而孟子这位老师，确实高明，他不正面答复诘难，只举出一个比喻来，申明个中道理。他说，如果现在有一位真正行王道的君主，看到诸侯们如此不仁，你认为他应把诸侯们统统抓起来杀掉呢，还是先加以教导，如有怙恶不悛者再行诛杀？

这个问题的答案，孟子没有讲出来，书上也没有记载万章如何答复。但显然的，这个答案明白得很，当然是"教之不改，而后诛之"。这么一来，与前文所说的杀人越货犯，不论任何朝代，都不必再教化即行正法，似乎有所不同。

因此，根据这个比喻，孟子就下结论了："夫谓非其有而取之者，盗也，充类至义之尽也。"在原则上来说，凡是"非其有而取"的，都可谓为"盗"。孟子这个说法，只是就其性质的最高原则而说的，然而就具体事实而言，两者仍然是有所不同的。

所以关于盗行的哲学很妙，释迦牟尼佛讲到盗戒时，"王贼并称"。他指出说，假设人有一元钱，自己只能占有到五分之一，因为王拿去一分，贼拿去一分，生病用去一分，家里的人用去一分，只剩下一分由自己支配。而且这一分也是只有使用权，并非所有权，这是释迦牟尼佛对财富的观点。再看自己享受的这一分，说不定放在口袋里又掉了，所以钱财是不可靠的。

孟子在这里所说的内涵，也有"王贼并称"的意思，凡是不合礼的地方，王贼是相等、一样的。正如明代民间流传的一首诗：

　　　解贼两金并一鼓　　迎官两鼓一声锣
　　　锣鼓听来总一样　　官人与贼不争多

孟子又怕不够深入，再举孔子为例。

孔子在鲁国也做过官，接受了鲁国的官位，所以孟子说："孔子之仕于鲁也，鲁人猎较，孔子亦猎较；猎较犹可，而况受其赐乎？"

"猎较"两个字，据历代的解释，在国家要举行大祭的时候，大家喜欢出去打猎，看谁打得最多。并将猎来的动物杀了，拿去祭天地鬼神。

读《孟子》到这里，总觉得这种解释不通。古人认为"猎"即打猎，"较"就是比赛，"猎较"就是打猎比赛，这种解释，有什么根据啊？不但朱熹如此解释，连《十三经》都如此说。我经过仔细研究，对于这一解释，另有观点，因为这几句话的意思，等于说孔子做了鲁国三个月的司寇，有权下令杀人，所以孔子一上来，就把少正卯杀了。千古以来，对这件事都存疑，到底少正卯犯了什么罪？孔子当时曾经宣布过他五条罪状，但是后世还是存疑。而孔子出来做官，鲁国人也不是因为尊重孔子的道德而请他，而是大家在竞争，像打猎一样，在利害上比较打算一下，才请孔子上台的。孟子的意见认为，这样不合礼的事，照说孔子是不会接受的，但是鲁人"猎较"，孔子在这个时候，也"猎较"一下，出来比较一下，将就一次，如能上去把国家天下弄好，也是好的。所以孟子说，孔子是为了救世救人，才委屈自己，去"猎较"一番。他不应该这样做的，但在救世救人的大前提下这样做，还算可以；不过，随便接受人家的赏赐，则不可能，不会接受。

对于"猎较"一词，我的解释，是当时人事上的争斗、排挤、算计。并不是说孔子骑马去跟别人比较打猎，一箭射出去，射得了十只兔子，赢得了胜利，便回来当上了司寇。世界上不会有这样的事情，这是古人对文字弄错了，我们不必以为古人一定是了不起的。若干年后，我们也成了古人，也会被人指出来当招牌的，所以古人也和我们一样，可能有错。所以我们读书，不要完全相信古人，变成"人云亦云"，而应该有自己的见地。

现在，我们可以推翻古人的错误解释了，可是在清朝或明朝以前的帝制时代，就不敢提出这样的主张，因为会有危险。在那个时代，反对圣人是了不得的大罪，几千年来推崇孔孟是大圣人，怎能反对？这就是滔天之过了。民主时代，学说是昌明的，所以把一些古人的错误，要更正过来，不能让文化的精神错下去。

我们接着看下去，就可以证明我的这个观点：

孔子的作风

曰："然则孔子之仕也，非事道与？"曰："事道也。"

"事道，奚猎较也？"曰："孔子先簿正祭器，不以四方之食供簿正。"

曰："奚不去也？"曰："为之兆也，兆足以行矣，而不行，而后去；是以未尝有所终三年淹也。孔子有见行可之仕，有际可之仕，有公养之仕。于季桓子，见行可之仕也；于卫灵公，际可之仕也；于卫孝公，公养之仕也。"

万章一听到孟子说孔子"猎较犹可"这句话，好像打拳的，趁对方张开门户，有了空隙，立即一拳过去，对孟子说：这样说起来，孔子当时出来做官，可以将就现实，你老人家又为什么不将就一下呢？因为依你说，孔子当时出来做官，也是委屈了自己，走了一点点歪路，将就了一下，没有完全走直道。

孟子说：孔子的情形是不同的，他走的是直道。

万章说：你刚说的，他出来还是要先打打算盘，先"猎较"一番，如果走直道，又何必"猎较"呢？

孟子说："孔子先簿正祭器"，这里"簿正"一词，现代的人不易了解，书上的注解有"未详"两字，也就是不清楚。我们知道，古代的书籍，是刻在竹片上，名为简，简的上面挖了孔，用牛皮制的筋，名为韦的，把它贯穿在一起，拼拢来的一端名为簿。所以"簿"字的上面是"竹"字，孔子研究《易经》韦编三绝，把牛皮做的韦都翻断了三次。

孟子这里是说，孔子以正统文化的精神考察古代的文化，以祭祀为先，并不是以四面八方来的机会作为谋生工作，他是以文化精神来竞争的。

对于这一段，我的观点又与古人不同，古人除了以"不详"说明以外，另一注解，硬把"猎较"认定是打猎，说是因为祭品不够，所以要打猎。孔子先对一下数字，怎样安排，不以四面八方的饮食拿来做祭品。这种解释，有什么根据？"不以四方之食供簿正"，应该是"不食嗟来之食"的意思，宁可饿死，也不能随便，只有以文化传统的精神去竞争才是正理。

万章说：既然鲁国这样对待孔子，孔子何不走开？

孟子说：孔子怎么可以走开？鲁国是父母之邦，是孔子自己的国家，他要在自己的国家开一个好的风气，造就善因。如果开了风气，大家并不接受，不能发生影响，行不通，这时当然只好离开父母之邦了。因为很伤心，所以犹豫不忍离去，拖了三年，不得已才到国外去。

孟子答复万章所问，说到孔子在鲁国做事及去国的经过，也等于把自己的心境说了出来，所以，孟子与万章师生之间的这段对话，充满了机锋。

孟子又继续举出事证，说明孔子做事有三个方向，这些都是我们立身处世，值得效法的。

孟子说：孔子若准备出来做事，是认为这件事对于社会、国家、人类是有意义有贡献的，这就是"有见行可之仕"。其次，有的时候，名义、地位都不计较，只当一个顾问、参议，甚至没有任何名义，他也可以在旁边敲边鼓，站在旁边协助，这是"际可之仕"。还有第三"公养之仕"，就是老了，退休了，国家供养他一点生活费，这一点，他就接受了。

孟子说，孔子当时在鲁国出来当司寇的时候，是季桓子请他的，那时他是认为对社会国家会有贡献，所以才出来。而上来第一是杀了少正卯，少正卯是当时鲁国有特别的名气，有特殊号召力的"闻人"，孔子知道他这种人，将来可能危害社会、国家和天下的老百姓，所以一上台就杀了他，免贻后患。大概孔子干了三个月，便被权臣反攻而下台了，可能也与少正卯这件事大有关系。后世反对孔子的人说，少正卯何罪要杀他？

大家不知道，孔子列举出来五条重大问题说，"人有恶者五，而盗窃不与焉：一曰心达而险，二曰行辟而坚，三曰言伪而辩，四曰记丑而博，五曰顺非而泽。此五者，有一于人，则不得免于君子之诛，而少正卯兼有之。故居处足以聚徒成群，言谈足以饰邪营众，强足以反是独立，此小人之杰雄也，不可不诛也。是以汤诛尹谐，文王诛潘止，周公诛管叔，太公诛华士，管仲诛付里乙，子产诛邓析、史付，此七子者，皆异世同心，不可不诛也。《诗》曰：'忧心悄悄，愠于群小。'小人成群，斯足忧也！"

这一段在《荀子·宥坐》中的文字，意思是讲，如果一个人，通达世故却用心险恶，心性怪癖而又固执己见，言论谬误而善于诡辩，广为收集和善记别人的丑恶隐秘之事，包藏错误并混淆视听，这五大罪过，少正卯兼有，故诛之。

在这段记载里，同时提到了"太公诛华士"，这在《韩非子·外储说右上》中也有记载，说的是姜太公封齐的时候，受到了当地人的对抗和阻挠，令出不行，社会局势很不安定。为了治理齐地，太公邀聘被时人称为"贤人"的华士出山，但华士以"不臣天子，不友诸侯"为标榜，拒绝了。为了以儆效尤，使政令通达，太公下令诛华士，又用了五个月的时间，才使局面安定下来。

讲到这里，我们又想到东汉的时候，刘备入川，要诛杀蜀中名人张裕，诸葛亮问刘备：什么理由呢？刘备说了两句名言，"芳兰生门，不得不钽"。这两句话，可以概括千古以来，诛杀异己的关键所在。

孔子原来有三千弟子，而少正卯一出来，孔子的三千弟子，几乎有一半都被少正卯的谬论迷惑了。在当时而言，少正卯影响力之大，是不得了的，但又不是杨朱、墨子一流。固然，孔子杀少正卯，成为历史的疑案，但我们相信孔子的人格，他是无私心的。在当时，孔子认为自己可以有所作为，有出来从政的价值，所以出来做了司寇，掌管立法与司法；后来眼看良好的风气建立不起来，只得离开父母之邦，去周游列国了。

孔子出国以后，在卫国住得最久，等于是他的第二故乡，卫灵公对他也满恭敬的。卫灵公的大臣们，对孔子也很好，像卫国的贤人蘧伯玉，都是孔子的好朋友，所以孔子在卫国很受欢迎，在人际关系上也处理得很好。他并没有出来做官，而是从旁协助。

卫灵公之后的卫孝公，对他也很好，给他养老，孔子晚年也喜欢在卫国居住，所以是"公养之仕"。卫孝公就不像卫灵公那样了，对孔子虽然恭敬，但是属于例行的恭敬，没有特别之处；而孔子也不希望他有特别恭敬之处。孔子帮忙了卫国许多年，年老了该接受的公养就接受了。

这三点，是孔子一生对于立身处世的道德标准，合理该接受的就接受，不合理的则一毛钱也不要。在礼制、道理上适合的，是恭敬；不适合的，有附带条件的，就是不恭敬，不要。这就是人生的行为哲学，行为的价值，也是尊重自己。孟子与万章的这段对话，充分说明了这个道理。从反面看也很有趣，万章一步一步想诱请孟子这位老师出山从政，万章这样努力，是否是受人之托？是否是热心于救世、救时代？不知道。

读书人自立之道

> 孟子曰："仕非为贫也，而有时乎为贫；娶妻非为养也，而有时乎为养。为贫者，辞尊居卑，辞富居贫。辞尊居卑，辞富居贫，恶乎宜乎？抱关击柝。孔子尝为委吏矣，曰：'会计当而已矣。'尝为乘田矣，曰：'牛羊茁壮长而已矣。'位卑而言高，罪也；立乎人之本朝而道不行，耻也。"

孟子说，"仕非为贫也"，这句话非常好，推翻了宋儒以来，历代注解"不孝有三"之中的"家贫不仕"，家中贫穷不出来做官。孟子在这里就说了，绝对不会为了没饭吃而出来做官，这不是中国文化中士大夫的精神。一个知识分子，穷得没饭吃，可以出卖劳力赚饭吃，但不能随便出山。

他说：不过，有时候可以将就一下。所谓有时候，是非常灵活的，上面所说孔子"有见行可之仕""有际可之仕""有公养之仕"三个要点，就是属于"有时候"；也就是说，在时间、空间，对人、对事、对社会、人类能有贡献的话，就属于"有时候"的条件，但仍然绝对不变更自己的人格节操。

孟子又说：娶妻也不是专门为了生养儿子，但有时候不免有这样一点观念。

他说，一个知识分子，有时候为了生活，出来做事，那不是为了求高位，如果生活过得去，则辞掉尊贵的位置，宁可"居卑"。

在四川成都，这座多年前号称"小北京"的名城，看到有些古老的大宅，门口有个门房，整日叼一根旱烟袋，坐在高椅上，遇到访客敲门，他在里面漫问："你找谁呀？""你贵姓呀？""来过没有？"透过他的盘问才放行。权力既大，工作又轻松，不愁吃，不愁穿，不愁住，其他用人还要巴结他，见面尊称一声"二伯""四叔"什么的。我曾经想，能做个这样的门房也很不错啊。现在看到一些大厦的管理员，也是这样的，比从前更舒服，可惜我坐不到这个位置。这就是后面所说的"抱关击柝"，就是看门的人。过去访客们对看门的，还要送一个红包，谢谢他的通报，可见他的权力。

孟子说，假如为了生活，并不求高位，也不要钱，宁可居下位，得温饱，看看门，管电梯，电梯坏了打电话找工人来修理，又不要自己干，这多好，多舒服。如果只是为了生活，干什么都可以，譬如当守门的、打更的，工作多简单啊！

孟子说：孔子在年幼贫穷时，什么都干过，曾经做过会计，管账管钱，一毛不欠不赔；也当过地政事务的小职员，畜牧场的管理员，为人看管牛羊，因为做事努力，对事恭敬，所以牛也肥了，羊也壮了。孔子在年轻穷苦时，干过很多低位的事，因而经验老到，深知民间疾苦和基层的利弊。另如汉代的陈平、萧何等人，他们的政治见解、智慧，也都是从人生的经验中得来的。

孟子下面的两句话，要特别注意。他说："位卑而言高，罪也。"常听到许多年轻人，讨论天下国家大事，听来令人厌烦。年纪轻，经历过多少事啊？不知天高地厚，这就是"位卑而言高"。甚至连"位"都没有，居然在那里讨论天下国家大事，如果把责任交给他们，不出三天就会出大事。所以"位卑而言高，罪也"，真是一种罪过。

其次，"立乎人之本朝而道不行，耻也"，机锋结论出来了，孟子说：假如我出来，在齐国也好，在魏国也好，如果在他的政治体制中，"道不行"，改革不了，对他的国家社会没有贡献，这是知识分子的耻辱。如果出来做事，而又不能利世利人，何必站出来！如果为虚名而站出来，那是最可耻的事。

看了孟子与万章的对话问答，就知道他们两人所说的，全部都是"机锋转语"，两人都没有明讲，但都知道对方话语中隐含的意思。

靠人救济　靠人生活

> 万章曰："士之不托诸侯，何也？"孟子曰："不敢也。诸侯失国而后托于诸侯，礼也；士之托于诸侯，非礼也。"
>
> 万章曰："君馈之粟，则受之乎？"曰："受之。"
>
> "受之何义也？"曰："君之于氓也，固周之。"
>
> 曰："周之则受，赐之则不受，何也？"曰："不敢也。"
>
> 曰："敢问其'不敢'，何也？"曰："抱关击柝者，皆有常职以食于上；无常职而赐于上者，以为不恭也。"

这里谈"托"的问题，"托"就是寄托、寄附的意思。后世对于侨居在外地的人，两千多年来，习惯上都称他们"寓公"；尤其是国王，寄托在外面的，都算是寄居。但是，在中国传统文化的古礼上，"士之不托诸侯"，知识分子是不能靠他国的诸侯生活的。因为一个知识分子，代表自己国家的文化精神，如果国家有问题，而寄居在外，不能依赖别国的诸侯而生存。现在万章问，这是什么道理？

孟子说："不敢也。"中国上古文化精神，如果一个诸侯失国——所谓失国，是一个国家出了问题，丢掉了，这个国家的诸侯，离开了自己的国境，而寄住在别个诸侯之国，那是兄弟之邦，这样还是合礼的。因为一个诸侯虽然失国，仍然代表自己祖宗的宗庙，还要筹划复国的，因而"托于诸侯"，这是合于古礼的。而"士"，就是一个知识分子，代表的是祖国文化的精神，如果依赖于别国的诸侯，这是不合礼的，所以不可以，一定要自己求生存。

万章又问："君馈之粟，则受之乎？"这句话问得很含糊，没有说明受者是一个"士"，抑或是一个失国的诸侯。只是说，当上面的国君赠送谷米时，接受不接受？孟子说：这种馈赠，可以接受。

万章又问：士之托于诸侯，尚且非礼；而今可以接受国家的馈赠，这又是什么道理？

孟子说：这是不同的两件事。一个国家的领导人，见到下面任何一个老百姓有痛苦、有困难，一定要救济的；在现代说来，社会福利救济，是要照顾国境内的每一个人，所以国君给的，都要接受。这就像一个家庭中，给儿孙们的，都要接受，因为长辈对晚辈，有照顾的责任。尤其一国的领袖，对全国老百姓都要照顾；在一个机构中，负责人同样要照顾到全机构的每一个同仁。

万章说：国君的救济，可以接受，赏赐却不能接受了，这又是什么道理？这种情形，我们今日看来，也觉得莫名其妙。其实中国古礼的逻辑，是非常严谨的，这也是生活的规范。以现代的情形来做譬喻，比如南越阮文绍政府有人来到中国，我们救济他，他可以接受；如果我们对他特别地"赏赐"，在我国古礼上说，他不敢接受。

万章说：我斗胆再请问老师，他为什么不敢接受？

孟子说：任何一个人，都应该有自己谋生的技能，这是中国上古文化的精神，现代也如此。古代像孔子与孟子，为了生活，什么职业都做。前面曾说过，孔子为了生活，当过会计，也管过牛羊，那是他为了谋个人生活。但是若要他出来当宰相做官，这是社会、国家、天下事，关系到人类祸福的事，他可要慎重考虑了。因为这是截然不同的两回事，所以要以两种方法来处理。但后世的人，将事业与职业混为一谈，有的官做得大、地位高的，不一定在做事业；有的人没有做官，在政治上没有地位，但他是在为社会、为国家、为天下、为人类，乃至为未来的千秋万代而建立不朽的事业。而他的职业，可能只是挑葱卖蒜的小民，与他的事业、人格并无关系。

所以给人看门、守夜、做清洁工的，都是他谋生的正当职业，如果没有正当的谋生职业，只是依赖上面的赏赐，则不可。

同样的道理，假如无职业，而靠政府的赏赐或他人的救济过日子，就是"不恭"，是对自己不恭敬，对人生的观念搞不清楚。人有头脑，有身体四肢，应该尽力靠自己活下去，不可以完全依赖别人生活。

供养 培养 畜养

曰："君馈之，则受之；不识可常继乎？"

曰："缪公之于子思也，亟问，亟馈鼎肉，子思不悦；于卒也，摽使者出诸大门之外，北面稽首，再拜而不受，曰：'今而后，知君之犬马畜伋！'盖自是，台无馈也。悦贤不能举，又不能养也，可谓悦贤乎？"

曰："敢问国君欲养君子，如何斯可谓养矣？"

曰："以君命将之，再拜稽首而受；其后廪人继粟，庖人继肉，不以君命将之。子思以为鼎肉使己仆仆尔亟拜也，非养君子之道也。尧之于舜也，使其子九男事之，二女女焉，百官牛羊仓廪备，以养舜于畎亩之中，后举而加诸上位，故曰：王公之尊贤者也。"

孟子他们师生二人，还在继续辩论这个问题。万章说：上面如果有馈送，就接受下来，这样经常的接受，可不可以呢？实际上这种辩论，万章是针对老师说的话，希望孟子接受别国君主的帮助，为什么不要呢？

孟子举出鲁国的末代君主缪公为例，对于孔子的孙子子思的事，加以说明。缪公经常派人问候子思，也经常送一些好吃的东西给他。

子思最初收到这些东西的时候，基于礼貌而接受了；到后来，缪公常常送东西，子思就不敢再接受了。但是他对国君，还是不失礼貌，依照对君主、尊长、祖先、父母的古礼，朝着北方，遥遥磕头再拜，表示谢意。子思并且说：现在才知道，我的国君常常这样派人来问候，又常送东西来，并不是尊敬我，只是在养我罢了。因此他告诉送东西来的人，回去报告缪公，以后不要再送东西来了。所以从此以后，国君就没有再用这种方式送东西了。

孟子说：这件事的道理是，鲁缪公如果认为子思是一个贤人，而欣赏子思，为什么不交事给子思做？或者把子思当作一般平民，亦无不可；又为什么对子思在外表上如此有礼，好东西不断送来，但既不见面，也不向子思请教？这就不是"悦贤"之礼了。

从孟子所举子思的史实，就知古代的中国文化，在士的行为上，首先应该建立自己的人格，也就是说，一个读书人，要有良好的人品。生活固然重要，但丧失人品、气节的生活，是不能接受的。又所谓"尊者赐，不敢辞"，像子思的情形，并不适用，因为子思不是鲁缪公的臣子。

如大家所熟知，孟尝君门下三千客，所谓好客、养士，但实质上是以"犬马畜之"，有钱的人没事做，找些人来玩、谈话。在清朝的时候，这类被养的人，被称为"清客"或"门客"，他们尚清谈，做事则懒洋洋的。像明末一位很有名的陈眉公，学问很好，著作很多，也有功名，可是不出来做官。但在清初的王公大臣们的筵席上，经常有他在座，所以名气很大。当时恭维他的人也很多，但也有人反对他。有一个才子因为反对他，曾经作了一首诗讽刺他，最后两句说："翩然一只云中鹤，飞去飞来宰相衙"。

像这类清客、门客，历代都有，现在也有些老板，尤其是小开（小老板）之类的，专门有一群人陪着去喝咖啡、逛夜总会、上舞厅的。这些人可算是现代清客，在清代的小说中，又称他们为"篾片"，就是拿在手里玩玩的。像二三十年前，有些中外军人，虽然并不骑马，却终日手执一根马鞭，拿着玩的。古代的养士之风，致使知识分子往往成为人家座上的清客，因为在清谈的时候，需要他来调剂情调。

司马迁在《史记》中，写了司马相如与卓文君的恋爱故事。大家都知道，司马相如因为文学好，后来做了官，当时文学好的人不少，汉武帝都给他们官做。司马迁在结论里说，"以优伶畜之"，这句话将历代皇帝都说尽了。例如清朝的翰林院，皇帝把那些翰林们，当歌女、戏子一般来养着的，皇帝高兴了，就找他们来，作作文章，吟吟诗，娱乐一番；不高兴的时候，就养在那里，反正给很高的名位，翰林们也乐得清高自赏。

李白的清平调

像李白那么好的学问，在唐明皇的心目中，不也是"以优伶畜之"吗？有一次唐明皇喝醉了，和杨贵妃两人在沉香亭赏牡丹、喝酒，玩得高兴的时候，就吩咐太监，去找李白来作诗，著名的"清平调"就是在这种情形下作的。李白后来的遭遇不好，就是因为他懂这一套，所以当太监奉皇帝的命令去请他时，他故意喝得醉醺醺的，可是谁知他是真醉还是装醉？问唐明皇找他干什么，唐明皇要他作歌，他要求皇帝命令杨贵妃为他磨墨，最得宠的太监高力士替他脱靴，这时唐明皇正在兴头上，就答应了他的要求。于是他作了三首清平调：

云想衣裳花想容　春风拂槛露华浓
若非群玉山头见　会向瑶台月下逢

一枝红艳露凝香　　云雨巫山枉断肠
借问汉宫谁得似　　可怜飞燕倚新妆

名花倾国两相欢　　常得君王带笑看
解释春风无限恨　　沉香亭北倚栏杆

　　李白作完了这三首诗，把笔随便一抛，唐明皇看他诗作得好，立即叫人把笔拾起来，留着做纪念，并且叫乐工们来配歌谱。

　　当时，杨贵妃、高力士两人侍候这醉鬼老半天，当然心里恨得牙痒痒的，可是这时唐明皇正在高兴的时候，又正在大加赞赏李白，所以有气也发不出来。而且乐工一配上曲谱，由杨贵妃唱出来，非常好听，尤其诗中的句子，实在写得好。像"云想衣裳花想容"这一句，就是描写杨贵妃的美丽，意思是说：看到天上的云彩，就会想到杨贵妃所穿的衣服，是那么高贵、华丽、飘逸、雅致、多姿多彩；看到牡丹花，就想到杨贵妃容颜的艳丽、亭匀、娇媚、温柔，花也为之逊色；真是马屁拍到了马心里！所以杨贵妃也非常高兴，简直沉醉在李白的诗句中，吟唱不已。

　　最后，高力士劝杨贵妃不要唱了，告诉她这是李白骂她的，他说李白的诗中"可怜飞燕倚新妆"，把你比作赵飞燕，而赵飞燕是祸国的妃子呀；他诗中又说"名花倾国两相欢"，也是说你美是很美，可是这美是要倾国的呀。杨贵妃听他这么一说，再也不唱清平调了，从此李白也就慢慢倒霉了。可是李白是否有意骂她呢？这是心理上的问题，很难找到客观的证据下论断。但依据当时的客观情形看来，李白很可能是故意借酒装疯，作诗暗中影射的。

　　从这些历史上的故事看来，帝王们对于一些文学家、艺术家们，的确是"以优伶畜之"，给他们官做，养着他们好玩的。

　　我们由历史上的许多故事，就看穿了历史上的这些内情。再看孟子，他是引用子思的话来答复万章的，可见司马迁写《史记》，也是看穿了上下古今的历史，原来不过如此而已，而这一思想的启发，在孟子之前，子思就已经说出来了："今而后，知君之犬马畜伋！"你鲁缪公心目中，不过把我（伋）当宠物一样看待，养着玩玩的。如同现代人养什么北京狗、贵宾狗、腊肠狗似的，物质的待遇是很高，但没有真正的礼貌与恭敬心。

万章一听孟老夫子这样答复，把话说到正题上了，也越说越明了，于是就问：假使一个国君，"欲养君子"，要怎样才算合礼呢？

万章这句话里的"养"字，应该作"供养"解释。"供养"是下养上，恭敬地养，是合礼的。上对下的养是培养、抚养，那就不必太讲究礼貌了。如果既不是供养，又不是培养或抚养的另外一种"养"，那就属于很难听的"畜养"了，就像家里养一只哈巴狗一样，所以就叫作畜养。

孟子说：以子思这件事来说，第一次君王赏识他，对他恭敬，以师礼待他，因为鲁缪公是国家的君主，子思不能失礼，所以再拜以后接受。这样一来，后面跟着送东西的人可多了，以现代官制来比喻，就是英国的首相，美国的国务卿，台湾当局的行政负责人，以及各部门的负责人，听说女王或总统给某人送了东西，大家都纷纷跟着送。如此一来，子思先生对于这些人，虽不下跪，至少要作揖，于是天天站在门口，迎迎送送，打躬作揖都来不及了，这简直是侮辱人。这是孟子用子思的故事，来说明人情世态的一面。

赵州和尚的待人处世

在佛家禅宗记载中，也有类似的故事。唐代的著名禅宗大师赵州和尚，皈依他的弟子很多，当时唐代的一位宗室赵王，王府就在赵州，他也皈依了赵州和尚。有一天，赵王来看赵州和尚，他正在打坐，有人向他报告王爷来了，他闭着眼睛打他的坐，直等这位王爷到了他的面前，他才张开眼睛说：你来了，请坐！他是以对待弟子的态度接待这位王爷的。但他仍然讲了两句客气话："自小持斋身已老，见人无力下禅床。"尽他当师父的一分礼貌。赵王当然说，师父你不要客气了，我们做弟子的应该来拜候你的。

王爷回去后，第二天派王府的太监，送了许多东西来，小和尚在山门外远远看见，赶紧报告师父。赵州和尚听了立即赶出山门外老远去迎接，还请那位送东西来的小太监吃素斋，说不定还送一个红包。小和尚们看到这情形，还误会这位师父太势利了，前天王爷来，没有带礼物，连禅床也不下；今日听见送了许多东西来，对一个小太监竟如此客气。等客人走后，小和尚便问师父，您这样做法是什么道理。赵州和尚说，你们这些人，真是不懂事，要知道阎王易见，小鬼难缠啊！这些小人，如果不好好接待，回去乱说一顿，可真会破坏我和赵王之间的道义之交啊！

赵州和尚，就是如此透彻了解人情世故！所以佛家说，先要透彻人情世故，方能做一个出家人。当然，懂佛法的出家人，一定懂世法；不通世法的人，也一定不通佛法，这是一定的道理。

子思也是这样，国君待他以师礼，送东西来，他可以说，放在这里吧！而其他的人送来，他就不好意思这样说了；纵然不一定到大门外去接，至少在客人离开时，总得送到门外，打躬作揖道谢。也许还要等他上了车，关上车门，发动马达起步以后，才回身进门。在这种情况下，如果碰到烈日或雨雪的天气，就更受不了，子思认为，这样"非养君子之道"，所以只好连国君送的礼也辞谢不收了。

孟子这段话，就是说明人生处世的分寸和道理。一个人处世，要有一定的分寸，多一分不可，少一分也不可，也就是一般人说的规矩、人格、风范。换言之，做人做事，要有一定的范围标准，同样一件事，在不同的时间，不同的空间，对不同的人物，处理的方式，也是不相同的。

孟子说到这里，也等于批驳了万章，并且坚持自己的文化精神，绝对不可以马虎。

舜所受的培养

所以说，真正的养士，像上古时尧之对于舜，才是养士，是培养继承人的实际做法。

今日凡是为人长上的，老师也好，校长也好，大主管也好，乃至于家长，都要注意尧当时培养舜的道理。

孟子继续说，"尧之于舜也，使其子九男事之"，尧有九个儿子，都交给舜指挥，跟着舜做事；并将两个女儿，不分大小，一起嫁给他。而且，不但为他解决了生活问题，还选拔了许多干部听他指挥，管理各种各样的事务。当时是在大禹治水之前，遍地洪水，农业还没有奠定基础，仍是半农半牧的农牧时代，牛羊畜类，为重要的生活资源。所以尧给舜安排的牛羊、仓廪，等等，一切重要的生产资源、经济设施都完备。换言之，给他房子、车子，也有家室，有干部，有生活资粮，有生产设备，一切都为他准备了。而这时舜的身份，既不是政府的顾问，也不是参议，更不是师长，只是一个普通的老百姓，尧只是委托他为额外的私人助理，处理一些事情而已。这就是培养，现代的名词为训练。

"训练"一词，最初出于日本明治维新时代的术语，几十年前有前辈们说，"训练"这两个字不能用，因为在日本是用之于养马、养狗，对动物才叫作训练，对人怎么可以说训练？"训"字已经不大好了，再加一个"练"字，更不恰当。所以尧这样对舜，不能说是训练，而是培养历练，使他增加经验。

尧培养舜，等他处理政治的经验够了，后来就"举"，提拔他，把高的位置给他。最初只是为私人助理，没有位置，因为官职是国家的名器，给他位置，就是给他权力；而私人助理不一定有权力，等到他经验够了，才给他权力处理事务。后来一步一步，给他二三十年的时间，累积经验，一直到尧一百多岁时，自己精力实在不够了，才把帝位让给他。

所以孟子结论说，"王公之尊贤者也"，为国家培养人才，以国家养士之道来说，有地位的人，是应该这样尊重道德、人品、学问好的知识分子。

现代的知识分子，又算什么呢？只要报上登一个小广告，征求人才，随便一个小职位，也许只是一个抄写的工作，应征的常有百把人，说不定大学毕业生有一半。在一个失业者来说，抱了满怀希望，拉长了颈子等待，结果只有一人入选，而百多人又堕入失望的深渊。甚至有的征才单位，连回音也没有，让人长期地处在等待的痛苦之中。由此看来，今日的知识分子，是多么悲哀。

所以现代教育，的确要注重职业教育，因为一般普通教育，在大学毕业以后，谋生技能都没有，吹牛的本事却很大。今日的青年应该知道，时代不同了，职业重于一切，去解决自己生活的问题，必须自己先站得起来，能够独立谋生。学问与职业是两回事，不管从事任何职业，都可以做自己的学问，不然，大学毕业以后，"眼高于顶，命薄如纸"八个字，就注定了命运。自认为是大学毕业生，什么事都看不上眼，命运还不如乞丐；没有谋生的技能，就如此眼高手低，那是很糟的，时代已经不允许这样了。

见国君的条件

万章曰："敢问不见诸侯，何义也？"

孟子曰："在国曰市井之臣，在野曰草莽之臣，皆谓庶人。

庶人不传质为臣，不敢见于诸侯，礼也。"

他们师生的辩论，一直没完，还在继续下去。而且万章的问题，越来越直接，也越明显了。他问：老师，你周游列国，到每一个国家，都不去拜访他们的国君，这又是什么意思呢？

孟子说：一个人寄居在别的国家，只是一个普通市民而已，并且没有官位、职务，等于散居在田野草莽之中的人。虽然国籍不同，总是居留在这个国家中的一个居民，不能够俨然像这个国家的高级干部一样去见国君。换言之，没有去见国君的身份，也就没有这个责任和义务，更没有这个必要，所以不去见他们的国君，这是古礼，并没有错。

万章曰："庶人，召之役，则往役；君欲见之，召之，则不往见之；何也？"

曰："往役，义也；往见，不义也。且君之欲见之也，何为也哉？"曰："为其多闻也，为其贤也。"

曰："为其多闻也，则天子不召师，而况诸侯乎？为其贤也，则吾未闻欲见贤而召之也。缪公亟见于子思曰：'古千乘之国以友士，何如？'子思不悦曰：'古之人有言，曰事之云乎，岂曰友之云乎？'子思之不悦也，岂不曰：'以位，则子君也，我臣也，何敢与君友也？以德，则子事我者也，奚可以与我友？'千乘之君，求与之友而不可得也，而况可召与？"

万章说：那么好了，你自己说的，居住在那里，算是那里的一个市民，国家有命令要你服役，或做某一件事，必须要听命令。现在国君要召见你，派人叫你去见面，而你借口生病等等原因而不去，这又是为了什么呢？

　　孟子说：在客居的国家，虽然国籍不同，但"往役，义也"，为社会服务是应该的；"往见，不义也"，至于国君召见，就应召去见了，好像是为了谋图一官半职似的，这是不合理的，所以不可以去见。再说，你们的国君，又是为了什么要召见我呢？

　　万章说：可能是知道老师你学问渊博，多闻广见，为了向你请教；也可能是为了老师你道德高尚，有所心仪，想跟你见见面。

　　孟子说：假如说是为了我学问渊博，有事想要问我，那是向我请教，按照中国的古礼，就算是天子，也不能下命令召见老师，这是传统文化的师道尊严；更何况你们齐国的国君，还只是一个诸侯，假如他认为我有道德，也不可以下令召见，从来没有听说曾有国君，下命令去召一个贤者的。

　　接着他又举出历史上的事例来说明，就是鲁国缪公与子思的故事。

　　在春秋战国时代的诸侯们，都是讲权力、威势的，对人所持的态度，都是"老子我的威权大"，都是以气势凌人的。不过，孔孟始终维持着中国传统文化中知识分子的气节与道德，并且建立人格的教育。虽然，鲁缪公想见子思的时候，也是用召见的姿态，所以子思不去见。

　　鲁缪公派人来对子思试探性地询问说：古代千乘之国——约等于现在一个省大小——的诸侯想和一个有学问、有道德的知识分子做朋友，在上古的礼制上，是怎样说的？子思很不高兴地说：古时候的人只曾经说过，有一件事情，要请一个知识分子去做，把权力交给他，给他一个职位去做事，哪里有说做朋友的？

　　孟子说，子思的不高兴是有理由的，他那样引用古人的话做答复，就等于说：如果以地位来说，是位置不适当，你鲁缪公是一国之君，我只是一个普通老百姓，是你的臣民，当然不敢和你做朋友，应该守你的政令，听你的管束。如果说是认为我有品德，学问好，而想和我交往，那对不起，你虽然是国君，想跟我学习，那我是老师，你又怎么可以说要与我做朋友呢？

于是孟子说：这样看起来，以一个千乘之国的国君，想和子思做朋友都不行，更何况是召唤他呢？

他举出子思这一段史实，来答复万章"召之，则不往见之，何也"的问题。换言之，也等于对万章说，你们的国君想召见我，他算老几？我又是老几？他像叫唤家里的狗一样——"来福！过来！"我就会去吗？这是不可以的。

孟子又继续举出齐景公的史例来做答复。齐景公在春秋时代，还算是一位好的诸侯，他下面有许多好的助手，名宰相晏婴，就是在这个时代。

礼的重要

"齐景公田，招虞人以旌，不至，将杀之。'志士不忘在沟壑，勇士不忘丧其元。'孔子奚取焉？取非其招不往也。"

曰："敢问招虞人何以？"

曰："以皮冠。庶人以旃，士以旂，大夫以旌。以大夫之招招虞人，虞人死不敢往；以士之招招庶人，庶人岂敢往哉？况乎以不贤人之招招贤人乎！欲见贤人而不以其道，犹欲其入而闭之门也。夫义，路也；礼，门也；惟君子能由是路、出入是门也。《诗》云：'周道如底，其直如矢；君之所履，小人所视。'"

万章曰："孔子，君命召，不俟驾而行；然则孔子非与？"

曰："孔子当仕有官职，而以其官召之也。"

在这段书里，"志士不忘在沟壑，勇士不忘丧其元"这两句话，是中国文化的名言。中国人几千年来的民族精神，和这两句话很有关系，大家千万要记住。

孟子说：齐景公准备去打猎，出发前，下命令召见"虞人"，就是负责照管园林野生动植物的人。可是他用的号令是召唤大夫的"旌"，所以这个园长不听命令，他没有来。齐景公认为他抗命，生气了，要把这个园长杀掉。可是晏婴在旁边说话了，他说不可以杀园长，因为没有理由。古代的大臣们，遇到意见不同时，常常当面与皇帝争论。齐景公说他不听命令，当然要杀他；晏子说，你是用什么信符去召唤他的？齐景公说：以"旌"呀！晏子说：你要打仗吗？为什么用召三军统帅的信符去命令他？召唤园长是用羊皮帽做信符的呀！齐景公知道自己用错了信符，立刻改用皮帽子，那个园主一看到就来了。

所以古人对于礼，非常重视。礼就是国家社会的制度，是不允许破坏的，上自国君，下至老百姓，都要共同遵守，也等于后世法治时代所谓的"不成文法"。

在古代，像这位虞人的召而不到，很可能就被杀了，不但帝王有此权力，就是大臣、大将，也有这种权力，一直到清朝时代，仍然如此。如清朝雍正时代的征西名将权臣年羹尧，是由老师培养出来的，他对老师非常尊敬，后来他对儿子的教育，也极为重视，在家教的书房门口写了一副对联："不敬师尊天诛地灭，误人子弟男盗女娼。"相传每次吃饭时，即使在公务百忙中，他也一定要陪着儿子的家庭老师一起吃。这位老师欢喜吃豆腐，有一次，吃豆腐不小心烫了嘴，年羹尧怒目向侍候的人瞪了一眼。不一会用人送上一个盘子，上面放的是厨房一名厨师的人头，把这位家庭老师吓得饭也吃不下了。这是年羹尧过分使用权力了，但从中可以看到过去帝王时代，权力人物的威势，就有如此严重。

转回来说被齐景公以"旌"呼召的那个虞人，并非不知道不接受命令的结果，极可能被杀，但他为了坚守礼制，情愿冒生命的危

险，因此孟子说：中国的知识分子，当他有志于国家天下，救世救
人时，那么他做人做事，随时要准备穷死、饿死、困难死；也就是
为文化、为学问、为理想而死。就像梁启超有两句诗所说的："求仁
得仁有何怨，老死何妨死路旁。"梁启超此人如何，在此姑不置评，
但这两句诗，也就道出了一个读书人的气节，表示他在戊戌政变时，
是准备随时赴死的。日本有一个和尚的诗，"埋骨何须桑梓地，人间
到处有青山"，也是同样的意思。譬如蒋中正先生，因为他在日本念
书时，知道日本人的这种精神，所以他在训练军队时，常引用这两
句诗。而这首诗，原是日本一个和尚到中国来学禅，出门时所写的，
全诗是：

> 男儿立志出乡关　　学不成名誓不还
> 埋骨何须桑梓地　　人间到处有青山

　　日本明治维新以后，全国人民以这首诗作为他们大和民族的精
神。而梁启超的诗，则是较晚所写，两者的精神都是一样。但是，
这种精神，最初则是见诸两千多年前《孟子》这里所说的"志士不忘
在沟壑，勇士不忘丧其元"两句话。所以中国文化中，一个知识分
子，如果不准备寂寞穷困一生，而想建立文化的精神与人格，的确
是非常困难的。因为许多人见到富贵，人格就动摇了；但是一个勇
敢的人，或侠义之士，喜欢打抱不平，喜欢仗义的人，却准备随时
"丧其元"——丢了脑袋。所以作为一个中国文化中的忠臣义士，是
要准备随时牺牲生命的。

　　孟子这里举出来齐景公的错误，而一个虞人，宁愿冒死亡的危
险，去纠正国君的错误，目的在使自己的国君，成为历史上的名王，
而自己并无私心；同时也使自己国家的国民，知道遵守礼制，所以
他准备牺牲，而不听这个命令。孟子这两句话，也就成了后世知识

分子的精神标杆了。

孟子对于齐景公与这个虞人之间的故事，也非常赞叹。孟子赞叹的重点，并不是虞人不听命令，而是赞叹他所以不听命令的精神基础。也就是说，他宁可舍身取义，以维护文化精神与国家制度的情操。

万章又问：上古时候，国君呼召虞人，真正的礼制，应该用什么作信符？

孟子说：用"皮冠"。上古帝王出来打猎的时候，换戴另一种帽子。中国古人戴的帽子，等于现代军人的阶级，以不同质料与形状的帽子，表明身份地位。帝王在打猎的时候，换戴皮冠，所以召虞人用皮冠，召庶人用"旃"，召士用"旂"，召大夫用"旌"。

"旃""旂""旌"这三种东西，都是古代旗帜一类的标识，而形状与质料，有所不同。"旃"是用帛练制成旒，像古代皇冠上，垂下来的冕旒的样子，共有十二个，镶缝在旗边而垂下来的。"旂"是在旗上画龙，并且有铃，旗边也镶缝十二个旒。"旌"，则是在旗杆的顶上，悬挂五彩羽毛撕成的穗子，也有人叫缨子，状如苏武牧羊绘图中，苏武手中所持符节上的那种穗子，这种旗则称为"旌"。

孟子对于上古的制度，好像一部活辞典似的，一一答复出来，可见他满腹的学问，而且不是普通的学问，是实用的学问。如果一个国家请他办事，他立即可以将制度规章建立起来，根本不必多加考虑。古时候士大夫的学问，这些都是重要的部分。

孟子列举了这些礼制后说：所以齐景公错了！以对大夫这么高级干部的礼仪，用到一个虞人——公园园长身上，所以这个虞人宁死也不从命，他是对的。同样道理，以召士的标志去召老百姓，老百姓也不敢随便接受。况且你们现在的国君，下达一个命令要我去看他，随便叫一声，我就要去吗？对不起，我不会去的。因为一个国君想见一位贤人，召见的方法不合规矩，不合礼仪，不守制度，等于是一方面请我去，一方面自己又把门关了起来。

他又说：义，合乎道理是道路；而礼仪是大门，只有君子走这条大路，进出这个大门。《诗经》上记载说：周朝文化鼎盛的时候，不论政治制度、文化精神，在文王、武王建国时，像宽阔、平坦、坚固的大道一样；而且像射出去的箭一样，是笔直的，不转弯的。所以君子所走的路，就是这样的坦直大道，小人则仰望着去效法。

万章这个学生很厉害，当孟子说到这里的时候，他又问了。他抬出了孟子最佩服的孔子来，指出在《论语》中记载孔子生活行为的《乡党》篇中，所说的一件事，他说：鲁国的国君下命令召孔子，孔子不等到车子准备好，立刻就跑路赶去了，依你的说法，孔子也不合礼制了。

孟子说：你又错了，孔子是鲁国的司寇，他有官职在身，所以"君命召，不俟驾而行"，他并不是普通的老百姓，也不是在他晚年闲居读书的时候；他那时有官职在身，负有责任，所以非去不可。

读书万卷　神交古人

孟子谓万章曰："一乡之善士，斯友一乡之善士；一国之善士，斯友一国之善士；天下之善士，斯友天下之善士。以友天下之善士为未足，又尚论古之人。颂其诗，读其书，不知其人，可乎？是以论其世也。是尚友也。"

孟子最后告诉万章说：人交朋友，一定是意气相投，看到对方，也知道对方交的是什么朋友；看到对方交什么朋友，也可以知道对方是何等样人。一乡的善士，他的朋友也是一乡的善士；一国的善士，他的朋友也是一国的善士；天下的善士，也一定去和天下的善士交朋友，范围慢慢扩大。但是一个真正的君子，胸罗万象，尤其是一个好的国君，纵然与天下的善士交朋友，还是不能满足求贤、求善、求好的欲望，于是又与古人论交，那就是读古书。

我常劝青年多读古书，不要以为自己学问够了，所谓活到老，学到老，学问经验永远不会够的。古人著书立说，累积了多年成功与失败的经验，穷毕生精力，到晚年出书，流传下来，我们如果不读古书，那才真是愚蠢，因为有便宜不知道捡。读了古书，就是历史的经验，是吸取古人付出辛酸血泪的数千年经验，供自己运用，所以何必自己去碰钉子，流血流汗，茹苦含辛再领悟出同样的经验呢？或者说，只是读他的书，而又看不见他的人，可以和他交上朋友吗？当然可以呀！我们由古书就看到他的时代背景了。例如读唐诗，就知道唐代之所以成其为唐代，那种淳厚、朴素、气魄，那是伟大，的确了不起。杜甫和李白的诗是好，而在文字技巧上看来，似乎不如现代的诗；但现代的诗作就没有唐诗的风格与气势，尽管堆砌，也没有唐诗的那种精神与气魄。

看古董也是如此，一个几千年前的陶器，看来似乎非常粗拙，远不如现代的陶器那么精致美丽。但现代陶器的精美，一眼看过去，就尽在这一眼之中，不耐久看；而一个古陶器放在面前，它的粗拙中，就越看越有意思，有气势，有韵味，有一种盎然的、深远的精神。

诗到了宋朝，如"云淡风轻近午天"，也的确是好诗，但只那么轻轻淡淡的，就没有唐诗的那一种浓郁情怀。后世下来，明诗、清诗更加不同了。文学如此，文化也如此，试看历代人物，气度、政治的制度，一看就知道，一代有一代的味道。过去历代都有不同，也是循历史的痕迹，渐渐变易而来的，所以从历史渐变的轨迹中，也就可以看到未来发展的方向，这就是"尚论古之人"，与古人交朋友的道理。

清代中兴名臣左宗棠，在未得志前，连吃饭也成问题，但他的书房就有一副对联："读书万卷，神交古人。"这种胸襟，这种抱负，是年轻人应该效法的，这就是"尚友"，也是与古人交朋友的意思。

中国有一部古书名《尚友录》，现在改编为《中国历代名人辞典》。

孟子的真心话

下面是《万章》上下篇的结论了。

孟子也和庄子一样的幽默，在《离娄》上下篇的总结论中，叙述了齐人一妻一妾乞讨祭余的故事，讽刺当时一些为权势利禄奔走，而不顾立身出处的人。这里《万章》最后的结论，他说自己的一段经历，表明他不出来就是不出来的态度，也是非常幽默而生动：

> 齐宣王问卿。孟子曰："王何卿之问也？"
> 王曰："卿不同乎？"
> 曰："不同。有贵戚之卿，有异姓之卿。"
> 王曰："请问贵戚之卿？"
> 曰："君有大过则谏；反复之而不听，则易位。"
> 王勃然变乎色。曰："王勿异也。王问臣，臣不敢不以正对。"
> 王色定，然后请问"异姓之卿"。曰："君有过则谏；反复之而不听，则去。"

齐宣王有一天问孟子，关于"卿"这一官位的态度，应该怎样才合礼义？

"卿"是古代的官位，也可以代表最高的顾问，也可以代表国家的最高行政首长。如美国的国务卿——国务卿这名词，并不是我国的译文，最早翻译的是日本。有许多西方文字的名词，例如哲学、经济学，等等，都是由日本翻译过来，因为日本越古的文字，越多是我国的汉文字，所以我们中国人就随便捡过来用，成了二手货。

齐宣王这句话，问得非常严重，因为孟子曾经做过齐宣王的客卿。由于孟子是邹鲁人，不是齐国人，所以不是正式担任"卿"的位置。如果齐宣王正式用他为"卿"，他就变成齐国人了。他这一问，等于和孟子开玩笑。

孟子反问他说：请问大王，您所谓"卿"，是问哪种卿？

齐宣王被他这一句反击过来，吓了一跳，孟子本来是渊博的，所以宣王心里有点虚了，便问孟子：卿，还有什么差别吗？

孟子说：有大大的不同，有一种是"贵戚之卿"，是由国君的同宗亲族来担任的。如殷商的箕子、比干，周的周公，都是"贵戚之卿"，另有一种是不同姓的卿。

于是齐宣王问：就"贵戚之卿"而论，该当如何？

孟子说：如果国君有了大过错，"贵戚之卿"就要拼命劝阻，经过一再劝阻，这个国君仍不听的话，就是国君的不对了，那么就对不起，请这位国君下来，换个位置，由别人上来。

齐宣王一听这样的话，脸色都变了，也许发青了，当然，孟子气定神闲，坐在那里稳稳不动。齐宣王到底是一国之君，有他的修养气度，片刻过后，发觉自己神色不对，未免失态、失礼，现代说有失风度，所以态度又平和一点。

孟子却轻松地说：大王，你不要以为奇怪，你既然问起这个问题，我可不能和你说歪理，我是说的直话、正话。

孟子这样一说，齐宣王的神色完全变回正常了，然后又问"异姓之卿"该如何？

孟子说："异姓之卿"，对于国君有过错，也是拼命劝告，如再不接受，对不起！下台一鞠躬，我要回家了。

这结论多妙！

所以读古书，要接连着读，就可以读出他的真正含义与精神所在了。如果依照宋儒这些古人所圈断的、割裂地去读，那就不是《孟子》，而是"懵子"，越读脑子越懵懂了。